思与行

常恩元 著

江西高校出版社

图书在版编目(CIP)数据

思与行/常恩元著.--南昌:江西高校出版社,2024.4

ISBN 978-7-5762-4399-4

Ⅰ.①思… Ⅱ.①常… Ⅲ.①中小学—学校管理—文集 Ⅳ.①G637-53

中国国家版本馆CIP数据核字(2023)第251400号

出版发行	江西高校出版社
社　　址	江西省南昌市洪都北大道96号
总编室电话	(0791)88504319
销售电话	(0791)88522516
网　　址	www.juacp.com
印　　刷	永清县晔盛亚胶印有限公司
经　　销	全国新华书店
开　　本	700 mm×1000 mm　1/16
印　　张	25.5
字　　数	404千字
版　　次	2024年4月第1版 2024年4月第1次印刷
书　　号	ISBN 978-7-5762-4399-4
定　　价	98.00元

赣版权登字-07-2023-977

版权所有　侵权必究

图书若有印装问题,请随时向本社印制部(0791-88513257)退换

序一　做学校管理的有心人

受北京市通州区第六中学常恩元校长嘱托,我有幸先于读者拜读了常恩元校长的有关学校管理的文集《思与行》。在此,我就自己对此文集的学习体会以及对常恩元校长的了解写上几句,权当此文集的序。

党的十九大报告指出:要努力让每个孩子都能享有公平而有质量的教育。要做到这一点就要在全面提高教育质量的同时,进一步促进教育公平,换句话说就是要实现教育的优质均衡发展。

经过多年的努力,我们在促进教育公平方面已经取得了巨大进展。这里面既包括各级政府不断出台的促进教育优质均衡发展的举措,也包括基层学校校长和教师的辛苦付出。常恩元校长分别在规模比较小的农村薄弱学校、规模比较大且快速扩张的农村学校以及城区优质学校担任校长多年。他勤于思考、勇于实践、善于总结,为促进基础教育优质均衡发展、促进学生德智体美劳全面和谐发展付出了自己的努力。

基础教育是实现中华民族伟大复兴、促进社会进步的重要基石,是功在当代、利在千秋的德政工程。教育对提高人民综合素质、促进人的全面发展、增强创新创造活力具有决定性意义。作为基层学校校长要自觉回答好"培养什么人、怎样培养人、为谁培养人"这一根本问题。这是理论问题,更是实践问题,既需要"思",也需要"行"。

现代教育最重要的特征是规范化、法制化。作为校长要勇于实践,积极推进现代学校建设,结合学校实际不断完善治理体系,提升治理能力,确保学校高质量发展。制定学校章程并依据学校章程规范学校的办学行为,明确在党组织领导下的校长负责制,使校长依法治理学校,是提高学校竞争能力并迈向教育现代化的必然选择。在制定学校章程的过程中,常恩元校长注重调查研究,从学校实际出发,充分发扬民主,听取教职工的意见,集思广益,使得学校章程能够契合学校实际,从而促进学校发展。

原国家教委副主任柳斌同志多次讲过：一个好校长就是一所好学校。学校日常管理中会遇到许多错综复杂的问题，需要校长去面对、去思考、去解决，每一个问题的解决都是对校长管理能力的考验。一所学校办得好坏，与校长及领导班子的政治水平、能力素质的高低有着密切的关系。加强干部队伍建设关乎学生、教师和学校的可持续发展。常恩元校长不仅加强政治理论学习，也十分重视干部队伍建设。他聚焦干部能力素质的提升，认真规划与落实干部培训课程，持续推进，抓细、抓实，抓出成效，培育了一支政治过硬、品德高尚、团结协作、无私奉献、业务精湛、治校有方的优秀干部团队。

在促进学生、学校发展的诸多因素中，教师起着举足轻重的作用。没有教师的发展，就没有学生的发展和学校的发展，优质均衡发展的教育就难以实现。当今社会已经进入信息时代，伴随着学习型社会的建设，教师早已不是获得知识的唯一来源，很多时候学生掌握的知识比教师更广泛，这对教师工作提出了新的考验。教师如果没有正确的教育理念，不掌握先进的教育方法，就不能更好地发展学生的能力、指导学生探究学习、培养学生的创造精神和实践能力。常恩元校长对此有一系列思考与实践：他激发教师的专业发展意识，引领教师主动发展；他改善教师的生活、学习、工作条件，为教师的专业发展提供支持；他开展形式多样的培训活动，提升教师专业水平；他积极推进课堂教学改革，在课改实践中促进教师专业能力的提升；他不断完善体制机制，激励教师专业发展。他带出了优秀的教师团队，促进了学生发展和办学质量的提升。

培养什么人和怎样培养人的问题始终是全社会广泛关注的问题，也是每一位基层学校校长积极探索的问题。常恩元校长坚持以人为本，全面实施素质教育。他深入思考如何构建新型教育评价体系，坚决克服重智轻德、片面追求升学率的错误倾向，促进学生德智体美劳全面发展。他十分注重加强和改进学校德育工作，摆正学校德育工作的位置，采取积极有力的措施，构建全员全过程育人的大格局，逐步建立起新型德育模式，坚持以学生为中心，以情境为中心，以活动为中心，变说教式模式为主体参与式、活动式等模式。通过德育系列活动实现育人目标，针对学校德育工作面临的新情况、新问题，确立了以"德育队伍建设为基础，以德育方法、手段改革为突破口，以校外教育资源为依托，以教育实践活动为载体，以提高学校德育工作针对性、实效性和主动性为落脚点，整体构建学校德育工作体系"的新思路。在大胆探索与实践的基础上，逐步形成了具有时代特点、本学校特色的新型育人模式。

常恩元校长在校长岗位耕耘多年，因教书育人及管理育人成绩卓著、师德高尚、著述颇丰，在同行中享有很高的美誉度和影响力。阅读常恩元校长的这本文集，我最突出的感受就是"真实、鲜活、接地气"。我相信，这本文集对于促进基层学校校长反思与总结自身工作、促进相互之间的学习，都具有十分重要的价值。

一花独放不是春，百花齐放春满园。我们一起携手努力，提供更高水平的教育，培育更多为中华民族伟大复兴而奋斗的优秀人才。

北京市首批正高级教师
北京市通州区运河中学原校长
北京市通州区名校长工作室主持人
通州区"运河计划"教育领域人才工作室负责人
张佳春
2022 年 3 月 29 日

序二　做助力学校发展的思考者、践行者

伟大的人民教育家陶行知先生曾说："校长是一个学校的灵魂。要想评论一个学校，先要评论它的校长。"随着社会的不断发展，尤其是北京城市副中心建设和教育改革的不断推进，人们对高质量教育的期盼越来越强烈，对学校的要求也越来越高。作为一校之长只有具备高尚的师德、先进的理念、开阔的视野、大爱的胸怀、突出的管理才能才能引领学校向前发展，推动学校办学质量的不断提升，满足辖区老百姓孩子"上好学"的要求。作为校长要自觉成为学校办学的思考者、践行者，带动学校高质量发展，办百姓身边的好学校。

"教育"一词，人们再熟悉不过，时常挂在嘴边，那么究竟什么是"教育"？对于这个问题的解答可谓仁者见仁，智者见智。每个人站的角度不同，可能就有不同的理解、不同的结论。德国思想家、哲学家、精神病学家、现代存在主义哲学家卡尔·雅斯贝尔斯在他的《什么是教育》一书中强调："教育的真谛是对灵魂的唤醒和本性的回归。"他认为："所谓教育，不过是人对人的主体间灵肉交流活动，包括知识内容的传授、生命内涵的领悟、意志行为的规范，并通过文化传递功能，将文化遗产教给年轻一代，使他们自由地生成，并启迪其自由天性。"

2018年9月10日，在全国教育大会上，习近平总书记对教育的定位、目标和根本任务等进行了深入阐述。"培养什么人"是教育的首要问题。我们的教育必须把培养社会主义建设者和接班人作为根本任务，培养一代又一代拥护中国共产党领导和我国社会主义制度、立志为中国特色社会主义奋斗终身的有用人才。这是教育工作的根本任务，也是教育现代化的方向目标。作为真正的教育人必须立足学生的长远发展，探索适合学生的教育，克服功利思想的侵蚀，将教育上升到培育人的精神、安顿人的心灵之高度，满足学生多样化的发展需求，给孩子们健全而优秀的人格，只有这样才能接近教育的本质，回归教育的终极目标——促进

人的发展。

　　"为什么我们的学校总是培养不出杰出人才？"这是"钱学森之问"，需要引起教育人及社会的关注与思考。经济合作与发展组织（OECD）于 2000 年发起的对基础教育进行跨国家（地区）、跨文化的国际学生评估项目（PISA），每三年举办一次，主要是对 15 岁在校生的科学、数学、阅读等核心素养进行测评。我国部分省市的学生参与了此项测评，从 2009 年、2012 年连续两年世界排名第一，到 2015 年世界排名第十，再到 2018 年回归世界第一，引起了很多国家的关注。但我们在看到成绩的同时也要正视问题，如学生学习时间过长，回报低，合作问题解决能力不尽如人意，积极的成长心态亟待培育等。

　　近日，一则发布在 Nature 子刊《自然人类行为》杂志的一项研究成果引起人们广泛关注。该项名为 Supertest 的测试由斯坦福大学（Stanford University）、莫斯科国立高等经济学院（HSE University Moscow）、教育考试服务中心（ETS）以及国内的北京大学、清华大学和印度的合作大学共同发起。中、美、俄、印联手调研大学生能力，结果显示：中国学生表现垫底。研究人员惊人地发现中国学生在经过大学学习后，批判性思维能力和学术技能水平均下降。核心批判性思维技能包括解释（interpretation）、分析（analysis）、评估（evaluation）、推论（inference）、说明（explanation）和自我校准（self-regulation）。批判性思维的目标在于做出明智的决定、得出正确的结论。学校要鼓励学生打破常规，标新立异，敢于质疑，拥有可贵的探索求知精神，这样才有利于学生创造力的激发。在办学实践中，我们带领干部教师积极构建学生自主发展课程体系，包括基础课程、兴趣拓展课程、个性发展课程，开设学科知识与生活、辩论社团、模型制作、木梁承重、科技创新等兴趣小组，让学生在活动中提升批判性思维能力。学校辩论社团连续多年代表通州区参加北京市中学生时事知识辩论大赛，航模、海模、木梁承重等社团多次获全国大赛一等奖，我校张孝山同学获第十二届北京市中小学生科学建议奖。学校办学不能唯分数是论，如果只关注分数，恐怕不一定赢得未来的大考。分数不是教育的全部，更不是教育的根本目标。教育只关注升学率，就会忽视学生的个性化发展。办学者要树立正确的教育观，充分认识学生的独特性和差异性，了解学生的身心特点，尊重学生的差异。教育既要面向全体，又要因材施教，使每一名学生都能得到最好的发展。

作为校长要时刻关注与思考教师的发展。在学校办学的诸多要素中，人是最活跃、最首要的资源，教师又是人力资源中最富有朝气、活力与创造力的有生力量。没有高质量的教师，就没有学生的成长与学校的发展，更没有高质量的教育。正如西南联大的梅贻琦校长所讲："所谓大学者，非谓有大楼之谓也，有大师之谓也。"西南联大就是大师的大学，人才济济。"中国教育三十人论坛"成员、华东师范大学终身教授、国家督学、中国教育学会副会长袁振国，在《校长的第一使命是什么？》的演讲中指出："校长的第一使命只能是促进教师的专业发展。校长的工作没有比促进教师专业发展更重要、更基础、更持久的了。"于漪老师曾说："校长的使命发展教师第一，发展学生第二。这里的第一、第二显然不是说重要性第一、第二，而是说，只有教师发展的工作做好了，学生的发展才能得到实现。没有教师的发展，就没有学生的发展。"教师承担着传播知识、传播思想、传播真理的历史使命，肩负着塑造灵魂、塑造生命、塑造人的时代重任，是教育发展的第一资源，是国家富强、民族振兴、人民幸福的重要基石。为此，在办学实践中，我们结合学校实际拟定《人才培养发展规划》，出台《学校优秀人才管理办法》，启动"卓越教师"培养项目，成立"运河计划教育领军人才、特级教师、市区骨干教师学科工作室"，加大优秀人才招聘引进力度，积极探索教师培训的有效途径与方法，构建完善的教师激励机制，充分激发广大教师的工作热情，提升教育教学实效，丰富学校办学内涵，推动学校高质量发展。这是学校管理者的责任与使命。

校长要有创新思维。人之可贵在于能创造性地思维，创造性是人类所具有的天赋和潜能。没有创新，墨守成规，就没有发展，就会停滞不前。学校管理同样需要不断突破、创新。日常管理涉及办学思想、教师培养、育人方式、课程建设等诸多领域。面对遇到的困难，校长要主动寻求破解问题的最佳方法，成为推动学校改革创新的参与者、引领者和示范者。在通州六中任职期间，我建立了通州区第一所青少年法制教育学校，建立了模拟法庭；启动了学校副班主任制度；整合社区教育资源，探索"主体参与—自主体验"型德育模式，注重实践育人；结合学校实际改革传统的田径运动会，创办了体育节；启动学校"卓越教师"培养项目；建立学校内部督导机制，实现外部督导与内部督导相结合，形成督导合力，引领学校科学发展。在南刘中学任职期间，我注重教师队伍建设，以会考学科促进中考学科发展，会考学科、中考学科均受到区教委表彰。会考学科教学现场会曾在南刘中学举行，一批优秀教师脱颖而出，获全国课堂教学竞赛特等奖。面对学校规模小的现实，我积极寻找学校工作的突破口。学校武术队在市区小有名气。在马驹桥学校任职期间，我积极推进学校管理变革，实施文化管理，最大限度地激发干部教师的工作热情；提出"马＆桥"教育概念，梳理"马＆桥"精神，创建马驹桥学校课程体系，出版校本教材《这里是马驹桥》，此教材获通州中小学精品课程奖，使"马＆桥"教育办学特色充分彰显，得到校内外人士的高度认可。

校长要关注管理能力的提升，推进学校治理体系和治理能力现代化，以"干部能力提升工程"为前提，深入探索"1+N"多种方式并存的学校管理模式。"1"是文化管理，强调以人为本，注重良好氛围的创设，注重价值引领，关注人、尊重人、发展人、成就人。通过主题活动、评优考核、树立典型、表彰宣传等形式，营造积极向上的校园文化氛围，让"崇尚先进、争创一流"的核心价值追求，转变为教师高度自觉的育人行动。"N"包括多种管理方式，如制度管理、精细化管理、走动式管理、目标管理等。制度管理带有刚性，学校的规章要执行，如出勤、备课、课堂教学常规的落实等，要做好并突出高质量。精细化管理关注工作细节，严谨认真，力求最优，反映出干部教师的工作态度，以及对高标准目标的追求。走动式管理要求干部深入教师、学生中去，体察民意，了解真情，加强与师生的广泛沟通，发现师生的困惑与问题并及时解决，营造和谐的校园氛围。目标管理要求在学校总目标的指引下，指导科室、班级、备课组及教师个人确立目标，要突出过程监控、指导及评价结果的运用，促进学校办学终极目标的实现。

　　思想决定行为，有什么样的教育思想，就会有什么样的教育行为和教育实践。凡是有大成就者多有勤于思考，敢于实践，用心、精心干事的习惯。作为校长要不断追问教育的终极意义，确立自己的教育信念与理想，清楚教育中最为重要、最为美好和最为高尚的事物是什么，明白自己在教育中应坚守什么、改变什么，全面落实立德树人根本任务，回答好"培养什么人"的根本问题，为党育人、为国育才，在改革发展的关键节点，主动求变、科学应变，在教育新起点上实现新突破、新发展。

　　此书是我从事管理工作以来的部分论文、案例、会议发言、读书思考等文稿合集，主要反映了我对办学实践的一些探索与思考，涉及学校管理、队伍建设、教育教学改革等内容。由于水平有限，书中不免存在不妥之处，请广大读者批评指正。

　　感谢在此书撰写过程中及工作期间给予我支持和指导的各级领导、专家、教育界同人和同事们，也感谢江西高校出版社给予的大力支持。

北京市特级校长、正高级教师
北京市中小学名校长发展工程人选
北京市通州区"运河计划"教育领域顶尖人才
北京市通州区人大教科文卫委副主任委员（兼）
北京市通州区委特聘专家
常恩元
2022 年 5 月 16 日

目　　录

"1+N"管理模式的实践与探索 1

学校章程制定的背景分析与思考 7

新课程背景下学校管理文化的反思与改进 13

健全教师激励机制　促进学校高质量发展的实践研究 23

建立学校内部督导机制引领学校科学发展的初步研究 35

对新时代教育评价改革的思考 45

落实办学自主权　激发学校办学活力 50

加强校际对口交流　实现学校共同发展 55

中层干部应具备的素养与能力 61

新时代提升干部能力素质的校本化实践与探索 70

树立十种意识　提升干部素养 81

评不上"三好生"啦 85

职评中的风波 90

对学校品牌建设的认识与思考 93

对学校文化内涵的理解及对学校文化建设的思考 100

依托地域文化培育特色学校的策略研究 104

中小学校长交流轮岗应结合实际稳步推进 120

对校长职级制的思考 124

新教师上岗前的准备 127

基于学生发展构建中学"卓越教师"校本培训体系的探索 130

构建"主体参与—自我体验型"德育模式的初步研究与实践..........143

中学生不良行为的成因及预防对策研究.....................165

构建新型育人模式提高学校德育工作的针对性、实效性和主动性.....179

整合社区教育资源实现学校德育社区（社会）化的实践与思考.......183

依托辖区图书馆教育资源开展学生课外阅读活动的实践与研究.......188

新时代背景下学校"融合型德育"的实践与探索.................198

中学生沉迷网吧现象的心理学分析及干预对策的研究..............208

初中生同伴交往能力的培养与指导...........................215

家长要给孩子扣好人生第一粒扣子...........................221

好习惯成就孩子的一生.....................................223

让假期成为学生成长的加油站...............................226

教育当使学生向上生长.....................................230

教师学期初要抓好十件事...................................232

课堂教学中不良师生关系影响学生心理健康发展的研究.............237

对初中"师友互助、合作学习"教学模式的探索与思考.............246

初中生学习状况的调查与分析

——仅以北京市通州区第六中学学生为例......................266

核心素养背景下对课程改革的认识与思考......................275

以教师教学方式变革促进学生学习方式变革的校本化探索与研究......282

提高初中数学教师课堂提问有效性的策略研究

——以通州区第六中学数学组教师为例........................292

"双减"背景下构建课后服务课程群的实践与探索 309

教师会讲课　学生才爱学 325

对学校线上教学的探索与思考

——仅以北京市通州区第六中学为例 327

树立健康第一的思想　全面推进学校体育工作的开展 334

中小学体育教学衔接的研究 340

拯救孩子，拯救未来 345

学校运动会的改革与实践 349

体育节承载奥运梦　强身健体更育人

——北京市通州区第六中学奥林匹克教育纪实 352

坚持"以人为本"推进学校后勤管理规范化、科学化、精细化的实践与研究 357

携手同行助力副中心教育发展

——在通州区"运河计划"教育领军人才大会上的发言 369

学习《义务教育学校校长专业标准》的心得体会 373

建设一所有德行、高品质的学校

——读《道德领导：抵及学校改善的核心》有感 378

给学生真正需要的教育 384

探寻教育的真谛 387

后　　记 391

"1+N"管理模式的实践与探索

北京市通州区第六中学　常恩元

学校管理就是管理者为了实现办学目标，开展各项管理活动所采取的各种方法、措施和途径。管理方法得当，管理工作就会事半功倍，可见其重要性不言而喻。如何让管理更加高效，怎样对管理的理念、思维、模式、实施等各方面进行科学化的研究，一直是管理学界探讨的话题。基于可持续、高质量的学校发展需求，积极推进管理创新，围绕"1+N"管理模式，学校进行了多年的探索与实践。

一、什么是"1+N"管理模式

何为模式？"模式"的"式"是指形式或者样式。"模式"的基本含义就是把"模"和"式"的含义结合起来，也就是"某种事务的标准形式或使人可以照着做的标准样式"[1]。在《辞海》（第七版）中，模式的定义为"一般指可以作为范本、模本的样式"。学校管理模式是在一定的教育思想和管理理论的指导下，在一定的环境中展开的学校管理进程的稳定结构形式，是开展学校管理活动的一套方法论体系，是基于一定的管理理论而建立起来的较稳定的学校管理活动的框架和程序。[2]已有研究表明，"学校管理理论源于企业管理理论。学校管理模式多种多样、错综复杂，任何一种单一模式都有其无法解决的问题，只有将多种管理有效嫁接，取长补短，才能实现最大绩效"[3]。最好的学校管理模式不一定适合自己的学校，适合自己的管理模式才是最好的。基于学校可持续、高质量发展，我校积极推进学校治理体系与治理能力现代化，启动"管理创新工程"，创建"1+N"的管理模式。"1"即"文化管理"，"N"为制度管理、科学管理、经验管理、民主管理、精细管理、人本管理等多种方式。我校坚持以文化管理为主，结合不同的工作选用相应的管理方式，形成"1+N"的组合式管理模式，以此激发办学活力，丰富学校办学内涵，提升办学品质。

二、"1+N"管理模式的特点与亮点

学校管理的核心是提高个人及整体的效率，及时完成各项任务，包括教育、服务、管理等在内的多方互动的过程。在管理过程中，人是最核心、最活跃、最积极的要素，只有在充分尊重人、信任人、理解人的基础上建立良好的激励机制，调动个人的主观能动性，挖掘人的潜能，将个人发展与学校发展紧密结合在一起，学校的各项工作才能协调、有序、高效地进行。"1+N"管理模式，突出表现为以文化管理为主，多种管理方式依需组合，具有针对性、灵活性、自主性、创新性、开放性、人文性、协作性等显著特征。"1+N"管理模式，使学校的管理务实高效，管理方式的运用更加贴近实际，更具针对性，因需而选；组合的形式更具灵活性，表现为"文化管理+"的形式，学校管理多种方式并存；校本管理特色明显，学校依据工作的需要自主选择管理的组合方式，体现自主性。"1+N"管理模式本身就体现了创新性，打破了陈旧、封闭、僵化的传统管理模式，为学校管理注入了活力。随着教育改革发展的不断深入，学校的管理也要借鉴国内外优秀的管理成果，为我所用，体现管理的开放性。学校管理中要时刻关注人的主观能动性的发挥，要体现人文性，汇聚人心，共谋发展。学校管理某一项工作时可能会用到几种管理方式，这些方式只有合理统筹，才能确保管理任务的出色完成。

三、"1+N"管理模式的探索与实践

"1+N"管理模式是学校的创新之举，体现了校本特色与学校的管理思想。在不断丰富办学内涵、提升办学品质、改进学校管理、提高管理效能的探索与实践中应做到六个坚持。

坚持文化管理，弘扬学校精神。学校管理文化是将学校组织中的全体人员结合在一起的行为方式、价值标准和道德规范。它反映和代表了学校全体成员的目标信念、哲学伦理及价值观，对学校内部凝聚力的形

成、教育质量的提高、学校的发展都起着非常重要的作用。[4]文化管理模式把组织文化建设作为管理的中心工作。针对文化管理工作，学校以回顾六中历史、讲述六中故事为载体，举办"我身边的榜样""今日做'明师'""我眼中的六中"等主题活动，挖掘与传承学校的先进文化，弘扬"崇尚先进、争创一流"的核心价值追求，以及"特别能奉献、特别能钻研、特别能协作、特别能创新、特别能战斗"的特有品格，营造尊重人、信任人、激励人、发展人、成就人的发展环境，实现管理者与被管理者愿望的高度融合，凝心聚力，携手发展。文化治校是学校发展的高级阶段，体现了学校发展的底蕴和品质。

坚持制度管理，规范学校办学。制度管理是指学校依照国家和地方制定的法律、法令、条例以及单位制定的规章制度进行管理和规范教育行为，努力实现办学目标的管理模式。制度管理带有刚性与强制性，是工作要求的底线，是为实现学校管理目标而制定的各项管理制度，是使学校管理工作有法可依、有章可循，达到管理规范化、制度化的重要保证。如规范学校办学、落实教育方针、开足课程、保证课时、教师按时进入课堂、不允许侮辱学生的人格、禁止学术不端行为的发生等，这些都是必须要做到的。它要求管理者要有底线思维、法治思维，保证执行力度，克服功利思想的侵蚀，杜绝拼时间、拼体力、唯分数、唯升学率的错误倾向，对违反师德的行为，实行一票否决制，创建良好的教育环境。

坚持人本管理，培育活力校园。21世纪是以人为本的时代，人类社会将更加关注人的自由、情感、存在和价值。国际21世纪教育委员会在《教育：财富蕴藏其中》的报告中强调把人作为发展中心。这不单是指要将学生作为发展中心，其中也包括广大教师。在学校管理工作中，不但要重视制度建设，更要重视最大限度地调动教师的工作积极性、主动性和创造性，确立以人为本的管理理念，给予教师人文关怀。人本管理是强调以人为中心、以人为根本的管理。学校人本管理和制度管理的差别在于，前者强调"人"，重视教职员工，而后者则用条条框框束缚"人"的言行。学校管理应该彰显激励和促进教师发展的作用，只有每个人的工作效率都提高了，学校管理的整体效能才会得到提升。如为教师发展搭建平台，形成基于教师个性化成长的订单式、菜单式培训方式，坚持教师分层考核评价奖励机制，进行月度人物评选，实行弹性工作制等，让人本思想在管理中得到充分体现，让教师感受到集体的温暖与人生的价值，增强干劲，让校园充满激情与活力。

坚持科学管理，提高治理水平。科学管理以美国管理学家F.W.泰勒为代表人物，他将科学的实证方法正式引入人类的组织行为管理当中，摒弃了非科学的经验主义管理方式，以科学的分析和实验为基础开展了理性化的思考和实践，开启了人类追求科学精神和管理效率的新时代。"科学管理的根本目的是谋求最高效率，而要达到最高效率的手段就是用科学化的、标准化的管理方法代替往日的经验管理方法。"[4]如建立科学的学校组织架构，推行扁平化管理，坚持制度管理与人本管理相结合、刚性管理与弹性管理相结合。学校管理者应端正管理思想、转变管理方式、完善管理职能，建立人性化的制度体系，提升学校管理规范化水平，关注过程管理，建立公平竞争的机制，以及科学的工作评价和激励机制，实现学校治理体系的完善与治理水平的提升。

坚持民主管理，唤醒主体意识。学校民主管理把民主思想和人本思想有机结合，体现了对个体的尊重与包容，强调激发和唤醒，同时也体现了公平与透明，注重过程的参与，展现了解放人性、汇聚智慧、凝聚人心、密切关系、释放潜能、推动发展的重要作用。学校加强民主管理和民主监督，建立民主协商对话制度、教职工申诉制度，设立校长信箱，建立领导接待日，聘请教师担任学校效能建设监督员，推行校务公开，征求合理化建议，开展民主评议等活动，使广大师生能够参与到学校的管理工作中来，真正成为学校的主人，在学校教育教学活动及管理中发挥主人翁作用。

坚持精细管理，提升育人质量。精细管理也就是我们常讲的精细化管理，是现代管理理念中的"舶来品"。早在20世纪末，学校就引入精细管理的理念与模式。精细表现在以下几个方面：管理目标的确定、计划方案的制订、人员的安排等精准；管理过程精细，"从细微处入手""细分小环节""细化小目标"，把做事当成"微"管理；追求精益求精的工作态度，力争最优。如学校采用精细管理方式推进德育模式的创新，实现了"养成教育"到"主体参与—自我体验型"德育再到"融合型"德育的进阶发展，使学校德育由"被动"向"主动"、由"他律"向"自律"、由"封闭"向"开放"、由"传授"向"体悟"、由"单一"向"融合"、由"碎片"向"体系"的转变。全区中小学贯彻《中小学德育大纲》、心理健康教育、整合社区教育资源实现学校德育社区化、初中生道德赋能课题研究等现场会及通州区班主任工作坊成立大会在六中举行，从不同侧面展示了六中的德育工作成果。

以上只是部分"1+N"管理模式运用的体现，类似这样的运用还有很多种，体现了学校管理的针对性与实效性，以及学校独有的管理特色。

四、践行"1+N"管理模式取得的成效

"1+N"管理模式的探索实践促进了学校管理方式的转变：从强调物本管理转向关注人本管理，从强调常规管理转向关注创新管理，从强调有形管理转向关注无形管理，从部门优化管理转向整体优化管理，从强调刚性管理转向关注柔性管理。学校管理特色与风格逐步形成，并成为学校工作的亮点。管理经验多次在校外会议上介绍或被媒体宣传报道。学校代表通州区参加北京市《义务教育学校管理标准》验收，学校课题《提升干部校本化培训实效性的行动研究》被北京市中小学中等职业学校教师培训中心立项为重点课题。学校还被认定为通州区"十四五"时期干部培训实践基地。

"1+N"管理模式的探索实践促进了学校办学质量的提升。联合国教科文组织中国可持续发展教育项目示范校、全国青少年校园篮球特色学校、首都文明校园、北京市学校文化建设示范校、北京市课程建设先进单位、北京市中小学教师教育基地、北京市教育科研先进学校、北京市中小学农村教师研修工作站、北京市最具加工能力的中学、通州区综合评价优秀校、初三毕业班工作优秀校、会考优秀学校、体育艺术卫生

科技优秀学校等奖项纷纷落户六中。老百姓及社会对学校给予了高度认可与赞誉，学校已成为区域内具有一定影响力的优质初中校，让我们看到了新型管理模式运用所带来的变化。

在教育领域综合改革和北京城市副中心建设的背景下，面对老百姓对优质教育的渴望与期盼日趋强烈，以及区域教育生态改变的现实，六中人将抢抓机遇，科学应变、主动求变，以管理创新推动学校高质量发展。

参考文献：

[1] 中国社会科学院语言研究所词典编辑室.现代汉语词典：第7版[M].北京：商务印书馆，2016：919.

[2] 殷玉萍.基础教育新课程改革背景下学校管理模式的研究[D].哈尔滨：哈尔滨工程大学，2007.

[3] 吉秀娜.初级中学"绩效工资制"学校管理模式的个案研究：以唐山某区为例[D].石家庄：河北师范大学，2012：引言1.

[4] 丁煌.西方行政学说史[M].武汉：武汉大学出版社，2004：42.

学校章程制定的背景分析与思考

北京市通州区马驹桥学校　常恩元

《中华人民共和国教育法》第三章第二十六条将有组织机构和章程作为设立学校必须具备的基本条件之一；第二十八条规定，学校有按照学校章程自主管理的权利。

现代教育最重要的特征是规范化、法制化。制定学校章程并依据学校章程规范学校的管理，是现代教育发展的必然趋势，也是当今世界许多国家实践证明了的共同经验。受现代教育多元化的影响，以法律的形式规范学校办学的行为，使学校教育依法而治，是学校提高竞争能力并迈向教育现代化的必然选择。落实依法治校的关键是要抓好学校章程的制定与执行问题。学校章程作为学校的"基本法"，能够全面调整和规范学校的具体办学行为，最终实现学校管理的科学化、民主化与法治化。学校依据法律法规制定章程，依据章程实施自主管理、实现自我发展，是新时期在校长负责制条件下所确立的现代教育制度，是有效统一教职工的意志、公正协调各方面利益关系、逐步完善教育教学高效运行机制的需要，是切实保障教职工民主参与管理与监督的权力。制定学校章程是学校依法确立法人地位并得以健康发展的必要条件。

一、制定学校章程的背景分析

（一）规范学校管理的需要

由于受应试教育和功利思想的影响，学校过度关注考试成绩，学校办学单一，缺少内涵与特色。具体表现为：学校办学思路不清；管理制度不健全；管理模式陈旧、僵化；队伍建设滞后，新课改的理念未转化为教师的教育行为；非中考学科受到冷落；行政管理粗犷、管理不到位的现象普遍，效率低下；学科发展、校本课程建设不均衡，制约学校的进一步发展；对学校办学特色缺乏梳理与挖掘，办学特色不鲜明，社会影响力不高。因此，拟定学校章程是规范学校管理的迫切需要。

（二）改进学校管理的需要

拟定学校章程可以进一步改进学校管理结构，实现依法治校。学校章程将明确党支部领导下的校长负责制，校长是学校的法定代表人，规定了校长的职权和学校的行政管理决策机制，既体现了学校党支部的统一领导，又支持和保障了校长依法独立行使职权。学校章程对工会、共青团、学生会在党支部领导下参与民主管理做出了相应规定，提出了规章制度建设的要求与程序，制定了决策机构的议事规则，明确了行政权力与学术权力相对分离、教师对学术问题拥有决定权、教职工代表大会以教师为主体等要求。

（三）处理好校内外关系的需要

事物是普遍联系的。建立现代学校制度，要求学校拥有良好的内外部环境，妥善处理好学校与举办者的关系，学校与家庭、社会的关系，行政权力与学术权力的关系，章程与上位法律规范、下位规章制度的关系。可见，拟定学校章程是捋顺各种内外部关系，确保学校各项工作有序开展的迫切需要。

（四）统筹学校科学发展的需要

马驹桥学校突出的问题是如何科学发展的问题。学校在日常管理中不科学、不协调的现象时有发生，离一所优质校、示范校有差距。办学理念不清，目标不明，管理低效，忽视教师内驱动力的激发，忽视学生充分而和谐的发展等，使学校偏离了教育功能。学校管理的目的就是要"实现人的不断的全面发展和完善"。管理的最高目的应是实现人的发展。功利的、不科学的发展观指导下的教育教学实践活动，往往会培养出"畸形"发展的学生。学校的干部教师要自觉树立发展的意识，从学生的成长角度考虑我们的教育问题。古人讲："不涸泽而渔，不焚林而猎。"学校不能只顾眼前利益，而要看长远利益，为学生的终身发展负责。可见拟定学校章程是统筹学校科学发展的迫切需要。

(五) 维护师生合法权益的需要

学校内最活跃、最积极的是师生群体，广大师生具有的充足内驱力，是学校发展的不竭动力。目前，在教师方面，学校还存在着诸多问题，如：办公条件差；教师考核评价一刀切；工作负担重，没时间学习，教师的发展需求得不到满足；教职工代表大会不规范；教师主动参与学校管理的积极性不高。在学生方面也存在生源流失、教师给予不公正的待遇、重视中考学科学习、忽视学生全面发展、以牺牲学生的身心健康换取中考成绩等问题。师生的合法权益得不到有效的保障，影响教师工作和学生学习。因此，拟定学校章程是维护师生合法权益的迫切需要。

(六) 争创示范学校的需要

随着地区社会、经济的快速发展，城市化进程的加快，高素质人才需求的大量增加，社会对教育又提出了新的要求。作为通州区最大的农村九年一贯制学校，马驹桥学校如何发挥示范引领作用，全面落实"办优质教育——让每一名师生得到充分而和谐的发展"的办学理念，弘扬"追求卓越——做最好的自己"的学校精神，为地区建设提供人才与智力支持，还需进一步探索与实践。因此，拟定学校章程是创建示范学校、促进学校又快又好地发展的迫切需要。

二、制定学校章程的目的和意义

(一) 有利于推进现代学校制度建设，提高学校管理的规范化、科学化水平

学校章程规定了学校的管理结构和根本制度等事关学校发展的根本性事项，是上承国家教育法律法规、下启学校具体规章制度的"治理法"，是学校制定各种规章制度的基础。学校章程，在学校所有规范性文件中效力是最高的，其他文件都必须符合它的规定。学校章程还是学校具体规章制度的"母法"，这些制度都由它派生而来。制定学校章程是推进学校现代教育制度建设的基本任务，要用学校章程统领正在推进的规章制度的"废、改、立"工作。它是提高学校管理规范化、科学化

的重要保证。

(二) 有利于推进依法治校的进程,提高学校管理的民主化、法治化水平

依法治校是学校管理方式的重大转变,其前提是有"法"可依。这里的"法"不仅指国家教育法律法规,也包括学校章程和其他规章制度。学校要推进依法治校的进程,最为基础的工作就是制定学校章程,规范学校内部各种关系,完善领导体制和治理结构,明确教职工、学生的权利和义务,把学校与教职工的关系、学校与学生的关系、教师与学生的关系、学校与家庭和社区的关系建立在民主法制理念之上,保障各主体权利和义务的实现。这是激发全体师生员工的主人翁责任感和使命感的前提。

(三) 有利于汇聚全校师生员工的智慧,彰显学校办学理念、办学传统和办学特色,描绘学校发展蓝图

学校章程不仅是学校制度的载体,还是学校精神、学校传统、学校特色的载体。事实证明,注重坚持和弘扬学校的精神、传统和特色,是成功创建示范学校的重要因素。从这个意义上讲,制定学校章程的过程也是回顾学校办学历史、梳理学校办学理念、认识和理解学校办学规律的过程。学校章程对学校期望达到的办学境界进行了定位。从这个角度讲,制定学校章程是解放思想、统一认识,展望未来,为全体师生员工描绘出一幅学校发展的宏伟蓝图的过程。它对全校师生来说是一种教育,更是一种激励。

三、对制定学校章程的思考

(一) 学校章程必须以国家法律、政策为依据

《中华人民共和国教育法》明确规定,学校必须制定学校章程并且按照章程自主管理。制定学校章程是设立学校必须具备的条件。学校章程是根据学校实际制定的内部"法律"。但是,学校是人才的培养机构,学校管理具有"中介性",学校章程在国家、上级主管部门和学校的教职工、学生之间是一个连接器和转换器,所以不能游离于国家的法律、

政策之外，必须体现国家的意志、学校教育的根本任务，体现对教育方针的全面贯彻。

（二）制定学校章程是现代教育管理的发展趋势和必然要求

在现代世界许多教育发展较好的国家都制定了学校章程，并依据学校章程规范对学校进行管理。在我国，近些年来各级教育行政部门先后发布文件，要求各类学校必须制定学校章程，并对章程的主要内容做了指导性规定，各级教育督导部门也将制定学校章程作为督导评估学校工作的重要内容之一。因此，制定学校章程是促进学校科学管理、提高学校教育质量的必然要求。

（三）学校章程必须有科学的理论做支撑

学校章程对学校管理、教育教学工作的指导作用，体现在对管理规律和教育规律的准确把握上。学校工作的对象是人，完成教育任务的执行者也是人，人是学校工作的核心。因此，学校章程必须贯彻"以人为本"的管理理念，要坚持以科学的理论做支撑。

（四）学校章程的制定过程要充分体现民主参与

从建设学习型学校的目标来看，学校章程应该成为全体教职工的"共同愿景"。学校章程成为"共同愿景"的关键是广大教职工对章程的认同与内化。学校应让广大教职工参与学校章程的制定过程，这不仅是为了完善方案，也是为了促进广大教职工对学校章程的认同与内化。一个被充分理解与认同的学校章程，执行起来才有动力、有合力，才能对校长的办学行为实施有效的民主监督。

（五）处理好学校章程与学校规划的关系

学校规划与学校章程是完全不同的两个事物。它们的区别在于，在学校管理中所处的法律地位不同：章程是学校办学的校内最高规范，内容比较稳定，适用时间较长；规划有近期、中期和远期之分，比较容易受校长的个人意志和当地政府的影响，可变因素较多。两者所属的层面不同：章程属于理念层面，偏重于对学校未来及各项管理的理性定位；规划则属于操作层面，更突出阶段性和操作性。两者也有联系：章程是制定规划的依据；规划则可作为实现章程所述愿景的一种阶段性目标和措施。

(六) 学校章程应该注重学校的"特色"设计

任何一所学校都是共性与个性的统一体。每一所学校所处的自然环境、社会环境、学校性质、办学基础、师资水平、生源结构等方面都有差别，所以，学校章程在兼顾共性的同时，更要突出个性（即特色），必须明确只有个性才是学校发展的支点。学校的"特色"设计，包括"定位"和"识别"两个方面。"定位"就是指学校适合在什么方向上发展；"识别"也就是学校被社会接受的、与众不同的地方，包括理念上的识别、行为上的识别、视觉上的识别。每一所学校都要从实际出发进行办学，从特色出发进行立校，从满足学生自我发展需要出发来施教。

(七) 学校章程必须与时俱进

辩证唯物主义认为，运动是绝对的，静止是相对的。事物总是在不断地变化，学校章程不可能预见到一所学校十年乃至几十年以后的一切。学校章程应该反映时代的特点，适应社会进步和学校自身发展的需要，不能满足上述要求时，就应该及时修改；在"继承与发扬""稳定与创新"的辩证思想指导下，与时俱进。学校应结合学校的实际情况，适时地通过规范的程序对学校章程做合理的修订，使学校章程在执行过程中不断发展。

新课程背景下学校管理文化的反思与改进

北京市通州区南刘中学 常恩元

摘 要：学校管理文化是将学校全体人员结合在一起的行为方式、价值标准和道德规范。它反映和代表了学校全体成员的目标信念、哲学伦理及价值观，对学校内部凝聚力的形成、教育质量的提高、学校的发展都起着非常重要的作用。随着新课程改革的实施，学校原有的封闭、保守、落后、僵化的管理文化，已成为课改进一步推进的阻碍因素。为此，在充分调研的基础上，就学校管理存在的问题进行了认真的反思与梳理，并对重塑学校管理文化进行了初步研究，从而实现通过学校管理文化的改进促进师生发展，提升学校办学质量的目的。

关键词：新课程；学校管理文化；改进

一、问题的提出

新课程改革打破了原有的课程框架，彻底改变了现行课程的组织结构和运作方式，重新确立了新的课程观念和价值取向。它强调主体存在的意义，关注人的生命和价值，寻求教育向生活世界的回归。它带来的不仅是教育理念、教学方式以及学习方式的转变，更深层次的应该是学校文化的变革。这种变革的最终目的在于改变教师和学生的生存状态，促进人的发展。在学校文化的变革中，管理文化的改进尤为重要，没有学校管理文化的变革，课程改革就不可能深入，课程改革的目标就不可能实现。当前的学校管理，充满功利色彩，分数至上，管理者以控制人、约束人来实现管理目标。这种缺少人本思想、僵化的管理方式，不仅在很大程度上限制了学生的全面发展，而且影响了教师专业水平及能力的提升，也直接妨碍了学校的持续、健康发展和特色发展，致使学校发展缺少活力与后劲，甚至出现干群矛盾、教师职业倦怠、学校人心涣散等现象。因此，随着新课程改革的不断深入，必须探索与其相适应的学校管理方式，改进学校的管理思想、管理行为及管理模式，形成具有校本特色的管理文化。

二、学校管理文化存在的问题及成因分析

（一）管理思想功利化

学校办学的终极目标是促进人的全面、和谐、健康发展。学校的管理要以尊重人、激发人的内驱力为前提。反思我们的管理，功利色彩严重；素质教育搞得轰轰烈烈，应试教育却抓得扎扎实实；升学率成为评价学校办学、教师工作的硬指标。只要升学率高，学校就是好学校，教师就是好教师。在这种功利思想的影响下，我们的关注点是中高考成绩，中高考学科的及格率、优秀率、平均分以及升学率，对非中高考学科关注不够，削弱了学校的德育、体育、卫生等工作，中高考学科教师在评优、职评等方面可以优先。这种功利化的管理思想，带来了学生发展不均衡、不全面，甚至身心不健全等问题，造成教师获得的发展机会不均等。许多教师渴望成功，但没有平台和机会，久而久之，教师的工作积极性被严重挫伤。可见，这种只注重短期利益的管理文化，阻碍了师生的发展。

（二）管理目标模糊化

学校管理的目的是实现学生的主体价值和全面发展，同时完成教师主体价值的提升。管理者所习惯施行的制度管理远不能适应教育发展与改革的要求，与教育目标、培养目标的变化不相适应。制度建设滞后于学校发展，制度本身不能反映最新教育研究成果及学校办学实际发生的变化，存在文本与实践脱节、理念与现实脱节、管理制度与管理对象的发展需求相脱节等问题。管理在学校文化的构建中没有起到应有的引领和促进作用，学校的办学目标、价值取向模糊。

（三）管理决策权威化

我们当前推行的学校管理机制，多为科层管理，是一种法治化、规范化、科层化的集权式管理。领导干部潜意识中存在官本位的思想，学校管理的决策权牢牢地掌握在领导手中，领导是权威。正是这种所谓的"权威"，往往带来决策上的失误。学校缺少民主化建设机制，民主管理的渠道还不畅通，干部不了解师生的所思所想，造成干群矛盾激化，影响教师工作的积极性和主动性。"学校是大家的。大家的事情，大家说了算；学校的事情，师生说了算"还是一句空话。这充分说明人本化、民主化、情感化的文化管理还有待探索和实践。

（四）管理制度刚性化

学校制度的制定缺乏民主性，教师对学校管理制度不熟悉，缺少认同感。虽然学校有一套比较完整、详细的制度文本，但许多教师对文本中的一些具体规定和要求并不清楚。学校的制度只是"写在纸上、挂在墙上"，并没有深入教师的内心，成为教师的工作指南或反思的依据。而且，有些条款缺少人性，管理僵硬，极大地削弱了教师工作的积极性和主动性。例如，从我校的调查情况看，有71.4%教师认为学校考核评价制度存在问题，有些考核指标和要求不合理、不全面、不公平，缺少人性和激励性，对取消"末位淘汰"的呼声较高。这一问题的出现与特殊的历史背景有关，在过去一段时间里学校办学质量不尽如人意，学校想通过"末位淘汰"让教师有危机感，激发教师的工作动力，引导教师努力工作，改变学校不尽如人意的办学状况，提高教学质量。此项举措的实施严重挫伤了教师的自尊心，教师的积极性并未随着规章制度的完善而提高，制度应有的导向激励作用没有体现出来。

（五）管理方式企业化

科恩等人在20世纪70年代初提出的松散结合系统理论，在一定程度上揭示了学校组织的特殊性质，对指导学校管理工作有极大的帮助[1]，决定了学校领导行为和管理方式同企业、行政单位存在差异。好的学校管理，要关心教师，满足教职工的需求，善于调动教职工的积极性，既要有"硬"的一面，也要有"软"的一面。纵观我们的管理，重机构、重权力、重制度，重"硬"轻"软"、重"管"轻"理"，以人为本的理念没有充分体现。在管理中管理者往往自上而下地思考问题，试图用各种制度约束教师，规范教师的行为，对教师的发展需求和心声尚未给予足够的重视。学生和教师还处在被设计、被控制、被约束的地位，而不是被管理者的自我设计、自我控制、自我约束的地位。[2] 如教师早晚签到制度、末位淘汰制度等，严重挫伤了教师的自尊心。另外，学校过分依赖经济奖惩，也影响了教师的士气。学校依据教师的业绩实施经济奖惩的出发点是奖勤罚懒、奖优罚劣，激励员工投入工作，提高工作质量。但育人不同于工厂生产零件，育人成果带有复杂性、集体性、滞后性。只关注个人业绩的奖惩，容易导致教师工作上斤斤计较，关注个人得失，将削弱教师的合作意识，不利于一个优秀团队的形成。

（六）管理过程标准化

传统教育是一种"标准化"的教育，强调"服从性""计划性""统一性"，与之相适应的学校管理是强调统一性的"刚"性管理。我们的日常管理，可以说日趋规范。从工作态度到日常表现，从备课、上课、课后辅导、作业批改到教学常规检查，从课堂诊断到考试分析，从绩效考核到岗位聘任，我们出台了大量的管理文件，提出了许多统一的标准与要求，但许多工作仍不尽如人意。就拿课堂教学来说，如何推进新课改的实施？我们把更多的注意力放在了课堂程式化、规范化的建设上，教学过程程序化、标准化，我们制定的所有教学管理规定都在为这个中心服务，却忽略了课堂应有的文化价值和对人的生命、价值的尊重，没有真正体现学生的主动选择、多元发展，不能有效激发学生的学习兴趣，偏离了课程改革的要求。真正的课堂应是师生互动、以学为主的课堂，而不是以教为主的课堂；真正的课堂应是关注学生的生命价值，充满思维碰撞和心灵交融的课堂，而不是静态化的课堂；真正的课堂应是民主、和谐的课堂，而不是固化的课堂。因此，我们在追求管理标准化的同时，也要给师生留有发展的空间，既要有一般标准，也要有通过努力可以达到的更高要求；既要有"规定动作"，也要有"自选动作"。

（七）管理手段简单化

在管理中重"部署"轻"落实"、重"要求"轻"引领"，忽视了师生共同的价值取向、行为方式的引导，习惯用会议、文件布置工作，督促指导相对较少，对工作举措的落实情况关注得不够，缺少一抓到底的精神。这也是学校管理存在的问题。日常工作中还存在着得过且过、办事拖沓的现象，导致效率不高。有些事情看起来是小事，如换个水龙头、购买急需的教具，由于不能及时处理到位，既耽误了工作，也影响了班子的形象。另外，学校管理中还存在以下问题：工作作风不扎实，缺少服务意识；干部未深入了解教师和学生；对教师教育教学创造的新经验总结不及时、不系统；思路、方法不具体，对指导工作的针对性不强；未认真倾听教职工的心声，对教师的疾苦、工作及生活中遇到的困难和问题解决不及时。学校管理的简单化，带来的是管理的低效，严重制约了学校办学水平的提升。

（八）管理评价单一化

管理评价具有导向、激励、监控、改进等功能，评价内容具有全面性与科学性，直接影响着教师的育人行为。学校现行的评价制度，在体系、内容、科学性上还存在突出问题。学校关注的是教学成绩，分数至上，往往将教学业绩列为评价教师的重要指标，甚至是唯一的指标，而忽视了师德、班主任工作等内容的评价，导致教师追求成绩，疏于育人。教好书，有成绩，可以评职称、评先进，可以做骨干、当名师，因而许多人不愿意去做费力操心还可能不出成绩的班主任工作，不愿意去关注那些暂时落后的学生，有时甚至将学生推向社会。对学生的评价，在实际操作中，关注的也是成绩，学习好的就可以评三好学生，而忽视了德育，造成学生畸形发展。这种单一的评价标准，影响了师生的成长与发展。

回顾我们的学校管理，制度管理、经验管理、所谓的"科学管理"还占主流。而这些管理大多基于"经济人"甚至是"工具人"的人性假设，通过控制人、约束人来实现管理的目的，忽视了人的因素，尊重、理解、沟通、信任等人文精神缺失，导致学校管理文化出现了消极失范的现象。因此，随着新课程改革的实施，我们必须对学校传统的管理文化进行扬弃与重塑。

三、学校管理文化改进策略

以提高干部素质为基础，以转变管理理念为先导，以改变管理方式为重点，以体制机制创新为保障，以培育师生的价值追求为核心，重塑学校管理文化，促进师生发展，提高学校办学质量，应作为改进学校管理文化的有效策略。

四、学校管理文化改进措施

（一）加强干部队伍建设，提高干部的素质与能力

干部是学校建设与发展的领导者、参与者和推进者，干部的素质高低影响着学校的办学质量与发展方向。建设一支理念先进、团结协作、无私奉献、勇于创新、精于管理、办事高效的优秀管理团队，是改进学校管理文化、促进师生发展、提高办学质量的首要任务。未来三年，我们将以实施"干部队伍建设工程"为重点，加强干部培训，全面提升干部的素质。

目前着重做好四项工作：

1. 制定干部队伍建设三年规划，明确未来三年干部队伍建设的目标与任务，有计划地开展培训活动。

2. 指导干部制定个人专业发展三年规划，明确奋斗目标，拟定发展措施，提升自己的管理水平与能力，为学校发展服务。

3. 建立促进干部发展的长效机制。

①完善干部理论学习制度。强化干部的学习意识，建立学习型领导集体，每周集中学习与自学时间不少于4小时，并做好学习笔记，以先进的理念武装头脑，指导各项工作的开展。

②建立交流学习制度。有计划地安排干部到市区先进学校学习或挂职锻炼，开阔视野，增长见识，提升水平。

③建立工作反思制度。引导干部树立反思意识，不断查找工作中存在的问题，养成周末、月末总结反思的习惯，针对突出问题积极开展科

研活动，鼓励干部出经验、出典型。

④推行干部深入群众制度。引导干部树立求真务实的意识，转变工作作风，密切联系群众，每天要走进班级、走进办公室，了解情况，解决问题。

⑤建立工作整改制度。激发干部的创新意识，通过学校管理工作评议及教师、家长、学生合理化建议，查找管理工作中的问题，认真研究改进措施，在管理上要有所创新、有所突破，要以创新促进学校的发展。

⑥完善考核评议机制。强化干部的示范意识，通过考核及群众评议干部等活动，督促干部发现问题、改进问题，切实起到示范作用，成为促进学校发展的引领者。

4.组织干部深入开展学校管理文化的研究活动。指导干部深刻理解学校管理文化的内涵，认真解决管理中存在的不足与问题，改进工作方法，提高管理水平，为师生发展、学校发展服务。

(二)转变管理思想，树立正确的学校管理价值观

深入开展学校办学思想和管理思想的探究活动，确立"以人文本、和谐发展"的学校管理思想，引导干部形成正确的学校管理价值观，重塑和改进学校管理文化。当前需要突出抓好"五观"建设，实现五个转变。

"五观"建设包括五个方面：

1.树立正确的政绩观。克服功利思想的影响，关注师生的价值追求与发展。

2.树立人本管理观。强调以人为本，从关注人的整体发展出发，尊重师生的个性，培养学生的人文精神，充分调动教职工的积极性和主动性，不断挖掘师生的潜能。从生命的视角确立我们的管理理念，改进管理方法，为学生、教师和学校发展服务，使学校成为师生实现人生价值的摇篮。

3.树立文化管理观。推进学校管理由经验管理、科学管理向文化管理迈进，以先进的思想浸润校园、影响师生，创造一种"纯朴自然、民主和谐、共同发展"的氛围，使学校的每一名成员在文化的熏陶下，产

生归属感、使命感和责任感，形成主动发展、追求人生价值的内驱力。

4.树立开放管理观。新课程改革在课程设置上强调课内与课外相结合，信息交流更加多元化，课堂教学更加民主、开放。这些变化迫切要求我们从封闭、保守的管理，向民主、开放的管理转变。

5.树立校本管理观。学校管理者要紧密结合学校实际，立足现实问题，更新管理理念，改进管理方式，重塑学校管理文化，以学校管理文化的变革促进课程改革，以课程改革创新学校管理，充分挖掘和开发学校的潜力，释放学校生命活力，形成学校管理特色。

五个"转变"是指从强调物本管理转向关注人本管理，从强调常规管理转向关注创新管理，从强调有形管理转向关注无形管理，从部门优化管理转向整体优化管理，从强调刚性管理转向关注柔性管理。[3]

(三)推进学校体制机制创新，促进学校科学发展

1.营造相互尊重、充满人文关怀的氛围。管理工作中要尊重教师的主体地位，尊重教师的人格、教师的工作，尊重教师的合理需要，维护教师的职业尊严。通过共同参与各种活动增进干群间的情感，密切干群关系，提高相互信任度，做到关心每一个人、关注每一个人的价值与奉献，激活教师的自我意识和自主精神。以人文关怀提高教职工的职业幸福感，着力解决教职工在思想、情感、工作和生活中面临的困惑与问题，全力构建充满人文情怀、健康向上、和谐愉快的工作生活环境，从而培育教师的团队精神和合作意识，建立起和谐的人际关系。

2.建立人性化的制度体系。学校管理者要坚持"激励为主、惩罚为辅，尊重差异、体现民主、促进发展"的原则，从促进师生发展着眼，紧密结合学校与师生的实际，完善和修订学校规章，使学校规章更好地体现民声、民意，具有"规范人文性"。另外，在规章实施过程中要突出"以人为本、和谐发展"的管理理念，做到"制度无情，管理有情"，使管理有依据、但不冰冷，有弹性、但不盲从，引导教职工从文化层面去解读制度的内涵，让全体教职工在制度文化的熏陶下，明确自己的职责，自觉地干好本职工作。

3. 推进管理的民主化。加强民主管理和民主监督，建立民主协商对话制度、教职工申诉制度，设立校长信箱，建立领导接待日，聘请教师担任学校效能建设监督员，推行校务公开，征求合理的建议，开展民主评议等活动，使广大师生能够参与到学校的管理工作中来，真正成为学校的主人，在学校教育教学活动及管理中发挥主人翁作用。

4. 转变管理方式。切实转变工作作风和方法，变"管理"为"服务"，变"控制"为"解放"，变"命令"为"民主"，变"权威"为"平等"，变"粗犷"为"细腻"，变"肤浅"为"深入"。坚持制度管理与人本管理相结合，刚性管理与弹性管理相结合。做到"职位不同，人格平等；能力不同，机会均等"，对关系教职工切身利益的事项，坚持公正、公平和公开的原则，实行透明化管理，满足教职工的需求，倾听教职工的心声，努力构建一个平等、民主、和谐的校园。

5. 建立科学的工作评价和激励机制。评价和激励机制要突出发展性、层次性、公平性和可操作性，为教师发展搭建平台、提供机会，让每一名教职工获得成功，让每一名教职工的人生价值在这里得到充分的体现。

（四）坚持价值引领，形成推动学校发展的核心动力

1. 确立学校共同愿景。学校管理者要明确学校办学目标并将其内化为教师的理想，让每一位教师自觉建立起与学校发展相一致的愿景与追求，在自己的岗位上尽心尽职，努力工作，在学校发展过程中体现人生价值。

2. 打造学校核心精神。在具体的管理工作中，要不断充实和强化学校的主流文化，倡导"民主、和谐、团结、进取"的学校精神，坚持"为学生终身发展而奠基"的办学理念，培育"文明、勤奋、健康、进取"的校风，打造"严谨、治学、创新、奉献"的教风，以及"乐学、勤思、刻苦、争先"的学风，逐步形成学校独有的精神文化，促进学生、教师、学校的共同发展。

总之，学校管理文化建设既是一项长期的工作，也是一项系统的工程。学校的管理者要以新课程改革为契机，自觉肩负起时代赋予的责任，

站在关注师生发展、学校发展的高度，从大处着眼、小处着手，努力培育优秀的学校文化，为学校的发展提供强大的精神动力。

参考文献：

［1］吴志宏，冯大鸣，周嘉方．新编教育管理学[M]．上海：华东师范大学出版社，2000：63．

［2］孙鹤娟．学校文化管理[M].北京：教育科学出版社，2004：11．

［3］袁先潋.学校文化力建设策略[M].重庆:西南师范大学出版社，2009：141．

健全教师激励机制
促进学校高质量发展的实践研究

北京市通州区第六中学 常恩元

摘 要：在学校办学的诸多要素中，人是最活跃、最首要的资源，教师又是人力资源中最富有朝气、活力与创造力的有生力量。没有教师的发展，就没有学生的成长与学校的发展。教师承担着传播知识、传播思想、传播真理的历史使命，肩负着塑造灵魂、塑造生命、塑造人的时代重任，是教育发展的第一资源，是国家富强、民族振兴、人民幸福的重要基石。构建完善的教师激励机制，充分激发广大教师的教育情怀和工作热情，是学校管理者的责任与使命。为此，学校立足于现状分析，积极探索与完善教师激励机制，激发教师的工作积极性、主动性与创造性，提升教育教学实效，促进学校高质量发展。

关键词：健全；激励机制；促进；高质量发展

激励是管理过程中不可或缺的环节和活动，有效的激励可以成为组织发展的动力保证，实现组织目标。[1]激励以组织成员的需要为基点，以需求理论为指导。激励有物质激励和精神激励、外在激励和内在激励等不同类型。就学校来讲，激励是教师在各种刺激的影响下，产生兴奋状态，并有效地完成工作目标的心理过程。如何建立科学有效的教师激励机制，是许多学校管理者始终思考的问题。教师没有工作热情，缺少积极性、主动性、创造性，会造成学校管理涣散，学生成长、学校高质量发展将无从谈起。学校管理者一定要清楚并深刻认识到建立科学完善的教师激励机制的重要性与必要性，要立足学校办学实际，加强研究与探索，建立健全科学有效的教师激励机制，促进学校高质量发展。

一、建立科学有效的教师激励机制的必要性分析

学校管理中，学校对教师的激励水平下降或者低于其心理预期，容易引发教师消极的工作心态甚至是抵触情绪，严重时还会影响到学校的日常工作。科学有效的激励机制既是提高教师满意度的关键，也是提升教师工作积极性、主动性、创造性的重要举措，同时也是体现学校管理者的智慧及有效管理水平的一项重要指标。

（一）科学有效的教师激励机制是落实立德树人、引领学生健康成长的需要

教育兴则国家兴，教育强则国家强。对于当今中国来说，教育不仅仅承载着传播思想、传播真理、塑造灵魂的时代重任，更承载着服务中华民族伟大复兴的重要使命。教育人有责任、有义务解决好"培养什么人、怎样培养人、为谁培养人"这一根本问题，自觉承担起"为党育人、为国育才"的历史重任。学校办得好不好，不是看它的条件何等优越、规模如何大，而是要以长远的眼光、历史的视野看它培养出什么样的人才。立德先立师，树人先正己。"师也者，教之以事而喻诸德者也。"学校要基于未来人才的培养，通过教师激励机制的建立与完善，引领教师成为"有理想信念、有道德情操、有扎实学识、有仁爱之心"的"四有"好老师。做学生锤炼品格的引路人，做学生学习知识的引路人，做学生创新思维的引路人，做学生奉献祖国的引路人。坚持教书和育人相统一，言传和身教相统一，潜心问道和关注社会相统一，学术自由和学术规范相统一。帮助学生系好人生第一粒扣子，树立好世界观、人生观、价值观，努力培养德智体美劳全面发展的社会主义建设者和接班人，并在未来担当中华民族伟大复兴的历史重任。

（二）科学有效的教师激励机制是激发学校办学活力的需要

"以质量为核心的优质均衡是义务教育均衡发展的高级阶段，也是实现义务教育普及和资源配置初步均衡之后必然的发展方向"[2]。以提高质量和效益为宗旨，着眼于办出特色、提升水平，坚持学校内涵发展、

高质量发展，应是当前和今后一个时期学校发展的着力点和攻坚点。它不仅有助于推进区域内义务教育的优质均衡发展，也能更好地满足人民群众日益增长的"上好学"的需求。学校要通过内涵发展、高质量发展，提升办学实力，不忘教育者的初心与使命，通过健全完善教师激励机制，激发教师的工作积极性、主动性与创造性，坚持"常态教育"。在没有特殊政策、资金的支持下，坚持整合内部资源和内部挖潜，缩短与市区一流学校的差距，让老百姓的孩子在家门口享受优质的教育服务，为孩子们的健康成长贡献力量。

（三）科学有效的教师激励机制是实现中华民族伟大复兴的需要

教育是提高人民综合素质、促进人的全面发展的重要途径，是民族振兴、社会进步的重要基石，是对中华民族伟大复兴具有决定意义的事业。党的十八大以来，以习近平同志为核心的党中央在谋划国家发展的大局中，始终把教育事业放在优先发展的战略地位，并对优先发展教育先后做出了一系列重要指示。2013年4月，习近平总书记在致清华大学苏世民学者项目启动仪式的贺信中强调："教育决定着人类的今天，也决定着人类的未来。人类社会需要通过教育不断培养社会需要的人才。"时代越是向前，知识和人才的重要性就越发突出，教育的地位和作用就越发凸显。习近平总书记要求"坚持科教兴国战略和人才强国战略，坚持把教育放在优先发展的战略位置，继续大力推动教育改革发展，使我国教育越办越好、越办越强"。如今，中国教育已进入高质量发展阶段，人民群众对优质教育的期盼日益强烈。实现人民群众对美好生活的向往，努力让每个孩子都能享有公平而有质量的教育，是中国梦的重要组成部分。从区域上看，学生"有学上"的问题已基本解决，但"上好学"问题还有待改进。学校要以健全教师激励机制为突破口，激发学校办学活力，实现学校内涵发展、高品质发展，解决教育发展不平衡、不充分的问题，满足人民群众日益增长的享受更加公平、更高质量的教育的愿望与需求。

（四）科学有效的教师激励机制是引领教师实现人生价值的需要

"为人师表"既是国家对教师的要求，也是高尚师德的具体表现。它要求教师的人格应该是高尚的。教师高尚的人格又表现为健康的价值观、高尚的道德情操以及渊博的知识等。民国著名教育家廖世承曾说：教师的使命，不在教书，在教育整个的青年；不在追求物质的报酬，在得到精神上的快乐[3]。精神上得到快乐，是教师继续前行的重要动力。

研究表明，对于具备一定工作能力和经验的教师而言，满意度和工作绩效之间的正相关度较高。学校的激励机制不完善，会直接影响大多数教师的工作积极性，导致教师淡化专业发展意识。在教育教学活动中，教师的一言一行都会对学生的各个方面产生影响。尤其是在现实社会中，教师也受到了社会的影响，受到物质、金钱、名利等的诱惑。在物欲横流的环境中，在许多不平而无奈的现实面前，崇高的历史责任感与现实的功利主义产生了冲突，教师心理上会产生困惑，容易失去平衡。坚守自己的职业观——淡泊名利、甘为人梯，对教师、对学校都是一个挑战。因此，学校有必要通过科学有效的激励机制建设，帮助教师克服外界的干扰，引领每个教师去实现自己的人生价值追求。

二、健全科学有效的教师激励机制的实践与探索

党的十九大报告明确指出，中国特色社会主义进入了新时代。学校应思考如何办好人民满意的教育，满足老百姓对优质教育的渴望，培养未来能够担当中华民族伟大复兴重任的人才，深入回答"培养什么人、怎样培养人、为谁培养人"的根本问题。学校需要激发办学活力，尤其是要通过教师激励机制建设，激发教师的工作积极性、主动性与创造性。为此，学校从十个方面进行了初步探索。

（一）建立目标价值激励机制

目标是教师追求的价值取向，有效的目标有很强的牵引力，既满足教师的精神需要，又在学校管理上有着极大的推动力。学校在明确办学目标、奋斗方向、发展愿景的同时，每学年初都要组织教师填写"职业生涯规划书"，通过表格了解教职工的发展期待，进而设置平台、创造条件，让大家去发挥。其目的在于，引导教师确立自己的奋斗目标，并

将学校的发展目标内化为自己的发展意愿，最终实现自身成长与学校发展的同频共振。如新教师入职时，学校对新教师提出的要求是"一年入门、二年过关、三年合格、四年成熟、五年争做骨干"的奋斗目标，并有具体的检验标准与办法，通过目标导向让教师们知道自己努力的方向在哪里。教师通过学校提供的平台和自身的努力来达成既定的目标，从而促进自身的专业成长。

（二）建立心理契约激励机制

著名心理学家莱文森（Levinson）（1962）在其著作《人、管理和心理健康》中，明确将心理契约定义为组织与员工之间的一种非书面式的、隐形的相互期望与信诺关系。心理契约虽然表现的是一种非正式的、不断变化的关系，但却是决定员工组织行为的重要因素。关于心理契约理论结构的代表理论研究主要有二维结构说与三维结构说。[4] Rousseau 和 Tijorimala（2010）通过研究调查分析，将心理契约分为交易、关系及团队成员三个维度，即三维结构学说。

交易维度是指按照学校与教师之间的协议约定，学校向教师提供约定的薪酬待遇，满足教师的物质需求，而教师应按照学校的管理规定，承担起自己的职责，完成自己的教育教学任务；关系维度是指学校为老师提供良好的工作环境与职业晋升渠道，教师应该为学校不断增强自身的专业知识能力，提高自己的教育教学水平与工作业绩，彼此都应该为了对方的权利而履行自身的承诺与义务；团队成员维度是指学校与教师双方注重人际交往，注重彼此的支持与关怀，进而推进和谐的人际环境与氛围的营造。

（三）注重精神荣誉激励机制

积极开展优秀班主任、教学能手、师德标兵、服务育人楷模、荣誉教师和优秀团队等评选活动，并以"我身边的榜样""今日做明师""讲述六中故事"等活动为载体，营造争做"优秀教师"的氛围。通过室外大屏幕公布教师校外获奖的消息，利用学校微信公众号宣传教师的事迹，树立学习的榜样，让才华出众的教师能够获得表现的机会与舞台，帮助有潜力的教师找到合适的岗位，让教师在成长的道路上感受到学校的关注与信任。在管理实践中，有意识地把优秀教师尤其是青年教师，推上教育教学改革的第一线，使一批学有所长、教有特色的年轻人走上学科组及年级组的岗位；把那些能力突出的教师推上学校管理岗位，让他们带着自身的热情和智慧去追寻教育梦想，使他们的价值得以充分体现，从而有效地激发他们的进取心和成就感。

（四）强化专业发展激励机制

学校在给教师提供薪酬待遇的基础上，立足长远，为教师制订培训进修计划，提供受教育和不断提高自身水平的学习机会，重视教师的个体成长和发展。学校支持和保障教师参加培训、教研、学术研究等活动，如国内外访学、会议交流、教育教学专题培训等，形成积极向上的氛围，激励教师主动外出参加学习培训活动，提升教师的专业水平。另外，学校还先后出台了《优秀人才管理办法》《教师队伍建设与教师专业发展规范》，为教师发展指明了方向；还制定了《课堂教学诊断制度》，及时帮助教师诊断、改进教育教学问题，提高教育教学能力，促进教师的专业成长。

（五）建立任务驱动激励机制

学校青年教师普遍具有高学历，充满激情，不满足于完成一般的事务性工作，更热衷于从事体现自我价值和水平的工作。学校结合实际，为青年教师设计具有一定挑战性的工作目标，激励他们不断突破，取得更好的成绩。在设计过程中，学校严格控制难度，避免"过犹不及"，以免挫伤年轻教师的热情和信心。如在学校教育教学成果奖的评定标准中，明确规定"教育教学核心业绩，和中高级教师相比，初级教师三超区直按 1.2 倍的系数奖励"，鼓励年轻教师努力工作，再创佳绩，有效地调动了年轻教师的工作热情，为学校注入了活力。

（六）健全团队考核激励机制

人们常讲，众人拾柴火焰高，团结就是力量。在教师管理中，学校注重团队考核，评价教师时先团队后个人。集体强大了，个人才有价值。

"火车跑得快，全靠车头带"，在以往领导就是火车头，而如今更注重团队的力量，要靠至少50%的车厢带动所有车轮一同运转，跑出真正的高速度。团队考核也体现了"雁阵效应"。在迁徙时，飞行中的大雁能借助前一只大雁的羽翼所产生的动力，使飞行省力，这就是所谓的"雁阵效应"。它带给我们的启示是：靠着团结协作精神，相互影响和相互促进，大雁才实现凌空翱翔，完成长途迁徙。雁阵如此，学校管理工作亦如此。唯有团结协作、顽强拼搏才能使学校充满生机与活力，使学校发展得更好。

（七）完善学校文化激励机制

学校文化是学校之魂，是凝聚和激励学校全体成员的精神力量，是深化学校内涵发展、提升学校办学质量的前提和重要环节，也是学校内涵发展、高质量发展的强大动力。学校发展最终是一个靠内功推动、外力协助的自觉持续的过程。文化自觉是学校文化管理的最高境界，是增强学校整体实力的内在能动力。华东师范大学教授、博士生导师郑金洲，把学校文化界定为学校全体成员或部分成员共同具有的思想观念和行为方式。它可以凝聚人心、聚集人气，为学校内涵发展、高质量发展凝聚共识；它可以整合学校愿景、使命、方略以及相应的战略举措，为学校发展统一行动；它还可以规范教育教学行为，激励参与文化建设的主体，改造不符合内涵发展、高质量发展要求的文化客体，为学校内涵发展、高质量发展提供动力。学校文化可以反映出学校的指导思想、发展目标、价值导向等，学校要善于利用主流文化激励教师为实现组织目标而不懈努力、忘我工作，实现教师管理由"他控"转为"自控"，由"他律"变成"自律"，由"追求知识"到"追求意义"，由"个人发展"到"共同发展"。

（八）完善岗位晋升激励机制

切实落实教师岗位职责，把师德表现和教育教学实绩作为岗位晋升的重要依据。职评的指导思想就是要遵循教育发展规律和教师成长规律，坚持以能力和业绩为导向，坚持日常表现与师德、能力、业绩相结合，充分调动教师的积极性,为全面实施素质教育提供制度保障和人力支持。学校职评坚持面向全体,坚持民主、公开、竞争、择优,鼓励优秀人才脱颖而出,坚持重师德、重能力、重业绩、重贡献,激励教师提高教书育人水平。学校岗位晋升激励机制起到了很好的导向引领作用。

(九)健全绩效工资激励机制

马斯洛认为,人类的需求从低到高按层次分为五种,分别是生理需求、安全需求、社交需求、尊重需求和自我实现需求。生理需求是最低层次的需求,而自我实现是最高层次的需求。在马斯洛的需求层次理论中,生理需求是人最基本的需求,也是推动人们行动的首要动力。学校注重优化薪酬体系,薪酬发放的本质在于对员工努力工作的付出提供等值的报酬。只有使员工得到满意的报酬,才能更好地激发员工的工作积极性和对未来的憧憬。为此,学校首先考虑的就是建立公平合理的工资激励机制,以满足教师的生理需求。学校绩效工资分配办法,坚持向教育教学实绩突出的一线教师和班主任倾斜,充分体现"多劳多得、优绩优酬"的原则,以激励有作为、肯担当的干部教师,爱岗敬业,尽职尽责,努力工作,潜心育人,为学生成长与学校发展做贡献。

(十)突出关心爱护激励机制

教师的教育教学行为源于需要,始于动机。故在激励过程中,了解教师的需要是进行有效激励的基础。如教师的思想、心理、价值观、能力、需求等,都是激励过程中要考虑的重要影响因素。管理者只有了解这些影响因素,才能更好地把握他们与各种环境相互作用的规律,采取最有效的激励措施。为此,学校坚持以人为本,突出人文关怀,竭尽全力满足教师生活、学习、工作、发展的各种需求,在增强教师职业荣誉感和幸福感上下功夫。如教师在合理化建议中,多次提出对食堂不满,表现为卫生差、服务水平低、烹饪水平不高、饭菜质量难以满足师生的口味等。学校高度重视,多次组织师生召开座谈会,进一步了解情况、核实问题,研究改进措施。最终学校校务会决定改变学校食堂管理方式,引入竞争机制,通过社会化招标,选定重质量、讲信誉的优质企业负责经营学校食堂，使师生用餐问题迎刃而解。学校为了满足教师的学习需要，为教师订购报刊，购买知网会员。学校还设立了校长信箱和校长接待日，随时发现和解决教师工作中的问题与困惑，突出学校对教师的关心爱护，让教师有家的感觉，从而努力工作。

三、教师激励机制建设的成效与对教师激励机制建设的思考

在前期进行深入调研分析与实践探索的基础上，建立健全学校教师激励机制，也给学校带来了可喜的变化。教师激励机制建设取得了成效，更引发教职工进行深入的思考。

（一）教师激励机制建设的成效

1.激励机制的健全带来学校办学质量的提高

"有质量"是义务教育学校内涵发展的根本特征。

一是教育教学质量高。学校坚持立德树人，探索课堂教学改革，注重学科育人，注重由知识传授向知识育人的转变。落实全员全过程全方位育人的要求，突出实践育人，践行"动态德育""直接德育"成为学校德育工作的突出亮点。联合国教科文组织中国可持续发展教育项目示范校、全国青少年校园篮球特色学校、首都文明校园、北京市学校文化建设示范校、北京市课程建设先进单位、北京市中小学教师教育基地等奖项纷纷落户六中。

二是人才培养质量高。学生乐学、善思、刻苦、创优，具有广泛的兴趣爱好，能够在思想上与行为上体现学校的核心价值追求，学习力、实践力、创新力强。每年大批毕业生升入北京市第四中学、中国人民大学附属中学、清华大学附属中学、北京大学附属中学、北京师范大学附属实验中学、十一学校、潞河中学等知名学校。许多体育特长生不需要加分，同样升入知名高中。科技特长生在国家级及市级竞赛中摘金夺银已成常态，在区域内具有一定的知名度。艺术特长生时常代表通州区参加市级以上的竞赛与展示活动。学生出色的表现得到了家长及社会同仁的认可。

三是学校管理质量高。规范、优质、高效成为学校管理的亮点。学

校管理灵活，校内的人力、物力和财力资源得到优化配置——人尽其才、物尽其用、财尽其效，为学校的办学质量持续提升给予了有力支持。

2. 激励机制的健全带来学校办学效益的提升

学校的办学效益，主要是非经济效益，体现在师生受益、办学效益、社会效益等方面。六中学生遵规守纪、勤奋好学得到了高一级学校的认可。六中教师严谨治学、敬业奉献的精神区域知名。通州区初中第一批特级教师、正高级教师在这里产生。"运河计划"教育领军人才及市区骨干教师所占比例在区域内领先于其他学校。区级"新蕾杯""春华杯""秋实杯"教学竞赛及市级"京教杯"基本功竞赛获奖教师在区域内领先。学校在校外报纸、杂志、电视等媒体频繁发布宣传报道，学校的影响力和竞争力不断提升，知名度得以扩大，综合实力显著增强。学校注重社会效益的提升，首先，提升自身的办学质量，满足辖区老百姓孩子"上好学"的需求；其次，让教师走出校园，开展家教指导，普及家教知识，提升辖区居民的育儿水平，参与社区文化活动、精神文明建设，为和谐社区的形成贡献力量；再次，开放办学，与友邻单位密切联系，共享资源，共同发展。

3. 激励机制的健全带来学校办学特色的凸显

学校特色发展是学校内涵发展基于学校自身条件、发展愿景和标准水平的个性化、独特性发展。学校特色发展是办学内涵与品质的重要体现，有别于其他的学校标识。内涵发展促进了"卓越教育"办学特色的形成，学校秉承"办卓越教育——激励每一名师生主动发展，成为最好的自己"的办学理念，着重抓好三大领域：卓越学生、卓越教师、卓越学校的培育，以培养"自主发展、具有卓越气质的六中人"为核心目标，通过课程、课堂、文化、活动、行为、机制六大途径落实"卓越教育"办学特色。"卓越教育"办学特色得到了专家学者及同行的认可，《北京晨报》《北京教育》等报刊也进行了相关报道，在校内外引起了较为广泛的关注。

（二）对教师激励机制建设的思考

1. 作为管理者要关注教师潜能的充分发挥

美国哈佛大学的威廉·詹姆斯（William James）教授在对员工的激励研究中发现：按时计酬的分配制度仅能让员工发挥20%—30%的能力；如果受到充分的激励，员工的能力可以发挥80%—90%；两种情况之间有60%的差距，这正是有效激励的结果。作为管理者要深入研究，把激励制度对员工的创造性、革新精神和主动提高自身素质的意愿等因素的影响考虑进去，使教师最大限度地努力工作。

2. 作为管理者要掌握多种激励方法

学校不同，教师不同，即便用相同的激励方法，也可能产生不同的效果。管理者应有清醒的认识，了解不同的激励方法的异同，并学会灵活运用不同的激励方法，如物质激励与精神激励、正激励与负激励、内激励与外激励等。不同的激励方法对行为过程会产生不同程度的影响，所以激励方法的选择是做好激励工作的一项先决条件。

3. 作为管理者要关注激励过程

激励的目的是使组织中的成员充分发挥潜在的能力。激励是一个递进的过程——需要→行为→满意。从有需要到产生动机是一个"心理过程"。例如，一位老师在市级的基本功大赛中获得大奖后，渴望得到学校、领导和同事的赞赏、认可与肯定，这就是他渴望被激励的"心理动机"。这时，如果学校、领导能及时用表扬"激励"他，他在今后的工作中会更加努力，甚至做得更好。这就使他产生了好的"行为"，而这种"行为"肯定会导致好的"结果"，最后达到学校、领导和同事都满意、认可的效果。

4. 作为管理者要关注激励技巧

激励机制就是在激励中起关键作用的一些因素，由时机、频率、程度、方向等因素组成。它的作用集中体现在对激励的效果有直接和显著的影响。因此，认识和了解激励机制，对做好激励工作大有益处。激励的时机要把握恰当：何时用、何时不用，都要根据具体情况进行具体分析。有效控制激励的频率：要因人、因事、因地制宜地进行激励。有效把握激励的程度：要做到恰如其分。有效控制激励的方向：实施正确的激励，引导教师追求更高层次的目标。

如何将学校办得更好，让师生拥有更多的实际获得感？这应是我们每位学校管理者应该思考的问题。随着教育领域综合改革与城市副中心建设的不断推进，社会对教育提出了更高的要求。对学校教育来讲，这既是机遇，也是挑战。六中人要继续秉承"崇尚先进、争创一流"的核心价值追求，按照"世界眼光、国际标准、中国特色、高点定位"的城市副中心建设要求，迎难而上，锐意改革，在理念上与行动上取得新突破，完善管理，以教师激励机制建设为切入点，不断丰富内涵、提升品质，创造适合每一名学生的教育，最终转化为实实在在的育人成果，增强学生的实际获得感，切实将学校办成百姓身边的好学校。

参考文献：

[1] 孔繁金. 和谐视域下的农村政治与社会发展研究 [M]. 济南：山东人民出版社，2013：222.

[2] 冯建军. 义务教育优质均衡发展的理论研究 [J]. 全球教育展望，2013（1）：86.

[3] 汤才伯. 廖世承教育论著选 [M]. 北京：人民教育出版社，1992：405.

[4] 艾光磊. 心理契约视角下FD公司知识型员工激励设计研究［D］. 郑州：中原工学院，2019.

建立学校内部督导机制引领学校科学发展的初步研究

北京市通州区第六中学　常恩元

我国现行的教育督导工作体系是以国家、省市、区县为主的分级督导，主要任务是规范学校的办学行为，保证教育法律、法规、规章和国家教育方针、政策的贯彻执行，落实素质教育，提高教育质量，促进教育公平，推动教育事业科学发展，强调"督""导"并重。2013年，国务院教育督导委员会办公室又建立了教育督导责任区制度，要求各级督导部门为区域内每一所学校设置责任督学，对学校进行经常性督导（每月不得少于1次）。这进一步完善了现行的教育督导工作体系，使督导的针对性进一步增强，更有利于学校的发展。上述督导工作体系，主要是外在的强制性督导，学校多处于被动状态。为了适应时代的发展，提升办学质量，建议在中小学建立内部督导机制，实现外部督导与内部督导相结合，形成督导合力，引领学校科学发展。

一、中小学内部督导有效运行机制的建立是时代发展的要求

（一）进一步完善督导运行体系的需要

让每一名学生享受公平而有质量的教育，是国家的要求，这对学校办学也提出了新的挑战。学校必须从改进管理入手，激发办学活力。建立学校内部督导制度就是一种有益的尝试。澳大利亚的教育属于世界一流水准，其教育体系也得到了各个国家的认可，基础教育的质量也位居世界前列。从州政府教育部到地区，再到学区，从学区到学校的完整教育行政督导体制，表现出澳大利亚教育行政体制的高水平、高效率。学

监制在教育行政管理体制中起到了承上启下的作用。学校内部成立了学校董事会，它是由教师、家长和学生三个方面组成的，对学校的管理有监督和制约作用。[1]这种权利下移的督导体制值得我们借鉴学习。它提升了学校管理的自主性，有利于促进学校发展，使校内自主督导体系的作用不断凸显，并形成带有校本特色的教育督导体系。国内在此方面也做了尝试。如北京市东城区史家实验学校，在《以内部督导促进教育集团优质均衡发展》一文中写道："集团学校的巨大规模和内部差异性决定了其必须建设有效的制度，协调发展。因此，集团学校开始尝试内部督导机制的建立。"[2]再有，北京市育英学校"在办学和育人方面取得了一些成绩，赢得了良好的社会声誉。在此过程中，校内督导评估机制建设发挥了积极作用，已成为学校强化育人质量监控的重要途径"[3]。从国内外的教育督导实践看，校内督导已经产生并且收到了良好的效果。

（二）提升学校治理体系和治理能力现代化的需要

在党的十八届三中全会上，习近平总书记将全面深化改革的总目标设定为"完善和发展中国特色社会主义制度，推进国家治理体系和治理能力现代化"。这是中国共产党在社会主义现代化框架下，继"工业现代化、农业现代化、国防现代化、科学技术现代化"后的"第五个现代化"，具有根本性、全局性、长期性、稳定性四大特征，是更高层次的现代化。"四个现代化"侧重于解决硬件问题，旨在大力发展生产，"第五个现代化"则侧重于解决软件问题，是建立在"四个现代化"基础上的现代化，体现的是思想观念的变化，是更高层次的现代化。推进"第五个现代化"将使国家治理更加规范科学、高效透明。从"管理"到"治理"的跨越是全面深化改革的"破题"之举。过去的改革，我国更多地将精力放在行政管理、社会管理等内容上，而十八届三中全会提出的国家治理体系，囊括了各领域制度和规则的建立、执行、监督和问责，使制度及体制机制更加完善，决策更加科学，把各方面制度优势转化为管理各领域社会事务的效能优势。教育治理体系和治理能力现代化是教育现代化的必然要求，也是实现国家治理现代化的重要内容。学校僵化的管理思想，缺乏人性的、冰冷的管理制度，以工具人为假设的管理模式，单一的评价方式等都需要管理者去破除、改进。通过校内督导体制的建立，可以落实依法办学，引领学校管理变革，激发学校办学活力，促进学校科学发展。

（三）丰富办学内涵，实现内涵发展、高质量发展的需要

"内涵发展"就是要抓住事物的本质属性，强调事物"质"的发展；从学校发展的角度看，就是要关注学校发展的内容和实质，实现教育质量的提升，从过去那种注重增加投入、扩大规模、拓展空间、加快速度的外延式粗放型发展，向注重挖掘学校内部潜力、增强学校实力和竞争力、提高教育教学质量、提升办学效益及其知名度和美誉度的内生化精细化发展转变。[4] 在推进学校内涵发展中，学校内部督导将发挥重要的职能作用：通过对学校管理、队伍建设、课程设置、育人方式、办学成效等方面的督导，促进问题的发现及解决。学校应抛弃功利思想，重建教育价值观，并基于学生发展的多样化与个性化需求，努力创办适合每一名学生的教育，给学生一个"唤醒"心灵的环境；摒弃应试的方式，切实回到教育育人的本质上来；满足老百姓对优质教育的期盼，实现学生"上好学"的愿望。

二、高标准选聘校内督导人员是保证学校科学发展的需要

学校需要选聘高水平的人员来履行学校的督导任务，校内督导人员应具备先进的理念、扎实的专业知识、丰富的教育教学经验、较强的督导能力、显著的工作业绩、一定的知名度和影响力。校内督导人员选聘可以专职与兼职相结合，专职即学校在编制允许的条件下，成立校内督导机构，选聘专职人员负责此项工作；兼职人员可以是校内特级教师，市区骨干教师，外聘的专家、学者、退休校长，以及优秀教师、社会人士、家长代表等。建议国家在具备条件的情况下设立校内督学准入制度，推进校内督导工作的开展，使校内督导工作更具针对性与实效性。

国外对督学要求极其严格。如英国督学的聘任要求非常高，可以用"面面俱到"来形容。督学不但要有丰富的专业知识和较高的专业水平，

还应对自己本专业以外的其他教育问题有强烈的探究欲望。除此之外，督学在教学方面也要积累足够的经验，并具备卓越的教学表现。另外，督学在道德品质、文学素养等方面也要有出色的表现。选拔过程同样非常严格：面试、口头答辩、培训、见习是每名候选人员必须经历的过程；如果有一方面达不到国家标准，这名候选人就不能继续参加应聘。美国的教育督导人员分两种，即教育行政人员兼任督学和专职督学人员。兼任督学包括学监、副学监和校长等，各州一般会下设专职督导员代替其开展工作。兼职督导人员需具备足够的专业知识、教学经验和能力，具体要求根据其职责各不相同。法国各级督导人员的聘用条件与选聘方式都不同，包括审议、考试、培训、实习等环节。日本督导人员强调专业性，即注重督导人员对教育的建议和指导能力。督导人员一般是从大学以外的公立学校教师、行政人员队伍中进行选拔，要求有丰富的学识、良好的个性特征和品质，熟悉各项法律法规、管理技能和学校工作特点，随时关注现代社会和教育的动态及趋势，更新评估教育工作的方式方法。

国内一些学校的校内督导人员主要以校内的干部、优秀教师为主体，如北京市育英学校建立了"扁平化—矩阵式"管理机制，形成了促进自身发展的管理路径，确立了"从问题出发，走动管理，问道教师、问道学生、问道家长"的管理原则，建立了校内干部月度督导评估意见反馈制度。每月4日，干部要把自己发现的学校存在的问题呈报给校长，校长审阅后按问题内容责成相关人员进行处理，并由学校督责小组进行督办落实，实现了学校内部督导评估反馈工作的常态化，对学校各项工作的提升起到了强大的推进作用。再如，北京市东城区史家实验学校，以史家小学为主体，携手5所学校，组建了史家教育集团，成立了6个中心（其中包括督导评价中心），保障集团运转良好，促进各校区的优质均衡发展。另外，国内一些学校的内部督导机构的人选多是即将退休的优秀教师。这些教师教学经验比较丰富，教学任务轻，督导时间可以得到一定的保障。但也存在一些问题，如教育思想陈旧，理念落伍，缺乏创新意识等，降低了督导的实效。总体来看，校内督导人员构成相对单一，有待进一步扩充。校内督导人员还应与时俱进，要具有敏锐的信息收集能力，相应的管理、指导、评估能力，较强的沟通、识别、应变能力，良好的性格特征与自我发展和提升的意识。

三、注重评价改进功能的挖掘，完善校内督导内容

2012年8月29日，国务院第215次常务会议通过的《教育督导条例》第十一条规定，教育督导机构对下列事项实施教育督导：（一）学校实施素质教育的情况，教育教学水平、教育教学管理等教育教学工作情况；（二）校长队伍建设情况，教师资格、职务、聘任等管理制度建设和执行情况，招生、学籍等管理情况和教育质量，学校的安全、卫生制度建设和执行情况，校舍的安全情况，教学和生活设施、设备的配备和使用等教育条件的保障情况，教育投入的管理和使用情况；（三）义务教育普及水平和均衡发展情况，各级各类教育的规划布局、协调发展等情况；（四）法律、法规、规章和国家教育政策规定的其他事项。以上内容覆盖了学校办学的多个领域，将专项督导与综合督导相结合。学校内部督导，在关注整体督导的同时，可以有所侧重。整体督导可以从办学思想、学校规划、学校管理、队伍建设、教育教学、体育美育卫生健康教育、安全工作、学生发展、学校发展、创新与特色等方面实施。学校内部督导可以重点关注以下六方面内容：

（一）关注学校的办学思想

教育决定着人类的今天，也决定着人类的未来，人类社会需要通过教育不断培养所需要的人才。时代越是向前，知识和人才的重要性就越发突出，教育的地位和作用就越发凸显。只有把教育做好，国家才有未来。有什么样的办学思想就有什么样的办学行为。端正办学思想不是一句空话，而应该转变为实实在在的育人行为。学校内部督导要指导学校管理人员克服功利思想的侵蚀，不以分数、升学率作为评价学生、教师的唯一指标，不以拼时间、拼体力，牺牲师生的身心健康为代价换取所谓的成绩，倡导"绿色成绩"，落实好"培养什么人、怎样培养人、为谁培养人"这一根本问题。

（二）关注学校的管理方式

学校的管理要通过对教职工的价值观念和组织精神的培育，促进教职工的自我实现与发展，影响教职工的思想和行为，用一种无形的文化力形成行为准则、价值观念和道德规范，增强教职工的归属感，调动教职工的积极性和创造性。校内督导要引领学校管理人员完成管理方式的变革，实现从经验管理到科学管理、再到文化管理的转变，重视与尊重教职工，体现"以人为本"的思想，要凝聚人心，共谋发展。学校要实现从强调物本管理转向关注人本管理，从强调常规管理转向关注创新管理，从强调有形管理转向关注无形管理，从部门优化管理转向整体优化管理，从强调刚性管理转向关注柔性管理，最大限度地调动教职工参与和助推学校内涵发展的积极性和主动性，激发学校的办学活力。

（三）关注学校的队伍建设

习近平总书记曾讲："一个人遇到好老师是人生的幸运，一个学校拥有好老师是学校的光荣，一个民族源源不断涌现出一批又一批好老师则是民族的希望。"学生从开始接受学校教育时起，每天接触时间最多的不是家长而是教师，教师的言谈举止、学识、人格魅力等都会对学生产生深远的影响。没有一流的教师团队，就没有学生的成长与学校的发展，学校办学必须树立教师优先发展的思想。校内督导要高度关注队伍建设，针对问题及时提出改进建议，并进行跟踪督导，使学校队伍建设取得成效，培养有理想信念、有道德情操、有扎实学识、有仁爱之心的"四有"好老师。

（四）关注学校的育人方式

教育的终极目标是促进人的发展，其本质是为学生终身发展奠定坚实的知识、能力和人格基础，尤其是学生能够适应终身发展和社会发展需要的必备品格和关键能力的培养。基于学生未来的成长，办学者需要转变思想，坚持"五育"并举，在育人方式上实现创新。校内督导应指导学校管理人员完善顶层设计，实施学校供给侧改革。学校要突出德育的时代性，注重体验式育人；挖掘课程教材的育人功能，满足学生多样化成长的需求；落实好体育艺术"2+1"活动，开好体育课、音乐课、美术课，培养学生的体育锻炼习惯，提升学生的审美情趣与艺术鉴赏力；深化劳动教育，培养学生正确的劳动价值观和良好的劳动品质；拓宽实践育人渠道，注重学生综合素质培养，完善综合素质评价，引领学生全面发展与个性化成长。

（五）关注学生的实际获得

中国特色社会主义进入了新时代，人民向往美好生活，同样期盼高品质的教育。办公平而有质量的教育是每一名教育人的责任与使命，也是为人民服务的具体体现。学校办学要满足老百姓对优质教育的期盼，关注学生的实际获得，切实实现学生"上好学"的愿望。学校应注重培养学生树立远大的理想、形成正确的价值取向，培养学生养成遵纪守法、诚实守信、敬廉崇洁、合作乐群、自尊自信、尊重他人、乐观向上的良好品质，使学生懂礼貌、讲文明，勤俭节约、热爱劳动、爱护环境，培养学生形成端正的学习态度和独立思考、合作学习、认真探究等良好的学习习惯，以及实践能力和创新精神。学校应培养学生拥有良好的运动习惯及高水平的艺术鉴赏力与技能，确保学生身心健康；同时还应不断增强学生的劳动意识，使学生养成良好的劳动习惯。基于此，我校学生得到了全面而有个性的发展，有兴趣爱好专长的学生占比高。

（六）关注学校的特色发展

特色学校是指在先进的教育思想理念指导下，从本校的实际出发，经过长期的办学实践，形成了独特的、稳定的、优质的办学风格和优质的办学成果的学校。简言之，特色学校就是认识和优化了个性的学校，具有独特性、优质性、稳定性、文化性。学校的这种特色体现在教育活动的每一个环节，与学校的育人理念、办学思想、培养目标、学校文化、课程等一脉相承，是基于办学规律、学生成长规律之上的特色，能够与社会需要完美结合。它也是基于学校教育工作的整体或全局而形成的、具有比较稳定的、区别于其他学校的独特风格或独特风貌，并培养出具有特色的人才的学校。校内督导要关注学校的特色发展，指导办学者处理好学校特色与特色学校的关系，明确学校特色发展"为什么""做什么"和"怎么做"三个基本问题，丰富学校办学内涵，提升办学品质。

四、建立"四位一体"校内督导模式，助力学校可持续发展

"四位一体"的校内督导，是指建立"督管、督育、督学、督改"的督导模式，从四个方面加强对学校内部办学质量的督导。

（一）督导学校管理，鼓励学校管理创新

督导学校管理重点关注管理的规范性与创新性。规范性主要是指党和国家的教育方针、政策、法律、法规等的落实情况，学校是否依法办学，以及管理工作是否规范。创新性主要是指管理工作能否激发学校的办学活力，最大限度地调动教职工的工作积极性与主动性。另外，学校内部督导中还存在一些弊端，需要引起我们的关注。由于学校的内部督导机构多由一些机构兼任，因此，学校必须给予学校内部督导机构在监督管理方面的实权，避免学校的内部督导机构在督教、督学的过程中受到一些权力部门的干扰，而影响到他们的督导效果。

（二）督导学校育人，鼓励育人方式创新

督导学校育人不应仅仅局限于课堂教学的质量，应该关注德智体美劳"五育"并举的落实，全面发展素质教育，强调的是学校与教师的育人方式。如不断完善德育工作体系，认真制订德育工作实施方案，深化课程育人、文化育人、活动育人、实践育人、管理育人、协同育人。学校应严格按照国家课程方案和课程标准实施教学，确保学生达到国家规定的学业质量标准，着力培养认知能力，促进思维发展，激发创新意识，实现课堂教学由"教"向"学"的转变，注重启发式、互动式、探究式教学，充分发挥教师的主导作用，引导教师深入理解学科特点、知识结构、思想方法，科学把握学生的认知规律，上好每一堂课。学校强化体育锻炼，坚持健康第一的思想，使学生养成良好的体育锻炼习惯；实施学校美育提升行动，培养学生的艺术爱好与特长，提升学生的艺术鉴赏力与技能；加强劳动教育，充分发挥劳动综合育人功能，培养学生的劳动意识与习惯。

（三）督导学生的学业，提升学生的实际获得感

办公平而有质量的教育是国家的要求，学生的实际获得是有质量教育的重要组成部分。校内督导要关注学生德智体美劳的全面发展与个性成长，注重育人实效的评估，找出问题，提出改进建议。另外，还要关注学生的纵向成长及不同类型学生的进步。如英国督学会对在校学生进行综合了解，特别是对学生的学业成就方面的状况进行评判，充分考虑学生学业成就的增值情况，特别是后进生是否在学校取得进步。

所以，校内督学还要关注督导的跟踪服务、增值服务，助力学生学业的成长。

（四）督导学校的改进，发挥诊断评价作用

校内督导的一个很重要的职能就是发现学校办学中暴露出来的问题，并结合自身的经验，进行初步的诊断分析，拟定改进的建议，并针对这些问题建立督导计划，给出整改的时间和期限。督导学校的改进对校内督导管理部门来讲是最为重要的，因为督改效果直接关系到学校暴露出来的问题是否真正得到解决。学校的内部督导机构应密切监督督导出来的问题的整改效果，只有这样才能真正发挥校内督导机构的作用，保证督导效果得到不断提升。

实践证明，校内督导在推进学校发展、提升办学质量方面起到了积极的作用。另外，为了进一步提高校内督导的实效，学校还应妥善处理好四个结合，即宏观督导与微观督导相结合、综合督导与专项督导相结合、评价督导与改进督导相结合、校内督导与校外督导相结合，使学校内部督导在形式上得到进一步补充与丰富，从而更加科学、全面、立体。我们希望学校内部督导由尝试到广泛实行，助力学校发展，办百姓满意的教育。

参考文献：

[1] 郭爽. 澳大利亚教育督导制度特点对我国的启示 [J]. 基础教育研究，2019（19）：30-31.

[2] 金强，马淑芳.以内部督导促进教育集团优质均衡发展[J].北京教育（普教版），2019（12）：26.

[3] 于会祥.重视学校内部督导评估 强化育人质量监控[J].北京教育，2016（7）：19.

[4] 马佳宏.义务教育学校内涵发展：时代需要与方略构想[J].教育与经济，2018（6）：3.

[5]Department for Education.The common inspection framework:education, skills and early years[R].London:Department for Education,2018：12-14.

对新时代教育评价改革的思考

北京市通州区第六中学　常恩元

教育评价事关教育发展的方向，有什么样的评价指挥棒，就有什么样的办学导向，就会产生什么样的办学结果。2020年10月13日，《深化新时代教育评价改革总体方案》出台，就深化新时代教育评价改革的指导思想、主要原则、改革目标、重点任务及组织实施等进行了系统安排和明确部署。这意味着我们在构建中国特色、世界水平的教育评价体系的历史进程中迈出了更加坚定的一步。作为教育人要高度关注新时代教育评价，主动参与进来，不断完善学校的教育评价体系，助力学校发展。

一、要正确认识当前教育评价的弊端

早在2018年，习近平总书记就在全国教育大会上明确要求"健全立德树人落实机制，扭转不科学的教育评价导向，坚决克服唯分数、唯升学率、唯文凭、唯论文、唯帽子的顽瘴痼疾，从根本上解决教育评价指挥棒问题"。随着经济、社会、文化、科学技术的迅猛发展，社会对国民素质和创新人才的培养提出了新的要求。现行的评价体系已经不再适应未来人才的培养与发展要求，与建设教育强国、创新型国家，实现中华民族伟大复兴的战略需求不相适应，亟待改进。例如：我国教育评价的法律依据不足，缺少明晰的法律规定和足够的法律保障；教育评价的管理体系有待完善；教育评价的内容繁杂；教育评价的实质性评价不足；教育评价结果的使用过于功利化；教育评价中的科学性、公平性有待商榷；社会用人的价值导向存在偏差；等等。这些都是构建科学教育评价体系必须认真思考和解决的重大问题。面对新时代的新需求，为解决人民日益增长的美好生活需要和不平衡不充分的发展之间的矛盾，我们要在破"五唯"、落实立德树人的根本任务上，有新的思考、新的突破、新的举措。

二、将树立正确的教育价值观放在首要位置

首先，要学习和贯彻落实习近平总书记关于教育的重要论述。习近平总书记关于教育的重要论述集中体现在教育工作"九个坚持"上，系统回答了新时代中国"办什么样的教育""如何办教育"以及"为谁办教育"等涉及教育事业发展的根本性问题。这是指导新时代中国特色社会主义教育事业健康发展的思想纲领，也是指导新时代中国教育评价制度改革发展的根本理念。

其次，必须秉承马克思主义唯物辩证思想。反对在教育评价问题上的各种二元对立论，如个人本位与社会本位、内部评价与外部评价、定性评价与定量评价、工具理性与价值理性、手段价值与目的价值、形成性评价与终结性评价、个体性评价与团队性评价、统一性与多样性、唯与不唯，等等。要改进与完善现有的教育评价，做好各种价值取向的平衡和综合，形成新的教育评价的价值共识。确保党的教育方针得到全面贯彻与落实，确保学校的办学方向正确，回答好"培养什么人、怎样培养人、为谁培养人"的根本问题。

三、完善科学的教育评价治理体系

从国家层面审查和修订相关法律、法规，明确各级各类有关教育评价的法律规定，就教育评价的性质、主体、内容、类型、结果使用等基本问题做出适当的法律规定，并依据相应的法律规定出台具有指导性、规范性和约束性的部门规章，规范教育评价行为。完善教育评价的领导体制，对教育评价的多头管理、各自为政以及彼此的一致性、协调性等问题给出明确合理的解决办法。落实《关于减轻中小学教师负担进一步营造教育教学良好环境的若干意见》，党和政府要依法依规开展督查检查评比考核，精简现有督查检查评比考核事项，改进督查检查评比考核方式方法，将学校及广大教师从过多、过滥、过频的教育评价中解放出来，使教师静下心来育人。加强教育评价的治理能力建设，提升教育系

统的决策者、管理者及广大校长和教师的教育评价素养和能力，用好教育评价的"指挥棒"，建立科学的教育评价理念，树立正确的教育评价价值导向，引导教育事业健康发展。

四、关注教育评价学科建设，培养专业人才

从国家层面加大高校教育评价学科和教育测量与评价学科的建设力度，增加学科设置点，有计划、有组织地扩充招生人数，并增加专业的硕士毕业生、博士毕业生数量，满足教育评价工作开展的需要。在专业人才培养中要夯实学科基础，充分体现多学科性、跨学科性，注重基本理论的研究，加大构建中国特色、世界水平的教育评价体系等重大理论问题的研究力度，加大对教育行政部门中从事教育标准制定、管理和教育评价管理的人员及大中小学和幼儿园的校长在教育评价方面的专题学习指导和培训力度。特别是在信息化时代，要充分利用好大数据技术对教育进行科学有效的评价，为教育的高质量发展提供支持。

五、通过完善教育评价体系引领教育回归本真

把升学率作为衡量学校办学质量的唯一指标，将学历作为教师招聘入职的门槛，把论文发表的数量和期刊当成反映教师的学术贡献、创新水平的重要指标，将先进荣誉、骨干教师等作为教师职评的条件及反映教师队伍水平的标志，高校重科研、轻教学，义务教育学校重教书、轻育人……可以说，现行的教育评价充满了功利色彩，进入了"本末倒置"甚至是"舍本逐末"的危险境地。所以，教育评价改革势在必行。教育评价要坚持立德树人，牢记为党育人、为国育才的使命，充分发挥教育评价的指挥棒作用，引导确立科学的育人目标，确保教育发展方向正确。坚持问题导向，从党中央关心、群众关切、社会关注的问题入手，破立并举，推进教育评价关键领域改革取得实质性突破。坚持科学有效，改进结果评价，强化过程评价，探索增值评价，健全综合评价，充分利用信息技术，提高教育评价的科学性、专业性、客观性。坚持统筹兼顾，针对不同主体和不同学段、不同类型的教育特点，分类设计、稳步推进，增强改革的系统性、整体性、协同性。坚持中国特色，扎根中国、融通

中外、立足时代、面向未来，坚定不移地走中国特色社会主义教育发展道路。

六、新时代教育评价改革重点在于落实

要把教育评价改革作为"最硬的一仗"来推进，破解"五唯"难题。"五唯"的形成有着深刻的社会原因，起于数量、成于刚性、错在单一。正是因为表面公平、操作简单，"五唯"才逐渐累积成顽瘴痼疾。"五唯"在很长一段时间对发展教育有功，对促进教育公平有利，只是慢慢地在教育发展起来之后逐渐成为阻碍教育科学发展的因素。如学校过于关注升学率、关注分数，评比表彰高考、中考状元。媒体炒作状元及高考牛校等加剧了唯分数论、唯升学论，将"德智体美劳"变成了关注智育、关注分数、关注升学，将育人变成了选拔。从学校的校长到教师，从教师到学生，从学生到家长，压力层层传导，疲于应试，不堪重负。破除"五唯"不能只是一句口号。破除"五唯"就是要实现从"一"到"多"的立，就是要以量化指标为基础，找非量化点突破，即数量指标是基础，"不唯"是扩展，定量与定性相结合，以逐步建立起适应新时代发展需要的教育评价体系。各级政府要拿出教育评价改革的时间表和路线图，在落实上下功夫。

七、新时代教育评价改革需要全社会的关注与支持

构建科学的教育评价体系，不能就"教育评价"而论"教育评价"，而要着眼于社会改革发展、国家现代化建设、中华民族伟大复兴及未来人才培养需要的大局，做好顶层设计，坚持统筹兼顾，重点解决那些直接影响科学的教育评价体系构建的制约因素。真正做到在选人用人时全面考察、德才兼顾、择优录取，反对"以帽取人"，反对第一学历歧视，坚持唯才是举，保证就业公平。加大教育评价的舆论治理力度，治理新闻媒体胡乱排名、炒作状元等现象。注重教育评价学术共同体作用的发挥，加强教育评价问题的研究，广泛开展学术交流，为教育评价改革顺利推进创造良好的学术及社会环境。

建科学的教育评价体系是当前中国乃至世界各国都面临的一个难

题,也是当今我国深化教育体制机制改革的一项重要而艰巨的任务。《深化新时代教育评价改革总体方案》的出台,标志着我国新时代教育评价制度改革已经从局部改革进入总体改革的新阶段。作为教育人要主动作为,要成为新时代教育评价改革的参与者、见证者,要牢记教育人的使命与初心,全面提升办学质量,将学校办成人民满意的好学校。

落实办学自主权 激发学校办学活力

北京市通州区第六中学 常恩元

按照北京市教育委员会关于落实中小学办学自主权、激发学校办学活力有关工作的要求，学校注重现代学校制度的建立、落实办学自主权，以及依法治校、完善内部管理和奖励机制等方面的体制机制建设工作。现简要总结如下：

一、基本情况

2004年，国务院批转、教育部制定的《2003—2007年教育振兴行动计划》第三十四条正式提出"深化学校内部管理体制改革，探索建立现代学校制度"。《国家中长期教育改革和发展规划纲要(2010—2020年)》明确指出，"完善中小学学校管理制度"。这对我国中小学规范办学、提高办学质量、推动教育创新至关重要。如今，现代学校制度建设是中小学教育改革的重要工作，并取得了一定的成效。

（一）现代学校制度建设坚持章程统领的模式

学校通过制定章程，对学校办学自主权、内部治理结构和运行体制机制等重要事项做出规定，并以此为基础，建立健全学校规章制度体系，完善体制机制，明确权力与权利，优化学校文化，实现学校治理现代化。

（二）落实办学自主权，激发办学活力

学校坚持回归教育本质、坚守教育底线，努力建立现代学校制度，积极培育独立意识和自主精神，始终关注创新，主要体现在学校管理模式的改变、学校规章的建立、课程的开发与设置、教育教学改革、办学特色的培育等方面。

（三）完善内部管理和奖励机制

学校积极推进内部管理变革，建立有利于学生成长、教师发展及学校办学内涵与品质提升的奖励激励机制。变制度管理、经验管理及所谓的科学管理为文化管理，坚持以人为本，关注人、激励人、发展人。重新修订学校制度汇编，让每位师生清楚学校的要求，做到工作落实有章可循。学校的奖励激励机制，更加注重人性化，起到了聚人心、集智慧、助发展的作用。

（四）依法维护教师权益

学校注重依法维护教师的合法权益，开展法制知识培训，设立校长接待日，公布校长电话，举办合理化建议征集活动，建立干部深入师生制度，切实解决教师的疑惑，维护教师的利益。

（五）营造良好的社会和家庭环境支持学校自主办学

学校主动打破学校教育的时空界限，坚持开放办学，充分利用辖区各类教育资源，为学校教育活动的开展提供支持。学校成立家教委员会，设立校园开放日，定期开展学校发展合理化建议征集活动，聘请家长来校讲学，使家长资源得到了很好的利用，形成了社会和家庭支持学校自主办学的氛围。

二、主要举措及工作经验

（一）现代学校建设稳步推进，学校治理结构逐步完善

学校依法建立章程的配套制度及落实机制，健全各种办事程序、内部机构、组织规则、议事规则，建立健全学校法律顾问制度，强化学校依法办学意识，健全依法治校评价指标体系。学校治理结构得到逐步完善，使学校走上现代学校制度建设的轨道。

（二）转变管理思想，树立正确的学校管理价值观

日常管理中，结合学校实际深入开展办学思想和管理思想的探究活动，通过思想的碰撞与交流，确立"以人为本、和谐发展"的学校管理思想，引导干部形成正确的学校管理价值观，重塑和改进学校管理文化。

（三）坚持价值引领，形成推动学校发展的内驱力

确立学校共同愿景，并将其内化为教师的理想，让每一位教师自觉

建立起与学校发展目标相一致的愿景与追求,在自己的本职岗位上尽心尽职地努力工作,在学校发展过程中体现人生价值。打造学校核心精神,不断充实和践行学校的主流文化,培育一流的校风、教风、学风,逐步形成学校独有的精神文化,促进学生、教师、学校的共同发展。

(四)推进机制创新,把学校文化管理落到实处

营造相互尊重、充满人文关怀的氛围。建立人性化的制度体系。推进管理的民主化。切实转变工作作风和方法。坚持制度管理与人本管理相结合,刚性管理与弹性管理相结合。建立科学的工作评价和激励机制。为教师搭建发展平台、提供发展机会,让每一名教职工获得成功,让每一名教职工的人生价值在这里得到充分的体现。

(五)学校管理变革持续推进,促进学校持续发展

实现制度管理、经验管理以及所谓的科学管理向文化管理的转变,坚持以人为本,强调人在管理中的主导地位,尊重人的价值,关注人、尊重人、依靠人、激励人、发展人,调动人的主动性、积极性和创造性,实现了五大转变:从强调物本管理转向关注人本管理,从强调常规管理转向关注创新管理,从强调有形管理转向关注无形管理,从部门优化管理转向整体优化管理,从强调刚性管理转向关注柔性管理。

(六)创新落实社区服务与社会实践课程

由学校牵头制订社区教育实施方案,成立"学校社区教育委员会",共同商讨学生的社区教育工作,召开"校外教育大会",聘请辖区单位的领导、工作人员担任教育顾问或辅导员,积极争取他们的支持与帮助,并将学生的社区教育工作纳入本单位工作计划,实现学校教育和社区教育的全面接轨,建立一种以学校为主体、辖区单位广泛支持的社区教育模式。"社区共建工程、军民共建工程、法制共建工程、文化共建工程、社会综合实践"这五大工程的实施,已成为学校校外教育工作的亮点。

三、存在的突出困难和问题

(一)干部教师对现代学校制度建设的概念与内涵理解不清

由于部分干部教师主要关注学生学业成绩的提升,对现代学校制度

建设关注不够，不知道现代学校制度建设的概念与内涵，更不知道如何实施。甚至有部分干部教师存在着"中小学没有必要建立现代学校制度，有没有建立现代学校制度都一样运行和管理"的错误看法。因此，这方面的知识亟待普及。

（二）现代学校制度建设与高品质学校建设还有差距

虽然学校在建立现代学校制度建设方面的工作已经起步，但在城市副中心建设和教育领域综合改革的背景下，学校办学内涵还有待丰富，品质还有待进一步提升，还未能真正满足老百姓对优质教育资源的需求，学校在此方面必须有新的举措与突破。

（三）由于观念滞后，部分干部教师存在错误的倾向

由于应试教育思想的侵蚀，有些干部教师片面看待升学率，甚至将其看作反映自身水平的唯一指标，认为提高升学率就是办人民满意的教育，致使出现在应试教育的道路上越走越远的现象，如推崇圈养教育、监狱式管理等方式。长此以往，学校办学很有可能偏离正确的教育轨道。

四、改进措施及对策建议

（一）提高认识，统一思想，加强宣传与培训

加强学校现代学校制度建设方面的培训，让干部教师知道现代学校制度建设的概念与内涵，清楚实施的路径与方法，深刻领会现代学校制度建设的目的、意义，切实提高认识、统一思想，使学校现代学校制度建设取得新突破。

（二）注重落实，推进发展，加大推进与检查力度

加大现代学校制度建设方面的推进与检查力度，重点抓好落实，在落实办学自主权、激发办学活力，完善内部管理和奖励机制，依法维护教师权益，营造良好的社会和家庭环境，支持学校自主办学等方面取得新进展，切实达到丰富学校办学内涵、提升学校办学品质的目的，助推学校发展。

（三）表彰先进，树立典型，加强激励机制建设

区域要坚持表彰先进、树立典型，宣传和推广成功的经验与做法。

校内同样要表彰在现代学校制度建设方面涌现出的先进集体与个人。实现校内外共同关注与支持现代学校制度建设的局面,使现代学校制度建设持续推进。

加强校际对口交流　实现学校共同发展

北京市通州区第六中学　常恩元

随着深化教育领域综合改革和北京城市副中心建设的不断推进，京蒙对口帮扶合作、武当山特区与通州区南水北调对口协作、通武廊基础教育协同发展共同体、北京市城乡中小学校一体化发展、通州区中学教育发展共同体、区域教育联盟等项目相继启动。至今，通州区第六中学先后与区内外 8 所学校建立了密切的交流合作关系，在学校管理、文化建设、教育教学、教科研训、课程资源、师资队伍、学生社团等方面全面对接，并进行了深入的实践与探索，取得了丰硕的成果，实现了校际共同发展。

一、提升认识　主动参与

众所周知，教育对区域发展具有引领作用，教育发展的一个重要基础就是经济发展的需求。《京蒙教育扶贫协作三年计划备忘录（2018—2020 年）》《北京市南水北调对口协作工作实施方案》《京津冀教育协同发展行动计划（2018—2020 年）》《通州区基础教育质量提升支持计划（2017—2020 年）》等文件都涉及校际对口交流协同发展工作。如京津冀协同发展的"通武廊"基础教育协同发展共同体的启动就是落实国家战略的重要举措。京津冀协同是经济、政治、文化、社会和生态的五位一体，基础教育作为造就人才和提高国民素质的奠基工程，人才培养、科研创新、文化培育的重要渠道，在一定程度上影响着京津冀协同发展的进程。[1]"通武廊"基础教育协同发展共同体是"通武廊"地区将重点推进的 12 项工程之一，发挥基础性、先导性作用。20 世纪 90 年代末，欧盟的教育一体化就取得了突飞猛进的发展。欧盟的发展虽然与京津冀的发展有所不同，但欧盟教育一体化突飞猛进的发展对我们也有一定的借鉴作用。[2] 在教育独立于经济发展的情况下去规划京津冀一体化是很难的。但是当经济发展到一定阶段，教育发展可以实现一种突破。京津冀一体化这个大的平台，能够聚集各方力量，促进中小学、幼儿园教育资源的整合和优化配置，实现"优势互补、资源共享、合作共赢、协同发展"的目的，有利于三地教育水平的全面提升。另外，加强校际对口交流，还是促进区域教育优质均衡发展、提升自身办学实力、丰富学校办学内涵与品质的有效举措。正是基于上述认识，我们对校际对口交流工作高度重视，主动参与，力求实效。

二、统筹规划 精准对接

与学校建立联系的校际对口合作、协作和共同体学校共有8所，市外的学校有内蒙古翁牛特旗乌丹三中、湖北省十堰市武当山中学、河北省廊坊十中、天津市杨村八中；市内的学校有北京市三帆中学以及通州区的北京理工大学附属中学（通州校区）、宋庄中学和北关中学。因所涉及的学校较为分散，在学校紧张开展日常教育教学活动的同时，如何有效开展业务交流活动，对学校也是一个挑战。为有效开展业务交流活动，学校从以下五个方面做了工作。

第一，健全组织。学校成立了校际对口交流项目办公室，由校长任组长，主管行政的校级干部任副组长，学校办公室主任任项目办公室主任，保证每一所对口交流项目校有一名校级干部负责，明确了分工，并做到了责任到人，为项目的深入推进提供了组织保证。

第二，细化职责。校际对口交流工作头绪多、环节多，为保证每次活动能够有序高效地进行，学校将工作职责的落实进行了具体部署。如交流主题的确定、接待、校内参与人员任务的确定、摄/录像、信息报送、活动后期的总结等都有详细的安排，而且教育、教学、行政三位一体，相互沟通、相互支持。

第三，加强调研。前期校际交流需求调研，是确保两校有效交流的基础。每学年初学校都要安排干部与对接校进行沟通，能深入互访的要互访。除介绍各自办学情况、了解优势外，更重要的是说明未来一年学校的发展需求，以便合作校给予支持。

第四，统筹规划。在前期充分调研的基础上，依据各校的优势与需求，妥善安排一年的各项交流活动，本着"优势互补、资源共享、合作共赢、协同发展"原则，将每次活动的内容具体化。

第五，精准对接。涉及学校管理、文化建设、教育教学、教科研训、课程资源、师资队伍、学生社团等内容，学校缺什么、要什么就给什么，达到了互通有无、共同提高的目的。另外，针对内蒙古、湖北、河北、天津等地的学校，我们采取校际定期互访的形式加以推进，同时还开通了网络交流平台，实现了日常交流学习的常态化，使交通不便的问题迎刃而解。

三、精心组织　力求实效

每一所校际对口交流学校都有自己的优势与特色，值得学习与借鉴。如北京市三帆中学的学校管理、课程建设、课堂教学、教师培养、教研考研、学生社团，武当山中学的传统武术——太极扇，乌丹三中的生本课堂、校本课程的开发和书香校园的建设，廊坊十中的课堂教学、教师培训，北京理工大学附属中学（通州校区）的学生社团、研学项目，通州区第六中学的办学理念、养成教育、课堂教学、教研组活动、学生社团等都是亮点。这些亮点能够在学校间互相分享，对各校的发展有积极的作用。

首先，借鉴先进的管理经验。学校组织干部教师赴北京市三帆中学参观学习。他们的管理经验、课程建设，课堂教学的"有效教学"理念，学科教师的微格教学展示，教研组的经验介绍，各类社团活动的经验分享，对于我们各项工作的推进具有很好的借鉴作用。另外，我们还经常应邀参加三帆中学组织的各类培训、交流活动，请李永康校长来校介绍三帆中学的课程建设工作，使干部教师受益匪浅。我们还组织干部教师赴北京理工大学附属中学（通州校区）学习社团活动、研学课程的组织与安排；赴廊坊十中学习先进的课堂教学理念与教师培训经验，参加廊坊十中举办的"通武廊第六教育共同体"教学开放日活动（主题为"核心素养下的课堂教学"），进一步拓宽教师的教学视野，将育人落实在学科教学之中；参加京津冀基础教育（初中）协同发展论坛，通过现场教学观摩、班主任论坛学习借鉴先进的教育教学经验。在校际参观交流学习中，干部教师的理念得到更新，视野更加开阔。

其次，分享成功的经验做法。在校际交流中，我们应该拥有宽广的胸怀和真诚之心，毫无保留地分享自己的经验与做法，才能实现相互学习、共同提高的目的。为此，通州区第六中学向每一所学校敞开大门，包括学校管理、文化建设、教育教学、教科研训、课程资源、师资队伍、学生社团等领域，有求必应。每一所对口学校来我校时，我们都会结合对方的需求，全面介绍学校的相关工作，安排干部教师参加座谈，使来宾对学校的工作有全面而透彻的了解。如我们全面开放学科课堂，开放学科教研组活动，让来宾通过听、看、谈等方式对教师的教学设计、教学理念、课堂把握、师生互动、个人基本功等有全面的认识，感受我校的真实课堂，为来宾提供无条件、无保留的学习机会。我们还安排来宾参加教研组观摩活动，让来宾感受我校求真务实的教研氛围。再有，每次期中期末考试后，通州区中学教育共同体都要进行成绩分析。我校依据大数据客观地分析师生的特点，发现优势，查找问题，明确奋斗目标，从学校、年级、教师、学生四个层面加强管理，确保学生成绩稳步提升，得到了区教委领导、共同体同行的高度认可。正如乌丹三中领导所说："我们一定要把通州六中的先进理念、求真务实的工作精神、不达目的不罢休的工作态度，带到我们日常的教育教学实践中去。"

再次，联合举办主题活动。如多所学校参加的管理经验分享活动，分为学校管理、德育、教学、行政等主题，让大家在交流研讨中开阔思路、相互借鉴。由多所学校共同举办的"同课异构"交流研讨活动，一般分为课堂教学、互动交流、专家讲评三个环节，要求授课教师能够运用多种方法解决问题，精心组织教学活动，在充分考虑学生已有知识经验和认知发展水平的基础上，积极引导学生将旧知迁移到新知，设计安排丰富的学生活动，让学生在主动探索与合作交流的基础上，理解和掌握新知识。"同课异构"不变的是教学内容，变化的是教学形式与方法。"同课异构"教研活动为教师们搭建了一个畅谈教学思想、交流教学心得和展示教学风格的平台，展现了各校教师的教学风采，助推了教师的专业成长。

四、助力发展　实现共赢

首先，增进了校际友谊。多项校际对口交流项目的启动，将各校紧紧地联系在一起，打破了时空界限，为学校间、干部间、教师间、学生间的交流搭建了平台，提供了机会，拓展了空间，加深了双方的了解。各项交流活动的不断深入开展，使校际友谊更加深厚。

其次，实现了校际共赢。乌丹三中、武当山中学、廊坊十中、杨村八中的办学实力显著增强，得到了当地政府、社会、家长的高度认可。北京市三帆中学办学水平区域领先，先进的办学理念、一流的师资队伍、高效的课堂、丰富多彩的社团活动、优良的校风等成为学校的品牌。通州区中学第五教育共同体的4所学校办学水平稳步提升。这使我们看到了校际对口交流所取得的成效。

再次，促进了自身发展。一次次的校际交流也在鞭策着干部教师有所作为，主动发展，自觉弘扬学校"崇尚先进、争创一流"的核心价值追求，全力落实"办卓越教育——激励每一名师生主动发展，成为最好的自己"的办学理念，使学校和谐稳定、教师敬业奉献。如来校参观交流的河北省唐山市汉沽管理区第一中学校长郝广所讲："我们被北京市通州区第六中学的校风校貌、精神素养所折服。校园环境朴实无华、干净整洁，处处渗透出浓厚的文化气息；学生活动紧张活泼，课间秩序井然有序，处处洋溢着良好的育人氛围；学生见老师主动问好，教师间礼貌文雅交流，时时体现出高尚的道德情操；校领导务实的工作行动、一线教师高涨的工作热情，方方面面展现出教育的和谐幸福。"武当山中学校长张志均讲："六中的办学理念先进，工作务实，业绩突出，在管理、队伍建设、教育教学改革等方面值得我们学习。"北京理工大学附属中学（通州校区）校长陆旻讲："六中空间狭小，办学条件艰苦，但六中的成绩却是通州区一流的，六中的经验值得我们借鉴。"乌丹三中的一位数学老师在总结会上说："六中的数学组优秀且有特色，听课、教研使我耳目一新。我被六中老师们先进的教学理念、追求完美的工作态度所折服！无论是老师激情澎湃的知识传授，还是轻声细语的娓娓道来都体现着老师对学生探索知识的激励。授课全程关注着学生知识的生成，没有灌输，没有填鸭！每个学生都满怀信心地投入到学习之中。"来宾的发言就是对学校工作的最好认可。

过去的一个学年，学校对外交流近20次，介绍经验及干部教师授课突破120人次。学校在管理、队伍建设、教育教学改革、科研、体育、卫生、艺术、党务工团等方面取得了突出的成绩：学校获集体奖达40项，教师获奖超过400人次，学生获奖达700人次。回顾校际对口交流工作，我们感触颇多，有辛苦、有喜悦，更有成就，那就是促进了学校发展，实现了共赢。今后我们还会加倍努力，做好校际对口交流工作，在形式、方法、成效上进一步创新，不断提升学校的办学内涵与品质，办人民满意的教育，切实增强学生的实际获得感。

参考文献：

[1] 薛二勇，刘淼. 京津冀基础教育：推动有序有效合作 [N]. 中国教育报，2018-05-29（8）.

[2] 史静寰. 京津冀教育协同发展的共同体和契合点 [J]. 天津市教科院学报，2015,（3）：9.

中层干部应具备的素养与能力

北京市通州区第六中学　常恩元

中层干部处于学校组织结构的中间位置，起着承上启下的重要作用，承载着落实学校发展理念、提高整体办学质量的责任与担当，是学校的"关键少数人"，是连接校长与教师的纽带和桥梁，是领导班子的决策得以推进和落实的重要环节和有力保证，是学校发展的重要力量。加强中层干部队伍建设，引导中层干部履行好职责、充分发挥模范带头作用十分重要，其成长与发展，关系到一所学校的办学质量，以及长远发展和内涵发展。

一、认清学校中层的角色定位

一所学校的发展，只靠校长单打独斗绝不可能实现。学校组织结构一般分三层：决策层（上层），主要是学校的校级领导班子；执行层（中层），主要是学校的中层干部；操作层（基层），主要是教职工。总体格局应该是"校长出主意，中层出办法，教师出成效"。中层是执行学校管理决策的中间层，是学校管理的核心，是连接学校组织战略与承担具体教育教学工作的教师的纽带。

北京十一学校原校长李希贵认为，只有处于学校管理战略高层和教育教学一线之间的中层才属于中层管理者。对上，他们对校长负责；对下，他们调度和指挥教育教学一线。

目前，不少学校的年级主任由副校长兼任。在扁平化管理的模式下，深入年级的校级干部也可以成为中层，直接进入学校最高决策层——校务委员会，客观上缩短了战略高层和教育教学一线的距离，一线师生的需求可以方便地进入学校决策层。

从整个学校组织来说，中层既是被管理者又是管理者，既是领导者又是执行者，需要实现向上领导、横向领导、向下领导。对上是配合的助手，能成为参与决策的高参，执行决策的高手；平级是协作的好手，善于协调，及时沟通，相互支持，补台共赢；对下是管理的能手，坚持目标统领，关注制度运行，落实绩效保证，不断突破创新。中层干部要"承接愿景、协同周边、营造势能"。

承接愿景：中层要密切关注、准确把握教育时代的发展方向、愿景、学校整体及部门发展规划；认真分析专业领域的理论动态、实践趋势、学校目标、现实可能；时刻保持和校长及有关领导的紧密沟通、信息畅达、智慧叠加。

协同周边：中层要善于在部门间进行横向联动、彼此打通，把自己的价值贡献给周边部门，要让周边部门的价值成为自己的资源，以职能协同嵌套、资源联动共享、课程一脉相承等方式提升学校管理的整体价值。

营造势能：提升部门专业高度的势能，利用"蝴蝶效应"煽起学校每个部门变革的"飓风"，高质量完成学校预定的教育教学任务；提升团队的学习势能，培育学习型组织，让持续学习成为团队的基础文化；提升部门转动的势能，营造"飞轮效应"，让部门转动得越来越快，推进工作的深入开展。

中层干部合理定位的关键是管理好自己。中层干部要恃才助上，不要恃才傲物；要放低自己、抬高别人，成为对方的需要；要换位思考，不主动邀功、不过分争功，甘当幕后英雄。

二、中层干部必备的十六种基本素质

中层干部是标准，要以身作则、率先垂范，吃苦在前、享受在后，时时处处走在前列，时时处处当楷模。榜样是旗帜，各方面、各层面都要树立典型，在思想、行为、业务、科研、业绩等方面要领先一步。中层干部要有正确的教育价值观，热爱本职工作，模范遵守学校各项规章，要带领团队勇往直前。中层干部要有品格、有思路、有本事、有业绩，还应具备十六种基本素质。

忠诚：忠诚教育事业，热爱本职工作，坚持工作第一、育人第一，在思想上、行动上始终与党中央保持高度一致，全面贯彻落实党的教育方针，为党育人、为国育才。

尊重：中层干部要尊重教师的人格，尊重教师的岗位，尊重教师的劳动。没有尊重做前提，工作将无法开展。

真诚：无论做人还是做事，上对领导，下对老师和学生，中层干部都要坦诚相待，赢得领导、同事的信任。

勤奋：能够坚持不懈、积极、努力地工作和学习，努力干好每一件事情，不怕吃苦，踏实工作，任劳任怨。

敬业：对自己所从事的工作及学习高度负责，严格遵守职业道德及学校的各项要求，努力将工作做好，争创一流的业绩。

热情：待人热情，拉近与干部教师的距离，便于沟通，便于工作的落实，便于工作任务的完成，既要展示个人的素养，又要彰显学校的形象。

公正：公正生"威"，中层工作均涉及教职工的切身利益。中层干部只有公正，才能被下属接受。公正意味着制度面前人人平等，强调让事实说话，让成绩说话，注意精确、有效。公正是对干部品格的一种考验，首先要求干部品行端正。

细致：工作要严谨细致，关注细节，细节就是高标准。对事要处理好每一环节，不出纰漏；对人就在于替师生着想，从师生的视角来考虑问题。他们需要什么，他们喜欢什么，干部要清楚。干部要养成日常关注细节的习惯，将工作做细做精，做出水平，做出特色。

服务：中层工作多为具体、烦琐的管理工作。中层干部要树立为师生服务的观念与意识，在自己所负责的管理岗位上提供优质的服务；要勤快，要主动到教师、学生中去，将"以人为本"落实在行动上。

奉献：选择了教师这个职业，选择了中层，就意味着牺牲与奉献。作为管理人员，我们不仅是教师，更是教育教学工作的服务者、管理者、执行者，因此必须多讲奉献、少讲待遇，吃苦在前、享受在后，这样才能赢得别人的信任，将工作做好。

进取：中层干部要积极进取，做好各项管理工作，力图有所作为，要有"崇尚先进、争创一流"的信念与行动，要将自己的本职工作做到区域一流，并具有示范性、创新性。

自律：中层干部要在日常工作中自我约束，严格要求自己，模范遵守学校的各项规章，将自律看成是一种信仰、一种自省、一种自警、一种素质、一种自爱、一种觉悟，一种不可或缺的人格力量，影响和带动身边的人。

协作：在日常任务实施过程中，中层干部要妥善处理好部门与部门之间、个人与个人之间的关系，通过协作与配合，将个人的力量联结成集体的力量，以实现最终的任务目标。中层干部要克服本位主义、部门主义，不先入为主，不掺杂个人情感，能就事论事。

责任：主动认真做好分内的事，是职业要求、道德规范，甚至是法律法规的要求。干部要有想干事的责任意识、能干事的责任能力、真干事的责任行为、可干事的责任制度、干成事的责任成果。没有做好自己的工作，就应承担相应的责任。

担当：干部要敢于承担责任，不为任何一次失败找借口，而要坦然面对失败，努力从中寻找失败的原因，像真的猛士，敢于直面惨淡的人生，敢于正视淋漓的鲜血。中层干部要具有勇于负责、敢作敢当的勇气，具有迎接下一次挑战、完成下一次任务的信心与力量。

创新：中层干部要有创新的思维，能够立足本职，结合工作实际，敏锐地发现问题，提出问题，探寻解决问题的办法，形成新的突破，在理念、实践层面有别于他人，具有代表性、方向性、示范性。

三、中层干部必备的十六种基本能力

中层管理人员是学校的中坚力量，要想驾轻就熟地处理错综复杂的学校工作，需要在管理实践中迅速成长，并具有多种能力，才能保证工作的有序开展，才能保证工作的优质高效。

把握方向的能力：习近平总书记多次指出，领导干部要"注重提高

政治能力"，"加强政治历练"，"使自己的政治能力与担任的领导职责相匹配"。一名学校中层干部，应把握教育的政治方向，要明确我国教育的根本任务就是培养社会主义建设者和接班人，培养一代又一代拥护中国共产党领导和我国社会主义制度、立志为中国特色社会主义奋斗终身的有用之才，切实解决好学校办什么教育、育什么人的根本问题。

持续学习的能力：学习能力是一个人的基础能力。在终身学习的今天，学习是一个人成长、进步的动力源泉。学校中层干部应向书本学习，充实自身的理论基础；向实践学习，丰富自身的实践阅历；向领导学习，树立正确的政治观念、大局意识，掌握领导艺术；向同事学习，在相互合作中提高；向外界学习，不断拓宽自己的视野，完善知识结构。

主动工作的能力：主动性是指管理者在工作中不惜投入较多的精力，善于发现和创造新的机会，提前预想到事情发生的可能性，并有计划地采取行动提高工作绩效，避免问题的发生或创造新的机遇。衡量中层干部工作成效的标准之一就是看个人主动发起的行动数量。

整体思维的能力：中层干部要有全局观念，能够站在高处审视和思考所分管的工作，杜绝本位主义、部门主义。只考虑自身的工作，不考虑其他部门的工作，将使学校整体工作受到影响。只有拥有了整体思维与全局观念，学校才能像一架机器高效地运转。

感知判断的能力：中层干部需要了解周边的世界，包括领导、同事，所管理的学生和家长；需要观察所管辖的所有事务，每一个角落都不能遗漏；要有主动获取信息的意识，并能做出科学的判断，把精力都放在做正确的事情上。

顶层设计的能力：彼得·圣吉说"领导者首先是设计师"。学校及部门的高质量发展需要顶层设计做支撑。学校顶层设计始自高端的学校领导层的总体构想，有利于指引、推进特色品牌学校建设，彰显优势与特点，体现整体关联性，保持稳定性，着眼于长期性，从而实现特色学校建设的可持续发展，使特色学校的发展之路走得更好、更快、更顺畅。

昭示下属的能力：语言的巨人、行动的矮子在现实生活中比比皆是，只说不做乃管理者之大忌。正如日本东芝总裁土光敏夫所言：部下学习的是上级的行动。对中层干部来说，当你希望下属做什么时，请做出你自己的示范行为。简单地讲，你希望下属什么样，你就应该什么样。中国有一句谚语"一个行动抵一万句口号"，这一朴素的真理值得中层领导铭记于心。

影响他人的能力：一个拥有影响力的中层领导者，可以在领导岗位上指挥自如、得心应手，带领队伍取得良好的成绩。作为领导者，主要任务就是运用组织的目标与自身的人格魅力去感召下属、启发下属，让下属产生自我感知，迸发出工作的原动力，从而产生巨大的行动力。对中层干部来讲，工作是人品，表现是道德，业绩是人格，品行第一，才华第二。

有人通过 290 名教师对校长的威信形成因素做过调查，涉及"知识水平、教育思想、出众才华、管理能力、仪表、健康心理、人格魅力"等内容，最终人格魅力以 50.2% 位列第一。可见，校长的人格魅力对身边的人影响最大。其实，中层也是如此。

培养他人的能力：优秀的中层管理者应更多地关注下属潜能的开发，鼓励和帮助下属取得成功；在思想上引领、方法上指导、生活上关心、机会上给予，通过安排各种形式的活动，提高他们的工作能力与水平，帮助他们快速成长，使他们出色地胜任本职工作。

带领团队的能力：团队合作对中层管理者的最终成功起着举足轻重的作用。富有发展潜质的中层干部应表现出团队取向的工作风格，乐于协同作战，善于营造一种团队协作、平等沟通的文化氛围，能以开放的胸怀接受批评，面对冲突、困难与问题，从不放弃寻找最好的解决办法，善于运用头脑风暴放大集体的智慧，为了同一目标共同努力，形成 1+1 大于 2 的局面。

信任他人的能力：人的情感因素是领导者万万不可忽略的重要因素，只有信任他人者才会被信任。人们常说"用人不疑，疑人不用"，中层干部在与下属交流时，要给予下属充分的信任，相信下属能够将工作做好，要给下属展示的平台与机会，少一些干扰与指责，让下属有受到尊重的感觉，让下属有一个施展抱负的广阔空间。

监督检查能力：一个中层管理者不仅要会安排工作，还要监督检查工作完成得如何；如没有认真负责地去检查监督，就有可能出现纰漏与问题。工作中监督是发现问题的关键环节，中层干部要通过监督检查，找出问题发生的根本原因，并加以分析、处理、解决，只有这样才能推进工作的开展。

工作执行能力：中层干部首要的任务和职责就在于执行。执行力是把想法变成行动、把行动变成结果的能力。执行力挑战着干部团队的能力和水平，需要干部懂政策、敢负责、能沟通，不怕得罪人。中层管理者要牢牢抓住"执行"这个关键，将学校的制度、方案等落到实处，突出快、准、狠，在执行过程中面对困难时积极想办法去解决，并善于提出新的思路、探索新的方式，在最短的时间内正确地做好事。没有执行力，就没有核心竞争力，执行力关系到学校发展的成败。

开拓创新能力：习近平总书记曾指出"创新是一个民族进步的灵魂，是一个国家兴旺发达的不竭源泉，也是中华民族最鲜明的民族禀赋"。学校管理涉及教育思想、学校管理、教师培养、育人方式、课程建设等诸多领域，同样需要创新。没有创新，就没有发展，就会停滞不前，中层干部要做创新的参与者、引领者、示范者。

总结反思能力：这也是中层干部必备的能力。中层干部应养成每日、每周、每月、每学期和学年末及时对工作进行回顾、梳理、反思的习惯，总结成功的经验，找出存在的不足，展望今后的发展形势，提前准备，做到胸怀全局、心中有数。及时总结反思不仅有利于归纳科室、级部工作的规律，形成典型的经验，还有利于学校整体工作的顺利推进。

人际沟通能力：中层领导者还必须具有人际沟通能力。良好的人际沟通能力是你获取最新策略并吸引团队其他成员支持你工作的有力方式。人际沟通可以帮助你了解当前的工作动态、师生和家长的舆情以及上级领导的看法，以免你的想法和行动受阻碍。良好的人际沟通能帮助你改善工作环境和氛围，帮助你寻找到给予你支持的人，或是找到忠实的伙伴，并从中了解到他们对你的真实看法与评价。良好的沟通可以增进了解、加强交流，使管理更加通畅、工作更加有效。

四、中层干部工作应遵循的十项原则

任何一名中层干部都要学会如何开展工作，研究如何将工作做好，要经得住管理实践的考验。熟悉一些管理的原则必将对中层干部工作的开展提供有益的帮助。

讲主动，不越权：具有主人翁意识和强烈的责任感，积极主动地投入到工作之中，明确责权，摆正位置，掌握处理问题的尺度与分寸。坚持主动而不越权的原则，能防止不明责权的乱拍板、瞎指挥，防止给学校领导和全局工作帮倒忙，甚至出现让领导收拾残局的尴尬局面。

讲服从，不盲从：执行决策时必须认真领会、吃透学校每一项决策的精神实质。坚持从实际出发，因地制宜，认真服从和完善学校的全局决策。在讲服从时不盲从，防止不动脑筋地照搬照抄，提高工作的灵活性和实效性。

讲请求，有主见：中层干部遇到重要事情或问题时往往要请示校长，作为一名优秀的中层干部事先应该有自己的主见或想法，才能帮助校长做出科学决策。校长在日常工作中面对的部门多、处理的事务杂，在决策时需要缜密地思考。中层干部的想法可以拓宽校长的思路，有利于校长短时间内做出最佳的选择，形成最终的决策方案。

讲守正，有创新：中层干部的日常工作，多为常规管理工作，需要结合实际，关注落实，突出实效，要将普通的事做得不普通，坚持守正务实。作为一名优秀的中层干部，在守正务实的基础上，有创新方可形成特色，要主动打破不思进取、墨守成规的工作状况，让自己的工作充满生机与活力。

讲付出，求实效：中层干部在做管理工作时既需要付出，又要体现教育智慧，讲究科学性和艺术性，要遵循教育规律及人才培养规律，防止忽视规律的蛮干、乱干，杜绝学校管理实效及学生教育实效欠佳现象的出现。

讲奉献，不争功：奉献精神是教师职业的高尚风范，也是干部的必备品格，更是树立干部形象、做好工作的基础。作为中层干部切忌因为自己付出了、奉献了，就去与领导和教师争功，否则会影响到个人以及干部团队的形象，甚至阻碍工作的开展。

讲团结，不结派：团结就是力量，众人拾柴火焰高，学校工作的开展同样需要心往一处想，劲往一处使。只有团结才能形成合力，只有团结才能取得最终的胜利。拉帮结派带来的是内耗，带来的是力量的削弱。团结应根植于干部的心田，并落实在日常管理工作之中。

讲效率，不拖沓：优秀的学校管理团队应该具有雷厉风行的作风，要让讲效率成为一种习惯，突出管理工作的计划性，关注执行力建设，让迅速、优质、高效成为学校管理工作的特色。

讲情感，有制度：如今"以人为本"的管理已成为不少学校的一种管理方式，尊重教师的人格，满足教师学习、工作、生活、发展的需求已成一大特色。中层干部在日常管理中，在满足教师多种需求的同时，一定要有底线思维，不能逾越制度边界、干扰学校正常的管理。

讲客观，有对策：作为中层管理者要防止强调客观、找借口、敷衍了事、逃避责任的不好做法。工作中遇到困难造成工作未完成的现象可能时有发生，管理者要有多方求解的精神，积极主动地寻求解决方法，提出详细的解决方案，解决遇到的问题与困难，形成富有责任感的务实作风。

学校要关注中层干部队伍建设，指导他们认清自己的角色定位，通过学校有计划、有组织的培训活动，提升他们的素养与能力，使他们由学校的"夹心层"变成校长、同事们信赖和倚重的"核心力量"，助力学校高质量发展。

新时代提升干部能力素质的校本化实践与探索

北京市通州区第六中学　常恩元

摘　要：在中国共产党第十九次全国代表大会上，习近平总书记指出："经过长期努力，中国特色社会主义进入了新时代，这是我国发展新的历史方位。"习近平新时代中国特色社会主义思想已成为全党全国人民为实现中华民族伟大复兴而奋斗的行动指南。进入新时代，人民对美好生活的向往日趋强烈，同样期盼高品质的教育。办公平而有质量的教育是每一个教育人的责任与使命，也是为人民服务的具体体现。人民性是马克思主义最鲜明的品格，作为学校的管理者应始终把人民放在心中，从人民的根本利益出发，适应新时代的教育改革发展需求，不断提升能力素质，增强干事创业的本领，回答好人民交给我们的答卷。通州区第六中学在提升干部能力素质方面进行了具有校本化特色的实践与探索，取得了显著的成效。

关键词：新时代；提升；干部；能力素质；校本化

毛泽东曾指出，"政治路线确定之后，干部就是决定的因素"。可见，干部的重要性。干部是推动学校可持续发展的中坚力量，肩负着党和国家的教育方针、政策在学校的落实任务，关系到学生的成长与民族的未来。干部培训是干部队伍建设的先导性、基础性、战略性工程。学校必须高度关注干部队伍建设，全方位提升干部的能力素质，引领干部勇于迎接挑战，确立先进的教育理念，破除僵化思想，增强干事创业的本领，助力学校发展，不断丰富学校的办学内涵，提升办学品质，创设适合每一名学生的教育情境，办百姓身边的好学校，切实增强学生的实际获得感。

一、新时代学校干部必备能力素质的内涵

何为"能力素质"？"能力素质是指潜藏在人体身上的一种能动力，包括工作能力、组织能力、决策能力、应变能力和创新能力等素质，是影响青年成才的一种智能要素。"[1] 能力素质就如同一座"冰山"，是由"知识、技能"等水面以上的"应知、应会"部分，和水面以下的"价值观、自我定位、驱动力、人格特质"等情感智力部分构成的。"知识、技能"等水面以上的部分明显且容易衡量，但真正决定一个人成功的是隐藏在水面以下的因素，这些因素难以捕捉和测量。能力素质决定一个人能否胜任某项工作或出色地完成某项任务。

能力素质的研究始于20世纪60年代后期。1973年，心理学家麦克利兰在《美国心理学家》杂志上发表文章《测量胜任力而非智力》。他认为，从第一手材料直接发掘的、真正影响工作业绩的个人条件和行为特征就是能力素质。这篇文章的发表标志着管理学和心理学界对能力素质研究的开端。1993年，美国心理学家斯班瑟认为，能力素质是员工在岗位工作中区别于优异与一般绩效的相关个人特征，如动机、人格特质、自我形象、态度、价值观、专业知识、认知及行为等相关心理特征。[2] 之后许多研究者也对能力素质进行了研究，并对这一概念进行了界定。总体来看，国外研究者对能力素质理论的研究和概念的界定相对比较全面而深入。国内的研究起步较晚，且多是在国外能力素质概念界定的基础上进行特定行业、岗位的能力素质模型的实际应用。关于什么是能力素质，国内外至今还未形成统一的标准。

基于新时代的特征及区域和学校发展的实际，学校干部必须及时适应各种变化，不断提升能力素质，才能带领广大教师丰富学校的办学内涵，提升学校的品质，满足老百姓对优质教育的期待。干部的能力素质主要包括以下十种：

提升"政治坚定、为国育人"的判断力。习近平总书记在全国教育大会上指出，"加强党对教育工作的全面领导，是办好教育的根本保证"。

教育工作是国之大计、党之大计，关系到"培养什么人、怎样培养人、为谁培养人"这一根本问题，关系到德智体美劳全面发展的社会主义建设者和接班人的培养，关系到中华民族伟大复兴的实现。只有加强党对教育工作的全面领导，才能确保社会主义的办学方向正确，才能完成立德树人的根本任务，才能实现推进教育现代化、建设教育强国的目标，才能办好人民满意的教育。因此，学校干部要带头讲政治、讲党性、顾大局，在政治上、思想上、行动上与党中央保持高度一致，确保上级重大决策和指示精神迅速落实。

提升"理性思考、目标导向"的思想力。什么叫领导力？通俗地讲，就是获得追随者的能力，即有多少人愿意跟你走，有多少人愿意在你的麾下效力。领导力是由思想力、表达力、行动力构成的，而思想力是隐而不见的第一要素，也是其他两个能力之源。[3]衡量一个领导干部是否成熟，是否具有发展后劲，很大程度上就看其思想力如何。干部的思想力关系到他们对学校办学思想、育人方式、管理方式等的思考，决定了干部思维的高低、眼界的宽窄、格局的大小。

提升"勇于负责、敢于担当"的原动力。"天下兴亡，匹夫有责"这句话最早出现在顾炎武的《日知录·正始》中，告诉人们天下（国家）的兴盛、灭亡，关乎所有人的利益，每一个老百姓都有义不容辞的责任。北宋理学家张载有言："为天地立心，为生民立命，为往圣继绝学，为万世开太平。"晚清名臣曾国藩曾讲："以苟活为羞，以避事为耻。"这些都是典型的担当精神。作为新时代的学校管理干部，同样要居安思危，拥有如履薄冰的忧患意识、恪尽职守的使命与担当。杜绝精神萎靡不振、工作不推不动、遇困难上推下卸、务虚不务实等为官不为现象的出现。

提升"独立思考、自我超越"的思维力。学校日常管理中工作的安排和部署、问题的解决等，无一不需要思维力。思维力不足往往会造成思路不清、表达不畅、分析不明、学而不快等现象的出现，提升思维力是自我发展的需要。思维品质表现为独立思考力、结构思考力、成长性思考力和系统思考力，这些能力的高低决定了干部间的差异与管理效能的高低。苏格拉底说："不自我反省的人生是没有价值的。"尤其是在快速变革的年代，一个人要想不轻易被洗脑，就要养成独立思考的能力，从多个角度审视自己，摆正自己的位置，既要发现问题、改进不足，又要不轻易放弃自己的想法。干部要不断完善自己的思维模式，减少主观判断，避免工作陷于被动状态。干部还要善于系统思考事件与现象的联系，找出现象背后的内在逻辑，形成看待问题的全局观。干部的系统思考力的高低会影响到学校的规划与发展。

提升"思维缜密、精彩展现"的表达力。表达力是现代人才必备的基本素质之一。表达通常分口头表达与文字表达，是把自己的思想、情感、想法和意图等，通过语言、文字、图形、表情以及动作等清晰明确地表达出来，让别人去理解、体会和掌握。表达能力的高低，不但会影响到人们的人际交往，还会影响到人们的日常生活和工作。一句话或者一段话说得好可以给人们留下深刻的印象，引来掌声；说得不好，也许会触动他人的负面情绪，引发矛盾。作为干部要重视表达力的提升，养成系统思维的习惯，把握表达的主线，突出条理性，有自己的思想和见解，注意表达的方式，用语准确、修辞得体、语音优美，合理控制语速，停顿恰当，用自己的表达去感染、说服别人。

提升"学以致用、破解问题"的研究力。学校日常管理中时常会出现这样或那样的问题，需要干部去解决，干部要解决问题就需要有知识储备和研究、分析问题的能力。干部理论薄弱会限制其对问题的认识与理解，研究能力差又会限制问题的解决。干部要养成勤于学习、善于学习的习惯，把学习当成一种追求。光学习还不够，干部还要善于思考，具备发现问题、分析问题、解决问题的能力，将日常管理工作中遇到的问题当作课题加以研究。干部既是一名管理者，也是一名研究者、指导者、示范者，要带头开展课题研究，带头撰写论文，破解管理中的问题，培育学校良好的学术氛围，让"科研兴校"真正落到实处，促进学校高品质发展。

提升"勇于改革、攻坚克难"的创新力。当今,掌握知识的多少不再是衡量人才的唯一标准,重要的是是否具有迅速学习、掌握知识的本领和创新的能力。在应试教育的背景下,落后的育人理念、僵化的管理方式、非人性化的制度、单一的评价手段、陈旧的教育方法等需要改变。要将互联网+教育、在线教育、双师课堂、创客、VR、人工智能、STEM教育等新事物与教育进行有效整合。学校管理者要解放思想,突破自我束缚,敢于自我革命,培养创新思维,向先进看齐,奋力追赶先进,在实践中提升自己的创新能力,让创新为教育发展赋能。

提升"凝聚各方、团结作战"的合作力。合作力包括凝聚他人的团结能力、统筹兼顾的协调力、立足发展解决问题的处理能力。只有团结才能凝聚力量,才能战胜一切困难,才能向着共同目标进发。作为干部要善于将教师团结在一起,营造集体胜利就是我胜利的良好文化氛围,形成风清气正、干事创业的发展环境。作为干部还要善于从实际出发,站在全局的角度,克服本位主义,妥善处理好部门之间、人与人之间的关系,有效整合和充分利用校内外各种资源,形成合力,保证各项工作顺利进行。

提升"廉洁自律、榜样示范"的引领力。孔子曰:"其身正,不令而行;其身不正,虽令不从。"这是说:当管理者自身端正、做出表率时,不用下命令,被管理者也会跟着行动起来;相反,如果管理者自身不端正,而要求被管理者端正,那么就算三令五申,被管理者也不会服从。作为干部要严格要求自己,凡是要求师生做到的,自己首先要做到、做好;要真正守好政治上的高压线、法纪上的警戒线、道德上的基准线、监管上的保底线,切实提高廉洁从政、为师生发展服务的能力,带领教师共同前进。

提升"雷厉风行、优质高效"的执行力。干部的执行力一是自身的执行力,二是使他人执行的能力。分内的事马上办,不拖沓,而且要讲究方法,优质高效。"使之执行"的能力对干部来说是最难的执行力。提升"使之执行"的能力需要干部系统思考,讲究策略与方法,要善于调动教师的积极性与工作热情。当一位教师情绪激昂、心情舒畅时，不用我们督促，他的执行力也会很强，也会积极主动地行动起来；反之，情绪低落、心情郁闷时，即使我们提醒他"一定要好好干"，其执行力也会受到影响，其行动结果也一定不理想。

二、新时代提升干部能力素质的实践与探索

（一）统一思想，高度关注

学校班子是学校运行的中枢，也是指挥、协调的中心。学校各项工作的安排与落实都离不开干部。一个学校办得好坏，与领导班子能力素质的高低有着密切的关系。加强干部队伍建设关乎教师、学生、学校的可持续发展。干部能力素质的提升势在必行。基于学校的未来发展，学校成立了干部队伍建设领导小组及促进干部专业发展的学术专家指导组，二者相互沟通、密切配合，形成培训合力，认真规划与落实培训课程，聚焦干部能力素质的提升。学校将干部的校本培训作为一项基础工程持续推进，而且注重抓细、抓实、抓出成效，培育一支政治过硬、品德高尚、团结协作、无私奉献、业务精湛、治校有方的优秀干部团队。

（二）深入调研，明确需求

调查研究是谋事之道、成事之基，是做好各项工作的基石。培训的针对性、实效性与干部的提升需求联系密切。培训前进行调研是我们长期坚持的做法，我们把调研成果转化为干部培训方案设计的指南，转化为拟定培训措施的策略，转化为确定干部培训主题、选择培训方式的依据。调研可以帮助我们发现教师关注的问题与工作中的短板。各个干部的工作岗位、学科背景、年龄、性格特征、兴趣爱好等都不尽相同，调查得出的结果也不尽相同，既有共性化问题，也有个性化问题。这有利于我们精心设计干部校本培训方案，使培训内容、形式、方法、手段等与干部的实际提升需求高度契合。

（三）遵循规律，守正创新

干部作为成人与学生明显不同。有关中小学教师培训的国家政策，一直强调增强教师参与的自主性、培训内容的针对性、培训形式的多样

化，坚持实践导向、注重培训实效、提升培训质量。这些要求与干部必须遵循的成人学习规律、职业成长特点、体现不同能力的差异化教学策略等理论的要求是一致的。

著名培训专家鲍勃·派克总结了成人参与培训的"囚禁、度假、社交、学习"四种兴趣水平。他告诉我们如果内在动机未被激发，培训就变成了惩罚、放松、和新朋友的交流。所以，在培训干部时要关注参训干部内在动机的激发，同时还要关注实际问题的解决，让干部的困惑能够及时解开，学有所值。为提升培训的针对性，要积极创新培训形式，如分层式、部门式、主题式、菜单式、订单式、诊断式、体验式、自主式、引领式、混合式培训等，满足干部多样化、个性化的学习和发展需求。

（四）注重过程，力求实效

新时代的干部培训，需要广泛借鉴先进的成人培训经验，遵循成人学习的规律，坚持以干部为中心，坚持问题导向，按需施训。培训中我们注重过程，力求实效，突出抓好三个转变：

由传统的大培训向特色鲜明的小培训转变。基于干部的提升需求精准对接培训内容，坚持以"小、新、近、实、专"为特色的小规模培训为主，以"小培训"补充"大培训"针对性、实效性不强的短板。"小"即培训主题要小，易于干部接受，并转化为富有实效的管理行动；"新"是培训内容、培训形式要有新鲜感，让人耳目一新，富有吸引力；"近"即培训内容贴近干部工作的实际，有利于问题的解决；"实"是力求实效，注重培训质量；"专"即体现干部培训的专业性，突出管理理念、方法、技能的指导。

由理论学习向问题导向的实践性培训转变。习近平总书记曾指出："干部成长无捷径可走，经风雨、见世面才能壮筋骨、长才干。"要把实践锻炼作为干部能力素质提升的主渠道，突出基层实践导向。在开展传统理论学习的同时，学校更多的是开展基于问题导向的实践性培训，如：安排干部交叉任职，熟悉不同岗位的工作特点、要求，在实践中提升全局意识，锻炼自己在实际工作中解决问题的能力；实施项目负责人制，责任人统筹学校人、财、物，为完成中心任务服务，锻炼干部的统筹、协调、沟通的能力；建立通州区"运河计划"教育领军人才工作室，对干部进行个性化培训，支持干部综合能力的提升。这种问题导向的"体验式"培训，通过任务情境的创设引入需要探索的问题，让干部带着任务去学习、去探索，最终通过完成任务来获得新知、提高管理能力。

由统一培训向个性化、多样化的培训转变。多人参与的统一集中式培训，往往忽略不同干部的差异化需求，降低了培训的针对性与实效性。为解决此类问题、提升培训实效，学校做了以下工作。一是在干部的培训活动中，我们设立了突出岗位特色的"部门式"培训，可以满足教育、教学、行政不同岗位的干部需求。二是为干部提供培训主题菜单，供干部选择，充分尊重干部的学习意愿。这种"菜单式"培训更具灵活性、针对性和实效性，使培训内容更加适应干部的需求，更有利于干部的自主成长与发展。三是干部可以根据自己的实际意愿提出培训需求，学校可依据干部的个人需求设计具有针对性的课程，为干部提供定制化的服务，帮助干部实现快速发展，形成管理上的特色与风格。四是针对干部管理工作，我们在评价与诊断的基础上，依据问题设计课程。这种诊断式、临床教学式培训活动，让干部"在做中学，在学中做"，体现了参训干部的主体性、参与性、实践性和体验性，实现了培训的供给侧服务与干部的合理专业发展需要间的无缝对接，有利于帮助干部补齐发展中的短板。五是支持参与者进行"自主式"培训。学校鼓励干部将自己的成功经验拿出来与大家分享，这样既丰富了培训内容，拓宽了干部的视野，也使分享者感受到自身的价值，获得自信。六是基于教育发展实际，设立便捷灵活的"混合式"培训，借助先进的信息化手段，实施线上学习与线下学习相结合，为干部学习提供方便。

（五）交流展示，共同成长

学习金字塔理论告诉我们：听讲两周以后学习的内容只能留下5%；阅读能够记住学习内容的10%；聆听能够记住学习内容的20%；看图能够记住学习内容的30%；看影像、看展览、看演示、现场观摩能够记住学习内容的50%；参与讨论、发言能够记住学习内容的70%；做报告、给别人讲、亲身体验、动手做能够记住学习内容的90%。前四种是被动学习，后三种是主动学习。将学习金字塔理论应用到我们的干部培训中，展示交流活动是最为重要的一个途径，既可以传播先进经验，展示学校的风采，达到相互学习的目的，又可以帮助干部提升能力素质、增强自信、展示自我、促进成长。展示交流分内部展示交流和外部展示交流。内部展示交流如学校安排的经验交流会、先进事迹报告会、橱窗、微信公众号的经验推送等，主要展示干部的管理理念、典型经验与做法等。外部交流主要通过交流会、报告会、报刊、微信公众号等渠道进行展示交流，传播学校先进的办学理念与经验。在一次次的展示交流中，干部得以成长。

（六）完善机制，助力培训

干部素质培养是一个长期的过程，不是朝夕之功。学校关注干部校本培训长效机制建设，确保培训活动有序开展。一是依据校情制定干部中长期培养规划，因人制宜地明确培养目标和培养措施，将理想信念教育、知识结构改善、能力素质提升贯穿培训全过程。二是健全干部正向激励机制，完善考核办法，定期组织干部述学、述职、述廉，推行任期考核，建立重大贡献奖励制度，使薪酬分配始终向业绩突出、担当作为的干部倾斜，有效激发干部提高综合能力素质的内在动力。三是营造干事创业的发展环境，建立干部关爱制度。主要领导日常坚持与干部谈话谈心，倾听干部的诉求，掌握干部的思想动态，帮助干部答疑解惑、排忧解难，激励干部担当作为、干出业绩，支持干部创新、宽容失误，主动营造干事创业的发展环境。

三、新时代提升干部能力素质培训的主要收获

（一）干部能力素质的提升，激发了学校的办学活力

干部能力素质的提升，使学校的治理体系与治理能力更加符合办学的实际需要。现代学校制度建设的成果，为学校办学注入了活力。学校的发展更加注重软件建设，关注内涵的发展与品质的提升。学校通过转

变管理方式、优化结构、完善供给、机制建设、资源共享、效能提升等举措，聚焦学校内涵发展主题。特别是学校管理模式的转变，激发了教职工的工作热情，使干部教师为同一目标而努力奋斗，在这里实现自己的梦想与追求，使干部的人生价值得到充分体现。

（二）干部能力素质的提升，促进了办学效益的提升

学校的办学效益，主要是社会效益，体现在师生受益、办学效益等方面。六中学生遵规守纪、勤奋好学。六中教师治学严谨、敬业奉献，区域闻名。通州区初中校第一批特级教师、正高级教师在这里产生。"运河计划"教育领军人才及市区骨干教师占比领先于区域内的其他学校。在区级"新蕾杯""春华杯"等教学竞赛及市级"京教杯"基本功竞赛中获奖的教师数量区域领先。学校办学聚焦在品质的提升上，全力满足辖区老百姓孩子"上好学"的需求，得到了社会和家长的高度认可。

（三）干部能力素质的提升，促进了办学特色的形成

学校特色发展是学校内涵发展基于学校自身条件、发展愿景和标准水平的个性化、独特性发展。干部一流的管理加速了"卓越教育"办学特色的形成，"办卓越教育——激励每一名师生主动发展，成为最好的自己"的办学理念深入人心。学校通过课程、课堂、文化、活动、行为、机制六大途径落实"卓越教育"办学特色，培养"自主发展、具有卓越气质的六中人"。"卓越教育"办学特色得到了专家学者及同行的认可，《北京晨报》等媒体也进行了相关报道，在校内外引起了广泛的关注。

（四）干部能力素质的提升，使学校综合实力增强

"有质量"是义务教育学校内涵发展的根本特征，也是评价学校的重要指标之一。在干部的带领下，我校获得了各种奖项，如联合国教科文组织中国可持续发展教育项目示范校、全国青少年校园篮球特色学校、首都文明校园、北京市学校文化建设示范校、北京市课程建设先进单位、北京市中小学教师教育基地、北京市教育科研先进学校、北京市中小学农村教师研修工作站等。我校还与区内外15所学校建立协同发展关系，积极发挥辐射带动作用。每年大批毕业生升入北京市第四中学、中国人

民大学附属中学、清华大学附属中学、北京大学附属中学、北京师范大学附属中学等知名学校。2019年，学校获市区集体奖60项，教师个人获奖545人次，学生获奖超过700人次。学校办学的综合实力显著增强，校外报刊、电视等媒体的宣传报道频繁出现，学校的影响力和竞争力不断上升。我校进入区域顶尖优质校的行列。

干部培训是干部队伍建设的先导性、基础性、战略性工程。干部能力素质的提升不是一朝一夕的事，是一项系统性、长期性、艰巨性的工作，需要学校的管理者高度关注，基于社会发展、学校实际及干部的发展需求，精心安排，细化落实，力求实效，让具有校本化特色的干部培训活动充满生机与活力，助力学校发展，办人民满意的教育。

参考文献：

[1]李光宇，王裕清.十年一剑：河南理工大学万方科技学院素质教育探索与实践[J].郑州：河南人民出版社，2012：106.

[2]SPENCER.Competence at work：models for superior performance[M]. New York：John Wiley and Sons，Inc.，1993：9-15.

[3]顾伯冲.领导力首先是思想力[J].学习时报，2018-8-29（A2）.

[4]马佳宏.义务教育学校内涵发展：时代需要与方略构想[J].教育与经济，2018（6）：3.

[5]派克.重构学习体验：以学员为中心的创新性培训技术[M].孙波，庞涛，胡智丰，译.南京：江苏人民出版社，2015：27.

树立十种意识 提升干部素养

北京市通州区第六中学 常恩元

学校的干部是各个部门的带头人，他们的言行举止、工作作风、能力水平直接影响到广大教职工的工作积极性和创造性。他们代表着所在学校的品牌和形象，是所在学校核心竞争力的重要组成部分。学校干部队伍素质的高低，决定了教师队伍素质的优劣和学校办学质量的高低。因此，加强干部培养，对促进学校的高质量发展，具有重要的意义。学校在有计划地开展干部培训的同时，应注重干部十种意识的树立。

一、坚持正确方向，承担育人使命

教育的终极目标是促进人的发展。学校办学要坚持人本位与社会本位相结合，坚持社会主义办学方向，落实立德树人的根本任务，坚持教育为人民服务、为中国共产党治国理政服务、为巩固和发展中国特色社会主义制度服务、为改革开放和社会主义现代化建设服务；要全面贯彻党的教育方针，努力培养担当民族复兴大任的时代新人，培养德智体美劳全面发展的社会主义建设者和接班人，解决好"培养什么人、怎样培养人、为谁培养人"这个根本问题；要自觉承担起"为党育人、为国育才"的时代重任，作为干部首先要拥有政治意识。

二、树立全局观念，统筹工作有序推进

在学校干部中，除书记、校长外就是副校级干部和中层干部。校级干部主管一个领域，中层主管一个处室。开展工作时往往涉及与其他部门的沟通与协调，这时如果只考虑本部门的工作、本部门的利益难免会产生冲突与矛盾，致使工作无法开展。因此，干部要有大局意识，树立"一盘棋"思想，提倡顾全大局，站在学校发展的角度思考部门工作，

横向做好部门间的沟通与协调，为共同的目标而努力。

三、规范自身行为，发挥引领示范作用

干部要拥有示范意识。凡是要求师生做好的，干部首先做到、做好，在品德、思想、行为、学术等方面切实起到引领示范作用，树立学校正确的风向标。特别是在业务上干部应是教师的榜样，既可以带班，又可以领导一个教研组；既可以做教学工作，又可以做德育工作、科研工作、后勤工作；既能面对教师，又能面对学生、面对家长；既能抓好教学业务，又能抓好德育和学生管理。在这个"点"上，要练就"会管"的技能，增强"善理"的本领。学校要求干部做到一专多能，具备胜任多个岗位的本领。学校要加强对干部的考核，对群众满意度低的干部及时指出问题，帮其改进。

四、认真履职尽责，工作高效，执行有力

每一位干部均有分管的工作，要清楚自身的职责，在职责的落实上要不遗余力，标准要高，要求要严，坚决不能"得过且过""差不多就行"。责任意识的强弱体现在执行上。从管理高层到基层执行层，每级执行上级任务的 90%，那么，最后落实的只有目标的 59%。这就是著名的 90% 法则。而执行就是百分之百的落实，就是预期目标与最终结果高度一致。没有百分之百的落实，说明我们干部的责任意识、执行力出了问题。

五、坚持深入一线，体现以人为本的理念

作为干部要有服务意识，在管理中要有"以人为本"的思想。早在 1985 年 5 月 19 日，邓小平同志在中共中央、国务院召开的全国教育工作会议上的讲话中，对热衷于发指示、说空话而不为群众干实事的领导作风进行了严肃的批评。他强调指出："什么叫领导，领导就是服务。"这句话体现了中国共产党全心全意为人民服务的根本宗旨，道出了领导干部的职责所在。凡事都要心中有"人"，在工作中要关注人的因素。干部深入一线可以拉近与教师的距离，可以发现问题、解决问题。要将干部深入一线作为一项常规要求，每位干部都要走近师生、走进办公室、走进教室，要换位思考，将师生、家长的问题及困难想在前面，克服困

难，想办法加以解决。以人为本不能停留在口头上，要落实在每一件小事之中。

六、拥有团队精神，相互补台，共同发展

团队精神是大局意识、协作精神和服务精神的集中体现，其核心是协同合作，反映了个体利益和整体利益的统一。它要求干部为了共同的任务目标，在本职岗位上充分发挥各自的潜能，汇聚强大的集体力量，推动学校发展。学校试行年级扁平化管理，就是一次新的尝试，需要深入年级的干部相互沟通、相互配合，有统一明确的目标、针对性的措施，发现问题、分析问题、解决问题，既要保证年级和谐稳定，也要聚焦学业质量提升。深入年级的干部配合得越好，越有利于工作的开展。

七、养成反思习惯，总结分析日常问题

反思是总结成功经验，整改存在的问题，是进一步做好工作的重要环节。只有通过反思梳理，不断发现问题并加以解决，我们才能不断前进。在学校办学中每天都会面临新的情况、新的问题，如：学校的制度是否科学、规范；学校的管理是否到位，是否体现了"以人为本"，教师能否接受；学生的教育是否具有针对性；课堂教学的实效怎么样；行政后勤能否为教育教学提供有力的支持；等等。干部需要通过观察才能够发现问题与不足，通过反思做好问题的总结分析，找出成因，研究改进的措施，不断调整日常的管理工作，才能确保教育教学活动的顺利开展。因此，作为干部一定要养成每日反思、每周总结的习惯。

八、加强学术研究，提升管理实践水平

干部还应具有研究的意识，研究既可以帮助干部发现管理工作中的规律，实现从实践到理论层面的提升，还可以帮助干部研究难点、热点问题，探索出解决问题的办法。因此，学术研究能力应成为干部的必备素养。另外，干部还应具有领导本领域及跨领域研究的能力与水平，每位干部每一学年至少要参与一项课题研究或有一篇高水平论文获奖（或发表）。

九、坚持改革创新，发挥区域引领作用

干部应克服传统思维习惯的影响，不能习惯于唯校长是从。没有校长的指令和首肯就缩手缩脚，缺乏主动思维、大胆创新的意识，是不行的。干部应站在全局及分管工作的视角思考自身的管理工作，不管外界如何变，既要坚守，也要出新。教育领域综合改革及城市副中心建设，对教育提出了更高的要求。干部要认真分析形势，面对变革，主动出击，迎难而上，不断寻求突破，确保分管工作区域领先，提升学校的综合办学实力，实现学校的内涵发展、特色发展。

十、推动高质量发展，办人民满意的教育

当前，我国教育进入了一个教育高质量发展的新时代。这是我国教育发展新的历史定位。新时代的教育工作就是要破解人民日益增长的对更加公平、更高质量、更富有特色的教育的需求和不平衡不充分的教育发展之间的矛盾。干部要有所作为，坚持以发展为第一要务，坚持以办高质量教育为己任，围绕立德树人这一根本任务，依托切实可行的方案，去回答"培养什么人、怎样培养人、为谁培养人"这一根本问题，将学校办成区域内的优质学校，在提升品质与内涵上下功夫，满足老百姓对优质教育的期盼，解决孩子"上好学"的需求。

评不上"三好生"啦

北京市通州区第六中学　常恩元

　　2013年7月初的一天上午，初二年级历史、地理、生物会考成绩出来后，年级主任急匆匆地找到我。"校长，好多学生评不上'三好生'啦！"她面带愁容地说。我问："怎么回事？"她说："主要原因是历史、地理、生物三科会考成绩太低，达不到评'三好'的标准，这样下去学生都没有学习的自信心啦，也不利于班级学习榜样的树立及积极向上的学习氛围的营造。您要想想办法。"我问她："为什么会出现这种局面？你分析分析。"她接着说："您看看学校这些学科教师的配备，许多教师是教语文、英语、数学的，教非所学，这对口率也太低了吧。没有一定的专业基础，怎能把课教好？另外，这些教师的动力又不太足，钻研得又不够，照本宣科，知识点把握得不准，不注重学生学法的指导。有些教师甚至组织教学都成问题，学生根本不买他们的账，成绩不尽如人意也是必然的事啦。"

　　当天下午，我让教务处的老师，将学生的会考成绩表交给我。事实确实如年级主任所说：学生的成绩确实普遍偏低，优秀率、及格率、平均分在全区中学中基本垫底，不少指标排在倒数第一的位置。这可不是一件小事，它不仅仅关系到学校的形象、教师的形象，更关系到学生未来的学业，关系到学生的知识储备。学校必须想办法解决，要为学生的未来负责。紧接着我用最短的时间与历史、地理、生物三科的教师进行了沟通。他们认为：他们教的不是中考学科，学校、家长、学生不重视；在学生心目中，这些学科也不重要，可有可无；这些课对学生来讲就是放松课，中考学科的课多安排在上午前两节，到他们的课时学生可以休息一会儿；另外，学校在评职、评先时，他们被评上的概率十分低，还有许多教师根本就看不起他们这些学科，成绩低是多种原因造成的。

"改变，一定要改变。"这是我的想法。作为教育者要克服功利思想的影响，要有教育情怀，要对学生的未来、学生的一生负责。为此，学校将提升历史、地理、生物学科的成绩作为一项艰巨的任务，系统思考、分步实施，不达目的不罢休。

第一，在放暑假前夕，召开会考学科教师座谈会。让教师们谈谈学科教学中的困难与感悟，今后提升学科教学实效的设想、举措，学科发展需要学校提供什么支持等问题。学校能解决的，必须解决，参会的教育教学干部要将任务分解，将职责落实到人，同时将其作为考核干部的一项重要指标。

第二，加强系统培训，提升教学水平。由教学主管干部拟订方案，重点围绕课堂教学组织、教学方法手段的选用、学生学习兴趣的激发、提高课堂有效性的方法等内容进行培训。由学校教学干部讲提高课堂有效性的方法；邀请校外的专家、优秀教师深入课堂进行指导，改进教学中的问题与不足；组织教师观摩校内外优秀课例，学习他人之长以补己之短；开展课题研究，探索成绩不理想的原因，并在实践中寻求破解问题的办法。

第三，加强机制建设，引领教师发展。在评优考核时设立历史、地理、生物等非中考学科教师定向指标，对优秀教师进行表彰，承认教师的付出，尊重教师的劳动。在职评方案中每两年预留不超过25%的指标，解决非中考学科教师的职评问题。鼓励教师努力工作、争创业绩，发挥职评的引领激励作用。

第四，提升对口率，增加师资储备。学校与亦庄相邻，位于非京籍外来务工人员的聚集区，生源每年都急剧增长，连续处于增班状态。学校紧紧抓住这一契机，每年招聘大量毕业生担任历史、地理、生物等非中考学科教师。2013年调入第一位历史专业研究生，到2016年，历史、地理、生物学科教师基本配备齐全。当时调入和招聘历史、地理、生物等非中考学科教师时，许多干部不理解。为什么不招聘中考学科教师，保证我们的中考成绩？我耐心细致地做干部的工作：我们办学不能太功利，只知道成绩，而不考虑学生的长远发展，只有一流的教师才能保证学生未来有更好的发展。干部的工作做通了，思想统一了，大批历史、地理、生物学科教师才被招入校。这也为后来的中考改革，将历史、地理、生物等非中考学科纳入考试范围，提供了师资储备。

第五，加强宣传，营造氛围。学校干部要做好全校教师的思想工作，让大家认识到历史、地理、生物等非中考学科在学生成长中的重要作用，从而支持这些学科的教学工作。班主任要做好学生及家长的工作，认识到历史、地理、生物等非中考学科不是可有可无的，而是与学生的未来密切相关。

第六，搭建平台，助推发展。安排教师外出学习，开阔视野；争取区内的研究课，让教师在参与中得到提升；鼓励教师参加市区组织的各类竞赛活动，激发他们不断超越自我的意识。

几年来，学校在历史、地理、生物等非中考学科教师队伍建设上取得了突出的成绩：70%以上的教师上了区级研究课；有的教师被选聘为学科教研员；有的教师在区级教学竞赛中捧杯；有的教师被评为区级骨干教师；有的区级名师基地在学校落地。

评不上"三好生"其实不是简单的评"三好生"的问题，会引发深入的思考。同时，这一件事的解决也会给予我们不少的启示。

1. 学校办学的目的是什么？

学校应该让每个学生都能感受到自己的成长，这样的学校教育才真正有意义。学校教育一肩挑着民生，一肩挑着民族，中间担起对活泼生命的培育。身为学校的掌舵者、负责人，要深感责任重大，责无旁贷地办好教育。今天学校教育的目的就是让人成为真正的人。人不能脱离社会而存在，成为真正的人以后，才能在今后的社会活动中体现出自己的人生价值。让学生成为真正的人，才是教育者应该做的。因此，学校的管理者应自觉克服功利思想，不能唯分论，不能只关注升学学科的成绩，而更应该关注学生的全面发展，关注师资队伍建设，保证课时，创设良好的学习氛围，引领学生认真学好每一科。

2. 学生如何适应未来社会？

学生经过在校的系统学习后，必然要走进社会。学校教育应立足学生的长远发展，要关注学生适应终身发展和社会发展需要的必备品格和关键能力等核心素养的培养，从人的全面发展角度出发，开设好校内的所有课程。学科教师应当加强学习，清楚学科素养的内涵、要培养学生哪些核心素养、如何去落实。在传授学科知识的同时，要突出强调个人修养、社会关爱、家国情怀，注重自主发展、合作参与、创新实践等能力的培养。让学生知道每一门学科开设的意义与重要性，激发学生的学习兴趣，扎实掌握各科知识，为将来走进社会奠定坚实的知识基础、做好能力储备。

3. 学生成长与教师是什么关系？

为什么家长愿意将自己的孩子放在北京四中、人大附中等知名学校？为什么家长愿意选择好的老师教自己的孩子？主要原因就是教师水平高。在学校办学的诸多要素中，人是最重要的要素。

学生的成长与发展，离不开一流的高水平教师。学校办学者要树立教师优先发展的思想，要以教师的发展促进学生的成长。学校要加强教师的培养，提升教师的教学水平与专业能力。学校要建立健全有利于教师发展的机制，激发教师工作的积极性、主动性。学校要搭建平台，为教师提供发展与展示的机会，让教师有成就感、幸福感。另外，在条件具备的情况下，学校应提升教师的学科对口率，让专业的人干专业的事，解决好学科教师的储备问题。

围绕"评不上'三好生'"这件事所做的探索，取得了显著的成效。全校关注和支持历史、地理、生物等学科发展的氛围已经形成；学科教师的教学水平、能力得到了全面提升，教师在校外竞赛中捷报频传；学科师资对口率区域领先，让外校羡慕不已；更重要的是学生学习热情高涨，学科成绩进入区域领先的行列。总之，作为办学者一定要坚持从学校实际出发,心中装着学生,基于学生的发展考虑学校的管理,这样才更有利于学生的成长与发展。

职评中的风波

北京市通州区第六中学　常恩元

2018年5月，按照上级的要求，我开始部署通州六中的职称评审工作。这是我第一次在通州六中组织这项工作，对于我来说是一次不小的考验。因为，六中地处城区，老教师多，年轻教师少，且教师流动性小，职称指标少，所以竞争尤为激烈。

学校按上级的要求，及时召开职评小组会、全校教师会，进行职评工作部署。自学校职评部署会后到6月10日职评拟推人选上报期间，部分教师反映强烈，先后有不下10位教师找到我，直接向我反映职评存在的问题。有的教师认为自己年龄大了，没有功劳有苦劳，应该评上。有的教师认为学校对班主任工作不重视，三年加一分，太少了。有的教师认为市区评优课、公开课、研究课没有加分不合理。有的教师认为教科研和辅导学生加分不封顶不合理、不公平，因为有些学科没有竞赛辅导的机会。有的教师认为学校没给机会，致使自己职评的基本条件不够，如任班主任、每周任课不少于4课时。还有非教师系列职评没有考虑到，等等。这些问题直接关系到学校的稳定与教师的切身利益。

职评的指导思想要遵循教育发展规律和教师成长规律，坚持以能力和业绩为导向，充分调动教师的积极性，为全面实施素质教育提供制度保障和人力支持；职评要坚持面向全体，坚持民主、公开、竞争、择优，鼓励优秀人才脱颖而出；坚持重师德、重能力、重业绩、重贡献，激励教师提高教书育人的水平。

面对职评中的现实问题，职评小组进一步规范职评程序，增加透明度，认真核实申报教师的条件及各项赋分，增加教师量化考核成绩确认签字环节，向教师做好解释说明。职评小组会的推荐环节，突出职评导向，采取投票推荐方式，坚持日常表现与师德、能力、业绩相结合，使那些师德高尚、能力强、业绩突出的教师进入上报范围。另外，在学校公示最终推荐人选前，我利用一天半的时间分别找那些没有入围的教师进行沟通，请他们谈谈对职称评审标准、组织实施的看法，对学校今后改进职评工作的意见与建议。在交流中，我对教师的困惑与意见进行了解答，也为他们今后的发展指明了方向，起到了激励的作用，密切了干群关系。同时，我也对今后的职评工作谈了自己的看法。

为什么教师对职评有看法呢？这些问题出现的原因，体现在六个方面：

教师不知情。现行的学校职评办法还是2013年3月学校制定通过的，征求意见与宣传工作做得不够，包括项目的设置、赋分的标准、操作的步骤、拟推人选的产生、公开透明的程度等，致使教师有看法。

主旨思想体现不充分。《通州区深化中小学教师职称制度改革实施方案》中明确指出"重师德、重能力、重业绩、重贡献"。这样看来，我们的方案存在重视证书忽视业绩、重视结果忽视过程的现象，如市区评优课、公开课、研究课没有加分等，致使教师有看法。

部分指标赋分不合理。如班主任每任职三年加一分，辛勤工作三年还不如区里的一个一等奖，没有体现向教育教学一线倾斜的思想，使班主任认为自己的工作可有可无，得不到应有的认可，难以调动教师从事班主任工作的积极性，可能会造成将来没人愿意做班主任的局面。

赋分项目缺少层次性。这主要体现在科研、竞赛辅导与教育教学项目的赋分上。科研、竞赛辅导与教育教学项目赋分没有封顶，再加上学科间机会不均等，对那些踏踏实实工作且业绩突出的教师不利，容易出现科研、竞赛辅导成绩突出，教育教学业绩被冲淡的现象，造成教师有看法、有意见。

对非教师人员职评关注不足。在学校的职评方案中，没有非教师人员的职评办法，使这些教师看不到希望，工作没有奔头，积极性不高。

学校的发展需要全校干部教师发挥智慧、付出努力，学校每一个部门、每一个岗位都有存在的意义。只有每一位教师都有盼头、有发展的积极性，学校才有发展的后劲。

教师职评组织过程不规范。不向教师公布指标数，不公开职评方案，不公开职评量化过程，教师并不清楚拟推人选怎么产生的，对职评的公正性有看法，甚至认为有人从中干扰，职评可信度低。

职评既关系到教师个人的切身利益，也关系到学校的稳定与发展。职评必须关注教师与学校的共同发展，体现公平、公正、公开的原则，坚持德才兼备、以德为先，注重考察教师的专业性、技术性、实践性、创造性，突出评价教师的业绩水平和实际贡献，突出品德、能力、业绩。学校要认真修订和完善切实可行的教师认可度高的职评方案与办法，加大宣传力度、细化操作流程，提高教师的认可度，让教师感受到学校的公平和学校对自身工作的认可。职评过程中要减少人为因素的干扰，因为职评不公不仅仅会影响教师的情绪，还会打击教师的积极性，甚至影响到学校的稳定与发展。

总之，学生的发展、学校的发展都离不开教师的发展，做好职评工作就是关注教师的切身利益、调动教师的工作积极性和主动性的具体体现。

对学校品牌建设的认识与思考

北京市通州区第六中学　常恩元

当今"品牌"是非常流行的名词，人们在购置商品时都很看重品牌。"品牌"这一概念源于市场经济领域。20世纪60年代，英国的创意高手大卫·奥格威（David Ogilvy）第一次在《一个广告人的自白》中明确提出了品牌的概念。他指出品牌是一种错综复杂的象征，是产品属性、名称、包装、价格、历史声誉、广告方式等的无形组合。如今许多消费者会结合对产品的印象及自身或他人的经验做出合理的选择。学校品牌是品牌概念的具体化，是一种以课程服务为基础的优质教育服务组织品牌。它是指经过精心培育和市场选择形成的，为教育消费者所偏好，给办学组织带来较大的经济效益和社会效益并引导教育消费的优质教育服务产品及其属性、学校整体形象、与消费者的一致性承诺关系等的总称，具有多样化、优质性、独特性、高层次性、增值性等特点，并通过教育市场认同性、地位排他性、时间的长效性和效应的扩散性来体现。品牌不仅仅是老百姓的口碑，更是心碑，矗立在人们的心中。如今，学校的品牌建设是学校发展的迫切需要。

一、正确认识和理解学校品牌建设意义深远

学校品牌建设是优质教育服务设计与生产的过程，也是知名度、美誉度、忠诚度的积累过程，是学校办学目标、办学过程、办学成果的具体体现。品牌学校是学生欢迎、家长满意、社会认可的优质学校。只有正确认识与理解学校品牌才能更好地办好学校。现实中每一所学校在办学过程中都想拥有自身的品牌，以得到社会的认可、好评与支持。品牌是一种无形的资产，能够帮助学校树立良好的形象、吸引优秀的人才，

为学校带来实质性的附加值，并形成品牌效应，就如同中国人民大学附属中学、北京四中、北京师范大学附属实验中学、清华大学附属中学等知名学校一样，令学生与家长敬仰与向往。

品牌学校从宏观政策视角看，体现了好教育的特征：追求以人为本、追求更加公平、追求更有质量、追求更有效率、追求适应社会等。品牌学校从实践的视角看，体现了好学校的特征：把学生的需要放在首位；充满活力与智慧；突出团体文化和营造出一种团体感；强调人际交往；教师具有创造性；通过一整套的标准清楚地展现办学目标；为学生的学习和成长提供理想的环境；有一个好校长；等等。品牌学校对学生具有极强的吸引力，学生喜欢和愿意来品牌学校学习，并在学校具有使命感、责任感和温暖感。

学校的品牌建设不是可有可无的，它是学校发展的迫切需求，有着积极的意义，特别是对学生的成长意义更重大。教育的终极目标是促进人的发展，其本质是为学生的终身发展奠定坚实的知识、能力和人格基础，尤其是学生能够适应终身发展和社会发展需要的必备品格和关键能力的培养。学校要基于学生发展的多样化与个性化需求，努力创办适合每一名学生的教育，给学生一个"唤醒"心灵的环境，满足老百姓对优质教育的期盼，实现学生"上好学"的愿望。学校要将品牌建设纳入工作日程，有所思考、有所行动。

二、提升学校品牌建设方案设计能力

在常态化的教育中，只有那些具有独特风格和鲜明特征的学校，才更容易被公众识记，形成深刻的印象与价值感。学校品牌建设方案的确定、准确的价值定位十分重要，学校要对学生、家长及社会许下庄严的承诺。学校品牌定位是学校智慧的比拼与较量，关系到自身品牌差异性的凸显，关系到学校特色的形成。学校品牌建设的出发点是基于学生的发展，培育特色学校，使学校具有鲜明的特征，让学校充满生机与活力，更具使命感、价值感。特色学校的"特色"，是一种先进独特的、富有时代特征并相对稳定的学校文化，不仅表现为学校具有个性化的外显环境、校本化的课程体系、独特的教育教学管理制度、优于同类学校的特色项目，更表现为凝聚在学校每个成员身上的一种精神品质。特色学校归根到底是一种文化生长和积淀。[1]"特色"应是学校风格、优势和水平的集中体现，也是衡量学校水准的指标。每一所学校的条件、教育资源都不一样，但是学生和家长都有接受优质教育的强烈愿望。特色学校建设要以质量为根本。质量建设是基础教育学校品牌建设的基础。[2]学校品牌的设计要注重软件，体现办学的核心价值、核心理念，不仅要给予人们视觉上的冲击，便于公众辨别和认同学校形象，更重要的是要调动每个员工的工作积极性及对学校的认同感和归属感，使各职能部门都能各司其职、有效合作，提升学校的综合办学实力。

学校品牌建设方案的设计要基于校情。利用SWOT战略分析法，通过对学校办学的优势、劣势、机会和威胁等加以综合评估与分析确定学校品牌。有效利用学校内外部资源，积极应对学校品牌建设中的困难与挑战，在战略与战术两个层面确定完成预定目标的对策与方法，使学校品牌建设方案的设计与校情高度吻合。

学校品牌建设方案的设计要与时代发展相结合。办学者要注重学校发展的顶层设计，思考"办什么样的学校"的问题。要将"中国梦"的实现、"四个全面"的推进、学习型社会的建立、个人幸福与价值的追求同学校品牌建设方案的设计有机联系在一起。中国特色社会主义进入了新时代，人民对美好生活的向往日趋强烈，人民同样期盼高品质的教育。办公平而有质量的教育是每一名教育人的责任与使命，也是为人民服务的具体体现。学校办学要满足老百姓对优质教育的期盼，关注学生的实际获得感，切实满足学生"上好学"的需求。

学校品牌建设方案的设计思路要清晰。学校品牌是学校发展的生态模式和高级形态。办学者要坚持以学生的价值为导向，基于学生的发展，提高教育供给能力与水平，满足学生全面发展与个性发展的需求。学校品牌的设计要坚持以自主创新为动力，注重内生性，品牌的创建与经营的核心动力是内部的动力。没有自主发展意识的觉醒，就不会有学校品牌的形成。学校品牌的设计要突出重点，注重软件建设，兑现对社会和家长的价值承诺，关注教育教学服务质量的提升。学校品牌建设方案的设计要坚持以整合校内外资源为基础，为学校的品牌建设提供服务。学校品牌建设方案的设计要服务于学校的整体发展和可持续发展。学校品牌的形成不是朝夕之功，而是一个艰辛的过程。办学者要始终致力于品牌的价值提升与内涵的建设。

学校品牌建设方案的设计要与学校发展战略相联系。关于学校发展战略的定位，每所学校都可能不尽相同，如"培养世界的中国人""让每个人都成功教育""办人民满意的教育""办区域一流学校""做最好的自我"。基于教育发展的趋势，学校办学应由重数量向重质量、重文化转变，由重外延发展向重内涵发展、生态发展转变。办学者要结合学校自身的实际，科学地确定学校发展战略主题。

三、突出重点，持续推进学校品牌建设

学校品牌建设是一项系统工程，是基于先进教育理念的创建特色学校的实践活动。办学者要对什么是好的教育，什么是好的学校，学校的发展战略、使命、价值等有着清晰的认识与正确的理解，才能在科学设计学校品牌建设方案的基础上加以实施。

学校品牌建设涉及多个领域，如技术层面的学校物质基础、日常工作，制度层面的日常操作规程、运行机制、管理体制，愿景层面的学校战略、使命，价值层面的办学价值、承诺等。这些工作的完成都需要师生员工的全力支持和参与。在学校办学的诸多要素中，人是最积极、最活跃的要素。人是学校品牌的积极构建者，是学校的形象大使。没有人的参与，品牌建设就无从谈起。学校品牌建设要关注"人"的品牌建设。人是品牌的中心，学校要尊重人、激励人、发展人、成就人，以人的发展推进学校品牌建设。

学校品牌建设要突出关注管理的改进。从经验管理到科学管理、再到文化管理，是现代管理理论发展的新方向。文化管理是侧重管理中的软要素的管理，通过价值观念和组织精神的培育，促进人的自我实现与

发展，影响人的思想和行为，用一种无形的文化力形成行为准则、价值观念和道德规范，增强员工的归属感，调动员工的积极性和创造性。文化管理的本质就是对人的重视与尊重，体现"以人为本"的思想，是"人化管理"，是以人为出发点，并以人的价值实现为最终管理目的的尊重人性的管理。"当代学校管理呈现了新的发展走向，即从学校管理走向学校领导，从粗放式、规模化管理走向精致化管理，从封闭式管理走向开放式管理，从科学管理走向文化管理。文化管理已成为教育改革新的生长点，成为学校发展的新境界、新趋势及新阶段。"[3] 按照马斯洛的人本主义心理学理论，人的需要有五个层次，即生理需要、安全需要、社交需要、尊重需要和自我实现需要。"人的需要是从最底层的生理需要开始的，由低到高，依次向上，只有低层次的需要得到满足以后，较高层次的需要才能被激发并起到激励作用。"[4] 教师职业的特点决定了教师在日常工作中在保证前四个层次的需要得到满足的基础上，才能实现自我。学校有责任创设条件、搭建平台、营造氛围，满足教师的自我实现的需要，激发教师的内驱力，引领教师专业成长，培育名师，助力学校品牌建设，推动学校可持续发展。

四、与时俱进，不断巩固学校品牌建设成果

任何事物都要经历从无到有、从小到大、从弱到强，甚至从强到衰败、消亡的过程。企业也好，学校也好，时刻要有危机意识，与时俱进。学校管理者始终拥有战略思维，增强使命感，致力于学校整体发展和持续发展，以自主创新为动力，在抓好内部管理的同时，坚持以价值为导向，注重品牌建设，关注教育质量的不断提升，关注内部的文化培育，提升品牌价值，提高服务水平，不断增强品牌的知名度、美誉度和忠诚度。

1999年，出现了这样一句广告词："波导手机，手机中的战斗机！"波导手机曾占据国内手机市场的一席之地，销量甚至超过当时如日中天的诺基亚。但好景不长，2004年就开始走下坡路，因缺乏核心技术，市场逐渐被诺基亚攻占，昔日的手机霸主随之陨落，令人惋惜。主要原因就是波导放弃了品牌手机，而转型为手机代工厂。富贵鸟在国内是一个非常知名的品牌，一直都是许多消费者的重点关注对象。但2019年，富贵鸟宣布破产，理由是面临债券违约的情况，中国真皮鞋王从此落幕。究其原因，除了债务的问题，跟运营管理也有非常大的关系。富贵鸟品牌一直墨守成规，总以为自己是行业老大，就不需要创新，在经营上疏于管理，投资风险大大上升。另外行业发展越来越快，导致大量的品牌应运而生，它们的价格优势更加明显，富贵鸟高不成低不就，出现了诸多运营问题。

上述两个例子都有一个共同点：缺少居安思危的意识，致使两个品牌衰落。教育改革与发展的道路上没有旁观者。面对人民群众对高品质教育的需求与期盼、教育改革形势的不断变化，学校办学面临着巨大的压力与挑战。现实中不少学校对品牌重"树"轻"守"，在品牌树立之后，学校知名度有了，老百姓认可了，发展应该没问题了。其实，学校品牌也是有"生命周期"的，即要经历形成、成长、成熟、衰退的过程。好的高品质学校往往会成为其他学校模仿、竞争的对象，再加上校长和教师的更替、生源的变化、政策的调整、应对能力的减弱，如果不积极创新，适应形势的变化，很可能会削弱品牌原本的影响力，沦为一般的学校。

作为学校的掌门人，校长应对学校的发展状况与趋势，有着超前的认识，能够准确地分析学校内外部环境的变化，沉着、积极地应对危机与挑战，妥善处理好保守性维系与积极性维系的关系。学校应通过保守性维系不断满足消费者的需求，提高教育服务质量。学校的干部教师要不断提升危机的化解能力，保持品牌的美誉度。再有，学校要有积极应对挑战的勇气，不断调整自己的品牌发展战略，使学校处于高水平发展的地位，使学校办学的内涵日趋丰富，并体现出"三高"的特点，即高定位、高品质、高品位。学校应通过品牌的积极性维系，进一步提升品牌的内在价值。在品牌的维系过程中要注重创新。世界著名管理学家彼得·德鲁克在其著名的《动荡时代的管理》一书中，对"创新"做了阐释："创新是有系统地寻求新机会：在一种技术、一个业务流程、一个市场的薄弱之处寻找机会，在新知识萌芽中寻找机会，在市场的需求和短缺中寻找机会。"这一解释对学校进行品牌创新有很大的借鉴意义。学校要不断寻找品牌的生长点，让品牌增加新的个性与内涵，永葆活力。学校要善于对品牌进行不断的评估，并重新定位和策划，持续推进学校品牌建设，使学校品牌得到新的发展，彰显学校的特色。

总之，学校品牌建设是一项系统工程。办学者应站在消费者的角度思考学校的战略发展之路，提升自身教育的供给水平与能力，满足学生多样化发展的需求，提供优质的教育服务。学校要通过品牌建设，丰富办学内涵、提升办学品质，实现人民群众对美好生活的向往，让老百姓期待的优质教育变成现实。

参考文献：

[1] 张李红，王朝贤. 从特色项目到特色学校建设的问题与对策：以郫都区学校"一校一品"建设为例 [J]. 教育科学论坛，2017（9）：66.

[2] 那岚业. 基础教育学校品牌研究 [D]. 西安：陕西师范大学，2013：摘要 1.

[3] 王铁军. 把握学校文化管理的脉搏 [N]. 中国教育报，2008-08-05（6）.

[4] 陈丽，何育萍. 走向学校有效管理的实践探索 [M]. 北京：北京出版社，2007：170.

对学校文化内涵的理解及对学校文化建设的思考

北京市通州区南刘中学　常恩元

什么是学校文化？学校文化的概念有上百种之多，不同的人会有不同的理解，仁者见仁，智者见智。但作为一名学校的管理者，应该在系统学习的基础上，结合学校管理实际对学校文化及其内涵加以辨析，保持清醒的认识，形成立足本校实际的学校文化建设思路。

学校文化是学校在长期的办学过程中逐渐形成的，是全体成员共同遵守和奉行的价值观念和行为准则，以及物化了的环境风貌的整合与结晶，表现为学校独有的个性、特色、品位和氛围。学校文化是学校价值观在其指导思想、经营哲学、管理风格和行为方式上的反映。学校文化包括学校最高目标和宗旨、共同的价值追求、作风及传统习惯、学校形象、学校制度、行为规范、物质环境等。

关于学校文化的概念，我比较认同顾明远教授的观点，即"学校文化是经过长期发展历史积淀而形成的全校师生（包括员工）的教育实践活动方式及其所创造的成果的总和，包含了物质文化（校园建设）、制度文化（各种规章制度）、精神文化和行为文化（师生的行为举止），而其核心是精神文化中的价值观念、办学思想、教育理念、群体的心理意识等"。

基于不同的视角，许多学者对学校文化的概念进行了界定，虽然这些概念有所不同，但观点是一致的，即学校文化建设的核心是精神文化的建设。它就像一股潜流活跃在校园中，影响着师生员工的思想与行为。

这种弥散在校园中，看不见摸不着、又无法言说的东西，就是学校的精神文化，具有强大的影响力。随着专家、学者以及学校的管理者对学校文化的认识逐步加深，学校文化建设得到了前所未有的重视，甚至被视为学校的核心竞争力，成为促进学校内涵发展的推动力。

如何推进学校文化建设？管理者需要对学校文化的内涵有一个正确的把握。目前，学界对学校文化内涵的划分众说纷纭：从结构上看，包括精神文化、制度文化、行为文化、物质文化；从主体上看，包括校长文化、教师文化、学生文化、职员文化；从显现形式上看，包括外显文化、内隐文化；从性质上看，包括主流文化和亚文化；等等。如何抓好学校文化建设？每个学校的情况都不尽相同，这需要我们立足校情、面向未来，结合传统与现实的文化土壤，来推进学校的文化建设，形成自己的特色。

关于学校特色文化建设，我认为应该从五个方面入手：

一是校长要树立正确的学校文化建设观。

一个好的校长，就是一所好的学校。这句话充分说明校长在学校中的重要地位和作用。在学校文化建设的过程中，校长同样发挥着重要的作用，校长的教育思想、办学理念、价值追求、文化视野、文化判断力、选择力、对文化建设的理解和重视程度，直接影响着学校文化建设的走向。有什么样的校长，就有什么样的学校文化。因此，校长要树立清晰、正确的学校文化建设观，坚持以师生发展为本，营造具有深厚底蕴、人文内涵、现代气息，以及健康向上、充满活力的校园文化，使学校真正成为师生的精神家园和发展的沃土。校长要自觉担负起学校文化建设的重任，做学校文化的设计者、塑造者和推进者。

二是明确学校文化建设的基本理念。

文化是学校的灵魂，学校没有文化也就失去了存在的价值和意义。一所学校办得成功与否，是否能够形成自己的办学特色，在某种程度上取决于这所学校是否拥有深厚的积极向上的学校文化。学校的管理者需要在继承学校优良传统文化，对现状进行诊断分析的基础上，对学校文化建设进行科学定位，坚持以人为本、以校为本，选好突破口，确定符合校情的学校文化建设的基本理念和基本思路，并付诸实践，在实践中形成学校文化特色。

三是将学校文化建设作为系统工程来抓。

高品位的学校文化不是自发形成的，它需要精心培育、长期积累、不断发展。学校文化内涵丰富，涉及面广，因此在建设过程中需要精心设计、统筹安排，既要全面推进，又要突出重点，还要形成特色。学校管理者要将学校文化建设作为一项系统工程来抓，将其纳入学校发展规划，与学校建设、日常管理、制度变革、课程改革、队伍建设等工作进行综合考虑，从大处着眼、从小处入手，推进学校文化建设。

四是提炼精神文化，培育学校的核心价值。

学校精神文化是学校文化建设的核心，是学校在长期办学实践中积淀的理念、价值体系、群体心理特征及精神价值传统。学校精神文化在无形中影响着每一个成员的思想与行为，决定着学校的校风、教风和学风，决定并制约着学校文化的取向和性质。这种精神是学校办学传统与办学经验的文化积淀，植根于悠久的历史与深厚的学校文化内涵之中，是全体师生员工认同的一种群体意识。学校精神文化一旦铸就，便会对学校的发展产生持续而深远的影响。因此，在学校文化建设中，学校管理者要将精神文化建设作为第一要务来抓，进一步明确学校发展目标、发展思路、学校精神以及发展愿景，打造健康、和谐、向上的精神文化，培育学校的核心价值观，促进师生的发展与成长。

五是把握学校文化建设的实质，促进人的发展。

学校文化建设的目的是育人，学校文化建设要充分考虑育人功能的有效发挥，凸显学校文化建设的人本思想。无论是物质文化、制度文化、还是精神文化，都要充分体现对人的尊重、对人的理解、对人的关心和对人的信任，最大限度地调动人的主观能动性，激发人的热情，挖掘人的潜力，引导师生共同设计、共同建设、共同享有学校文化，促进人的全面发展。只有这样，学校文化建设才具有活力和生命力。

当今，优秀的学校文化已成为一股强大的凝聚力，体现着学校的核心竞争力，对提高学校的办学质量、促进学校的发展起到了积极的推动作用，已成为体现一所学校的办学水平的重要标志。重视学校文化建设已成为学校管理者的共识。在推进学校文化建设的同时，我们还要清醒地看到，学校文化建设中存在一些不良倾向。如重物化、轻人化，重变化、轻进化，重硬化、轻柔化，重强化、轻感化，重外化、轻内化等倾向，导致学校文化建设表面化、形式化。有些学校设备先进，现代化气息浓郁，但缺少文化内涵、人文气息，这种学校的文化不是真正的学校文化。真正的学校文化应远离作秀、追求纯朴，远离浮躁、追求沉静，远离功利、追求本真。在文化的润泽下，学校更加有朝气，校园更加和谐，师生更加勤奋。师生在这里感受到情感交流、思维碰撞、心灵交融所带来的快乐，在这里体验学习与工作的幸福，在这里分享阳光与鲜花，在这里焕发生命的光彩、实现人生的价值。

依托地域文化培育特色学校的策略研究

北京市通州区马驹桥学校　常恩元

摘　要：马驹桥有着悠久的历史、深厚的底蕴，在地域文化发展与变迁的过程中，在继承与拓展的基础上，形成了博大精深的地域文化。如今地域文化的研究正由最初的表层文化向深层的精神文化延伸扩展，逐步从纯物质形态的考证转向精神文化研究。特别是马驹桥人"不甘落后、主动发展"的核心精神，有必要继续传承，实现文化育人。学校坐落在马驹桥镇，作为教育人有责任挖掘和弘扬地域文化，让师生了解历史，并将地域文化与学校教育有机结合，用地域文化打造学校最鲜明的特色与气质，从而更好地服务、成就每一位师生，为现代教育的发展和人类文明的传承做出自己的贡献。学校在充分调研论证的基础上，提出"马＆桥"教育的概念，传承与弘扬"马"的精神、"桥"的品质，培养"自主发展的马桥人"。本课题研究从理论上填补了马驹桥地区地域文化研究的空白，丰富了地域文化研究的内涵，在实践上丰富了学校的办学思想与内涵，完善了学校课程体系，激发了师生的自主精神，促进了师生全面、充分、和谐的发展，以及学生、教师、学校的共同发展。

关键词：依托；地域文化；培育；特色学校

一、选题缘由

（一）挖掘和传承马驹桥地区的地域文化

通过马驹桥地名的由来追溯历史，从马驹桥人民的生活、劳动及社会、经济发展等角度梳理马驹桥地区的精神文化，确立具有地域特色的教育主题。通过"马＆桥"教育的实施，传承和弘扬"马"的精神、"桥"的品质，推动区域精神文明建设，为地区经济、社会发展服务。

（二）实现地域文化与特色学校建设的融合

马驹桥有着悠久的历史、深厚的底蕴，在地域文化发展与变迁过程中，在继承与拓展的基础上，形成了博大精深的地域文化。学校坐落在马驹桥镇，作为教育人有责任挖掘和弘扬地域文化，让师生了解历史，传承和弘扬"马"的精神、"桥"的品质，并将地域文化与学校教育有机结合，用地域文化打造学校最鲜明的特色与气质，从而更好地服务、成就每一位师生，为现代教育的发展和人类文明的传承做贡献。

（三）学校建立完善的课程体系的需要

学校结合实际，根据"马＆桥"教育主题，开发历史课程和自主发展课程两大校本课程系列。历史课程帮助学生了解马驹桥的历史，知马桥、爱马桥；自主发展课程主要培养学生自主发展的意识与行为。两大系列课程由普修课程和选修课程构成。学校通过有效课程的实施引导学生自主发展，在课程设置上既有"规定动作"，也有"自选动作"。

（四）学校进一步发展的需要

1. 学校因素

全面提高学校的办学质量，办百姓身边的好学校，是社会、家长、学生的共同期待。学校的办学者要有追求卓越的目标追求，有办好学校的先进理念和实践行为，真正对每一名学生负责，为他们提供优质的教育，让每一名学生得到充分而和谐的发展。学校要像马驹桥镇一样，从古到今都是区域的排头兵。

2. 教师因素

学校教师规模不断扩大，在职教师165人。其中，专任教师122人。35岁以下的专任教师88人，占专任教师的72.1%。年轻教师有朝气、有活力，但自主规划的意识不强。另外一部分教师对自身工作缺少高标准的追求，专业成长意识不强，只讲教书，不注重专业发展。通过现状调查，我们发现每个教师都有自主发展、自我实现的愿望，而观念滞后、目标模糊、方法缺失、职业倦怠等严重制约了我校教师队伍整体素质的提升，从而影响到学校教育质量的提升和可持续发展。实施"马＆桥"

教育的目的在于唤醒教师的目标追求，让教师拥有自主发展的意识、自主发展的能力，并付诸实践。通过教师的发展，引领学生的成长，促进学校的发展。

3. 学生因素

学校现有40个教学班1351人。其中，中学部28个班981人，小学部12个班370人。全校随迁子女917人，约占学生总数的67.9%，涉及28个省市。除汉族学生外，还涉及8个少数民族。全校随班就读学生6人。学校的教育是没有选择的教育，随迁学生来源多样，既有公办校的学生，也有民办校的学生。学生素养差距巨大，综合素质与通州区城区和市区比有差距。面对层次不同、基础不同的学生，学校有责任、有义务通过适合的教育让他们在原有的基础上有所发展。在培养目标上，我们定位为培养"自主发展的马桥人"。具体来讲，就是"培养志存高远、自主发展、勇于实践、吃苦耐劳、团结合作、宽容待人、真诚无私、身心和谐、个性鲜明，具有世界眼光、现代意识的优秀学子"，让学生通过学校的教育成为具有"马"的精神与"桥"的品质的人。

二、核心概念的厘清

什么是学校文化？学校文化的概念有上百种之多，不同的人会有不同的理解。关于学校文化的概念，顾明远教授认为："学校文化是经过长期发展历史积淀而形成的全校师生（包括员工）的教育实践活动方式及其所创造的成果的总和，包含了物质文化（校园建设）、制度文化（各种规章制度）、精神文化和行为文化（师生的行为举止），而其核心是精神文化中的价值观念、办学思想、教育理念、群体的心理意识等。"[1]随着专家、学者以及学校管理者对学校文化的认识逐渐加深，学校文化建设得到了前所未有的重视，甚至被视为学校的核心竞争力，成为促进学校内涵发展的推动力。名校之"名"，首在文化。

关于地域文化，国内外的研究颇多。"在我国，地域文化一般是指特定区域源远流长、独具特色，传承至今仍发挥作用的文化传统，是特定区域的生态、民俗、传统、习惯等文明表现。它在一定的地域范围内与环境相融合，因而打上了地域的烙印，具有独特性。"[2] 纵观历史，在相当长的时期内地域文化的研究大都集中在物质文化层面。而随着人们认识的逐步加深，地域文化研究由最初的表层文化向深层的精神文化延伸扩展，逐步从纯物质形态的考证转向精神文化研究。

通过学校文化及地域文化研究的比较、分析不难发现，精神文化是它们的共同点，可见精神文化之重要。以地名命名学校，同时又将地名作为学校教育的主题的情况，在国内少之又少。但从已有的情况看，有些学校已做了尝试。如位于北京市海淀区的翠微小学，创建让社会广泛认可的"翠·微"教育品牌学校。又如，四川省广元市苍溪县的文昌中学确立了"厚德昌文"的办学理念。

马驹桥地区同样有着悠久的历史，早在隋末唐初，就是当朝饲养军马的仔马场。马驹桥曾是北京最大的湿地，也是辽、金、元、明、清五朝的皇家猎场和明、清两朝的皇家苑囿。当时的马驹桥既是京畿重镇，又是商贸云集之地，形成了特有的乡土风情。马驹桥经历了由地名到桥名、又由桥名到地名的漫长历史阶段。

现在的马驹桥是 2001 年北京市政府确定的郊区重点建设的 33 个中心镇之一，是通州区社会、经济及城镇化进程发展最快的乡镇，各项事业在通州区处于领先水平。我们在挖掘历史文化的同时，更要汲取丰厚的精神文化，发挥它不可替代的教化、凝聚和激励作用。学校办学离不开校园周边环境。在更好地传播马驹桥地域的精神文化这件事上，学校责无旁贷。

特色学校是指在先进的教育思想指导下，从本校的实际出发，经过长期的办学实践，形成了独特的、稳定的、优质的办学风格与优秀的办学成果的学校。简而言之，特色学校就是认识和优化了个性的学校。[3]

特色学校的立足点是"马＆桥"教育。学校在挖掘马驹桥地域文化形成的历史与人文精神的基础上，结合学校办学实际，逐步推进特色的形成，成为区域内的百姓身边的好学校、名校。20 世纪 80 年代初期，教育现代化启动，开始出现特色学校的名称。30 余年来，对现有特色学校定义的粗略归类有几十种。具有代表性的观点有三种：特色学校是一种有办学特色的学校；特色学校是一种个性化的学校；特色学校是一种具有独特办学风格的整体化成功的学校。

学校特色和特色学校是不同层次的概念。所有学校都可以提出办出学校特色的要求，但只有特色学校才是学校特色建设的高级阶段。学校特色所指的是一种教育特色，而特色学校指的是有自身办学特色的学校。学校经历了从统一办学到教育特色的兴起、从特色学科到学校特色教育、从学校特色到特色学校的发展过程，正走在从被迫追潮流到自觉创特色的道路上。

三、地域文化与特色学校建设的结合点

（一）深入调研，梳理地域文化

学校曾通过问卷、走访、座谈等多种形式，对马驹桥镇域的学生、工人、农民、医生、教师、公务员、村民等进行深入调查，目的在于了解马驹桥镇域的居民对镇名的由来、行政概况、名人、物质文化遗产、非物质文化遗产、水利交通、文教卫生事业、经济概况、核心精神等内容的知晓情况（表1）。

表1 问卷调查的知晓率汇总表

问 题	知晓率	京籍居民的知晓率	非京籍居民的知晓率
镇名的由来	83.5%	86.3%	82.1%
行政概况	75.5%	81.3%	73.1%
名 人	30.1%	36.2%	23.3%
物质文化遗产	33.4%	36.2%	29.2%
非物质文化遗产	32.5%	34.3%	30.6%
水利交通	45.9%	50.6%	41.2%
文教卫生事业	35.6%	39.8%	31.8%
经济概况	28.7%	32.3%	25.5%
核心精神	27.9%	35.2%	21.3%

从马驹桥人民的生活、劳动及社会、经济的发展等角度梳理马驹桥地域的精神文化，形成共同的价值观念，并将其转化为推动个人、组织及区域社会、经济发展的强大动力。从调查结果看，学生及社会人士对马驹桥名人及文化的知晓情况不尽如人意。特别是马驹桥人"不甘落后、主动发展"核心精神的缺失，作为教育人是有责任的。教育人有义务承担起传承地域精神文化的使命。

（二）突出特色，明确教育主题

学校在深入挖掘马驹桥地域文化的基础上，将马驹桥人民"不甘落后、主动发展"的核心精神，作为地域文化与特色学校建设的结合点，使其与学校的核心价值追求、办学理念、育人目标等一脉相承。围绕马驹桥地域的精神文化，学校进一步明确了"自主发展、不断超越、做最好的自己"的核心价值追求，秉承"一切为了学生发展，一切为了祖国富强"的办学宗旨，全面落实"办优质教育——让每一名师生得到充分和谐发展"的办学理念。学校结合自身办学实际，确立"马＆桥"教育主题，并通过"马＆桥"教育，培养"自主发展的马桥人"。具体的育人目标是"培养志存高远、自主发展、勇于实践、吃苦耐劳、团结合作、宽容待人、真诚无私、身心和谐、个性鲜明，具有世界眼光、现代意识的优秀学子"。学生通过学校的教育成为具有"马"的精神与"桥"的品质的人。精神是外显的，品质是内显的，它们共同形成了内外合一的统一体。育人目标体现了中国学生发展核心素养的要求，从九个维度确定学生的精神与品质。

四、依托地域文化培育特色学校的实践与探索

（一）引领学生自主发展，培育具有独特气质的马桥人

学校特色所指的是一种教育特色。学校在发展中正自觉走在主动探索特色的实践道路上。"马＆桥"教育的提出，得到了专家、学者、教育行政部门、社会及家长的高度认可。学校坚持六位一体，通过课程、课堂、文化、活动、行为、机制六大途径培育办学特色。

1.培育独特气质，落实课程育人

围绕"马&桥"教育的育人目标，研究"马&桥"特色教育结构图、课程结构层级图、"中国学生发展核心素养"本校课程表达图、课程群结构图，积极构建"马&桥"教育课程体系，包括基础课程、兴趣拓展课程、个性发展课程。从语言与文学、数学、人文与社会、科学、技术、艺术、体育与健康、综合实践活动八大领域，落实育人目标。除开设"这里是马驹桥""好习惯""好品质""好人生""做最好的自己"等校本课程外，学校还开设了大量的实践课程，既有必修课程，也有选修课程。学校的课程日趋多元化，满足了学生的不同发展需要。

2. 坚持融入与渗透，落实课堂育人

在课堂教学中体现"马&桥"教育。探索"师友互助、合作学习"的课堂教学模式。学校通过教师示范、学科特点、教学内容、教学组织形式等，渗透马驹桥地域文化，帮助学生了解马驹桥的历史知识，感悟精神文化，引导学生知马桥、爱马桥。学校积极激发学生主动发展的意识，提升学生的发展能力，形成积极向上的精神风貌，让学生得到全面、充分、和谐而有个性的发展。

3. 坚持氛围的熏陶，落实文化育人

在校园环境建设中体现"马&桥"教育。学校力求创设一种能启迪学生心智和激发学生学习、生活激情的环境，使学生在特有的环境氛围中产生智慧的火花。学校的环境建设既包括外显的"马&桥"教育要素，又包括内显的精神与品质要素。氛围浓郁的校园环境，能够促进学生自主发展课程与"马&桥"特色教育融为一体，真正起到环境育人、文化育人的作用。

4. 坚持体验与引领，落实活动育人

体验使道德教育与体验者发生实际的情感关联，使体验者经历感动；体验使道德教育的存在形态与价值形态取得一致；体验可恢复道德教育实践过程的道德性；体验使体验者对道德规范发生切己的理解和领悟；体验有助于体验者融通生存实践中的关系，达到一定的道德境界；体验中可生成新的道德，达到新的道德境界。[4] 学校围绕"马&桥"教育，有计划、有组织地开展各类教育活动，如探寻马驹桥的历史由来、马驹桥地方名人调查、马驹桥精神文化辩论赛、我做马驹桥精神的传承者主题教育活动等，让学生在参与中受到教育与启迪。学校建立起一种以学校为主体、辖区单位广泛支持的社区德育模式，实现了学校教育和社区教育的全面接轨。"动态德育""直接德育"成为学校德育工作的亮点。

5. 坚持规范与要求，体现行为成果

实践是检验真理的唯一标准，学生究竟做得怎么样，要看学生的行为表现。只有学生将内化于心的教育内容外化于行，我们才能看到教育成果。学校通过"学、议、摆、查、找、改、评、奖、树"九个环节，来引导和规范学生的行为。如在《中小学生守则》《中学生日常行为规范》的落实中，学校组织学生学规范，议一议为什么有这些要求，查摆我们存在的问题，查找原因，制定改进的措施，帮助学生不断改进自身问题，进行自我完善。学校适时评选先进，给予表彰和奖励，树立起学习典型，起到引领示范作用。学生的良好表现不仅仅体现在行为养成上，更体现在精神层面，"自主发展、不断超越、做最好的自己"成为师生的核心价值追求。学校在北京市中学生健美操比赛、长跑比赛，通州区中小学生长跑比赛、田径运动会上勇夺第一，连年被评为区教委综合评价优秀校、中考毕业班优秀校等就是最好的体现。学生在大量的校内外活动中经受住了考验，良好的表现得到了家长和社会的赞誉与高度认可。

6. 坚持机制创新，保障学生成长

在机制体系建设中体现"马＆桥"教育。学校建立了有利于"马＆桥"教育的机制体系，如围绕"马＆桥"教育的主题，通过校本课程、实践活动等，培养学生自主规划、自主管理、自主学习、自主反思、自主完善、自主实践、自主决策、自主锻炼能力，让"马＆桥"教育的特色在学生身上体现出来。再如：形成理念共识；启动"干部教师专业发展工程"；推行文化管理；深化教研改革；推进学校宣传工作创新；改善教师的学习工作环境；落实学生规范；等等。学校通过学校体制机制的改革，最大限度地调动教师工作的积极性与主动性，让不同层次和处在不同发展阶段的教师得到更好的发展,通过教师的发展促进学生的健康成长。

(二)关注教师发展,通过教师发展促进学生成长

1. 激发教师专业发展意识,引领教师主动发展

教师专业发展意识的激发是当前教育改革的前沿课题,也是学校面临的难题。教师发展已从重视教师的各种知识与能力,转向关注教师内在自主性的生成,特别是专业意识的提升与自我觉醒。当前教师教育的发展到了一个关键时期,特别是在课程改革的背景下,教师教育的改革和发展,直接关系到教师的成长,关系到全面实施素质教育的目标的实现,关系到青少年思想道德、创新精神和实践能力的培养。教师专业发展的关键是教师的主动发展。在教师的主动发展中,自身的内驱力最为重要。教师专业发展的内驱力从哪里来呢?来自兴趣,来自为人师的责任,来自教师的人生观和价值观。现在很多人把教师的这种职业生活分为生存、享受和发展三种状态。"哈佛大学有一个非常著名的关于目标对人生影响的跟踪调查。对象是一群智力、学历、环境等条件都差不多的年轻人,调查结果发现:27%的人,没有目标;60%的人,目标模糊;10%的人,有清晰但比较短期的目标;3%的人,有清晰且长期的目标。25年的跟踪研究结果显示:那些占3%者,25年来几乎都不曾更改过自己的人生目标,都朝着同一个方向不懈地努力。25年后,他们几乎都成了社会各界的顶尖成功人士。那些占10%有清晰短期目标者,大都生活在社会的中上层。占60%的模糊目标者,几乎都生活在社会的中下层面,他们能安稳地生活与工作,但都没有什么特别的成绩。剩下27%的是那些25年来都没有目标的人群,他们几乎都生活在社会的最底层。"[5]为此,学校启动了"教师专业发展促进工程",通过创建学习型组织、同伴互助、名师引领、课例示范、竞赛激发、论坛导向、课题带动、榜样激励、实践反思、机制保障十大有效策略,引领教师明确发展目标,激发教师自主发展意识,促进教师走上专业成长之路。

2. 改善教师生活、学习、工作条件,为教师专业发展提供支持

教师的专业发展离不开个体的不懈努力，也离不开其赖以生存的外部环境。另外，马斯洛的需要层次理论告诉我们，人的低一级需要得到满足后，还会有高一级的需要，自我实现需要是人的价值追求。学校从点滴小事入手满足教师的基本需求。首先是改善教师的生活环境：装修教师宿舍，配备床及桌椅，统一配备床上用品；修缮太阳能，解决教师的洗澡问题；建立教师公寓小食堂，解决教师吃晚饭的问题；提供桶装水，解决教师的饮水问题；改进食堂伙食，提高饭菜质量，为教师服好务；让教师吃好、住好。二是创造良好的学习环境：建立教师阅览室，以学科为单位为教师订阅报刊；组织教研组长、备课组长外出购书，补充学校的图书；学校网络通到每一角落，满足教师上网学习的需要；保证教师用的电脑是全校最好的；为教师的学习提供保障。三是改善教师的工作环境：对教学楼、实验楼进行装修改造；配备办公桌椅；添置多媒体设备；有计划地更换教师办公室的空调；学校克服困难全力支持理化生实验教学，按时提供实验用品；全面提升学校硬件水平。这些举措，使教师能够安心工作，为教师专业发展提供支持。

3. 开展形式多样的培训活动，提升教师的专业水平

(1) 大力推进"学习型组织"的创建活动。在充分调研的基础上，认真制定教师专业发展培训规划，制订中小学部任课教师与班主任的校本培训计划，组织教师完成"三年自主发展规划"，帮助教师明确发展方向、奋斗目标和成长发展的措施。组织教师开展读书心得交流、论坛沙龙等活动，让教师汲取理论营养、开阔视野。

(2) 有计划地开展校本培训活动。组织教师学习课程改革的新理论、新经验，通过学习、培训增强教师的课程意识、改革创新的意识。组织教师开展教材分析、教学设计及说课、做课、评课等活动，让教师在活动中提升水平与技能。

(3) 举办教师基本功竞赛。基本功竞赛包括通识技能和专业技能两个方面，即粉笔字、理论与学科知识、案例分析、即兴讲演、教学设计、课件制作、说课、微格教学八项评比。各项比赛都有明确的要求和

时间限制。在活动中，每位教师都精心准备、积极投入。尤其是在教学展示中，教师能够充分运用多种教学手段，将新的课程改革理念贯穿于教学环节之中。基本功竞赛活动，为教师搭建了一个锻炼、展示自己的平台，促进了教师的成长与发展。

（4）加大校内外交流。组织教师到杜郎口中学、北京市十一学校、北京市回民学校、潞河中学等知名学校参观学习。聘请知名专家和学者来校讲学，提升教师的理论素养。通过直观的感受和专家的报告，教师对教育教学工作有了新的认识和深刻的感悟。

（5）发挥骨干教师的示范作用。拟定骨干教师管理办法，明确任务与职责，开展骨干教师带徒弟、示范课、专题讲座等活动，充分发挥他们的引领示范作用。

（6）开展引领帮扶活动。通过师徒结对、同伴互助等形式推动教师教育教学水平的不断提升，形成发展的合力。

（7）深入开展实践反思活动。反思不仅贯穿于整个教育教学及研究的过程中，而且贯穿于教师专业成长的整个过程中。反思是自我发现问题、不断完善自己的过程。学校每学年都要开展部门及个人反思活动，并将教师的反思汇编成册，一人一本，以期发现问题、查找不足，研究解决问题的办法与措施，通过反思活动促进教师的专业发展。

（8）开展分层培训。提高校本培训的针对性，成立新教师入职培训班，指导新教师熟悉教育教学工作，走好入职关。成立区骨干教师研修班，进一步提升层次与水平，培育优秀教师团队。建立研究生教师发展协会，培育学者型教师。

形式多样的培训活动，使教师丰富了理论素养、开阔了视野、练就了技能、实现了发展，促进了学生的成长与学校的发展。

4. 推进课堂教学改革，在实践中促进教师专业能力的提升

纸上得来终觉浅，绝知此事要躬行。教师专业发展的核心环节是在课堂教学实践中将理论知识转化为技能，转化为育人行为。学校大力推进课前、课中、课后一体化，倡导教学改革，倡导新型教学模式。一是

抓常规的落实，明确课前、课中、课后的要求，在细节上求实效。如在备课环节除了备学生、备教材、备教学目标、备知识点，重点要备教学组织、教法手段的应用。上课环节要充分体现教师的主导作用与学生的主体作用，以学定教，让学生真正动起来，真正参与进来，注重学习方法指导，教会学生学习。课后环节重点抓好课后反思，及时总结经验与不足，尤其要抓住问题不放，研究改进的措施，以问题的改进促进提高。还要及时抓好课后辅导，不放过每一名学生的成长和成绩的提高。二是倡导教学改革，重点是教师理念的更新、教学方式的变革，依托网络开展学科资源库建设，实现教育资源的共享。三是倡导新型教学模式，开展学生"师友互助、合作学习"模式项目实验研究。这一模式分为五个环节：温故导新、师友互查，自主学习、师友互助，交流分享、师友互补，巩固提升、师友互议，检测达标、师友互评。学校不搞一刀切，不强推教学模式，而是以点带面、因人而异、尊重差异。校内新教师汇报课、骨干教师和高级教师示范课、全员听评课长年不断，研究氛围浓郁。"在个体教师的层面，公开课在某种意义上成为一个发展的平台，同时也成为一种个人价值的实现途径。"[6]另外，参加市区课堂教学评优、基本功竞赛的参赛选手，要公开选拔，激发教师发展专业的热情，使教师在实践中提高专业能力。

5. 完善体制机制，激励教师专业发展

（1）端正管理思想。全面落实教育方针，全面推进素质教育，自觉克服功利思想的影响。树立"教师第一"的思想，将教师的发展放在优先位置。学校管理由片面追求升学率转移到关注师生发展上来，以教师的发展促进学生的发展和学校的发展，既关注中考学科教师的发展，也关注非中考学科教师的发展，逐步建立相配套的全面科学的管理体系。

（2）转变管理职能。将领导与教师间的管理与被管理的关系转变为服务与被服务的关系，为教师发展和学生成长搭建平台、创造条件，引领学校内涵发展，丰富学校的办学内涵。

（3）建立人性化制度体系。从促进师生发展着眼，紧密结合学校与师生的实际，完善和修订学校规章，使学校的规章能够更好地体现民声、民意，具有"规范人文性"，更好地调动教师的积极性。

（4）建立民主机制，营造民主氛围，推进民主决策。加强民主管理和民主监督，让广大师生能够参与到学校的管理工作中来，真正成为学校的主人，在学校教育教学活动及管理中发挥主人翁作用。

（5）建立公平竞争的机制。在考核、评优、职评等工作上规范程序，使其公开、透明，发扬民主，公正客观地对待每一位教师，为教师发展提供均等的机会，充分调动教职工的工作积极性，凝聚全校教师的智慧，全力抓好学校的各项工作。

（6）建立科学的工作评价机制。突出发展性、层次性、公平性和可操作性，将教师单一评价转变为依据职称或工作年限的分层评价，为不同层次、不同发展阶段的教师设置工作目标，鼓励教师争先创优，让每一名教职工获得成功，让每一名教职工的人生价值得到充分的体现。

（7）建立课题研究交流机制。鼓励一线教师进行小课题研究，课题研究包括理论探索与实践研究两方面。基于解决自身的教育教学困惑的应用研究，避免了科研与实践相脱离的问题，具有即时性、草根性等特点，有利于教师的参与。教师通过尝试解决这些影响教学效率和质量的问题，促进自身在对教学过程进行干预、对教学方法进行改进的过程中，追求合理的教学行为。学校举行阶段性科研交流活动，使教师在研究中得到能力的提升。

（8）建立教师激励机制。教师在校外获奖后，学校室外电子屏滚动播出教师获奖情况，在全校教师会上为获奖教师颁奖。开展月度人物评选活动，宣传好典型的事迹。设立特殊贡献奖，表彰那些业绩突出、工作有创新的教师。通过这些措施弘扬主流思想，传递正能量。

近五年，教师在市区级各项竞赛中获奖达2600项，在通州区"春华杯""秋实杯"教学竞赛中相继捧杯；多名教师代表通州区参加市级基本功及学科教学竞赛，并且成绩显著；两名干部教师被评为通州区"运河计划"教育领军人才：展示了学校师资队伍的强大实力。

（三）关注学校特色发展，提升办学内涵与品质

真正有内涵的高品质学校要做好三个发展，即学生发展、教师发展、学校发展。学校在关注学生发展、教师发展的同时，积极面对改革形势提升创新水平。

1. 规范管理，彰显特色

出台学校规范文件、修订学校制度汇编、明确上级任务落实流程、全力落实中心理论组学习制度、建立工作反思机制、细化教研考研、坚持对外开放与交流、建立学校对外宣传窗口等工作，使学校的管理迈上了新台阶。

2. 推进改革，焕发活力

推进学校管理改革，变制度管理、经验管理以及所谓的"科学管理"为文化管理。关注人、尊重人、依靠人、激励人、发展人，实现管理者与被管理者双方愿望的高度融合。学校在实践中积极营造相互尊重、充满人文关怀的氛围，建立人性化的制度体系，推进管理的民主化，切实转变工作作风和方法，建立科学的工作评价和激励机制，最终在管理上体现为五个转变：从强调物本管理转向关注人本管理；从强调常规管理转向关注创新管理；从强调有形管理转向关注无形管理；从部门优化管理转向整体优化管理；从强调刚性管理转向关注柔性管理。学校管理模式的转变，为学校的和谐发展提供了有力支持，并注入了活力。

3. 紧抓关键，提升能力

教师的专业能力是胜任本职工作的基础，学校扎实有效的培训活动已形成系列，既有分层培训，又有分项培训，如学校针对教师实际建立新教师入职培训班、骨干提升培训班、研究生发展协会。学校针对不同岗位的教师开展分岗培训，如班主任培训、教学人员培训、行政人员培训。另外，学校还实行个性化辅导。校内外教研实现了共赢，学校先后与市区学校建立教研关系。校内外的研究课、公开课不断，教师在活动中得到了历练和成长。

4. 面对改革，迎难而上

如今实行的教育领域综合改革与北京城市副中心建设,对学校教育来讲,既是机遇,也是挑战。教育工作者要秉承"自主发展、不断超越、做最好的自己"的核心价值追求,按照"世界眼光、国际标准、中国特色、高点定位"的北京城市副中心建设要求,迎难而上,锐意改革,在理念上与行动上获得新突破,在学校管理、队伍建设、课程建设、教育教学改革、教育科研等方面全面推进,创造适合每一名学生的教育,最终转化为实实在在的育人成果,增强学生的实际获得感,切实将学校办成百姓身边的好学校。

近年,学校先后获北京市初中建设工程优秀学校、北京市"人民满意学校"、北京市德育工作先进集体、北京市文明礼仪示范校、北京市教育科研先进集体、北京市基础教育课程改革优秀校、北京市绿色学校、北京市节能减排示范学校、北京市中小学文明校园、首都文明校园、北京市中小学学校文化建设示范校、京城校园文化领军学校,通州区体育工作先进校、通州区卫生工作先进校、通州区艺术教育特色学校、通州区科技教育示范学校等集体奖200多项。其中,市级奖项超过30项。学校继续保持通州区中考优秀校、综合评价优秀校等荣誉,学校的办学内涵与品质不断提升,特色鲜明。

五、收获与思考

马驹桥地域文化与特色学校建设的实践与探索给予我们五方面的收获:其一,填补了马驹桥地区精神文化研究的空白,丰富了地域文化研究的内涵。其二,引领了学校文化建设,丰富了学校的办学思想与内涵,推进了学校办学特色的形成。其三,通过"马＆桥"教育促进了学校自主教育的实施。其四,完善了学校课程体系。围绕"马＆桥"教育,学校开发了历史课程和自主发展课程两大校本课程系列。其五,通过"马＆桥"教育激发了师生的自主精神,在引导师生全面、充分、和谐发展的同时,也促进了学校的发展。未来我们还要坚定地推进地域文化发展与特色学校建设,将学校建成在市区具有一定影响力的品牌学校。

参考文献：

[1] 顾明远.绿叶集：顾明远教育随笔[M].福州：福建教育出版社，2013：147.

[2] 冼宁，亓文心.地域文化影响下的中小城市景观设计研究[J].学研探索，2015(21)：132.

[3] 傅国亮.每一所学校都是潜在的特色学校：关于特色学校的七点认识[J].人民教育，2009(Z1)：20.

[4] 刘惊铎.道德体验论[M].北京：人民教育出版社，2003：88-106.

[5] 周培植.人才强教 促进教师全面成长[M].杭州：中国美术学院出版社，2005：55.

[6] 青年教师专业发展的实践研究[M].中小学教师培训，长春：东北师范大学出版社，2006：4.

[7] 周南照，赵丽，任友群.教师教育改革与教师专业发展：国际视野与本土实践[M].上海：华东师范大学出版社，2007：38.

中小学校长交流轮岗应结合实际稳步推进

北京市通州区第六中学　常恩元

"深化教育领域综合改革"是党的十八届三中全会关于教育工作的总体要求。为了贯彻落实全会报告中提出的"统筹城乡义务教育资源均衡配置，实行公办学校标准化建设和校长教师交流轮岗"的要求，2014年8月13日，教育部、财政部、人力资源和社会保障部联合出台了《关于推进县（区）域内义务教育学校校长教师交流轮岗的意见》（以下简称《意见》）。《意见》对校长教师交流轮岗工作进行了具体部署，要求"加快建立和不断完善义务教育校长教师交流轮岗制度，推进校长教师优质资源的合理配置，重点引导优秀校长和骨干教师向农村学校、薄弱学校流动"。《意见》不仅提出了校长、教师交流轮岗制度的建设目标，而且还规定了城镇学校、优质学校每学年校长、教师交流轮岗的比例。至此，校长、教师交流轮岗制度已经上升到国家教育政策层面。

校长交流轮岗实行"省级统筹、以县为主"的工作机制。各地相继制定了校长交流轮岗实施办法。校长交流轮岗制在前期试点的基础上目前已全面展开，在推进教育均衡发展、为优秀校长提供施展才华的广阔舞台、移植学校先进的办学理念和办学模式、激发校长的工作热情、增强学校的办学活力、预防教育腐败等方面确实起到了积极的推动作用。

随着校长交流轮岗制的推进，我们不仅要看到校长轮岗带来的益处，更要看到存在的问题。如果盲目推行校长交流轮岗制度，政策不完善、方法不成熟或者不当都可能会形成优质教育资源的平均化，则优质学校的利益势必会受损，进而导致教育质量不佳。交流轮岗不是"劫富济贫"，也不是要将原来的优势学校降为"普通学校"，更不是要将原来的优势学校变成"劣势学校"。任何削弱原有优势学校去填补所谓的"薄弱学校"的思路和做法都是错误的。正确的策略应该是"增强扶弱",克服"削峰填谷"。

地方政府和省级教育行政部门更加注重轮岗工作的"数量",往往"忽视轮岗背后的意义——教育资源、办学理念、管理模式等的优化配置"。校长轮岗对于区域教育均衡发展乃至优质发展的意义并未得到重视,还停留在政策背景下的领导干部流动,导致其运行机制、动力机制和激励保障机制并不健全,因此校长交流轮岗的目的没有达到。现实中校长交流轮岗多是通过行政手段让校长流动起来,使校长能按政策规定的时间到不同的学校任职。校长轮岗的安排与效果是否有助于校长领导力的提升、学校问题的持续改进及区域教育质量的提升?现有轮岗校长的选拔、校长与学校的匹配度及对轮岗校长的评价能否达到轮岗目的?校长轮岗政策的制定与教育均衡发展之间是否存在必然的因果关系?教育行政主管部门一定要深入思考,慎重而行。

教育质量的提升与学校发展有其内在规律,学校发展是一个逐渐积累和长期积淀的过程。从最初校长了解学校,到他的教育理念和原有学校文化的磨合,从设计学校发展战略,到实施中问题的解决,再到学校制度与文化的建构,需要一段较长的时间,不是一蹴而就的。而带有一定行政强制性的校长交流轮岗制度不利于学校发展长效机制的形成,往往难以激发学校发展的内在生命力。

中国教育科学研究院研究员储朝晖曾说,即使让最有本领的教育家做校长,三年内也无法真正办好一所学校。"在制定校长流动的任期时,需要按照教育规律办事。"众所周知,无论是"绩优股"校长,还是"潜力股"干部,到新校后都必然会进行一定程度的管理改革,这种改革具有一定的持续性。近年来,在梳理近现代教育史料的过程中,我们发现那些在同一所学校任职长达几十年的中小学校长(如南洋中学的王培孙从1900—1952年当校长52年;南开学校的张伯苓从1904—1946年当校长42年;上海南洋模范中学的沈同一从1927—1966年当校长39年),

终其一生就办一所学校，将青春和生命都献给了一所学校。对于学校办学的目的，这些校长有着清晰而独到的认识与见解。纵观他们的办学理念，有一个共同点，那就是：把学生当成一个个活生生的人。在一所学校中，校长的办学理念起着标志性的引领作用，有什么样的校长，尤其是在同一所学校任职多年的校长，往往就有什么样的学校风貌和教师群体。

正是因为涌现出一大批有着先进教育思想的校长，即便近现代社会大环境动荡不休，教育却始终能在一个相对稳定和健康有序的状态下发展。教师们把注意力放在"人"的培养上，而不是一味地追着学生要分数。校长只有通过一定时间的"沉淀"，才能形成学校的办学特色。

各地党委政府、教育行政部门对校长交流轮岗工作要进行反思、及时总结，特别要重视校长交流轮岗中出现的问题，结合实际逐步解决；不断完善校长交流轮岗制，细化关于校长交流轮岗的目标、内容、范围、对象、时间、激励、保障等规定；加大调研力度，基于学校发展、校长和教师的个人发展、学生个体发展的需要，妥善安排校长交流轮岗工作，使校长交流轮岗后所在学校的领导班子成员在能力、专业等方面做到最佳。如果某位校长在一所学校业绩显著，并得到广大教职工的真心拥护与高度认可，按照干部管理权限经批准可以适当延长任职年限，暂不进行交流轮岗。在有条件的地区，教育行政部门可以与交流轮岗的各位校长签订工作目标责任状，加强对交流轮岗的校长的跟踪考察和对校长工作的考核，把考察与考核结果作为今后校长是否继续任职以及奖惩的重要依据。教育行政部门要主动安排好接任校长与前任校长的沟通工作，实现学校管理的无缝对接，确保学校各项工作开展顺利和稳步推进。教育行政部门要有计划地加强校长管理业务的专项培训，尤其是加强校长交流轮岗前的管理业务培训，使要交流轮岗的校长既能胜任优质学校的工作，也能胜任薄弱学校的工作，避免校长交流轮岗后出现"水土不服"和学校工作滑坡现象。各地教育行政部门也要相应地进行校长选拔与管理制度、校长挂职锻炼制度、校长全面负责制度、校长薪酬待遇制度等配套改革，淡化或取消学校的行政级别，防止校长"官员化"，加大学校办学自主权下放的力度以及对薄弱学校的资金投入力度，为交流轮岗到薄弱学校的校长创造好的工作环境和生活条件，进而使校长交流轮岗制度更容易实施。坚决杜绝体制机制的缺损和失调导致的相关实施和管理机构的权责主体虚位、错位、越位，杜绝形式化、替代性等失真现象的产生，使校长交流轮岗达到事半功倍的效果。

中小学校长作为交流轮岗的重要参与执行主体，应发挥积极性和主动性，配合教育行政部门的统筹安排，并履行自身交流轮岗的职责；应克服抵触思想，使身份从"学校人"转变为"系统人"；从进入新学校那天起要将自己作为新学校团队的一员，走进师生、融入集体，迅速做好两所不同学校管理身份的转换，提升师生的心理认同感；主动缩短适应期，及时了解新学校的情况，切忌出现管理断层、办学理念中断等现象。在一所新的学校，校长要科学处理好继承与发展的关系，在规划学校发展、营造育人文化、领导课程教学、引领教师成长、优化内部管理、调适外部环境、培育办学特色等方面获得发展。校长要做终身学习的参与者、践行者、示范者，不断提升自身的认知力、导向力、凝聚力、整合力、推动力、约束力，丰富自身的教育思想，形成自己的办学特色与风格，要主动成为一名学者，成为在教育方面颇有研究的专家，时刻关注教师的发展与学生的成长。

校长交流轮岗一定要以保证教育事业健康有序发展为前提。教育公平、均衡发展，应该是在教育政策、教育法规完善的基础上结合实际稳步推进的，而不是一边强调教育均衡、教育公平，一边又在制造新的不公平、不均衡，偏离校长交流轮岗政策的初衷。

对校长职级制的思考

北京市通州区第六中学　常恩元

记者：校长您好，北京出台了校长职级制。我报受市教委委托采写相关报道。您看职级制对提升校长管理能力和专业化发展有什么意义？

常恩元：一位好校长能够带出一所好学校，抓好校长这支"关键少数"的队伍的建设与管理，激发办学活力，是办好中小学的关键举措。校长职级制的实施是顺应国家深化教育改革、促进校长专业发展、构建现代学校制度的重要举措。校长职级制使校长从"职务"走向"职业"，核心是校长的专业化，倡导教育家办学。北京市的校长职级设置特级、高级、中级、初级四级。其中，高级、中级分别设置一、二、三等，特级、高级、中级、初级校长结构比例控制为 0.5:4:4.5:1。依据校长的业绩、民主测评、述职答辩等方式进行综合评价，确定校长职级。职级管理打通了校长晋升通道，杜绝了校长干好干坏一个样的大锅饭状态，将调动校长的工作积极性，激发学校的办学活力。校长职级制的实施有利于校长职业尊严的建立，有利于校长在专业化发展道路上不懈追求，有利于增强校长服务国家、服务人民的社会责任感和使命感。校长将自觉树立"育人为本"的办学宗旨，把促进每个学生健康成长作为学校一切工作的出发点和落脚点，始终把全面提高办学质量、丰富学校办学内涵、提升办学品质放在首要位置，为每一名学生提供适合的教育，让每一名学生得到最好的发展。校长的专业化追求往往会引领全校教师的专业化追求，而教师的专业化发展又会"倒逼"校长继续行走在专业化发展的道路上，在双向互动的助推中，促进校长、教师的理念的更新，专业能力的提升，从而带动学生的成长与发展。

校长职级的实施将进一步扩大学校的办学自主权，对校长提出了新的要求，也带来了新的挑战。校长不是一个单一系统的岗位，而是一个复合型的岗位，需要具有领导指挥多个系统的能力，只具有单一能力的人不适合担任校长。校长既要懂管理，又要懂教育教学，也要懂财务，还要会协调内外部关系等。所以校长要善于将教育管理理论与学校管理实践相结合，注重实践与创新，不断提高政治领导、规划学校发展、营造育人文化、领导课程教学、引领教师成长、优化内部管理和调适外部环境等方面的能力，使自己在学习、实践、反思，再学习、再实践、再反思的过程中得到锻炼与提升，在各种角色的不断变换中，使内生动力源源不断地被激发出来，使学校这个"生命体"永葆活力。

记者：书记参评校长职级制是一大特点，传递了哪些信号？未来，书记在学校管理中的作用是什么？

常恩元：书记参评校长职级制是一次有益的尝试，最大的好处是有利于进一步加强党对学校工作的全面领导，进一步明确学校党组织把方向、管大局、做决策、抓班子、带队伍、保落实的领导职责，有利于优化学校党政领导班子建设，明确党政主要负责人的职责，探索学校议事决策机制，建立完善的相关工作制度。书记参评校长职级制有利于学校党建工作的加强，形成党建带团（队）建，促进德育工作的开展，使教师思想政治工作和学生德育工作进一步深入，使党员教师的表率作用得以充分发挥，确保立德树人工作在学校真正落到实处。

未来，书记在管理中要切实履行思想政治工作和党的建设第一责任人的职责，主持党组织全面工作；要围绕中心任务制定符合学校实际的党建工作目标，引导监督学校遵守国家法律法规，推进依法治校，坚持规范管理，确保办学方向正确；要关注教师师德素养的提升，努力造就"四有"好老师，积极引导广大教师做好学生的"四个引路人"；解决好"培养什么人、怎样培养人、为谁培养人"的问题，在提升德育工作的主动性、针对性、实效性上加大研究力度，寻求有效的举措与方法；关注学校意识形态建设，做好教师思想政治工作，密切联系群众，传播先进的思想，弘扬正能量；强化改革意识与创新精神，积极支持和指导教育教学改革创新，在党的建设、管理工作及教育教学等方面取得全面突破；加强领导班子和干部队伍建设，选好人、用好人，加强对干部的管理，严格要求、严格管理、严格监督，提高干部的公信力；支持和保证校长依法行使职权，确保出色地完成学校各项工作任务。另外，要不断提升自身的理论素养和政策水平，用先进的思想与理念指导学校工作和党的建设，助力学校办学特色的形成，推进党的建设向纵深发展。

记者：您关心的其他问题有哪些？

常恩元：第一，校长职级是否可以加入破格条款。校长职级制牢牢把握了促进和引领校长专业发展这一条根本原则，在职级设置中，已充分考虑了校长的成长规律，按照初级、中级、高级、特级设计级等，各级均有升级的年限要求。有些校长可能任职年限长，但业绩一般；有些校长任职年限短，但工作开展得有声有色，取得了突出的业绩。是否可以考虑增加破格升级的条款，鼓励任职稍短的校长脱颖而出，这样更有利于激发校长办学的积极性，更有利于学生的成长与学校的发展。

第二，建立校长与行政干部双向流动机制。可将符合公务员调任规定的校长，调入教育部门工作；教育部门的行政人员也可通过参加校长竞聘，走上校长的岗位。

第三，校长职级制的实施，要妥善处理好校长与其他干部教师的待遇关系。校长职级制的实施，带来了校长待遇的提高。校内的干部教师如果认为，校长的薪酬与自己的工作业绩关系不大，将不利于学校的和谐稳定。

新教师上岗前的准备

北京市通州区第六中学　常恩元

新学年开始，又有许多新的青年朋友，怀着激动的心情，走进教师的行列。初为人师，许多人都想好好地大干一番，但是在实际工作中，往往会遇到不少困难。因此，刚刚参加工作的青年教师，上岗前要在业务上和思想上做好充分的准备，力争尽快适应学校的体育工作，并且在工作中逐步提高自己。

一、良好的思想准备是完成体育工作的保证

（一）正确对待成功与失败

一个热爱自己职业的新教师，上岗前心里充满了激情与自豪感。然而，第一次正式上课能否被学生接受，能否收到预期的效果，新教师在思想上要有所考虑。面对成功与失败时，新老师要正确地剖析自己，从中吸取经验与教训，在失败中奋起。

（二）在实践中求发展

上岗前的一切准备工作，都是在学来的间接经验指导下进行的。这一切，只有通过自己的工作实践才能真正有所领会，做出评判、决定取舍，吸收经验并将其转化为自己的东西。所以新教师准备上课时，一定要认识到教学活动既是学生学习知识的过程，也是教师在实践中自我完善与发展的过程。

（三）在工作中塑造自己

新教师上岗后，不仅要钻研业务，还要在道德品质、心理素质等方面加强修养，在工作中塑造自己的形象。教师的一言一行，会在无形中对学生的生活、学习、思想、心理等各方面产生影响，在学生中起到榜

样的作用。因此，新教师在工作一开始，就应有意识地塑造自己，为教学活动的开展创造有利条件。

（四）应做好建立良好师生关系的准备

教师和学生是构成教学系统的重要因素。师生间不仅存在课内外的正式交往关系，也存在课后的多种非正式交往关系。前者是组织活动中的交往，师生都以一定的角色身份出现；后者是师生间的自由交往，师生的情感自然流露，教师深入到学生中去了解学生，做学生的朋友。良好的师生关系可使学生提高学习兴趣，增强教学效果。所以，新教师上岗前要注意发挥良好师生关系的作用，并做好相应的准备。

二、充分的业务准备是胜任体育工作的关键

（一）体育教学是学校教育活动的重要组成部分

首先，新教师应熟悉体育教学大纲，吃透教材，了解不同学段（大学、中学、小学）不同年级的大纲、教材的变化，本学期的教学内容与上、下学期的教学内容的差异，本学期的教学内容中各单元之间的联系，以及各单元的教学任务、重点和难点。其次，新教师要深入了解教学相关因素，如学校体育工作的开展情况，学校场地、器材的配备情况，并走访其他教师，了解学生的情况等，为完成好体育教学工作奠定基础。

（二）新教师上岗前做好组织课外体育活动、课间操等工作的准备

新教师了解课外体育活动的组织方法，将有利于更好地辅导学生从事体育锻炼，丰富学生的课余生活。新教师在师范院校学习期间，对中小学课间操的开展情况以及组织形式和内容缺乏了解，当走上领操台，面对全校学生，心里难免有些紧张，会出现这样或那样的问题。因此，新教师上岗前必须熟悉本校课间操的内容，能够胜任领操工作，并且做到声音洪亮、口令清楚、示范准确、指挥得当。

（三）学校是培养体育后备人才的摇篮，新教师上岗前也应熟悉学校的课余体育训练与竞赛工作

新教师应了解学校的具体情况和学生的身心特点，制订切合实际的课余训练计划，掌握有关的理论知识、技术、训练方法和管理方法，能

够组织小型多样的体育竞赛,并且具有一定的裁判能力。

总之,新教师上岗前做好充分的准备,将加快教师角色的转变,使自己更快适应工作。

基于学生发展构建中学"卓越教师"校本培训体系的探索

北京市通州区第六中学 常恩元

摘 要：培养公民面向未来的21世纪核心素养是全球教育界的共同追求。学生适应个人终身发展和社会发展需要的必备品格、关键能力需要在学校的教育中加以培养，教师的能力、水平起着关键作用。学校基于学生未来的长远发展，坚持以教师校本化培训方式的创新为突破口，积极构建"卓越教师"校本培训体系，并进行了深入探索，取得了阶段性成效，实现了以教师发展促进学生成长的目的。学校的办学内涵进一步丰富，品质得到提升，使学校真正成为区域的优质学校。

关键词：学生发展；卓越教师；校本培训；体系

培养公民面向未来的21世纪核心素养是全球教育界的共同追求。"学生核心素养是学生在接受相应学段的教育过程中，逐步形成的适应个人终身发展和社会发展需要的必备品格和关键能力。"[1]随着我国基础教育课程改革的不断深入，人才培养上的要求也在发生变化，核心素养的培养备受关注。2016年9月，《中国学生发展核心素养》研究成果发布，为素质教育指明了方向，成为教育改革和人才培养的重要指标。核心素养的落地，需要广大教师在理解的基础上，将理念转化为行为，体现在日常的教育教学活动之中。为此，学校基于学生未来的长远发展，坚持以教师校本化培训方式的创新为突破口，积极构建"卓越教师"校本培训体系，将培训系统化、常态化、精细化、特色化，力求实效，助力学生成长与学校的内涵发展。

一、构建"卓越教师"校本培训体系的背景

"卓越教师"是一个充满时代感的发展性概念。早在 21 世纪 70 年代，克鲁普卡（Krupka）及约翰·G（John G）在《对教师和学生的评价报告》（*Report on faculty and student evaluation of instructor patina questionnaire*）中首次使用"excellent teacher"一词。

《辞海》中，"卓越"释义为"优秀突出"。卓越人才，就是非常优秀的顶尖级人才。"卓越"一般理解为比"优秀"更高一级，或者说是"优秀中的优秀"。卓越教师通常意味着具有扎实的学科专业知识、与时俱新的教学观念以及卓有成效的教学实践，有"excellent teacher""master teacher""资深教师""特级教师"等表述。[2] 本课题主要研究学校特级教师、市区骨干、学科带头人及区级以上的领军人才培养。

"校本（school-based）"的含义是什么？从英文的字面意思来理解，校本就是"以学校为本""以学校为基础"。卓越教师的培养必须基于学生发展的实际在学校落地，形成适合学生成长、学校发展实际的框架体系，形成明晰、可操作的"校本化"表达，才能真正生根、发芽、开花、结果。

习近平总书记曾讲："一个人遇到好老师是人生的幸运，一个学校拥有好老师是学校的光荣，一个民族源源不断涌现出一批又一批好老师则是民族的希望。"学生从开始接受学校教育时起，每天接触时间最多的不是家长而是教师，教师的言谈举止、学识、人格魅力等都会对学生产生深远的影响。因此，构建中学"卓越教师"校本培训体系有着极其重要的意义。

（一）落实国家文件的需要

21 世纪是知识经济、信息技术飞速发展的全球经济一体化的崭新时代。提升基础教育质量、培养适应新的社会生活和社会发展的人才迫在眉睫，而保证教师质量则是实现这一目的的前提条件。早在 20 世纪七八十年代，芬兰与美国就率先开始了旨在培养卓越教师的教师教育改

革，随后英国、德国、澳大利亚等国纷纷开始关注卓越教师的培养。从国际看，各国十分重视卓越教师培养，在卓越教师内涵、标准、机制、培养方式等方面进行了多领域研究，并出台了一系列文件、方案，从职前到职后都有相应的探索。

当今的卓越教师培养已成为世界教师教育的发展潮流。相对来说，我国起步稍晚。改革开放初期，国内政策以恢复发展经济为根本目的，1985年《中共中央关于教育体制改革的决定》指出，建立一支有足够数量的、合格而稳定的师资队伍，是实行义务教育、提高基础教育水平的根本大计。2007年的"高等学校本科教学质量与教学改革工程"为卓越教师计划的实施提供了遵循的准则和依据。2010年，按照《国家中长期教育改革和发展规划纲要（2010—2020年）》的相关要求，国家教育部门提出了在部分高校实施卓越教师、卓越工程师、卓越医师、卓越律师四类人才培养模式改革试点计划项目。2012年11月发布的《教育部、国家发展改革委、财政部关于深化教师教育改革的意见》提出"实施卓越教师培养计划"。2014年8月发布的《教育部关于实施卓越教师培养计划的意见》明确提出，教师的培养要从"合格"层面提升到"卓越"层面，使卓越教师培养进入一个新的历史阶段。2017年11月20日，十九届中央全面深化改革领导小组第一次会议通过的《关于全面深化新时代教师队伍建设改革的意见》明确指出："到2035年，教师综合素质、专业化水平和创新能力大幅提升，培养造就数以百万计的骨干教师、数以十万计的卓越教师、数以万计的教育家型教师。"可见国家高度关注教师的培养。

（二）学生成长与发展的需要

教师是人类灵魂的工程师，是人类文明的传承者，承载着传播知识、传播思想、传播真理、塑造灵魂、塑造生命、塑造新人的时代重任。"培养什么人、怎样培养人、为谁培养人"的教育根本问题，需要教师去回答，教师的世界观、人生观、价值观都会对学生产生深远的影响。党的十九大报告明确指出："要全面贯彻党的教育方针，落实立德树人根本任务，发展素质教育，推进教育公平，培养德智体美全面发展的社会主义建设者和接班人。"这为学校的育人工作指明了方向。自20世纪90年代以来，科技信息化、经济全球化的迅猛发展对教育产生了剧烈的冲击，对人才的培养提出了新的要求。在此背景下，经济合作与发展组织（OECD）、欧盟、联合国教科文组织等相继提出了"核心素养"的概念并基于核心素养展开了新一轮的教育教学改革。我国核心素养研究课题组于2016年9月在北京师范大学发布了《中国学生发展核心素养》研究成果，提出学生发展核心素养以培养全面发展的人为核心，分为文化基础、自主发展、社会参与3个方面，综合表现为人文底蕴、科学精神、学会学习、健康生活、责任担当、实践创新6大素养，每一素养又分为3个基本要点，共18个基本要点。学生发展核心素养的提出开启了我国教育教学改革的新征程，使学校教育由过度关注"教书"转向"育人"。"培养什么人"在我国的历次教育改革中均受到重视，而"怎样培养人"一直被忽视。先进的教育理念不会自动变为现实，需要教师在充分认识自身对学生的影响基础上加以理解，并付诸行动。

（三）提升学校办学品质的需要

培育卓越教师是提升办学品质和丰富办学内涵的需要。办百姓身边的好学校是我们教育人的责任与使命，一流的办学质量和丰富的办学内涵离不开大批卓越教师的支持。正如梅贻琦说："所谓大学者，非谓有大楼之谓也，有大师之谓也。"西南联大为什么能培养出众多杰出人才？西南联大就是大师的大学，人才济济。西南联大这所由北京大学、清华大学、南开大学合并而成的战时临时大学，虽然诞生在最艰难的年代，但却创造了中国教育史上的奇迹，成了最了不起的大学，维系着中华民族的文化血脉，这是中国现代教育史和文化史的骄傲。西南联大存在了8年多时间，至1946年7月31日停止办学。在此期间，西南联大虽然只毕业了3882名学生，但走出了2位诺贝尔奖获得者、4位国家最高科学技术奖获得者、8位两弹一星功勋奖章获得者、171位两院院士及100多位人文大师。梅贻琦、蒋梦麟、冯友兰、唐兰、朱自清、沈从文、钱钟书、刘文典、郑天挺等，一个又一个中国近代史上举足轻重的人物，在西南联大汇合，就像中华大地上散落的一颗颗明珠，最终在这里聚拢、发光，成为中国教育史上耀眼的光芒。据统计，1941年，西南联大的179名教授和副教授中，156人有留学经历，约占87%。全校5个学院的院长均为留美博士，26个系的系主任，除中国文学系外，皆为留学归来的教授。可见，优秀教师的重要性。培育卓越教师也是落实学校"办卓越教育——激励每一名师生主动发展，成为最好的自己"办学理念的需要，办卓越教育具体体现在卓越学生、卓越教师、卓越学校的培育上。学生的成长、学校的发展，要以教师为依托，培养卓越教师势在必行。

（四）探索教师校本化培养的需要

2014年8月，教育部发布的《关于实施卓越教师培养计划的意见》要求深化教师培养模式改革，建立高校与地方政府、中小学（幼儿园、中等职业学校、特殊教育学校）协同培养新机制。学校要立足实际对卓越教师的培养进行深入的实践探索，在卓越教师培养体系建构、培养途径、方法手段和评价等方面形成具有推广价值的经验。2019年，通州区第六中学发生的两件大事加速了学校卓越教师培养的研究与探索进程。一是《基于学生发展的中学卓越教师培养校本化策略的实践研究》被立项为北京市教育科学"十三五"规划2019年度校本研究专项课题；二是学校被北京市教委批准为"北京市中小学教师教育基地学校"，成为基地学校后，将承担北京地区相关高校培养师范生的教育教学实践任务、市区教师培训（研修）机构开展的新任教师培训中的实践学习任务、农村与城区普通学校骨干教师的实践培训任务、教师培训（研修）课程资源开发任务等。无论是国家层面还是学校自身，都有必要在卓越教师的培养上进行研究与探索。

二、"卓越教师"校本培训体系的内涵及架构

卓越教师校本培训体系的构建是立足于学校，采用不同的组织形式，以学校教师个体或群体为培训主导者，面向全体教师开展培训学习，解决教育教学及行政管理中出现的突出问题，促进教师专业化发展的一种

校本培训模式。其显著特征有三个：一是坚持以问题为导向，立足学生成长与学校发展，以满足教师自身发展需求为前提，激发教师的自我潜能，实现研究成果的内外部辐射；二是坚持以校本培训为主导，突出价值导向，引领教师专业成长，寻找教师的职业幸福感，实现教师培训由"输血"到"造血"的转变；三是坚持培训学习面向全校所有教师，既有教育教学人员，也有行政人员，内容丰富、形式多样，使校本培训的内涵得到丰富。

卓越教师校本培训体系框架（见图1）注重行政组织与学术指导相结合。在学校卓越教师培训领导小组的领导下，教师坚持互动交流、互通有无，形成共识，注重培训内容的针对性、形式方法的多元有效性、培训管理的科学性，不断提升培训的实效。

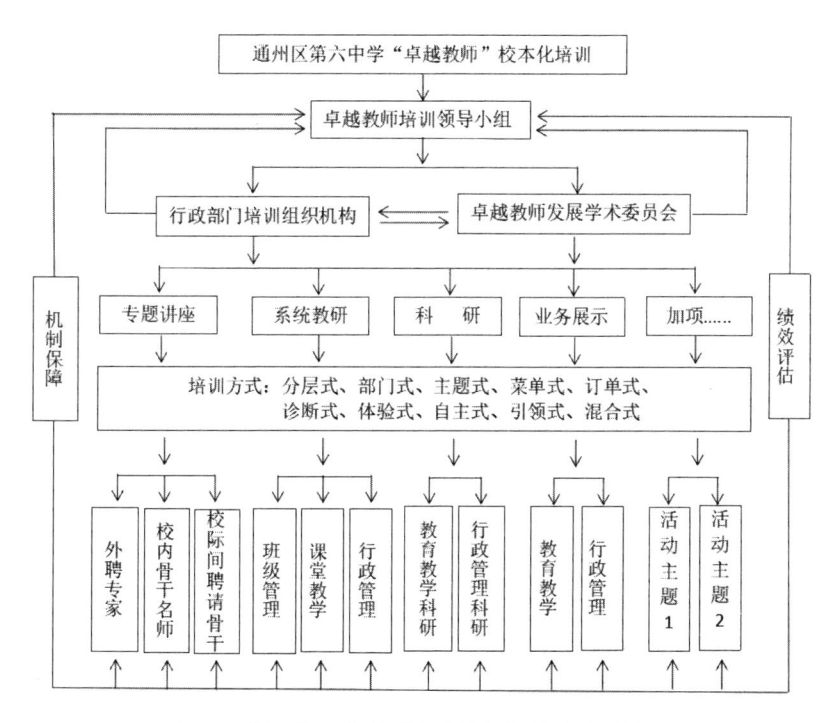

图1 通州区第六中学"卓越教师"校本培训体系框架

三、学校"卓越教师"培训的探索与实践

（一）满足教师发展需求，创新培训形式

心理学家皮亚杰指出："有关教育与教学的问题，没有一个问题不总是与师资培养问题有联系的，如果得不到足够数量合格的教师，任何最使人钦佩的改革也势必要在实践中失败。"可见教师培养的重要性。因此，开展富有针对性、实效性的校本教师培训是促进教师从具备从教资格走向合格、从合格走向卓越的有效途径，是教师提升素质与能力的重要环节。学校骨干教师的数量和质量不仅能体现出教师队伍的总体水平，更能够发挥骨干教师的示范、带动、辐射和引领作用，构筑促进学校发展的核心力量。我校在开展教师常规培训的基础上，注重培训形式的创新。

1. 基于水平的"分层式"培训

"分层式"培训可以采用多种方式进行，如按年龄段分层、按实际水平分层、按专业发展阶段分层、按人才层次分层、按学科分层、按岗位分层等，让处在不同发展阶段、不同水平的教师都得到进一步的发展。如按实际水平分层，我们设立了新教师入职培训班，让年轻教师尽快适应工作，缩短适应期；设立骨干教师提升班，在现有基础上取得新发展、新突破，向更高层次迈进；设立研究生发展协会，使教师快速提升实践能力，成为出色的教师。我们针对教师的专业发展阶段——入职适应期、职后探索期、专业成熟期和专业引领期，编制了相应的培训内容，制定了相应的措施。

2. 突出部门的"分岗式"培训

"分岗式"培训突出了岗位特色，如德育部门的"青年班主任工作坊"，由我校的北京市"紫禁杯"优秀班主任、通州区十佳班主任张新颖主任任指导教师，有计划地开展系统培训活动。班级日常管理专业技能指导、班主任工作微论坛、主题活动课展示、拓展训练、参加全国班主任大会等。学校以"青年班主任工作坊"建设为突破口，探索青年班主任业务技能与专业素养提升的活动，正好满足了青年班主任的发展渴

望,也符合时代的发展需求。"分岗式"培训体现了部门特色、专业特色。

3. 立足实际的"主题式"培训

"主题式"培训以学期为单元,结合实际发展需求确定培训主题,由各部门、各教研组、各工作室主动申报,学校审核,做到五定:定主题、定时间、定地点、定召集人、定主讲人。学校统一安排,形成安排表。如学校举办了班主任的"如何提升班级管理实效"主题培训、各教研组的"如何提高课堂提问有效性"的主题培训、行政部门的"坚持以服务为本,提升管理精细化水平"的主题培训。每学期都有新意,使教师发展中最关注的问题得以解决。

4. 可供选择的"菜单式"培训

"菜单式"培训是指满足教师不同发展需求、可供选择的培训。学校在教师发展需求前期调研的基础上,结合学校的办学目标、任务,拟定教师培训菜单,如教师法律知识培训、课改理念培训、科研知识讲座、课堂教学技巧、班级管理艺术、信息技术应用技能提升、行政管理能力提升等。"菜单式"培训体现了"必选 + 自选"的特色,具有灵活性、针对性和实效性,使培训内容更加适合教师的需求,让每位教师都有选择自己感兴趣的培训内容的权力,有利于教师的成长与发展。

5. 基于个体的"订单式"培训

"订单式"培训是根据教师的个性化需求,专门设计、开展的培训课程。如学校市区级骨干、学科带头人、特级教师、优秀班主任的培养,在统一培训的基础上,可以依据教师的需求设计具有针对性的课程,为教师提供定制化的服务,帮助教师发展并形成自己的风格与特色。

6. 改进问题的"诊断式"培训

"诊断式"培训在诊断教师发展中存在的问题基础上,设计培训内容,坚持以实践为导向、以问题解决为中心。这种"临床教学"式培训活动,让学员"在做中学,在学中做",体现参训教师的主体性、参与性、实践性和体验性,实现了教师培训的供给侧服务与教师合理的专业发展需要的无缝对接,有利于教师问题的解决,有利于帮助教师补齐发展中的短板。

7. 任务驱动的"体验式"培训

"体验式"培训即通过任务情境的创设引入需要探索的问题，让教师带着任务去学习，最终通过完成任务来获得新知或提高教育教学能力。如在进行课堂小组合作学习培训时，我们将 4 名老师分为一组，完成一个问题的讨论，每人都有具体的任务，让教师以学习者的身份思考自己的课堂教学。再如，在学校开展的"学习共同体同读一本书"活动中，教师通过随机抽号分组，三人为一组，围绕《积极学习 101 种有效教学策略》一书中的一种有效教学策略，研究如何在课堂教学中加以落实，并在全校进行展示，让教师在情境的参与中，提升课堂教学技能。

8. 互相参与的"自主式"培训

每位教师都是一个独立的个体，都有着自己的优点与长处，教师们既是参与者，也是培训者。学校鼓励教师将自己的成功经验拿出来与大家分享，如"如何进行针对性的备课""如何集中学生听讲的注意力""如何提升班级的学习成绩""如何加强班级文化建设""如何培养学生干部""行政人员的工作要立足于一个'勤'字"等。这样既丰富了培训内容，拓宽了教师的视野，也使分享者感受到了自身的价值，获得了自信。

9. 辐射示范的"引领式"培训

"引领式"培训主要是发挥优秀教师的优势，通过传、帮、带等形式，将自身先进的理念、高超的教育教学造诣、令人折服的人格魅力等影响到更多的教师，促进优秀教师团队的形成。学校在师徒结对的基础上，启动了"通州区'运河计划'教育领军人才、特级教师、市区骨干教师工作室"，设立了"学校优势学科发展工作室"，出台了《通州区第六中学人才管理办法》，就日常导师和学员的具体任务、活动的开展和考核等提出了明确具体的要求，确保活动有序高效地进行。

10. 便捷灵活的"混合式"培训

进入 21 世纪，信息技术已成为促进教育变革的重要因素，每一波浪潮都冲击着教育的理念和形式，对教育产生了新的影响。中国共产党第十九届中央委员会第四次全体会议通过的《中共中央关于坚持和完善中国特色社会主义制度、推进国家治理体系和治理能力现代化若干重大问题的决定》指出:"发挥网络教育和人工智能优势,创新教育和学习方式,加快发展面向每个人、适合每个人、更加开放灵活的教育体系,建设学习型社会。"为此,学校借助先进的信息化手段,利用"互联网+教育""移动互联网+教育""微信+教育"和"AI+教育"等数据平台,实施"互联网+教师教育"创新行动,紧密结合教师教育教学及管理工作实际,以发展学员自主学习为目标,将线上学习与线下学习相结合,进而推动教育的改革与发展。

(二)完善"卓越教师"校本培训的体制机制

完善的校本培训管理制度是确保培训工作顺利开展的重要保障。学校在原有校本培训制度的基础上,又补充了五项制度:

1. 前期需求调研分析制度。项目团队通过问卷、访谈等形式了解教师的培训需求,撰写培训需求调研报告。报告包括教师的基本情况分析、关注的重点问题分析、教师期待的培训课程、培训方式以及教师对培训的建议等。

2. 校本培训方案论证制度。项目团队在前期调研的基础上,编制校本培训方案,包括培训目标、原则、课程设置、培训方式、考核办法、组织实施、专家团队等。在反复征求意见的基础上,校本培训方案最终由学校校本培训领导小组、学术委员会成员及外聘专家审核通过。

3. 校本培训质量评估制度。除了检验培训效果,还要将评估作为发现问题和改进培训工作的重要手段。通过测评、总结、反思等方式了解教师的学习收获及授课者的授课实效。

4. 建立学校人才管理制度。注重学校高层次人才的培养,组建"通州区'运河计划'教育领军人才、特级教师、市区骨干教师工作室""学校优势学科发展工作室",就工作室导师和学员日常的具体任务、考核评价办法等提出明确具体的要求,通过导师的引领、示范、辐射作用,培育优秀的教师团队。

5.校本培训支持保障制度。满足教师的发展需求，为教师提供优质高效的专业化服务，在人、财、物上给予全力支持，如为教师订购中国知网、图书、报刊等。

（三）健全"卓越教师"校本培训的绩效评估体系

对校本培训进行绩效评估，保证培训具有导向、激励、改进的功能。学校将校本培训的评估做到了常态化、精细化、多样化。

1.评估的常态化。常态化评估包括每次培训后的评估、专题性评估，也包括学期或学年培训的评估，将评估贯穿校本培训的始终，并固化下来，形成常规性工作。常态化评估有利于学校了解培训的效果，以及培训问题的改进。

2.评估的精细化。精细化评估包括对教师培训需求、培训方案、课程设置、培训方式、组织实施、培训效果的评估。精细化评估是对培训中的具体环节的评估与检查，有利于学校发现培训中的细小问题。如对培训目标是否达成的评估，可以依据培训目标与要求，在培训后对质量管理制度的形成、前期调查分析、课程的设置、资源配置的合理性等，进行统一的评估，保证培训效果达到预期要求。

3.评估的多样化。多样化评估主要是指评价手段的多元化，既可以通过网上测评、问卷、访谈、课堂观察等方式，了解教师培训后的收获，以及后期的教育教学或管理工作的行为表现、效果等，也可以通过自评、他评、第三方评价全面汇总评价结果，检查培训效果。

四、"卓越教师"校本培训取得的初步成效

（一）校本培训的系统性和实效性不断提升

随着学校"卓越教师"培训体系的建立，校本培训的针对性与教师培训多元化需求的吻合度进一步提升，教师培训的供给侧服务与教师合理的专业发展需要无缝对接，使校本培训从"需求侧拉动"向"供给侧推动"转变，助力教师快速成长。2019年，学校被评为"通州区'十三五'中期校本培训优秀单位""北京市中小学教师教育基地学校"就是最好的证明。

（二）教师队伍的整体素质与水平不断提升

学校形式多样的培训活动连续不断，能够针对不同群体进行精准培训，带动了教师水平与能力的提升。学校现有教职工113人。教师中正高级教师1人，市级特级教师2人，区级骨干教师12人，区级青年骨干教师3人，首批通州区"运河计划"教育领军人才2名、顶尖人才1名，各类市区级教学竞赛捧杯教师18人。学校市区骨干教师、校外竞赛捧杯教师占比区域领先。通州区初中第一批特级、正高级教师在这里产生。

（三）校本培训促进了学校办学质量的提升

学校坚持"办卓越教育——激励每一名师生主动发展，成为最好的自己"的办学理念，培养"自主发展、具有卓越气质的六中人"，通过课程、课堂、文化、活动、行为、机制六大途径打造"卓越教育"办学特色。如今，学校已办成令师生向往，家长、社会高度认可，具有丰富内涵与办学品质的区域一流学校。至2019年，学校获市区集体奖60项，教师个人获奖545人次，学生获奖超过700人次；《中国教育报》《现代教育报》《北京教育》《北京教育教学研究》《通州教育》等校外媒体对学校进行30余次报道；"卓越教师"校本培训经验在全国及区域会议上交流；学校与15所市内外的学校建立了协同发展关系。

五、对"卓越教师"校本培训的思考

（一）校本培训要树立教师优先发展的思想

在学校办学的诸多要素中，人是核心。学生的成长及学校的发展，前提是教师的发展。没有一流的教师，学生的成长及学校的发展都将受到影响。所以，学校应将教师优先发展作为学校办学的首要任务，纳入学校发展规划，列入重要日程，统筹安排，精细化实施，力求实效，培育卓越的教师团队，助力学生成长与学校发展。

（二）校本培训要以激发教师的内需为核心

兴趣是最好的老师，如果教师对校本培训不感兴趣、不关注、不支持，培训活动就很难达到预期的成效。学校在正面引导的同时，要研究校本培训的创新点，在课程设置、组织方式、考核评价等方面要有新突破，提升吸引力。另外，要加大保障力度，服务教师发展，满足教师的成长需求。在校本培训中表现突出的教师，在评优、评先、外出学习等方面优先安排。

（三）提升校本培训实效要关注精准化实施

校本培训精细化要贯穿整个培训过程。一是方案设计要精准，不能想当然，不能脱离教师的实际需求，应做好前期调研，科学安排好各项培训活动。二是课程设置要精确，既有面向全员的培训，也有面向不同组别、个人的个性化、特色化培训。三是实施途径要精当，力求方法多元，有新鲜感、吸引力。四是服务管理要精心，充分满足教师专业发展的需求。

（四）校本培训活动安排要科学

广大教师的教育教学任务繁重，因此，如何妥善处理好工作与培训在时间上的冲突，是培训组织者必须要关注、思考、解决的问题。突破点是在课程设置、培训方式上进行调整，如：根据培训课程内容设置长短课，使培训更加灵活；在培训方式上采用线上与线下相结合、教研与培训相结合等方式，实现培训活动与工作时间、课余时间的全天候对接，为培训活动的顺利实施提供保障。

我们将坚持培养"卓越教师"，力求实效，形成特色，努力培育一大批有理想信念、有道德情操、有扎实的学识、有仁爱之心的"四有"好老师，为促进学生发展、丰富学校内涵、提升学校办学品质做出贡献。

参考文献：

[1] 周红. 生物学核心素养在高中生物科学史教学中的实现 [M]. 生物学教学，2017，42（6）：12.

[2] 王利华. 中英两国卓越教师评价标准比较研究 [J]. 兰州教育学院学报，2018，34（4）：116.

构建"主体参与—自我体验型"德育模式的初步研究与实践

北京市通州区第六中学　常恩元

摘　要：当今社会正处于一个特殊的转型期，国际国内形势都在发生深刻的变革，未成年人的思想道德建设也面临着严峻的挑战与考验。特别是几千年中国传统文化的某些局限性、中西文化交融与碰撞所形成的多元化价值取向、忽视人性的标准化教育过程、校内外的不良环境等都对学校的德育工作产生了深远的影响，造成学生主体地位缺失，忽视学生身心发展和丰富的道德情感体验的倾向还长期存在，学生始终处于被动的客体接受状态，知行脱节，德育的实效性不高。本文在借鉴和吸收当代诸多德育模式的同时，提出了构建"主体参与—自我体验型"德育模式的设想，并在理论及实践层面进行了初步的研究与探索，指明了在"主体参与—自我体验型"德育模式运用过程中应注意的一些问题，旨在凸显学生的主体地位，通过学生对德育活动的有效参与、体验来实现最终的育人目标。

关键词：主体参与；自我体验；德育模式；研究

近年来，我国在全面推进素质教育的过程中，更加重视未成年人的德育工作，并且在长期的学校德育工作实践中，取得了可喜的成果，积累了丰富的经验。但是面对新的形势，我们还应清醒地认识到，学校德育工作同样也面临着许多亟待解决的问题，尤其是中国传统的"社会本位"德育观的局限性及当前"重智轻德"的功利思想对学校德育工作的影响。传统的"社会本位"德育观，强调"社会本位"，往往将育人过程视为对学生施加外在道德影响的过程，忽视学生的人性，忽视学生的主体地位和个性差异，不顾学生身心发展的需要，学生常处于被塑造的客体地位。"重智轻德"的功利思想，剥夺了学生参与道德活动的机会。这种忽视学生主体参与、缺乏丰富情感体验的德育，是导致学校德育实效低下的重要原因之一。因此，加强和改进学校德育工作，创建符合国情，甚至带有校本特色的新型育人模式，是时代发展的必然要求。只有走创新之路，学校德育工作才会充满生机、充满活力，才能保证每一名学生健康、全面的发展。本文针对当前德育活动中学生主体地位缺失、缺少丰富情感体验的现实，从人本的角度提出了构建"主体参与—自我体验型"德育模式的设想，并进行了大胆的研究与实践。

一、关于"模式""德育模式"及"主体参与—自我体验型"德育模式的辨析

"模式"一词在《现代汉语词典》中的解释为："某种事物的标准形式或使人可以照着做的标准样式。"[1] 模式的作用在于有效地指导人们的工作，提高工作质量与效率。当前，我们研究德育模式的目的也在于此。

德育模式的定义，目前较为繁多，如理查德·哈什等著《道德教育模式》中写道："德育模式是一种考虑教育机构中关心、判断和行动过程的方式。它包括关于人们如何发展道德的理论观点以及促进道德发展的一些原则和方法。"在国内，有人把德育模式归入方法范畴；有人强调它与方法既有联系又有区别，表现出特定的结构与活动序列；还有人认为德育模式是德育理论以简化的形式表达出来的。怎样把握这一概念？太原工业大学的杜爱森教授在《关于德育模式的理论探讨》一文中进行了深刻的论述："首先德育模式不是德育方法，它与讲授、谈话等德育方法显然不属同一层次；其次，德育模式不是德育计划，计划是它的外在轮廓，仅此不足以揭示其内含的德育思想和意向；如前所述，德育模式也不是理论，至少不仅仅是理论，它还内涵（包含）着程序、结构、原则、策略等，远比纯理论丰富得多。所以，德育的方法、计划、理论、结构、程序等都是构成模式的某个要素或侧面。"[2] 另外，他认

为:"德育模式是在一定的德育思想理论的指导下,经长期德育实践而定型的德育活动结构及其配套的实施策略。"[3]这个定义指出德育模式是由理论指导、活动的结构与程序、实施原则、操作要领等因素统一构成的德育活动形式。当前,了解德育模式的内涵,有助于我们进行德育创新,有助于我们了解传统与现代、国内与国外的诸多德育模式的实质。当代中西方德育模式流派众多,如西方的"道德认知发展模式、社会学习德育模式、人本主义德育模式、价值澄清模式、体谅德育模式、理论基础建构模式等"[4],国内的"各科教学德育模式、社会实践德育模式、组织活动德育模式、班级德育模式、社会德育模式、家庭德育模式"[5],以及整体构建德育模式、情感德育模式、活动道德教育模式等。这些模式都是当代德育实践活动的产物,都具有特定的时代背景和研究价值,孰优孰劣,很难下绝对的结论。因此当今的学校德育,应遵循"古为今用,洋为中用"的原则,广泛借鉴和吸收当代德育理论成果,对各种德育模式进行有效的整合、吸收,创造和发展带有自己特色的德育模式。正如北京师范大学的檀传宝教授所讲,"事实上在全球范围内,大家都在寻找一条'中间路线':一种既传统又现代,既绝对又相对,既强调基本价值的引导又不妨害道德学习主体'主体性'的充分发挥的综合德育模式"[6]。为此,我们针对当前学校德育的现状,提出了构建"主体参与—自我体验型"德育模式的大胆设想。

"主体参与—自我体验型"德育模式是以人本思想为指导,坚持社会本位与个人本位相结合,从受教育者的身心发展角度出发,凸显学生在德育活动中的主体地位,积极创设情境,引导学生广泛参与德育活动,并通过切身体验,形成道德认知、情感、信念,最终转化为道德行为的一种综合性德育模式。"主体参与—自我体验型"德育模式的建立有助于改变受教育者被动接受的局面,有助于增强学生的情感体验,对培养学生的自主性、能动性和创造性,培养学生的良好道德品质,激励学生进行自我教育,提高学生的社会适应能力、抗挫折能力,以及促进学生的全面发展将起到积极的作用。

二、构建"主体参与—自我体验型"德育模式的背景分析

（一）中国传统文化的某些局限性导致受教育者的主体地位缺失

培养具有创新精神和实践能力的合格建设者和接班人是社会发展的必然要求，同时也是学校教育的责任与使命。中国传统文化源远流长，博大精深，自古以来就重视道德教育，逐步形成了以儒家伦理为主流的道德文化传统，并对人类社会的发展起到了积极的推动作用。但是，随着社会的变迁，传统文化的某些局限性也逐渐显露出来。

1. 古代"天人合一"的传统理念，提倡"中庸"，使我们长期保持一种人与物、人与自然的交融与和谐，强调个体对道德的理解与领会、对理论与实践相结合的道德实践精神的领悟、对笃实重行的价值行为方式的养成。然而，这一理念也有明显的弊端：一是缺乏以"认知"为基础的理性反思，以及人对自然、社会乃至人本身的探索与认识；二是缺乏主客二分的思想，忽视了人的主体地位的确立及与之相联系的主体性的发挥。

2. 儒家提倡天人观，所指的人只是抽象意义上的"人"，并无具体的人性或个性。如强调"克己"以"复礼"的主张，以牺牲个人为代价，服从"天命"与"天子"，忽视了人的主体性。在现代学校德育活动中表现为"片面强调学生对于道德义务、道德责任的认同，而无视义务与权利的对等性，忽视学生的道德生活和需要，忽视引导和提供机会与情景使学生对个体的人格尊严、生命的意义与价值予以体认"[7]，片面强调学生的发展，而忽视具体的、活生生的、带有不同个性的人的发展问题。

3. 传统道德主要以人伦道德与"天命"思想为基础，导致道德内容片面化，将道德局限于社会伦理与家庭伦理之中，并集道德政治化与政治道德化于一体，形成封建的"天理"与"伦常"，基于主体原则之上的创新意识和科学精神未能很好地凸显。

针对传统文化的这些弊端，前人已进行了孜孜不倦的探索。特别是鸦片战争以后，我们的认识论开始了"主客二分"的转向，走向了召唤主体性的新时期。然而，由于传统道德具有极强的生命力，我们呼唤

理性的过程又异常艰难、曲折，因此尚未完成由"天人合一"向"主客二分"思维理念的转换。我们"仍然不得不一次又一次地陷入传统与挑战、过去与现实、持守与变更、超越与被超越，以致生存还是死亡的冲突、矛盾和抉择之中"[8]。构建"主体参与—自我体验型"德育模式就是要克服传统文化的局限性的影响，凸显学生的主体地位。

（二）我国多种经济所有制形式并存，中西文化交融、碰撞所形成的多元化价值取向导致德育实践的育人方式不明确

全球一体化，使国家、地区、民族间的联系日益密切，尤其是信息化打破了国家、地区、民族间的时空界限，国家间、地区间、民族间的文化不断交融与碰撞，由"一元化"向"多元化"方向发展，对各国的政治、经济、价值取向以及教育等产生了深远的影响。目前，我国正处于改革的攻坚阶段和发展的关键时期，社会经济成分、组织形式、就业方式、利益关系和分配方式的多样化日趋明显，市场经济活动的弱点及带来的消极影响也显现出来了，传统的单一型价值观也正向着多元化方向发展，使未成年人的思想教育工作面临严峻的挑战与考验。特别是社会上出现的拜金主义、享乐主义、极端个人主义等腐朽思想及各种消极腐败现象、社会丑恶现象严重腐蚀着未成年人的心灵，并引发德育的"社会本位"和"个人本位"的矛盾与冲突。面对新形势，传统的德育模式已经难以适应社会发展的需要。我们该如何应对？是对传统德育进行扬弃，借鉴其他国家的经验，以改善我们的德育工作，还是继续发扬我们的传统或直接借用他国的经验？是强调德育的"社会本位"，还是强调"个人本位"？目前来看，中外结合、"社会本位"与"个人本位"相结合基本成为一种共识。关键是怎样结合，以什么为基础，怎样处理好借鉴外国经验与发扬自身传统的关系，怎样处理好"社会本位"与"个人本位"相结合的关系。历史证明：固守旧有传统，不吸收和借鉴外来的先进文化与文明成果，即使是最优秀的文化也难以继承和发扬光大；同样，即使是最先进的文化思想，如果不与中华民族传统文化相结合，也难以被国人接受。当前我们正处于社会转型期，在新文化、新理念的

形成和确立过程中还存在着一些应引起我们注意的错误倾向：一是对传统教育思想、模式、方法的片面强调，倡导"儒学复兴"，倡导德育的"社会本位"；二是盲目照搬国外的理论、模式、方法，倡导"西方化"，倡导德育的"个人本位"，导致育人方式不明确。因此，探索和研究符合国情，甚至带有校本特色的"主体参与—自我体验型"德育模式，是当前改进学校德育工作的迫切需要与有益探索。

（三）教育过程的标准化导致学校德育的"非道德化"

现代教育与工业化大生产有着历史渊源。在科学技术和大工业生产的冲击下，现代教育也打上了工业化和技术化的烙印。为了有效地培养大工业生产所需要的标准化人才，学校把受教育者纳入了学校的生产过程，用统一的理念、统一的教育技术、统一的课程、统一的教育工艺流程，将人制造成了标准化的"商品"，一切都按事先计划好的统一程序、目标和过程来控制。这就是"教育工业"的典型特征，当然也涉及学校的德育。

1. 德育目标脱离实际。表现为单一标准与多样化的道德行为相互矛盾，影响了学生的多样化发展。另外，目标过高，强调社会本位，不关注受教育者的生命体验与内在精神，造成道德教育和学生实际生活处于割裂的状态。

2. 德育思想的偏颇化。教育更多地受到外在功利思想的影响和制约，"对道德教育价值认识上的狭隘与功利，把道德片面地视为对人的意志与行为的限制与防范"[9]。强调灌输，强调模仿和服从，以满足他人或组织的需要，极具生命力的道德活动蜕变为盲目的对守则、规范的遵从与机械、呆板的行为训练。学校的德育变为道德"知识"的教学和灌输，学生成为被动接受守则、规范的"容器"，使道德对象"物化"。那些标准化、突击式、形式化，高、大、空的德育活动，让学生失去了兴趣，使学生能够背诵大量的道德条文、规范，却缺乏必要的道德情感和智慧，并出现双重人格以及言行不一的现象。

3. 德育内容抽象化。我们的德育还没有像智育那样形成一套科学化、系统化、规范化的内容体系，德育内容抽象，大而空，缺少层次性，不易操作，脱离了学生身心发展的实际与社会现实。

4. 德育过程的非道德化。这体现在设计、组织实施德育活动与进行道德教育时考虑不周，忽视了受教育者的身心发展；某些道德意识、标准的确立都以对生命本身的损害为代价，如过度地学习、劳动以及对"奉献"和"牺牲"精神的片面理解，过分强调社会共同价值，忽视个人的价值取向，不加分析地强调对前人行为、精神的仿效。这些"非道德化"的教育模式严重偏离了学生的实际。

因此，构建"主体参与—自我体验型"德育模式有助于改变非道德化的育人过程，使德育更加符合学生的身心发展规律。

（四）校内外的不利环境导致教育活动过程中学生参与、体验的机会减少

"道德教育的实验证明，道德教育的实效是在体验中发生的，只有诱发和唤醒了体验者的道德体验的道德教育，才能对其生存实践和生命健康成长发挥实际的促进作用，它也才是有效的，因而也是有真正价值的道德教育，也才能成为具有合理性和合法性的存在。"[10]而当前由于多种原因，学生参与、体验德育实践活动的机会严重不足。

1. 学校教育方面。受应试教育思想的影响，以追求升学率为目标，一切围着"分数"转的现象还十分普遍。重智轻德、重课堂轻社会实践的问题还十分严重。有些地方、有些学校甚至为了保证学生不出事，而取消一切校内外活动，将学生禁锢在课堂。

2. 家庭教育方面。许多家长在家庭教育上带有浓重的功利色彩，把学习当作孩子将来找工作、挣大钱的跳板。为了孩子的成绩能上去，考入理想的学校，家长剥夺了孩子参与家庭和社会活动的机会，使他们失去了参与活动所带来的丰富的情感体验。

3. 社会环境方面。我国对外开放的进一步扩大，为广大青少年了解世界、增长知识提供了有利的条件。与此同时，国外的一些不良思想、腐朽的生活方式也随机而入；国内一些领域道德失范，诚信缺失，假冒

伪劣产品盛行，欺诈活动蔓延；一些地方封建迷信、黄赌毒等社会丑恶现象沉渣泛起；互联网不良信息还未得到有效治理；社会治安不尽如人意。因此，学校和家庭往往出于安全的考虑，而限制学生广泛参与校外活动。

4. 全社会关心和支持学校德育教育的良好风尚尚未形成。目前学校在德育工作中往往孤军奋战，很少有单位、部门主动走进学校，帮助学校开展形式多样的德育实践活动。另外，学校德育活动专项资金匮乏，校外青少年文化活动场所发展滞后且严重不足。这些都严重阻碍了德育活动的有效开展，减少了学生广泛参与、体验各类教育活动的机会。构建"主体参与—自我体验型"德育模式，就是要充分整合校内外的教育资源，广泛开展丰富多彩、形式多样的德育实践活动，为学生提供更多参加和体验活动的机会，从而提高学校德育工作的实效性。

三、构建"主体参与—自我体验型"德育模式的目的、理论基础、实施原则及操作程序

（一）目的

构建"主体参与—自我体验型"德育模式，目的在于充分开发、整合丰富的校内外教育资源，引领学生在多样化活动中进行探索、体验，锻造学生的人格，提升生命质量，培养学生的道德素质与能力，实现由他律向自律的转变，实现由教化向内化的转变，促进学生自由、和谐、健康、全面的发展，使学生适应未来社会发展的需要。

（二）理论基础

1. 人的主体性理论

"人的主体性是人与自然、社会、自我关系中所具有的主体地位和作用的哲学概括，是人在与客体的相互作用中得到发展的人的自觉能动性。具体表现在以下三个方面：（1）自为性，表现在主体对自己的存在和与客体的关系有着明晰的意识，因而主体的活动就具有明确的目的和方向。（2）自主性。表现在主体按（从）自己的目的和愿望出发，主动地与客体发生关系和相互作用，通过支配和改造客体，使客体朝着

有利于主体需要的方向发展。（3）能动性。表现在主体对活动方式和手段的自由选择，对活动条件的自觉认识和积极创造，对活动价值的多种追求和利用等。"[11]

2. 道德体验论

体验是道德教育的本体，其价值有学者论述得非常详细："体验使道德教育与体验者发生实际的情感关联，使体验者经历感动；体验使道德教育的存在形态与价值形态取得一致；体验可恢复道德教育实践过程的道德性；体验使体验者对道德规范发生切己的理解和领悟；体验有助于体验者融通生存实践中的关系，达到一定的道德境界；体验中可生成新的道德，达到新的道德境界。"[12]

3. 心理学原理

活动与需要的发展原理。"儿童不仅通过活动来表达自己的需要，使需要得到满足，而且在活动中产生新的需要，通过活动来接受社会（父母、家庭、玩伴、邻里、教师、同学、学校及成人社会的实践）的影响与要求，有意无意地学会按照社会的生活方式与条件（允许或限制）来实现与调节（加强或减弱）自己的需要。"[13]

品德形成的心理过程理论。"学生品德的形成是社会通过包括舆论和教育在内的各种渠道，把道德规范传递给年轻一代的过程，也是学生在群体生活中通过自己的实践由被动到主动地去掌握这些规范并形成道德行为习惯的过程。"[14]

（三）实施原则

1. 价值性原则

"主体参与—自我体验型"德育模式必须体现素质教育的价值取向，以学生的全面发展为目标，指导学生学会做人、学会求知、学会健体、学会审美、学会劳动、学会生活，并为其可持续发展打下坚实的基础。

2. 平等性原则

"主体参与—自我体验型"德育模式必须强调民主、和谐、融洽的师生关系和氛围，鼓励教师关注师生、生生间的思想及情感交流，正视学生生理、智力、文化素质等方面的差异，为每一位学生提供均等的参与活动和表现的机会，对出现这样或那样的问题的学生保持宽容之心，通过师生、生生间的共同参与、互动，促进学生健全人格的形成。

3. 活动性原则

"主体参与—自我体验型"德育模式的构建，必须围绕活动来进行：一是在课堂教学中教师要善于创设情境，保证学生有足够的活动时间，让学生成为教学活动的主体；二是积极创设丰富多彩的符合学生身心特点的校内外、课内外道德实践活动，让学生在参与中得到感悟、得到启迪，实现感性与理性的结合，提高学生的道德认识，激发良好的道德情感，并转化为良好的道德行为；三是引导学生开展自发性的教育活动，在活动中提高学生的道德能力。

4. 开放性原则

"主体参与—自我体验型"德育模式的构建，必须打破学校教育的时空界限，有效整合校内外、课内外一切教育资源，实现课内外、校内外有机结合，形成课内与课外、校内与校外的互动，为学生参与、体验丰富多彩的教育活动提供广阔的空间，并使学生在活动中受到教育。

5. 参与性原则

"主体参与—自我体验型"德育模式的构建，必须强调全体学生的共同参与、人人参与以及学生身心的全面参与——突出学生主体的参与性，并指导学生在活动中有意识地进行道德体验，体验的目的是使德育对象以一种正确的态度来对待和体验德育行为实践的内容、过程和所思所想，进而把它深化到自己的道德图式中。没有参与就没有体验，参与是体验的前提。

6. 内化性原则

"主体参与—自我体验型"德育模式的构建，必须体现道德教化与内化的规律，通过学生对活动的参与、体验，主动地将客观经验变为主观经验，并形成相应的能力，进而形成稳定的心理特征、良好的道德行为习惯。

7. 全面性原则

"主体参与—自我体验型"德育模式的构建，是为实现教育目标——培养全面发展的社会主义建设者和接班人服务的，对个体来说，既要保证个体全面和谐地发展，又要使其个性得到充分发展；对群体而言，既要保证他们全面和谐地共同发展，又要允许群体中个体间的发展存在差异与不同。另外，全面发展并不等于每个受教育者都能均衡发展或同等发展，而是使每个受教育者得到最优发展。

8. 整体性原则

"主体参与—自我体验型"德育模式的构建，要坚持全员育人，要将德育与智育、体育、美育等有机结合，有效整合校内外、课内外的教育资源，共同创设一个符合学生身心发展实际的"教育场"，确保德育者及德育工作的过程与状态、归宿与结果、内部结构与外部环境是一个整体。

(四) 操作程序

"主体参与—自我体验型"德育模式的操作程序由六步组成（如图1）。

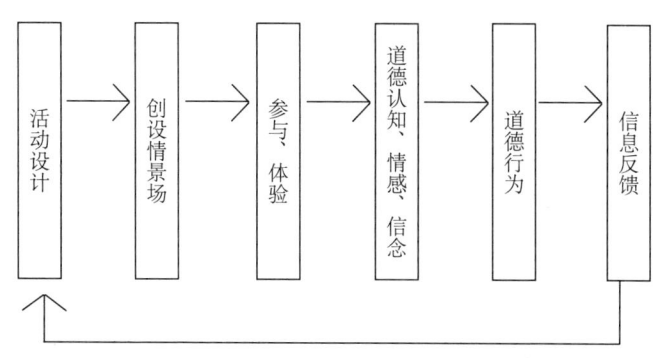

活动设计 → 创设情景场 → 参与、体验 → 道德认知、情感、信念 → 道德行为 → 信息反馈

图1 "主体参与—自我体验型"德育模式操作程序图

1. 活动设计。组织者（教师、家长、学生等）在了解学生身心特点，了解学生需要的基础上，结合学校、家庭、班级或学生的实际制订活动方案。方案的设计要立足实际，具有针对性、教育性、可操作性。活动

设计提倡以问题为中心，让学生主动去探寻，从而提高学生的道德能力。另外，除了教师、家长要制订方案，学生也要在教师、家长的指导下制订方案。

2. 创设情境场。"在德育过程中恰当地设置情境，能够使对象加深对德育思想内容的理解，也有助于人们把道德原则践履在实践中，固化在自己的思想品德结构中。"[15] 因此，创建"主体参与—自我体验型"德育模式时应在大德育观的指导下，创设有利于学生参与、体验的情境场，激发学生的兴趣，满足学生的身心需要。情境场包括学生自我教育情境场、课堂情境场、家庭情境场、实践活动情境场等。学校、家庭和社会教育资源的有效整合，将为学生提供广阔的德育活动参与空间。

3. 参与、体验。参与、体验是育人活动的关键环节。组织者要关注学生参与的广度与深度，通过体验者与体验者、引导者与体验者、父母与体验者、体验者与社会群体的协调互动增强参与、体验的实效。

4. 形成道德认知、情感、信念。道德认知、情感、信念是参与、体验后教育的延伸，通过讨论、交流、自评、他评等形式，对参与、体验的收获进行反思、过滤和整合，转化为良好的道德修养，使德育对象更理解德育的内容、要求，从而提高价值判断、选择的能力，并自觉地找差距、改错误、完善自我。

5. 道德行为。组织者引导学生将正确的道德认知、情感和信念外化为良好的道德行为。

6. 信息反馈。组织者通过调查、座谈、观察等多种方式，了解学生参与活动后的体验与收获，并为下一次活动的开展提供参考。

以上程序根据实际情况可做局部调整。

四、在构建"主体参与—自我体验型"德育模式的实践过程中要突出抓好四个问题

（一）"主体参与—自我体验型"德育模式的构建要坚持以全员育人的德育体系的建立为先导

德育队伍是实施德育的主体，是实现德育目标的组织保证。"主体

参与—自我体验型"德育模式能否确立，能否实施，最终能否提高学校德育工作的实效性，关键在于能否建立一支由教师、家长、社会人士组成的专兼职德育队伍。我们将全员育人的德育体系的建立作为构建"主体参与—自我体验型"德育模式的先导。

1. 更新教育观念，指导教师树立先进的育人思想

当前教育理念陈旧，片面追求升学率的教育思想依然存在，学生被作为知识的"容器"，学生的主观能动性被忽视，学生的全面发展被忽视。我们必须正视这些问题，清醒地认识到学生全面发展的必要性，清醒地认识到当前学校德育工作面临的主要问题，清醒地认识到传统教育思想的弊端，并在此基础上，对我国传统教育思想进行扬弃，科学地借鉴国外的先进理念、模式与方法，完善自身的教育理念与教育思想。这样，学生的主体地位才能凸显，学校的德育才能充满希望。为了解决"主体参与—自我体验型"德育模式构建过程中教师理念滞后的问题，我们突出抓好六项工作。

一是聘请专家学者来校讲学，组织教师外出参观、考察，开阔视野，帮助教师了解先进的教育理念，指导教师树立新型育人观。

二是开展教育法规、文件的学习活动。如组织全校教师深入学习《关于深化教育改革全面推进素质教育的决定》《关于教育问题的谈话》《中共中央办公厅、国务院办公厅关于适应新形势进一步加强和改进中小学德育工作的意见》《中共中央国务院关于进一步加强和改进未成年人思想道德建设的若干意见》等文件精神，使广大教师全面了解、掌握国家对青少年教育工作的要求，从而增强自己的责任感和使命感。

三是创办校刊《教育文摘》，向教师传播先进的教育理念及典型经验，为育人实践活动提供科学的指导。

四是举办"德育论坛"，围绕学校德育工作的热点、难点问题及"主体参与—自我体验型"德育模式的构建问题展开研讨，以求共识，从而创造性地推动学校德育工作的开展。

五是开展学校德育工作"摆、查、找"活动，即摆出德育工作中的

问题，查出问题的成因，找出问题的解决办法，从而解决学校德育工作中的热点、难点问题。

六是在全体教师中实施"五个一"工程，即读一本教育理论专著、记一本学习笔记、开展一项科研活动、解决工作中的一个难点问题、撰写一篇高质量论文，从而使先进的教育理念植根于教师的心田。

这些活动的开展，为"主体参与—自我体验型"德育模式的构建奠定了坚实的思想基础，促进了教育理论"学"与"用"的有机结合，有力地推进了学校德育工作的科学化进程，同时也体现了以教师发展促进学生发展的理念。

2. 加强师德建设，强化全员育人意识

"主体参与—自我体验型"德育模式的构建，必须以全员育人为保证，否则将失去意义。为此，我们将"主体参与—自我体验型"德育模式的构建作为学校的核心工作来抓，强调全员性、参与性，并在全校教师中推行《全员育人实施细则》，举办"师生承诺"及"我心目中的教师形象"征集活动，开展"我是六中一个窗口""我是学生的榜样"师德主题教育活动，举办"千名家长、千名学生"活动及"学生最喜爱的教师"评选活动，大力表彰"师德之星、育人模范"，全力打造教书育人、管理育人、服务育人的格局，有力地强化了教师的责任意识、育人意识，达到了将育人贯穿和渗透到学校一切工作和活动之中的目的。在此过程中平等、民主、和谐、融洽的师生关系得以确立，尊重学生、热爱学生已成共识，教师的人格魅力、真挚的爱，无形之中影响着每一位学生。

3. 积极争取家长的支持与配合

家长是孩子的第一任老师，在孩子的成长过程中起着十分重要的作用。作为一位好家长既要懂得育人的科学知识，又要懂得育人的艺术，既要指导孩子完成学业，又要为孩子良好道德品质的形成创造条件。为此，我们在向家长传播先进的教育理念及育人方法的同时，指导家长建立"主体参与—自我体验型"家庭德育模式，并通过有效的活动参与、体验，提高学生的道德素质。

4. 全力建立一支高素质的校外兼职德育队伍

德育活动的开展离不开社会的支持与帮助，为此我们聘请辖区单位领导作为学校德育顾问，聘请社区居委会成员作为校风监督员，聘请部队官兵、社会知名人士及专家学者作为学校的兼职辅导员，定期研究学校的德育工作，有计划地开展教育实践活动，以弥补学校教育、家庭教育的不足，实现学校教育、家庭教育、社会教育的一体化。

（二）"主体参与—自我体验型"德育模式的构建要坚持以课堂教学为依托

"德育"与"智育"相互联系、互相促进。学校德育工作的实施，必须坚持以课堂为主渠道，只有这样才能将课堂教学的全员参与优势、资源优势、时间优势转化为育人优势，将"主体参与—自我体验型"课堂教学模式迁移到学生品德的形成上来，提高德育的实效性。相反，如果德育脱离课堂，学校德育将是空谈。大力推进课堂教学改革，创建"主体参与—自我体验型"教学模式，也是加强和改进学校德育工作的必然要求。为此，我们着重抓好以下三项工作。

1. 倡导民主、和谐、融洽的师生关系

亲其师，信其道。良好的师生关系有利于育人质量的提高。在课堂教学实践中，我们从优化课堂教学策略入手，指导教师用高超的教学艺术驾驭课堂；用鼓励的眼神、激励的话语激发学生参与教学活动的积极性和主动性；用宽容的态度对待学生的失误；用耐心的诱导帮助学生发现问题，自我矫正；允许学生标新立异，鼓励学生质疑、提问、辩论，发表不同的意见，让学生全身心地参与到课堂教学活动中来，让学生有一种心理安全感，给学生民主与自由，为学生提供独立思考、独立探索、解决问题的时间和空间，为师生、生生的交流提供机会，使学生在知识、情感、道德体验等方面获得收获。

2. 找好学生主体参与课堂教学的切入点

兴趣是最好的教师，可以激发学生的学习动机，激发学生的求知欲，激发学生对课堂教学的参与热情。为此，结合学校的课堂教学改革，我们确立了"激发兴趣、提供机会、交给方法、培养能力"的十六字教改方针，并以教研组或备课组为单位，研究和探讨如何找好的切入点，激发学生的兴趣，提高学生的主体参与意识，共同摸索符合学生特点、符合学生实际的课堂教学模式。如语文组在大语文观的指导下，实施"开放性教学"，以课堂为中心，向学生生活的多个领域拓展和延伸，把学生的语文学习与他们的学校生活、家庭生活、社会生活有机结合起来；又如，数学组施行的"问题解决"教学，让学生在学习过程中发现问题、找出问题，并探索解决问题的思路，让学生主动获取知识，并在发展数学能力和运用能力的同时，培养学生的辩证唯物主义思想；再如，外语组积极推行"情景教学"，通过角色模拟、辩论、课本剧表演、词语比赛等多种形式提高学生的听、说、演、学的能力，同时也给学生带来了丰富的道德体验，使主体参与、自我体验的育人思想在课堂教学中得到充分的体现。另外，在"主体参与—自我体验型"课堂教学模式的探索过程中，学校还适时举办校际、组际课改汇报课，通过观摩、交流、研讨，使好的经验和做法得到普及、推广，促进了德育与学科教学的有效整合。

3. 面向全体，关注差异

素质教育强调以人为本，一切为了学生，为了一切学生，为了学生的一切。"主体参与—自我体验型"教育模式的确立，有利于学生的可持续发展。在课堂教学中为了保证每一名学生的全面参与，保证每一名学生主动、和谐、健康、全面的发展，多年来我们在坚持面向全体的同时，更加关注学生的差异，并在全校范围内实施"爱心工程"。当那些主体参与度低的学生，处于"下滑"，甚至"冻结"状态时，我们帮助他们增强自尊心、自信心，使他们及时调整思维方式和学习策略、学习方法，帮助他们摆脱困境，获得前进的动力。

形式多样的"主体参与—自我体验型"课堂教学模式的确立，为"主体参与—自我体验型"德育模式的构建提供了坚实的理论基础和实践支撑，对加强与改进学校德育工作起到了积极的推动作用。

（三）"主体参与—自我体验型"德育模式的建立要坚持以学生自我教育为基础

行为主体的自主、自觉是道德存在和发展的先决条件，主体不自觉、自愿地参与就不可能实现真正的道德发展。"教育实际是由自我教育和他人教育组成（的），而真正的教育是通过自我教育而实现的。随着社会的发展，教育目的发生相应的变化，自我教育将逐渐成为教育的重心。教育的根本目的是要使所有学生都得到主动发展，全面发展，而如果没有学生的自我教育，这些目的肯定是不能真正达到的。"[16] 正如苏联教育家苏霍姆林斯基所说："只有能够激发学生进行自我教育的教育，才是真正的教育。""主体参与—自我体验型"德育模式的构建，就是要实现两个转变："一是社会思想、社会道德内化为受教育者的思想观点和道德信念；二是受教育者的思想道德观念和信念外化为行为实践。"[17]

为此，我们在"主体参与—自我体验型"德育模式的构建过程中，把教育的主动权还给学生，建立和完善学生的自我教育体系，广泛开展"主体参与—自我体验型"的学生自我教育活动。

1. 建立学生会组织。让学生广泛参与到学校的各项管理活动中来，提高学生的主人意识、民主意识和责任意识。如推行年级内部的班级值周制度，每周由一个班全面负责本年级的各项常规管理，并利用广播、电视、旗下讲话等多种形式进行讲评、反馈，适时开展争创"免检班"活动，实现管理者与被管理者双方愿望的融合。

2. 改革学生干部选拔与任命制度。变过去的教师任命为现在的自荐选举产生，学期初在学生自荐的基础上，举行就职演说，然后由评审委员会按 1:3 的比例提出候选人，经民主评议后，确定最终人选。将竞争机制引进班级工作，变"让我干"为"我要干"，使那些威信高、组织能力强的学生脱颖而出。

3. 推行《班规》或《班级公约》。让学生参与到《班规》或《班级公约》的制定活动中来，通过定公约、守公约达到规范和约束行为之目的，从而全面提高学生的自我教育、自我约束、自我管理的能力。

4. 记录道德日记。将每天的亲身体验，转化为道德认知、道德情感和道德信念，并通过周小结、月自评、组评、家长评、教师评等多元化评价，帮助学生反思自己的言行，不断修正自己的道德行为，逐步形成正确的自我概念。

5. 实施《六中学生思想品德评定方案》。创建全面、科学的学生思想品德评价体系，将学生的思想品德与学生的学习、生活紧密结合，将学生的思想品德与学生的个人发展和班集体建设紧密结合。如班级工作在学生自愿的基础上，严格贯彻一人一岗制，坚持工作责任到人的原则，同时狠抓工作布置、检查、反馈、总结、评价五个环节，强化学生的责任意识，强化班级工作的落实，形成人人有事干、事事有人干的局面。

6. 完善奖惩制度，变他评为申报制。每年除评选先进集体、三好学生、优秀干部外，我们还大力表彰方方面面的典型，如孝敬父母的好学生、关心他人的好学生、诚实守信的好学生，科技之星、体育之星，小书法家、小画家、小作家、小数学家等。我们还鼓励学生自己设奖，以发现更多学生的闪光点，帮助他们获得成功的体验。

另外在学生的纪律处理上，增加申辩和听证环节，充分尊重当事人及同学的意见，突出处理过程的教育性。

7. 鼓励学生自主设计、组织实施道德实践活动，并适时举办"学生最佳教育活动"评比，以强化学生的参与意识，让学生在参与、体验中全方位地提高自身的综合素质。

学生自我教育体系的建立，强化了"主体参与—自我体验型"德育模式的育人效能，使学生在参与、体验中提升道德素质，实现了由他律向自律、由教化向内化的转变。

（四）"主体参与—自我体验型"德育模式的建立要坚持以教育实践活动为载体

意大利著名教育家蒙台梭利认为：儿童对活动的需要几乎比对食物需要更为强烈；对一个可能使出他全部精力的活动，他将感到一种本能的冲动，因为这正是自然使他的能力得以完善的道路。北京教科院基础教育研究所"中小学德育实效性研究"课题组在进行学校德育工作实效性现状调查中发现："教师和学生对学校八项（种）德育途径所起教育作用的评价有很大差距，学生将社会实践这一途径排列第一位，尤其是高中生和初中生对社会实践活动情有独钟，而教师只将其排列在第四位，相差三位。"[18] 师生间的差别应引起我们的反思："究其原因是教师对班会、个别生教育这种自己主导下所实施教育途径或方法评价过高，而忽视了学生的需求和感受，没有考虑到外在的教育如何发挥学生的主体作用转化为学生内在的需要。（这）说明封闭式的、由教师包办的、说教式的学校教育已不能满足学生的要求。引导学生走进社会大课堂，才能达到学生自我教育的目的。"[19] 为此我们从纵向和横向两个维度进行了大胆的实践。

1. 纵向上针对学生身心特点，广泛开展特色性教育实践活动，并形成系列

初一年级围绕"迈好中学第一步"主题教育活动，举办军营一日生活体验，做一日小交警，废旧物品交易，才艺展示，不文明行为摆、查、找，学习身边人等活动，让学生在活动中相互了解、相互沟通。

初二年级围绕"迈好青春第一步"主题教育活动，组织学生开展远足拉练活动，磨炼意志；建立学生模拟法庭，通过学生的参与，实现对学生的教育由外因催化到内因自觉的过渡；组织学生到潮白河、丰宁等地考察，培养学生的环保意识；组织学生参加青年志愿者服务，强化学生的社会责任感；举办"诚信故事会"及"诚信格言征集"活动；召开"文明与我，我与文明"道德细节调查活动，增强学生的是非观及自辨、自控能力。

初三年级围绕"迈好人生第一步"主题教育活动，举办"成才与就业""社会发展状况"系列调查活动，激发学生刻苦求知的拼搏精神，从而提高学生学习的积极性和主动性。

此外，我们还组织全校师生参观爱国主义教育基地、科技教育基地，

举办"守则、规范、校规、校纪"知识竞赛，将一日家庭小主人、合唱节、艺术节、体育节、体育系列赛等活动穿插在年级活动之中，既丰富了学生的课余生活，也加深了学生间的了解，强化了学生的集体意识与责任意识。

2. 横向上广泛开展共建活动，充分整合校内外丰富的德育资源，为学校育人服务

实施社区共建工程。建立青年志愿者服务队，组织学生深入社区参与环境治理、文化宣传、慰问孤寡老人等活动，逐步形成了健康向上、文明祥和的校园环境与社区环境。

实施军民共建工程。创办少年军校，通过军训、国防知识讲座、部队参观、体验等活动，培养学生良好的纪律作风和意志品质。

实施法制共建工程。与通州区司法局、法院、辖区派出所共同创建通州区第一所"青少年法制教育学校"，并聘请有关同志担任学校法制教育顾问、副校长和教员，充分发挥各部门的优势，开展多种形式的法制教育活动。

实施文化共建工程。学校与区图书馆、博物馆、电影院确立共建关系，组织学生到图书馆读书阅报，到博物馆观看文物及书法、绘画作品展，到电影院观看爱国主义教育电影及科学教育影片，并适时举办读书心得交流、演讲比赛、知识竞赛、手抄报展、影片评析等活动，既解决了学校文化资源不足的问题，也满足了学生日益增长的精神生活的需要，陶冶了学生的情操。

实施社会综合实践工程。学校将研究性学习与德育工作有机结合，组织学生参加校外的学工、学农活动；接受自护自救知识培训；考察交通违章情况，维持交通秩序；开展"运河水系""城市小区的变迁"等社会考察、调研活动。这些活动的全面开展，不但开阔了学生的视野，极大地丰富了学生的知识，促进了学生综合素质的提高，还取得了良好的社会效益：《运河水系污染状况调查报告》《中仓小区今昔谈》等考察报告先后在市、区获奖，为运河水系的治理、小区建设提供了参考依据。

丰富多彩的校内外教育实践活动，为学生提供了广阔的参与、体验的空间，充分体现了学校德育以人为本的教育理念，使学生真正成为德育活动的主体，成为参与者，并在参与和体验中获得感悟，从而将内化的道德转化为高尚的道德行为。在学生们的《道德日记》、征文及课下座谈中，我们时常看到或听到这样的话语："数学课上老师给予我的关爱令我终生难忘""军训磨炼了我的意志，使我知道了什么是苦""干部竞选使我找到了自信""拔河比赛告诉了我们，团结就是力量""通过社会就业状况调查，我懂得了知识的重要性""运动会、艺术节给了我展示才华的机会，让更多的同学了解了我，希望学校能够经常开展这样的活动"……类似的话语还有很多，使我们看到了德育创新所取得的成效。

几年的"主体参与—自我体验型"德育模式的构建活动，促进了学校德育工作的开展，教师的教育理念得以更新，全员育人的格局逐步形成，学校、家庭、社会一体化德育体系得以确立，学生的道德素质不断提高，学校的德育工作也得到了社会的广泛认可。学校先后荣获"北京市全面育人办有特色学校""北京市德育工作先进集体""首都军警民共建先进单位""北京市家教工作先进集体""北京市百个一优秀家教活动奖""通州区普法工作先进集体"等殊荣。

总之，"主体参与—自我体验型"德育模式的构建，虽然刚刚起步，无论在理论上还是在实践上的研究都有待进一步深入，但是前期的研究与探索却带给了我们惊喜与自信。"主体参与—自我体验型"德育模式的确立为学校德育工作注入了活力，学生的主体地位得以凸显，德育活动更加契合学生的实际，满足了学生身心发展的需要，育人效能逐步提高。

参考文献：

[1] 中国社会科学院语言研究所词典编辑室.现代汉语词典：第7版[M].北京：商务印书馆，2016：919.

[2] 杜爱森.关于德育模式的理论探讨[J].理论探索,1996(2):53.

[3] 同[2]54.

[4] 同[3].

[5] 同[3].

[6] 本刊记者."欣赏型德育模式建构研究"开题报告会在深圳举行[J].教育研究,2002(07):7.

[7] 肖川.教育的理想与信念[M].长沙:岳麓书社,2002:170.

[8] 万俊人.伦理学新论:走向现代伦理[M].北京:中国青年出版社,1994.

[9] 李程.传统文化精神与大学生思政教育[M].北京:光明日报出版社,2013:66-67.

[10] 刘惊铎.道德体验论[M].北京:人民教育出版社,2003:39.

[11] 丁东宇.学生思想政治教育工作理论基础与方法[M].牡丹江:黑龙江朝鲜民族出版社,2007:65.

[12] 同[10]88-106.

[13] 章志光.心理学:修订版[M].北京:人民教育出版社,1992:66.

[14] 同[13]339.

[15] 陈顺伟,李明升,金世红.德育原理[J].成都:电子科技大学出版社,2020:54.

[16] 刘开朝,赵淑敏,高进,等.网络时代的家庭教育:与教育专家的对话[M].北京:中央编译出版社,2006:5.

[17] 同[15]51.

[18] 王瑛.素质教育与学生的社会实践活动[N].北京教育报,2002-04-26.

[19] 同[18].

中学生不良行为的成因及预防对策研究

北京市通州区第六中学 常恩元

一、前言

青少年是祖国的未来和希望,是 21 世纪的主力军。然而,近年来我国未成年人违法犯罪呈上升的趋势,涉嫌刑事犯罪的未成年人在同龄人中所占的比例成倍增长,并且呈现出犯罪成员低龄化、组织团伙化、类型多样化、手段凶残化的特点,社会危害日趋严重。因此,预防和减少未成年人违法犯罪已到了刻不容缓的地步。据中国青少年犯罪研究会会长郭翔教授主持的对八省市约 2000 名违法犯罪青少年的调查,这些违法犯罪的青少年中,有逃学、旷课等不良行为者占 91% 以上。所以预防和减少中学生违法犯罪,必须从预防中学生的不良行为入手,深入研究中学生不良行为的成因,构建强大的防御体系,保证青少年的健康成长,为社会主义现代化建设服务。

二、中学生不良行为的成因

（一）社会因素

每一名青少年的成长都离不开学校、家庭和社会。当青少年走出校园,面对着纷繁复杂而又充满诱惑的大千世界时,社会环境便会通过多种形式与渠道对青少年施加有形与无形的影响,促使青少年在思想上和行为上发生变化。因此,社会环境直接关系到青少年一代的健康成长。我们必须清醒地认识到,目前的社会环境还存在着诸多问题。

1. 社会不良风气的影响

改革开放四十多年来,我国经济快速发展、社会进步迅猛,但西方腐朽的思想和文化也乘虚而入。再加上社会经济成分、组织形式、物质利益、就业方式等方面的日益多样化，市场经济活动的弱点及其消极影响也显现出来，致使自由主义、拜金主义、享乐主义、利己主义滋生，导致一些人的价值观扭曲，无形中毒害着青少年一代，尤其是对正处于青春期的中学生毒害更深。据通州区人民法院刑事审判庭统计，自1996年1月至1999年12月底的近4年间，通州区人民法院共判处208名未成年人犯罪，从犯罪类型（参见表1）看，盗窃犯罪105人，占50.5%，排第一位；抢劫犯罪57人，占27.4%，排第二位；两者合计162人，占77.9%。盗窃、抢劫犯罪率居高不下，与社会不良风气的影响有着直接的关系。受拜金主义和享乐主义等的影响，有的青少年盲目攀比，追求名牌，贪图享受，吃喝玩乐，认为钱可以解决一切。一旦家庭满足不了他们的要求，他们便去偷、便去抢，最终走上了犯罪的道路。

表1 通州区1996—1999年未成年人犯罪类型统计表

犯罪类型	盗窃	抢劫	伤害	寻衅滋事、聚众斗殴	强奸	诈骗、敲诈、绑架
人 数	105	57	17	13	10	6
所占比例	50.5%	27.4%	8.2%	6.2%	4.8%	2.9%

2. 影视、文学作品的负面影响

当前，由于经济利益的驱使，一些大力渲染色情、凶杀和暴力的音像制品和出版物屡禁不止；录像厅以武打片、暴力片、恐怖片、黄片为主打节目吸引观众，其中不乏未成年的中学生；电视里的不健康镜头频繁出现，地摊上不健康的书刊也时常在学生手中出现，不断地刺激未成年人的感官，使他们产生不良意识和拉帮结伙等不良思想，致使有些学生去模仿不良行为，从而危害他人、危害社会。

3. 有关职能部门工作不力

当前中学生不良行为的产生、违法犯罪问题的出现，除了受外界和自身因素的影响，还与有关部门工作不力有直接的关系。一是部分区域的社会治安状况不尽如人意，盗窃、抢劫、凶杀等案件时有发生，发案率居高不下，对未成年罪犯和侵犯未成年人合法权益的人员打击、惩处力度不够。二是校园周边环境治理不尽如人意。有些学校门口不足 200 米的范围内设有洗浴中心，灯箱广告画面不堪入目。有些学校方圆一公里范围内的游戏厅、录像厅、网吧不下 10 个，而且时常有学生出入。商店内的烟酒，学生照买不误。这都为青少年学生不良行为的产生提供了土壤、创造了条件。北京市 2000 年出台了《2000 年北京市校园周边环境整治工作计划》，从目前看取得了一定的成绩，但抓得不彻底，还要进一步深入。三是对中途辍学、被开除的学生以及初中或高中毕业后无事干的学生疏于管理，形成"三不管"即社会没人管、家庭管不住、学校不再管的局面，致使这部分人在社会上游荡，一旦受到不良的诱惑很容易误入歧途。四是学校的法制教育工作长期处于孤军奋战的境地，势单力薄，社会给予的关心和支持太少，有关部门很少主动到学校来帮助开展法制教育活动。这些必将影响青少年法制教育工作的开展，从长期讲是不利的。

4.适合青少年活动的娱乐场所过少

就拿通州区来说，中小学生约 10 万人，全区电影院、少年宫、博物馆、图书馆等可供青少年活动的大型场所不足 10 个。青少年校外教育活动场所发展相对滞后，难以满足学生的精神文化生活需要。与此相反，社会上休闲文化娱乐设施却发展迅猛，尤其是游戏厅、录像厅、舞厅、卡拉 OK 厅等，并且形成了与校外活动场所争夺青少年市场的现象，结果有相当数量的学生成了游戏厅、录像厅的常客。据通州六中调查统计，时常进入营业性游戏厅的学生所占比例排在第一位。有些同学着迷、上瘾，宁可不吃早饭，也要攒钱去玩游戏机。更有甚者还产生了借钱、偷钱、抢钱的行为，后患无穷。

（二）家庭因素

家庭是孩子的第一所学校，父母是孩子的第一任老师。青少年能否健康成长，关键在于家庭教育与管理。有关资料表明，80% 的少年失足均与家庭教育不力、管理不当有着直接关系。目前，家教中存在的问题还比较严重。

1. 家庭监护条件差，教育管理不力

当前社会正处于转型时期，新旧思想正在发生激烈的碰撞，新观念、新事物不断涌现，人们的人生观、价值观、世界观在发生变化，原有的家庭模式也出现了深刻的变革，特殊家庭明显增多，给青少年教育工作的开展增加了难度。《北京日报》曾报道过这样一条新闻《今年北京离婚案数量剧增 法庭门口离婚排队》。文章中指出：2000年北京市人民法院受理离婚案数量剧增，仅朝阳区人民法院一天就审理40起，法院不得不加班加点。社会专家指出，进入2000年之后，中国离婚率将以每年200万对的速度递增。破碎的家庭给予子女的是心理上的伤害，其后果是无法估量的。2000年通州六中家庭情况调查表明：单亲及再婚家庭占10.6%，较1999年的8.6%上升2个百分点；家庭不和的、父母忙于工作挣钱无心照顾的、由老人监管的及不与学校配合的家庭占8.9%，以上合计19.5%。这些家庭子女的不良行为发生率明显高于普通家庭子女。在127个单亲及再婚家庭中，有43个家庭子女曾出现过不良行为，占全校有不良行为人数的53%，其不良行为发生率是普通家庭子女的近10倍。这些家庭子女出现问题的主要原因就是失去了家庭适时、有力的监护及教育。单亲家庭难以给予子女健全的教育，单亲家庭子女往往因为缺少父爱或母爱而心理失衡，容易出现学习成绩差、品行不良等问题。再婚家庭往往因为错过了与孩子建立感情的最佳时期，导致教育孩子时力不从心。在即将破碎的家庭中，父母无休止的争吵，给予孩子的是失望和不安全感，使子女失去家庭的温暖与幸福，个性发展受到影响，出现孤独、自卑等性格缺陷，从而诱发不良行为。老人监管孩子多以娇惯为主，要什么给什么。这类孩子一旦受到不良因素的干扰，便会出现问题。

2. 家长缺少正确的家教观致使教育方法不当

据有关调查统计，不同的家长教育子女的教育思想、方法不同，孩子在品德、学习上的表现也呈现出显著的差异。望子成龙、望女成凤是每一位家长的迫切愿望，子女的健康成长需要家长施以正确的家教。但是在现实生活中，由于受多种因素的影响，许多家长缺少正确的家教观，家庭教育管理方法不当的现象还时有发生，造成子女不良行为的产生。有些家长认为孩子只要学习好就行了，将来可以凭着优异的成绩考一所好大学，找到一份好的工作，而忽视了孩子思想政治、品德、纪律、法制、心理以及人生观、价值观、世界观的教育，造成孩子不愿参加集体活动，不知道关心他人，自私自利。还有些家长用自己的想法代替孩子的想法，用自己对孩子的要求代替孩子对自己的要求，忽视了孩子的身心特点，要求过于苛刻，甚至实施简单粗暴的"棍棒教育"，以打骂、惩罚来纠正孩子存在的问题。久而久之，为避免受皮肉之苦，孩子说谎成性或者形成粗鄙、凶残好斗的性格。还有的产生逆反心理，故意与家长对抗，造成教育失控，产生不良后果。当前的学生大多是独生子女，家长都希望自己的孩子将来能超过自己，自己小时候受的苦不能再让孩子受，因此对孩子过分娇惯、溺爱，使他们养成了任性、懒惰的生活习性。在家里，他们是目空一切的"小皇帝"，在社会上是为所欲为的"小霸王"，一点儿亏都吃不得，当利益受到侵害或者欲望得不到满足时就会采用不当的手段或方式来实现。

在通州六中组织的家庭情况调查中还发现，有4.2%家长与学校配合不够或者不配合学校，致使孩子的教育效果大打折扣，学校的教育到了家里消失得无影无踪。当孩子犯错误受到学校或有关方面的批评教育或处理时，家长不仅不积极配合学校做孩子的教育工作，总结教训，反而百般袒护或者托人说情，为孩子开脱，进而助长了孩子不良行为的发展，使孩子越陷越深。日本国立教育研究所曾对84名逃学、有暴力行为和其他不良行为的中小学生进行调查，结果发现其中82名学生的不良行为与家庭教育有关，最突出的问题就是重智轻德、过分溺爱、粗暴打骂、自由放任、滥施奖励、家长独裁等。可见，不当的教育方法同样会促使学生产生不良行为。

3. 家长缺少责任感，疏于管教

家教成功的一个重要原因就是家长有责任感。当前，不少家长经常忙于自己的事情，认为树大自然直，孩子随着年龄的增长，知道自己该怎么做，不注意平时对孩子的引导和约束，对孩子的事情不闻不问，即使孩子有不良行为也不知道。有些家长过分强调学校的教育作用，认为教育好孩子是学校的事，将孩子交给学校后便撒手不管，出了问题怨老师、怨学校抓得不好，不找自身的原因。还有一些家长对家教工作中出现的问题估计不足，当子女多次出现问题屡教不改后，束手无策，失去信心与耐心，认为孩子没救了，随他去。甚至有少数家长认为孩子在外面出现了不良行为丢了自己的面子，败坏了家风，一气之下将子女轰出家门、推向社会。这些不负责任的做法，都促进了中学生不良行为的形成。曾经有个孩子羡慕腰间别着BP机的老板，于是开始向他人抢钱准备购买BP机。班主任老师发现后及时与家长联系，家长只是简单地说说，没有予以高度重视，没有采取有效的防范措施。结果，这个孩子再次向他人抢钱，并且购买了BP机。当孩子将BP机带回家时，家长视而不见，最终孩子被派出所抓获。如果家长责任感强，积极主动地配合学校，家校双方共同做孩子的工作，平时注意观察、了解孩子，及时帮助他改正不良行为，这件事是完全可以避免的。

4. 家长的不良影响

家长是孩子的第一任老师，家长的思想观念等基本素质也是决定家庭教育成败的根本原因。俗话说"上梁不正，下梁歪""正人先正己"，家长的一言一行就是孩子的镜子。家长的言行会灌输给子女，家长的不良嗜好、不良品行也是诱发子女不良行为的一个不可忽视的因素。有人调查了57户家长有严重道德问题（甚至刑事犯罪）的家庭，其中有54个子女出现了明显的道德品质问题。黑龙江省青少年研究所、哈尔滨医科大学联合进行了一次中学生心理健康状况调查，在被调查的885名11岁至19岁的中学生中，心理问题总检出率为21.9%，男生比例略高于女生。其中，父亲嗜好多、父母情绪急躁等是子女产生心理问题的重要原因。专家指出，青少年的不良个性是导致其产生心理问题、违法犯罪的心理学基础。目前沉迷于牌桌、饭桌，出入舞厅、卡拉OK厅，在子女面前吹嘘自己怎样走后门拉关系，怎样去占有别人的财产的家长还大有人在。一名初三的学生在一篇题为《良师》的作文中写道，他的父亲如何帮助他面对社会的挑战。当写到父亲"精明能干"时，他举了这样一个例子：他的父母采用了一些手段去与舅舅争夺姥姥家的房子，并且把姥姥家的房子占为己有。

（三）学校因素

学校是学生接受系统教育的场所，学校教育对学生德智体美劳等各项素质的提高和均衡发展起着至关重要的作用。学生不良品行的形成也与学校的办学思想、教育管理，教师的教育教学水平、教育教学方法与手段以及校风校纪等有着密切的关系。

1. 重智轻德现象依然存在

当前正是教育改革的关键时期，素质教育正在全面实施，党中央、国务院对青少年思想教育工作相继做出了一系列重大决策和批示，为新时期青少年思想教育工作指明了方向，并且取得了显著的成绩。我们在看到成绩的同时，也要正视摆在我们面前的亟待解决的问题。有些领导、教师还没有从陈旧的教育思想中解放出来，打着素质教育的大旗，依然搞应试教育。"考试分数一手硬，德育一手软"和德育"说起来重要，做起来次要"的问题还比较严重。有些学校仍然片面地把升学率的高低作为评价学校、教师的标准。部分学校对学生的知识教育和学校的设施建设抓得紧，而对学生的思想政治、品德、纪律、法制、心理教育抓得比较松。由于错误思想的引导，部分教师只顾眼前利益，为了评职、评先进，只抓优秀率和升学率，未能将德育与学科教学有机地结合起来，对问题严重的学生，缺少耐心细致的帮教，没有仔细地去分析问题的成因，没有与家长配合共同采取有效的措施，而是随便采取停课、予以纪律处分或勒令退学的做法，造成教书与育人脱节。另外，也有些教师偏爱好学生，而对后进生教育、关心不够，认为这些学生在校内只要不出大事就行了，学习随他去，使得这些学生感受不到老师的爱和集体的温暖，总觉得别人在歧视、孤立自己，使他们的自尊心受到伤害，对学习失去兴趣，出现逃学、旷课等现象。

2. 教育方法不当

中学生正处于人生观、世界观、价值观形成的关键时期，需要老师耐心、正确的引导。处于这一阶段的学生辨别是非的能力不强，容易受到不良因素的诱导，而产生不良行为，甚至误入歧途。然而，有些教师忽视了这一时期的学生的身心特点，给予学生的不是理解、宽容、同情和帮助，而是采取简单、粗暴的做法来解决问题，一味地挖苦讽刺，甚至出现了体罚与变相体罚的现象，造成师生矛盾激化，使学生走向学校、社会的对立面，诱发不良行为。据《北京青年报》报道：多年的经验和个案研究表明，体罚易导致儿童出现暴力倾向。中国青少年犯罪研究会青少年法律援助与研究中心副主任黄琳琳说：教师和家长的体罚容易误导孩子，让孩子以为暴力是解决问题的唯一途径。另外体罚也使孩子从心理上认定自己不是好孩子，容易使孩子自暴自弃，走上犯罪的道路。她还说：对对暴力倾向和走向违法犯罪的成年人的研究表明，这些人百分之百在儿童时代受过不同程度的体罚。可见，不当的教育方法也是诱发学生不良行为的一个不可忽视的原因。

3. 学校教育管理不力

目前有些学校依然在搞精英教育，以抓学习为中心，眼睛只盯着尖子生，对学生的思想、纪律没有过高的要求，对后进生的教育管理投入的精力过少，教育管理力度不够。另外，当学生出现问题时，有些教师只是轻描淡写地说一说，睁一只眼闭一只眼，而没有采取积极有效的措施或者争取家长的支持，共同创设一个良好的教育环境，导致学生不良行为再次出现，并对周围的同学产生负面的影响。如12岁的高某与李某在生物课上因开玩笑发生矛盾，动手打了起来。老师只是看了一眼，说了一句"怎么了"。双方迫于老师的威严而停手。课后老师没有进一步核实情况加以解决，高某再次挑起争端，李某一气之下用铅笔刀将高某脸部划伤，导致高某脸部缝合六针，经法医鉴定为轻伤上限。这一事件的发生与教师管理不力有直接的关系。

（四）中学生自身因素

中学阶段是人生的关键时期。有关调查资料表明，60%以上的中学生道德行为习惯是在初三或初三之前形成的。所以，这一阶段也是中学生产生不良行为的高发期，这与中学生自身生理、心理发育有直接的关系。处于青春期的中学生生理发育迅速，身体形态发生明显变化，但心理发育相对滞后，造成生理、心理发展不协调，以致在认知活动、情感反应、意志行为等方面出现不平衡、不适应的现象，对物质和精神的要求往往比成年人更强烈。这种生理特点使他们适应社会时经常遇到障碍，如果我们不能合理施教，正确地保护和引导，他们极易心理扭曲，产生不良行为，甚至走上违法犯罪的道路。这一时期的中学生内心世界逐渐复杂，渴望独立的意识日益强烈，认为自己长大了，不希望父母和老师对自己干涉过多，很想独立地解决一些问题，往往不愿意和父母、教师诉说，反而更愿意和小伙伴说真心话，从而时常表现出前后矛盾、言行不一的行为。另外，他们对社会的认识还跟不上他们的独立性和自主性的发展，又经常被事物的表面现象左右，对现象的分析又较为肤浅，容易以偏概全，出现错误的判断。他们对美与丑、善与恶、荣与辱、勇敢与强暴、民主与法制、友谊与哥们儿义气等缺乏正确的认识，对某些行为的模仿性极强，遵守社会规范的意识薄弱，做事不考虑后果，再加上正处于性发育的高峰期，神经系统处于兴奋状态，但自控能力差，因此情绪波动大、情感变化快，容易一时冲动而做出一些蠢事，酿成大祸。由此可见，如果我们不了解青春期学生的生理、心理特点，没有给予积极、及时的正确引导，学生一旦受到外界不良因素的干扰，发生不良行为就是很自然的事了。

三、中学生不良行为的预防对策

预防中学生不良行为的产生，需要全社会的关心和支持。预防不良行为是杜绝青少年违法犯罪的前提。此项工作的成败，直接影响着社会治安的稳定与否及社会风气的好坏。所以，我们必须将此项工作作为一项系统工程来抓。

（一）加强对未成年人违法犯罪预防工作的组织领导

各级党委、政府要深刻认识到预防未成年人违法犯罪工作的重要性，要从国家、民族兴衰的大局出发，实施综合治理，将此项工作列入日程，制定切实可行的规划，明确各部门的具体任务、职责，加强检查监督，狠抓落实，并制定奖惩措施，将此项工作作为有关单位和个人的考核指标，对工作不力的单位和个人追究责任。

（二）努力创造良好的社会环境

1. 建立正确的舆论导向。宣传、文化、广播影视、出版等部门和单位要充分发挥自身的功能和优势，为青少年提供健康的精神食粮，"以科学的理论武装人，以正确的舆论引导人，以高尚的精神塑造人，以优秀作品鼓舞人"。

2. 净化文化市场。有关部门和单位要积极配合，打掉制造以暴力、淫秽、色情为主要内容的非法出版物的窝点，切断其传播渠道，减小不健康出版物对青少年的影响。另外对游戏厅、录像厅、卡拉OK厅、舞厅等未成年人不宜进入的场所以及网吧进行严格管理，对违规操作者要予以严惩。

3. 加大执法力度，创造良好的执法环境。要将《中华人民共和国未成年人保护法》《中华人民共和国预防未成年人犯罪保护法》及相关配套的法规、条例落到实处。公安、司法机关要严厉打击教唆未成年人犯罪和侵犯未成年人利益的行为，坚持法律面前人人平等的原则，坚决纠正凌驾于法律之上的以权代法、以言代法、以情代法等特权行为。该处罚的处罚，该判刑的判刑，该劳教的劳教，要形成强大的威慑力震慑犯罪。工商、市容、公安等部门要加强校园周边环境的综合治理，要经常抓、长期抓，消除外界不良因素对校内学生的干扰。

4. 抓好流失生及无业青少年的管理。城镇街道、社区居委会、农村村委会及父母所在单位要成立帮教组织，积极开展帮教工作，预防不良行为的发生。另外对违法行为，一定要依法严肃处理，决不能姑息养奸，以免他们对校内学生造成不良的影响。

5.为青少年的健康成长提供广阔的空间。各级党委、政府要有计划地扩建青少年的文化娱乐等活动场所,满足青少年的精神文化生活需求。工会、共青团、妇联、科协、关协等组织要积极开展适合青少年身心特点的教育活动,使他们在活动中受到教育和启迪。

(三)优化家庭育人环境,做好家庭预防

1.办好各级各类家长学校。宣传普及家教知识,帮助家长树立正确的家教观,增强家长的责任感和使命感,使家长能够通过正面教育和引导,帮助子女树立正确的人生观、价值观和世界观,培养子女良好的行为习惯及礼貌、诚实、谦虚、助人为乐、关心他人等优良品质,避免重智轻德、棍棒教育等不良教育现象的发生,使家庭教育科学化。另外,对于那些家庭教育明显落后或方法明显不当的家长,基层组织或有关部门要集中开办专门学习班,加强培训,并抽调专人负责。

2.家长要突出抓好子女的品德教育,提高子女的遵纪守法意识,引导子女慎重交友。

3.家长要努力提高自身素质,在子女教育过程中发挥表率示范作用,创造良好的家教氛围,建设健康有趣的家庭文化和生活情趣。

4.加强对特殊家庭子女的教育。对于父母失去监护能力的未成年人,有关部门应及时确定监护人;对于单亲家庭子女,有关部门要出台相应的保护政策及措施;对于失去父母的未成年人,民政部门要妥善安置;对于家庭不和、忙于挣钱无心照顾子女的家庭,有关部门要责成街道、社区居委会、村委会及父母所在单位做好家长工作。

5.科研院所、教育、妇联等部门要加强家庭教育工作的研究,解决目前家教工作中的热点、难点问题,并且通过广播、电视、报刊等渠道传播家庭教育知识,推广成功的教子经验,满足广大家长的现实需要。

(四)端正教育思想,强化学校的教育管理

1.端正办学思想,建立新型的教育评价体系,坚持以人为本,全面实施素质教育,使学生全面发展、学有所长,坚决杜绝重智轻德、片面追求升学率的错误倾向。

2.加强和改进学校德育工作，摆正学校德育工作的位置，采取积极有力的措施，构建全员育人的格局，逐步建立起新型德育模式，坚持以学生为中心、以情境为中心、以活动为中心，变说教式模式为主体参与式、活动式等模式，通过德育系列活动实现育人的目的。

3.加强师德建设，倡导敬业爱生，大力表彰育人工作的典型，推广成功的育人经验，创造一个尊重学生、关心学生、爱护学生的良好局面，避免师生矛盾激化诱发学生的不良行为。

4.加强教育教学方法的研究。组织教师深入学习现代教育理论，使广大教师在充分了解青少年学生身心特点的基础上，选择适宜的教育教学方法，提高教育教学工作的针对性和实效性，增强学生的学习兴趣，提高学生的文化素质和认识水平，减小因方法不当而诱发不良行为的可能性。邓小平同志早在《在全体人民中树立法制观念》一文中指出："法制观念与人们的文化素质有关。现在这么多青年人犯罪，无法无天，没有顾忌，一个原因是文化素质太低。"所以深入开展教育改革，调动学生学习的积极性，提高中学生的文化素质也是一项不可忽视的工作。

5.抓好法制教育工作。一是将法制教育纳入学校教育教学计划。二是积极依靠社会力量开展法制共建活动。如通州六中与通州区人民法院、司法局、中仓派出所率先成立了通州区第一所"青少年法制教育学校"，聘请这些单位的领导、有关同志作为"青少年法制教育学校"的顾问、校长和法制教员，充分发挥他们的优势，为学校法制教育工作的开展提供有益的帮助。三是以提高学生防御能力为重点，积极开展适合学生身心特点的系列法制教育活动，使学生法制教育工作常态化。正如江泽民同志所讲："要经常地在学生中开展纪律、法制教育，增强他们的纪律法制观念，使他们懂得遵纪守法的道理。"如建立模拟法庭、召开"法在我心中"主题班会、举办法律知识竞赛、参观法制教育图片展览、观看法制教育录像、举办法制教育报告等，通过这些喜闻乐见的活动，使学生了解法律知识、增强法律意识，从而养成遵纪守法的习惯。四是定期召开学生法制教育工作分析会，针对学生的不良行为，制定相应的教育措施，提高预防工作的针对性。

6.加强学生的养成教育。积极贯彻落实《中学生守则》《中学生日常行为规范》《北京市中小学生礼仪常规》以及校规、校纪等学生规章，逐步完善和建立各种学生组织，让学生参与到日常管理活动中来，形成自我教育、自我管理、自我监督、自我完善的运行体制，在学生中树立一种正气。

7.组织学生上好青春期健康教育课，有计划地开展心理知识培训活动，使学生全面了解这一时期自身的生理、心理发育特点，提高自身的认识能力、控制能力和防御能力。

8.加强后进生、双差生的转化，并将其纳入教师的评估内容。后进生、双差生的转化在校内责任到人，要求有计划、有措施。学校、年级、班级三位一体，创设一个最佳的转化环境，杜绝歧视、嫌弃、放任不管的做法，而要耐心地、有针对性地做好工作，尊重他们，给他们以信心，让他们感受到集体的温暖。

9.建立学生违法犯罪及流失生的报告、追踪制度。将学生违法犯罪和流失作为各级政府、教育主管部门、学校、教师的考评条件，使全社会关注学生违法犯罪和流失问题，从而通过采取有效的措施来控制和减少学生违法犯罪和学生的流失。

中学生不良行为的形成，以及违法犯罪是多方面因素造成的，所以必须在搞好分析研究的基础上，多层面、多渠道地实施综合治理，预防工作才能收到成效，这是一项复杂的社会系统工程。我们坚信，只要全党、全社会一致行动起来，以关爱祖国的明天的高度责任感，去为青少年的健康成长出一份力、献一份爱，青少年的不良行为及违法犯罪问题就一定会得到全面有效的遏制，我们的明天会更好。

（本文在撰写过程中得到了通州区人民法院执行一庭副庭长姜凤龙、少年庭审判长张秀芹，以及通州区司法局法宣科孟庆国科长、郝志娟老师的热情帮助，在此深表谢意。另据有关规定，本文案例中的学生姓名均为化名。）

参考文献：

[1] 李淑琴. 预防未成年人犯罪实用问答及相关法律[M]. 北京：中国检查出版社，1999.

[2] 王亚东，鲍遂献. 中国现阶段未成年人违法犯罪问题研究[M]. 北京：中国检查出版社，1997.

[3] 袁曙放，姜诗元. 中学生不良违法行为与道德法律规范[M]. 北京：人民日报出版社，2000.

[4] 刘荣才，陈丽梅. 家长学[M]. 西安：陕西人民教育出版社，1998.

[5] 汲传排. 今年北京离婚案数量剧增 法庭门口离婚排队[N]. 北京日报，2000-11-23.

[6] 邓兴军. 体罚儿童带来灾难性后果[N]. 北京青年报，2000-11-23.

[7] 曹霁阳. 调查表明：父亲嗜好多，孩子问题多[N]. 北京青年报，2000-11-26.

[8] 赵侠. 透视国外青少年犯罪[J]. 少年与法，1999（11）.

[9] 刘勇，陈肩，木日. 阳光不再灿烂的日子[J]. 少年与法，1999（11）.

构建新型育人模式提高学校德育工作的针对性、实效性和主动性

北京市通州区第六中学 常恩元

北京市通州区第六中学是一所普通初中校，始终坚持全面育人的办学方针，并把学校的德育工作作为首要任务来抓。尤其是近些年，学校针对德育工作面临的新情况、新问题，确立了"以德育队伍建设为基础，以德育方法、手段改革为突破口，以校外教育资源为依托，以教育实践活动为载体，以提高学校德育工作针对性、实效性和主动性为落脚点，整体构建学校德育工作体系"的新思路，并且进行了大胆的探索与实践，逐步形成了具有时代特点、六中特色的新型育人模式。具体体现在以下五个方面：

一、实现由"个体育人"向"全员育人"的转变

德育队伍是实施德育的主体，是实现德育目标的组织保证，传统的学校德育工作往往是德育干部及班主任等少数人的事情，其他教师的育人职能和作用没有充分地挖掘出来，因此不利于德育整体工作体系的建立，不利于素质教育的全面实施，更不能适应当前德育工作发展的迫切需要。在加强德育骨干队伍建设的同时，学校强化德育基础队伍建设。全方位落实"教书育人、管理育人、服务育人"，已成为加强和改进学校德育工作的一项基础工程。在德育队伍的建设过程中，我们首先从转变观念入手，通过外出参观、请专家学者做报告、集中辅导、课余自学、讨论交流等多种方式，积极宣传先进的教育思想和教育理念，并通过"五个一工程"（即读一本教育理论专著、记一本学习笔记、开展一项科研

活动、解决工作中的一个难点问题、撰写一篇高质量论文)巩固、深化学习成果,帮助广大教师逐步树立正确的育人观。其次,全面推行《六中教师育人规范实施细则》《六中教师忌语》,倡导新型的师生关系,营造健康、民主、和谐、融洽的育人氛围。认真用好学生的"课堂日志"及教师的"教学日志",及时发现和解决课堂教学中出现的问题。启动"爱心工程",使每一位教师都参与到学困生及品德后进生的帮教工作中来,用我们的爱心去感化学生,帮助学生树立自信,让他们扬起理想的风帆。另外,我们还定期开展师德状况的调查活动,通过问卷、走访、群众来电和来信等形式,全面了解教师的育人工作,并适时举办"师德之星""育人模范"评选活动,发挥典型引路的作用,促进全员育人格局的形成。

二、实现教育目标由"单一化"向"层次化"的转变

中学阶段是人生的关键时期。随着年龄的增长,学生的道德认知也在发生变化,那些"随意式""运动式"的德育目标,已经脱离了学生身心发展的实际。为此,我们依据学生身心发展的特点、规律,制定了《六中德育工作发展规划》,明确提出了我校德育工作的发展目标,并遵循由低到高、由浅及深、由近及远、由小到大的原则,在总目标的统领下,分年级制定各自的德育目标,形成了相对独立、逐级递进、紧密衔接、结构严谨的纵向关系,实现了德育目标的层次化,使德育目标更加贴近学生的实际、符合学生的身心发展特点,并形成系列,具有较强的可操作性,使德育目标不再空洞,更具针对性和实践性,有效地激发了学生积极向上的动机,调动了学生的积极性,对学生道德素质的提高起到了积极的推动作用。

三、实现由"他律教育"向"自律教育"的转变

实施素质教育,提高德育工作的实效性,必须在培养学生的自律意识上做文章,让学生学会自己管理自己、自己教育自己,让学生自觉、主动地去发展。这样的教育才更具实效,更具生命力。近年来,针对我校德育工作的实际情况,围绕学生自我教育能力的培养,我们进行了一

系列的改革与创新。如成立学生会组织，推行《班级公约》，让学生参与《班级公约》的制定，通过定公约、守公约，达到规范自身行为之目的。建立班级模拟法庭，通过学生的参与，实现对学生的教育由外因催化到内因自觉的过渡。改革学生干部的选拔、任命制度，变任命制为自荐制、民主选举制，为学生展示才华搭建成功的舞台。推行《六中学生思想品德评定方案》，建立《学生道德日记》，定期开展自评与他评活动，帮助学生认识自我、完善自我、超越自我。设立学生值周制度，定期开展文明标兵班、文明学生、纪律标兵、十佳中学生的评选活动，让学生全面参与到学校的各项常规工作的管理活动中来，并努力为学生创设一种民主的氛围，改变学生的被动状态，增强学生的主体意识，实现管理者与被管理者双方的愿望。

四、实现由"说教灌输"向"活动体验"的转变

人只有体味百味人生，才能不断超越自我，从而扩展和丰富自身的精神世界。德育的过程同样也是一个实践的过程，道德认知只有在实践中才能内化为基本信念。如果没有这种属于人的经历和由经历所构成的切身体验，那么个体就不可能对道德产生深刻的认同，道德就不可能进一步深入人的内心。因此，我们坚持以活动为载体，坚持活动育人，让更多的学生参与到学校的科技、体育、文艺、社会实践及德育系列活动中来，丰富学生的课余生活，满足学生的心理需求。另外，在活动开展过程中，我们重视学生的参与性、探索性，强调学生的观察、判断、分析、研究、理解、内化的能力，让学生在获得愉快、成功的体验时，也学会做人，使学生从接受道德走向发现道德，在体验活动中发现自己的不足，并提高自己的道德素质，陶冶自己的情操。

五、实现由"封闭育人"向"开放育人"的转变

传统的学校德育往往将学生禁锢在校园，学生与社会大环境隔离。尤其是在全球一体化浪潮袭来之际，学校德育显得苍白无力，致使学校德育效能低下。为了改变这种局面，我们在建立学校、家庭、社会"三位一体"的德育网络时，以实施五大工程为重点，整合社区教育资源，

推进学校德育社区化进程，打破学校德育的时空界限，变封闭为开放，以适应学校德育工作发展的需要。五大工程为：

社区共建工程——聘请社区有关人员作为校风监督员，对问题学生开展社区帮教，促其转化，组织学生深入社区参与环境治理，进行文化宣传，慰问孤寡老人，共创文明社区。

军民共建工程——创办少年军校，开展军训、国防、革命传统教育活动，让部队的好思想、好作风融入校园。

法制共建工程——与通州区司法局、中仓派出所、通州区人民法院率先成立了通州区第一所"青少年法制教育学校"，使学校的法制教育工作走上健康发展的轨道。

文化共建工程——密切我校与通州区电影院、图书馆、博物馆的联系，为学生提供丰富、健康的精神食粮。

社会实践工程——依托社区资源、结合学校实际，广泛开展系列实践活动，如创办"军事夏令营""自护自救夏令营"，组织学生站"交通岗"，开展"运河水系污染状况""社会就业情况""中仓小区变迁"等社会考察活动，让学生融入社会。

开放式育人，不但极大地丰富了学生的社会知识，促进了学生综合素质的提高，同时也取得了良好的社会效益，使我们的德育工作更加贴近社会、贴近实际、贴近生活、贴近未成年人，更具时代性。

新型育人模式的构建，使我们看到了成效：全员全过程全方位育人的局面逐步形成；学校、家庭、社会一体化的德育体系得以确立；学校先后获得"北京市全面育人办有特色学校""北京市人民满意学校""首都精神文明建设先进单位""首都军警民共建先进单位""首都先进少年军校""北京市优秀家长学校""通州区普法工作先进集体"等殊荣；学生良好的表现得到了社会的承认与认可，同时也进一步增强了我们坚持德育创新的信心与决心。

整合社区教育资源实现学校德育社区（社会）化的实践与思考

北京市通州区第六中学　常恩元

随着社会的进步和教育改革的不断深入，学校教育、家庭教育、社会（社区）教育的一体化已是大势所趋。而三者的良性互动、相互支持与配合更是教育效益最大化的前提。从三者的关系看，由于家长十分关注孩子的成长与发展，家庭给予学校的支持和帮助明显强于社会给予学校的支持与帮助。因此，努力改变这种局面，强化社区的育人功能，整合教育资源，实现学校德育社区化，促进学校教育、家庭教育、社会（社区）教育有机结合与协调发展，从而增强育人效能，是提高学校德育工作针对性与实效性的迫切需要，是时代赋予我们的责任，是构建社会主义和谐社会的必然要求。

当前，随着城市化进程和社区建设的加快，社区教育资源得到了极大的丰富，为学校德育工作的开展创造了良好的外部条件。如何整合社区教育资源，为学校育人提供支持与服务？我们进行了大胆的实践与探索。简单来讲就是不等不靠，主动出击。

一、深入调研，搞好可行性分析

每一个社区都有可以利用的教育资源，关键就是我们要善于去发现、去整合，从而为学校德育工作提供支持与服务。我校地处北京市通州区的老城区，隶属中仓办事处，紧靠京杭大运河，毗邻辖区内的市级文明示范小区——中仓小区。司法局、法院、武装部、工商局、乡镇企业局、住建委等政府机关均在辖区内。另外，还有医院、图书馆、博物馆、驻通部队、辖区派出所、大型商场及工厂等数十家企事业单位，教育资源十分丰富，完全具备开展系列德育活动的外部条件。

二、健全组织，确保育人工作的落实

在搞好可行性分析的基础上，由学校牵头制订社区教育实施方案，成立"学校社区教育委员会"，共同商讨学生的社区教育工作，召开"校外教育大会"，聘请辖区单位的领导、工作人员担任教育顾问或辅导员，积极争取他们的支持与帮助，并将学生的社区教育工作纳入本单位工作计划，实现学校教育和社区教育的全面接轨，建立起一种以学校为主体、辖区和单位广泛支持的社区德育模式。

三、整合社区教育资源，实施五大工程，全面推进学校德育的社区化

（一）实施社区共建工程，倡导文明之风

学校主动与中仓办事处及学校附近的社区居委会建立起广泛、密切的联系，向社区公布学校校风监督电话，聘请有关人员担任校风监督员，及时发现学生存在的各种问题，并开展社区帮教活动，促其转化。另外，我们还与办事处共建"中仓小区共青团花园"，定期组织学生深入小区参与环境治理，进行文化宣传，慰问孤寡老人，形成了健康向上、文明、祥和的校园氛围和社区氛围，有力地推动了辖区精神文明建设。

（二）实施军民共建工程，创办少年军校

学校与辖区的驻通部队确立共建关系，通过军训、国防知识讲座、部队参观体验生活等活动，培养了学生良好的纪律作风和意志品质，促进了学生身心素质的和谐发展。另外，每年初一年级建队、初二年级少年团校成立时，我们都要聘请解放军官兵担任校外辅导员，开展革命传统教育，使部队的好思想、好作风融入校园。

（三）实施法制共建工程，提高学生的守法意识

早在2000年我校就与通州区司法局、通州区人民法院、中仓派出所率先建立起通州区第一所"青少年法制教育学校"，聘请有关同志担任"青少年法制教育学校"的副校长、顾问和教员，充分发挥各部门的

优势，并开展多种形式的法制教育活动。如举办未成年人保护法、预防未成年人犯罪法知识竞赛，参观法制教育图片展，召开"法在我心中"主题班会，建立"班级模拟法庭"，开展法制教育讲座，对校内边缘学生、后进生实施重点帮教，使学生的法制意识增强，学校的法制教育工作也逐步走上了正轨。中央电视台、通州区电视台及《现代教育报》《当代家庭教育报》《法制日报》还先后对我校的法制教育工作进行了报道。

（四）实施文化共建工程，陶冶学生的情操

我校学生多，空间狭小，校园内现有的文化设施很难满足学生的需要。我们主动与辖区内的图书馆、博物馆及辖区外不足千米远的通州区电影院确立了共建关系，共享社区的文化资源。这样既解决了学校的实际困难，也满足了学生日益增长的精神文化生活需要。近年来，我们充分利用自习课及双休日时间，采取集中与分散相结合的方式，组织学生到图书馆读书阅报，聆听历史学家的民俗讲座，到博物馆观看文物、书法、绘画作品展，并适时举办系列主题读书活动，组织读书心得交流活动，召开故事会、演讲会，举办读书阅报知识竞赛、手抄报展，评选评书小状元。这些活动起到了"润物无声"的育人作用，既拓宽了学生的视野，丰富了学生的知识，也陶冶了学生的情操，净化了学生的心灵。另外，为了进一步培养学生的爱国主义情怀及社会责任感，学校有计划、分层次、有指导地组织学生观看《长征》《离开雷锋的日子》《一个都不可能少》《背起爸爸上学》《法官妈妈》《人命关天》等影片数十部。观影后，针对学生的实际，学校及时开展影评、征文、主题班会、专题讨论等活动，努力挖掘和深化影片主题，使影片的德育作用得以巩固。我们组织的"我和爸爸、妈妈观看影片《背起爸爸上学》活动"荣获"北京市百个优秀家教活动奖"。

（五）实施社会实践工程，培养学生的责任意识

充分发挥学生的主体作用，让学生走进社会、了解社会、融入社会，在实践中锻炼，是我们坚持多年的做法。学生的教育实践活动已纳入学校的总体规划及学年计划，而且每个年级都有侧重：初一年级以纪律作

风建设为重点；初二年级以意志品质磨炼为重点；初三年级以社会考察、强化责任意识为重点。为此我们围绕主题依靠社区力量开展了一系列实践活动，如：创办"军事夏令营""自护自救夏令营"，培养学生的纪律作风，强化学生的安全意识；举办远足拉练活动，磨炼学生的意志品质；组织学生参与生产劳动，提高学生的动手能力；与交通队配合组织学生站交通岗，维持交通秩序，考察交通违章情况，培养学生的守纪意识；组织学生参与奥运志愿者服务活动，帮助学生理解奥林匹克的丰富内涵，培养学生的奉献精神；开展运河水系污染状况、社会就业情况、中仓小区的变迁等社会考察活动，不但极大地丰富了学生的知识，促进了学生综合素质的提高，同时也取得了良好的社会效益——《运河水系污染状况调查报告》《中仓小区今昔谈》等考察报告先后在市、区获奖并发表，为运河水系的治理、小区建设提供了重要的参考依据。

五大工程的实施，是对社区教育资源的优化整合与开发利用，为学校德育工作注入了活力，促进了学校德育工作的全面开展。学校先后获"北京市人民满意学校""首都精神文明建设先进单位""首都军警民共建先进单位""首都先进少年军校""北京市优秀家长学校""北京市中小学德育工作先进集体""北京市文明礼仪教育示范校""北京市'四五'普法法制宣传教育先进集体"等殊荣，学生良好的表现也得到了社会的认可。

四、感悟与思考

（一）整合社区教育资源，实现德育社区化，强化了社区教育的育人功能，促进了学校教育、家庭教育、社区教育的协调发展，使德育走上一体化轨道，形成了强大的教育合力，实现了教育主体的多元化。

（二）整合社区教育资源，实现学校德育社区化，打破了学校德育的时空界限，使社区教育资源被纳入以学校为中心的大的德育体系，丰富了学校的德育内容，并促进了德育内容的现代化，拓宽了学校育人的渠道。

（三）整合社区教育资源，实现学校德育社区化，满足了学生走向社会、了解社会、参与社会实践活动的需要,促进了德育从知识化、认知化向重情感体验及情感发展的转变,有力地提高学校德育工作的针对性与实效性。

(四)教育是一项系统工程,需要全社会的关心与支持。当前以学校为主体的社区德育模式,随着时代的发展,必将向以社区为主体的德育模式转变,双向参与、互动,从而实现教育社会化和社会教育化的最终目标。

依托辖区图书馆教育资源开展学生课外阅读活动的实践与研究

北京市通州区第六中学　常恩元

摘　要：课外阅读是中学生获取知识、开阔视野、积累资料、陶冶情操的重要渠道。随着基础教育课程改革的不断深入、研究性学习的进行，学生的课外学习空间越来越大。为打破校内外的时空界限、学科界限，充分开发和利用校外教育资源，有效开展课外阅读活动，指导学生掌握正确的阅读方法，养成良好的读书习惯，开阔视野、陶冶情操，促进学生自主学习能力的提高与人格的全面发展，我校进行了积极的实践与探索。

关键词：辖区；图书馆；教育资源；课外阅读

一、依托辖区图书馆教育资源，开展学生课外阅读活动的背景分析

（一）依托辖区图书馆教育资源，开展学生课外阅读活动，是整合与利用辖区教育资源、满足学生阅读需求的需要

我校地处北京市通州区的老城区，占地16345平方米，建筑面积6545平方米，办公用房与教学用房严重不足。学校图书馆占地仅72平方米，其中还包括36平方米的藏书室，很难满足24个教学班近1200名学生的课外阅读需要。另外，由于资金的原因，学校图书馆的藏书量不足，而且现有藏书较为陈旧。学生课外阅读的报刊、书籍75%以上由家长或学生自己购买，也为家庭带来了一定的经济负担。面对这些困难，我们没有退缩，而是到校外寻求支持。通州区图书馆与我校同处一

个辖区，两个单位直线距离不足 300 米，现有藏书 20 余万册，年订报刊 600 多种，阅览座位 500 余个，设有外借处、综合阅览室、参考咨询室、少儿借阅室、电子阅览室、自习室、运河文库，完全能够满足我校学生外借及馆内课外阅读的需要。为此，我校主动到图书馆进行实地考察，与图书馆确立共建关系，并将通州区图书馆列为我校的校外教育基地，为学生课外阅读活动的开展提供了物质资源保障。这一做法既解决了学校的实际困难，减少了学生家长购书的资金投入，解决了家庭藏书量不足的问题，也使图书馆的教育资源得到了有效开发与利用。

（二）依托辖区图书馆教育资源，开展课外阅读活动，是落实新课程改革精神的需要

新课程改革强调改变课程结构过于强调学科本位、科目过多和缺乏整合的现状，改变课程实施过于强调接受学习、死记硬背、机械训练的现状，倡导学生主动参与、乐于探究、勤于动手，培养学生搜集和处理信息的能力、获取新知识的能力、分析和解决问题的能力以及交流与合作的能力。目前，从小学至高中都设置了综合实践活动，并将其作为必修课程，研究性学习就是其中的一项重要活动。另外，《义务教育语文课程标准（2011 年版）》中也明确指出，"要重视培养学生广泛的阅读兴趣，扩大阅读面，增加阅读量，提高阅读品位。提倡少做题，多读书，好读书，读好书，读整本的书。关注学生通过多种媒介的阅读，鼓励学生自主选择优秀的阅读材料"[1]，同时"要求学生 9 年课外阅读总量达到 400 万字以上，阅读材料包括适合学生阅读的各类图书和报刊"[2]。因此，依托辖区图书馆教育资源，组织学生广泛开展课外阅读活动，是落实课改精神和语文课程标准、培养学生自主学习能力的迫切需要。

（三）依托辖区图书馆教育资源，开展学生课外阅读活动，是陶冶学生情操的需要

书籍是人类进步的阶梯，是屹立在大海中的灯塔。通过读书可以回顾历史；通过读书可以懂得人生的哲理；通过读书可以汲取前进的动力；通过读书可以享受人生的快乐……但近些年中学生的读书状况令人担

忧。2006年12月28日的《合肥晚报》刊登了一篇题为《39%喜欢看卡通——中学生课外阅读退化值得关注》的文章。文章中列举了某中学的一组调查数据：经常阅读的学生只有43%，而基本不阅读的达41%。许多学生阅读的是娱乐和休闲类书刊，阅读范围以卡通、快餐文化、大众通俗文化为主。学生偏爱阅读时尚流行与轻松刺激的内容。其中，喜欢时尚流行杂志的比例为23%，喜欢卡通漫画的比例为39%，喜欢港台武侠言情小说的比例为9%，而读过中国四大名著的只有13.8%，而且大多数只读过少儿版。[3]另外，从我校2006年的调查情况看，喜爱阅读并经常进行课外阅读的学生约占44.2%，阅读的书籍种类也多以卡通漫画、时尚流行类刊物和武侠言情小说为主。可见学生课外阅读内容贫乏，格调不高，那些富有知识性、人文性和教育性的书籍未能进入学生的视野。因此，依托辖区图书馆教育资源，有计划、有组织地指导学生开展课外阅读活动，引导学生多读书、读好书，是陶冶情操，摆脱低俗文化、不良文化侵蚀的迫切需要。

（四）依托辖区图书馆教育资源，开展学生课外阅读活动，是培养学生良好阅读习惯的需要

查尔斯·里德有一句名言："播下一种思想，你将收获一个动作；播下一个动作，你将收获一种习惯；播下一种习惯，你将收获一种性格；播下一种性格，你将收获一种命运。"中学生正处于人生发展的关键时期，帮助学生形成正确的读书思想、养成良好的阅读习惯，必将使学生受益终生。2006年，我校的调查结果显示：只有23.3%的学生有课外阅读计划；47.5%的同学基本能做到读后仔细思考；13.3%的同学坚持长期记读书笔记，37.5%的同学每天阅读一次。这些数据表明，还有许多同学不会阅读，并且缺少良好的读书习惯。另外，中国出版科学研究所自1999年起，每年进行一次"全国国民阅读与购买倾向抽样调查"。调查结果显示："我国国民图书阅读率（指每年至少读一本书的读者在识字者中的比例）呈持续走低态势……与传统图书阅读率下降形成鲜明对比的是，作为新兴媒体的互联网阅读率持续迅速上升。"[4]网络阅读

的兴起与盛行已是一个不可逆转的趋势，传统纸质阅读与新兴网络阅读的碰撞摩擦在所难免。但是网络阅读与传统阅读之间的替代并非等价交换——时间上的替换，而是内容上的丢失，存在"阅读泡沫"。中国出版工作者协会常务副秘书长黄国荣意味深长地说："让我们担忧的是由此带来的阅读习惯的改变，以及可能会造成的国民思维能力弱化"[5]，"阅读有深浅之分。纸质阅读是线性的，连续的，它的优势在于可以进行深入研读、品味细节、交流学术思想，同时也有助于培养阅读者的抽象思维能力；而网络阅读侧重于形象思维，它具有快餐式、浏览式、随意性、跳跃性、碎片化等特征。虽然浅阅读也存在于传统阅读之中，但是它的问题在网络阅读中更加明显突出……如果仅仅满足于浅阅读，或者过分热衷于浅阅读，对于我们的国家和民族将是灾难性的"[6]。因此，指导学生掌握正确的课外阅读方法，学会阅读，并从小养成良好的阅读习惯，是我们教育工作者的责任与使命，也是我们开展课外阅读的目的。

二、依托辖区图书馆教育资源，开展学生课外阅读活动的实践与探索

（一）建立学生课外阅读指导小组，加强活动的组织与管理

为了充分挖掘和利用辖区图书馆的教育资源，广泛开展学生课外阅读活动，保证活动质量，我校及时成立了学生课外阅读指导小组。学校主管德育工作的校长、图书馆馆长任组长，主要负责学生课外阅读活动方案的制订及活动的组织协调工作。成员包括学校政教处、教务处、团委、图书馆业务科室的领导及各学科教研组长、备课组长，负责阅读方法的指导和活动方案的落实工作。领导小组成员定期召开会议，了解学生课外阅读情况，及时解决活动中出现的各种问题，从组织上、人员上为学生课外阅读活动的有序开展提供保证。

（二）推荐阅读书目，拓宽阅读面

为了引导学生远离不良文化的侵蚀、拓宽阅读面、开阔视野、陶冶情操，为学生提供高品位的精神食粮，我们坚持"五个结合"的做法，向学生推荐优秀书籍。

1. 坚持图书馆推荐与教师推荐、学生自荐相结合

在阅读活动的起始阶段，图书馆借阅室将适合学生阅读的书目打印成册下发到各班供学生选择，学校及时汇总教师根据学生学科学习需要而列出的课外阅读书目和学生的自荐书目，然后由图书馆配齐书目，供学生选用。

2. 坚持知识性与教育性、娱乐性相结合

在推荐的书目中既有自然科学、科技知识普及等知识性书籍，也有名人传记、名人名言等教育性书籍，以及小说、文学故事等娱乐消遣性书籍。

3. 坚持语文教学与其他学科教学相结合

课外阅读活动的开展打破了学科界限。各学科教研组长、备课组长，依据学科教学的需要和学生的实际，推荐课外阅读书目，将课外阅读从传统的单一学科扩展到全学科。

4. 坚持必读与选读相结合

在书目的推荐过程中，我们将那些与学科学习密切相关的书目、对学生品德形成有促进作用的书目，确定为必读书籍，将那些扩展知识面、丰富课余生活的书目列为选读书目。

5. 坚持经典与时尚相结合

在我们推荐的书目中，既有四大名著、《钢铁是怎样炼成的》等经典书籍，也有充满时尚气息的《富爸爸穷爸爸》《哈利·波特》等现代书目。

在坚持"五个结合"的同时，我们指导各班建立"图书角"，并安排专人负责日常的班级图书管理和借阅工作，推进图书资源共享。这样既拓宽了学生的阅读面，也保证了阅读内容的丰富性和健康性。

（三）开展阅读方法的指导，提高课外阅读质量

中学生课余时间有限，不可能将课余时间全部用在课外阅读上。因此，在有限的时间内，要想提高阅读的效率和效果，就要引导学生掌握科学的读书方法。为此，我们将阅读方法指导的任务交给了学科教师，

语文教师通过阅读课对学生进行阅读指导，其他学科教师结合所教学科的特点，提出本学科的课外阅读要求，较好地解决了学生如何读的问题。关于阅读方法的指导，我们突出抓以下五个环节：

1. 指导学生制订课外阅读计划

明确阅读书目、数量、时间安排及保障措施。此项工作由班主任牵头，科任教师负责具体的指导与检查。

2. 指导学生科学合理地选择课外读物

目前市场上的书籍良莠不齐，中学生正处于人生观、价值观的初步形成阶段，辨别是非、美丑、善恶的能力比较弱，很容易因不良文化的影响而选择一些格调不高的书籍。为此，我们通过教师的引导、学校的宣传教育，帮助同学正确处理好流行与需要、休闲与学习、引用与积累的关系，克服"消磨"时光、满足"猎奇"、寻求"刺激"的心理，学会选择课外书籍。另外，我们还建议学生课外阅读的图书报刊以借阅为主，以家庭购买为辅，以便节约资金，有效地利用资源。

3. 教给学生阅读的技巧

究竟如何进行有效的课外阅读？教师们对学生进行了具体的指导，如：对于文字浅显、兴趣不高的读物，可以采用浏览式阅读的方法，即浏览全文或标题获取信息；对于名著名篇或美文，可以采用精读式阅读的方法，熟读深思，慢慢品味，体会立意构思，揣摩布局谋篇，欣赏好词佳句，从而受到情感熏陶、获得思想启迪、享受读书乐趣；对于收集资料、获取信息的书目，可以采用速读、跳读、寻读等筛选式阅读的方法，捕捉有用的信息。通过教师的细心辅导，学生对常用的阅读方法和技巧有了较全面的了解。

4. 学以致用

在帮助学生初步了解课外阅读方法的基础上，老师为同学们提供范文，让同学们去分析，找出文章的中心思想、段落大意、好词佳句，揣摩布局谋篇的方法，让学生在阅读的实践中正确运用所学的方法，提高阅读的效率与质量。

5. 培养学生良好的阅读习惯

我们要求学生在课外阅读时做到"三到"，即眼到、口到、手到，对重点段落圈点批注，对好词佳句、精彩生动的段落要及时摘抄和背诵，鼓励学生写下课外阅读内容提要、对阅读内容的思考及体会，随时记录"智慧的火花"，养成良好的阅读习惯，将随意性、休闲性的阅读转变为积累性和鉴赏性的阅读，提高学生的阅读品位。

中学生课外阅读的方法可谓多种多样，我们在抓全员培训的基础上，鼓励学生在阅读实践中加以探索，积极寻找适合自己的最佳方法，不断提高阅读的效率和质量。好的方法，我们通过读书经验交流等活动加以推广，从而推动全校读书活动的开展。

（四）以活动促进阅读，激发学生的课外阅读兴趣

国际阅读协会把"鼓励人们养成终生阅读的习惯而努力"作为根本宗旨。养成习惯的前提是激发兴趣，使学生对读书达到着迷的程度，从而自发地去阅读课外读物。为了激发学生的课外阅读兴趣，最大限度地调动学生参与课外阅读的积极性和主动性，我们确立了以活动为载体激发学生课外阅读兴趣的策略，并开展了一系列的读书活动。

如我们与通州区图书馆联合举办了"走进通州区图书馆系列读书活动"。馆校双方共同拟订活动方案，统一安排学生到馆阅读的时间表，科任教师联合编写导读检测试题，领导、教师定期到馆了解学生的课外阅读情况及表现。适时举办摘抄、读后感、舞台剧、英语演讲展示活动和课外阅读知识竞赛，将读书活动推向高潮。

又如，为了鼓励学生多读书、读好书，我们启动了"五个一"读书工程，即喜爱一本杂志、欣赏一位作家、向他人推荐一篇美文、每学期记录一本读书笔记、每学期做一次读书心得交流。"五个一"读书工程的开展，为课外阅读活动注入了活力。

再如，结合语文教学，我们举办了课前三分钟演讲，手抄报征集，"我最喜爱的一本书""对我影响最大的一本书""读书的启示"征文，读经典学做人主题教育等活动，使课外读书活动得以深化。

另外，为了表彰读书活动中涌现出的先进集体与个人，我们定期开展优秀课外读书小组、读书小状元评选活动，宣传他们的事迹，推广成功的经验，创设良好的读书氛围。形式多样的读书活动，将学生带入了书的海洋、知识的殿堂，进一步激发了学生的读书兴趣，促进了课外阅读活动的深入开展。

三、依托辖区教育资源，开展学生课外阅读活动所取得的成效

（一）激发了学生课外读书的兴趣，促进了学生良好阅读习惯的养成

随着课外阅读活动的不断深入，喜爱读书并坚持每天读书的人数由过去的44.2%提高到75.2%。全校95%以上的同学每周能完成一篇高质量的读书笔记，并且还有大量的摘抄资料。课余时间我们常常看到学生们在交流读书的心得，自觉读书已逐渐成为学生的习惯。

（二）帮助学生积累了知识，开阔了视野

课外阅读活动的开展，不仅使学生读书的种类、内容、数量扩充了，更重要的是开阔了学生的视野，丰富了学生的知识，武装了学生的头脑。正如学生在周记中所写："走进图书馆系列读书活动的开展，使我们受益匪浅，让我们了解到书的独特魅力和感染力，是书让我们大开眼界，使我们领略了文学的风采……""我认为学校的读书活动办得非常好。我自己就是个例子，以前不经常读书，语文成绩很差，从去年暑假开始，加入课外阅读的行列，上学期语文成绩提高很快。大家都是同龄人，共同语言比较多。同学聚在一起读书，可以随时沟通，及时交换彼此的见解，相互学习，共同进步……"形式多样的读书活动让我们得到了回报：我校学生代表通州区参加北京市中小学生生物知识竞赛和首都学生奥运法律知识竞赛，双双获得初中组的冠军；我校还先后多次被评为市区"红领巾读书活动"先进集体；有多名学生被评为市区"读书小状元"或在市、区组织的各类读书活动中获奖。

（三）陶冶了学生的情操，提升了学生的思想境界

在课外阅读中学生了解了社会的变迁，了解了人生的哲理，学会了

用辩证的思维去看待世界，学会了待人处事，获得了前进的动力。阅读活动的开展让我们看到了学生的行为在变，精神风貌在变。学生乐观向上、积极进取的精神得到了老师和家长的肯定，赢得了社会的认可。

（四）顺应了新课程改革的要求，使学生成为自主学习的主人

依托辖区图书馆教育资源，开展学生课外阅读活动，使学校教育和课堂教学得以延伸，打破了学校教育、家庭教育、社区教育的时空界限，为学生自主学习提供了广阔的空间，极大地调动了学生课外学习的主动性和积极性。

（五）有效地开发和利用了校外教育资源，为学校育人提供了支持与服务

学校与辖区图书馆共同组织开展学生课外阅读活动，既解决了学校的实际困难，减少了学生家庭的经济投入，也使图书馆的资源得到了充分利用。这是落实《中共中央、国务院关于进一步加强和改进未成年人思想道德建设的若干意见》《中共中央、国务院关于进一步加强和改进未成年人校外活动场所建设和管理工作的意见》的具体体现，是一种成功的探索与实践。

四、思考与建议

（一）课外阅读活动的开展，应以先进的教育思想为指导

当前我国正在大力推进素质教育，要想培养符合社会需要的高素质人才，教育工作者首先要树立正确的育人观，摆脱应试教育思想的束缚，从学生可持续发展的角度开展教育活动，自觉克服功利思想的影响，关注学生的成长与发展，打破校内外的时空界限、学科界限，组织开展形式多样的课外读书活动，提高学生的自主学习能力，培养学生的创新精神。

（二）课外阅读活动的开展，要重视学生阅读兴趣的激发

兴趣是最好的老师，教其文莫如激其趣，只有让学生产生阅读的动力，他们才能开发心智，主动去了解、去研究。因此开展中学生课外阅读活动要强调参与性与互动性，以及形式的多样性，将"要我读"转化

为"我要读",让学生在参与、互动中汲取知识,丰富精神生活。

(三)课外阅读活动的开展,要让学生成为学习的主人

自主学习是当今我们所倡导的学习方式。教师应充分信任学生,尊重学生,鼓励学生自己看书、自己领悟、自己修炼,让学生和古人对话、和文明对话、和世界对话,升华自我。只有这样,学生才能产生自主学习的愉悦感和自豪感,享受读书求知的快乐。

(四)课外阅读活动的开展,要与书香校园的营造相结合

学生只有置身于良好的读书氛围之中,才能乐读、好读、善读。良好的读书氛围需要学校精心创设,需要教师引领示范,以使我们的学校成为书香校园,只有这样才能深入开展读书活动。

(五)课外阅读活动的开展,需要学校、家庭、社会的共同关注

阅读决定着一个民族的思维深度和高度,对文化传承、国家发展有着重要的意义。阅读传统的丢失,将让国民失去精神依托,整个民族将会沦为浅薄的民族。五千年文明的传承和发展,需要学校、家庭、社会共同关注。教育者要从抓好学生课外阅读做起,推进全民阅读活动的开展。

参考文献:

[1] 中华人民共和国教育部. 义务教育语文课程标准:2011 版 [M]. 北京:北京师范大学出版社,2012.

[2] 同 [1].

[3] 薛辉,李守君.39% 喜欢看卡通:中学生课外阅读退化值得关注 [N]. 合肥晚报,2006-12-28.

[4] 周郎,李鹤,邓晓霞. 新与旧的邂逅:国民阅读在路上 [N]. 现代教育报,2008-05-06.

[5] 同 [4].

[6] 同 [4].

新时代背景下学校"融合型德育"的实践与探索

北京市通州区第六中学　常恩元

摘　要：现实中学校德育工作的突出问题是针对性不强，实效性不高。德育工作直接关系到"培养什么人、怎样培养人、为谁培养人"这一根本问题。德育工作的成败，不仅会对青少年学生的健康成长产生深远的影响，也在一定程度上决定国家的未来和民族的命运。在深入研究教育政策、学习教育理论的基础上，面对现实，立足学校实际，积极推进德育创新，进行新时代背景下学校"融合型德育"的实践与探索，并取得了显著成效。

关键词：新时代；融合型德育；实践；探索

教育是民族振兴、社会进步的重要基石，是功在当代、利在千秋的德政工程，对提高人民综合素质、促进人的全面发展、增强中华民族创新创造活力、实现中华民族伟大复兴具有决定性意义。习近平总书记在全国教育大会上指出："培养什么人，是教育的首要问题。我国是中国共产党领导的社会主义国家，这就决定了我们的教育必须把培养社会主义建设者和接班人作为根本任务，培养一代又一代拥护中国共产党领导和我国社会主义制度、立志为中国特色社会主义奋斗终身的有用人才。"德育工作的成败，不仅会对青少年学生的健康成长产生深远的影响，也在一定程度上影响国家的未来和民族的命运。如今中国特色社会主义已进入新时代，对教育提出了新的挑战。作为教育人要拥有敏锐的洞察力，适应时代变革的大潮，深化教育改革，坚定社会主义办学方向，落实"立德树人"根本任务，回答好"培养什么人、怎样培养人、为谁培养人"这一根本问题，主动探索学校德育创新，提升育人实效。

一、新时代构建学校"融合型德育"的背景与依据分析

现实中学校德育的突出问题就是针对性不强、实效性不高，表现为：功利思想严重，重智育、轻德育；德育与智育、体育、美育、劳动教育等割裂开来，就德育而论德育；德育目标设计"高大上"，不具体，不符合学生品德形成的规律；实施途径脱离学生的学习、生活实际，缺少针对性；学科思政教育功能被弱化，课程育人的功能衰减。面对这些现实，基于学校实际，探索德育创新，提升育人实效势在必行。

"融合型德育"是在一定的理论依据指导下，通过适宜的方法、手段使育人要素在各种教育及实践活动中得到有效落实的一种德育方式。《现代汉语词典》中"融合"的解释为"几种不同的事物合成一体"[1]。就德育来讲，"融合"就是育人要素与教学、体育、美育、劳动教育、家庭教育、社会教育、学校管理及实践活动等融为一体，最终实现"立德树人"的根本任务。"融合型德育"既来自学校一线教师的教育实践，也来自德育研究。"融合型德育"理念的形成，有坚实的教育实践基础与理论支撑。1906年，我国著名国学大师王国维在《论教育之宗旨》一文中，指出"完全之人物"具有"身体之能力"与"精神之能力"，"而精神之中又分为三部：知力、感情及意志是也"[2]。王国维据此把整体教育分为体育与心育两部分；心育又分为智育、德育、美育。王国维所论的教育宗旨就是要通过完全之教育培养完全之人物。针对王国维的教育思想，我们可以从人的生命哲学和教育哲学的角度来加以理解，使之成为"融合型德育"的哲学基础。

二、新时代学校"融合型德育"的实践与探索

（一）坚持德育与课程建设相融合

课程是教育思想、教育目标和教育内容的主要载体，集中体现国家意志和社会主义核心价值观，是学校教育教学活动的基本依据，直接影响人才培养质量。[3]学校要基于党的教育方针，落实国家、地方和学校

三级课程,确保"立德树人"根本任务的实现。尤其是在校本课程的开发、应用中要体现学校的办学思想与育人目标。如在校本课程开发中设计"历史人文类、价值引领类、学科拓展类、特长培育类"四大类校本课程。历史人文类、价值引领类重点是对学生进行思想教育与价值引领。如校本课程教材《南大街胡同文化》,讲述胡同形成的历史、传统文化以及重大历史事件、历史名人等,引导学生了解家乡的自然环境、历史文化、回民的民族传统、人口状况和发展成就,培养学生爱家乡、爱祖国的感情,树立维护祖国统一、加强民族团结的意识。《我的学校我的家》让学生了解学校的发展历程,继承学校的光荣传统,引领学生树立"今天我以学校为荣、明天学校以我为荣"的意识。再有,价值引领类校本课程教材《好习惯》《好品质》《好人生》《做最好的自己》,注重对学生进行人生的引领,培养学生"崇尚先进、争创一流"的核心价值追求。

(二)坚持德育与课堂教学相融合

课堂是育人的主渠道、主战场,课程要通过课堂才能体现其育人价值。尤其是在学科教学中,加强德育对学生的健康成长和全面素质的提升具有重要意义。办学实践中学校教育教学部门密切配合,共同研究如何将德育内容细化落实到各学科课程的教学目标之中,融入教育教学全过程。学校将德育与课程教学相融合,作为教研及课堂教学的重要内容、课堂教学评价的重要指标,最大限度地体现课程的德育功能。

如语文、历史、地理等学科教师充分利用课程中语言文字、传统文化、历史地理常识等丰富的思想道德教育因素,对学生进行世界观、人生观和价值观的引导。

数学、科学、物理、化学、生物等学科教师注重加强对学生科学精神、科学方法、科学态度、科学探究能力和逻辑思维能力的培养,促进学生树立勇于创新、求真求实的思想品质。

音乐、体育、美术、艺术等学科教师注重对学生审美情趣、健康体魄、意志品质、人文素养和生活方式的培养。

外语学科教师注重对学生国际视野和综合人文素养的培养。

综合实践活动课教师注重对学生生活技能、劳动习惯、动手实践和合作交流能力的培养。

（三）坚持德育与学校文化相融合

在办学实践中，学校坚持办学理念、育人目标与学校文化的一致性。如学校的办学理念为"办卓越教育——激励每一名师生自主发展，成为最好的自己"。核心是激励每一名师生自主发展，让每一名学生的潜能得到充分发挥，让每一位教师感受事业成功的快乐与幸福，让学校可持续、高质量发展，成为区域一流优质学校。学校将"培养自主发展、具有卓越气质的六中人"作为育人目标。在学校文化建设中教学楼一层的楼层文化为好习惯，二层为好品质，三层为好人生，四层为做最好的自己。楼层文化的设计理念与学校的办学理念、育人目标，以及校本课程教材《好习惯》《好品质》《好人生》《做最好的自己》高度吻合，使学校德育与文化融为一体，让墙壁说话，彰显育人功能。再有，举办"温馨教室"创建活动，营造环境优美、格调高雅、积极向上的班级氛围。此外，学校更加注重隐形文化的育人功能，通过开展"我身边的榜样"选树活动，大力弘扬学校"崇尚先进、争创一流"的核心价值追求，激发学生积极向上的内生力，形成强大的精神力量。

（四）坚持德育与教育活动相融合

主题明确、内容丰富、形式多样、富有吸引力的教育活动，能够以鲜明正确的价值导向引导学生，以积极向上的力量激励学生，促进学生形成良好的思想品德与行为习惯。学校在开展常规的纪念日活动、举行重要的活动仪式，对学生进行教育引导的同时，突出抓好"六节"活动。

办好体育节，将原有的田径运动会变为体育文化节。扩充比赛项目，设田径、非田径两大类。非田径项目包括中考体育、体质健康测试、民族传统体育、趣味竞技、棋类等比赛，学校提供的项目数量大于班级参赛人数。与此同时，学校还提供了摄影、新闻报道、竞赛服务等岗位，确保体育节学生的参与率达100%；围绕体育节举办班规、班徽、班训的评选活动，推动班级文化建设，形成健康向上的价值追求；改变计分办法，提高集体项目和中长跑项目的分值，培养学生的团队意识与吃苦精神。这些举措凸显了体育节育体、育德、育智、育心的功能，体现了体育节的参与性、知识性与教育性。

办好科技节，提升学生的科技素养以及实践创新能力。科技节既有科技知识普及内容，又有成果展示，也有动手操作的项目，已成为学生的挚爱。

办好艺术节，提升学生的审美素养，激发创新创造活力，突出全员参与，鼓励个人、班级原创，在陶冶学生的情操、温润学生的心灵时，丰富了学生的课余生活。

办好读书节，在每年4月23日世界读书日前后，围绕读书日的主题，设计校园读书节活动，引导学生与书为伴，畅游书海，与经典同行，品读文化、传承文明、陶冶情操、彰显智慧。

办好劳动节，通过组织学生参加生活劳动、生产劳动和服务性劳动，让学生动手实践、出力流汗，接受锻炼、磨炼意志，培养正确的劳动价值观和良好的劳动品质，引导学生崇尚劳动、尊重劳动，增强对劳动人民的感情，促进学生全面发展、健康成长。

办好志愿服务节，引导学生关注社会、奉献爱心，弘扬博爱精神。如今，走进社区、走进军营、走进敬老院、走进孤寡老人家庭等已成为常态。

（五）坚持德育与综合实践相融合

实践是育人的重要方式，可以增强学生的社会责任感、创新精神和实践能力。学校将综合实践活动纳入年度计划，明确活动的责任部门、负责人、目的、内容、地点、组织、实施等，突出育人目标的达成。

首先，做好学科拓展活动，使课堂教学得以延伸，育人功能得到深化。如语文学科与乡土特色相结合，引导学生进行个性化创作。在"老北京的小胡同"语文主题阅读课堂上，教师提出"通州区作为北京城市副中心想申请对南街胡同的文化遗产保护，请你以申遗小组成员的身份撰写一份《优秀文化遗产申请报告》"。这一任务的完成就需要学生通过多种方式进行调研，并且要走进南街胡同进行实地考察，同时还要发挥集体的智慧。又如，生物学科与通州农业相融合，引发学生对现代农业科技的关注。教师组织学生走进番茄联合国，采用番茄王国的故事引入内容，突出通州区蔬菜种植业的重要地位，激发学生爱家乡的情感。通过观看视频《蔬菜的特殊种植方法》，让学生感受到科技的力量；通过生产投入与产出的数据对比，让学生感受到农业的巨大经济价值。还有，道德与法制学科与区域发展状况的融合形成了励志课程；历史学科与运河文化的融合，使文化得到了传承；美术学科与民间工艺的融合，激发了新的文化创意。

其次，开展体验活动，精心设计主题实践活动，让学生在参与活动中提升自我。如结合建党100周年的契机，设计实施"重走长征路"体验活动，让学生在参与中体悟长征的艰辛，梳理长征精神，感知如今幸福生活的来之不易，激发学生爱党、爱国、爱人民的情怀。实施"中国新冠疫情防控"调研，让学生感悟中国共产党的伟大，及"一方有难，八方支援"的强大民族精神。

再次，立足实际，为学生提供参与体验的机会。近年学校开展了"整合社区教育资源实现学校德育社区化的实践与研究"，提出"五大工程"，即社区共建、军民共建、法制共建、文化共建、社会实践工程，为学生提供了参与实践的机会。相关研究成果先后获北京市一等奖和全国一等奖，并发表在《新德育》杂志上，学校为此召开现场会。如今，学校活动在原有的基础上不断丰富，模拟政协、社会实践挑战赛、丝绸之路挑战赛、时事辩论赛、渴望宣言等实践性活动连续不断。

（六）坚持德育与学校管理相结合

《中小学德育工作指南》指出"要积极推进学校治理现代化，提高学校管理水平，将中小学德育工作的要求贯穿于学校管理制度的每一个细节之中"[4]。十八届三中全会提出推进国家治理体系，囊括了各领域制度和规则的建立、执行、监督和问责，使制度及体制机制更加完善，决策更加科学，把各方面制度优势转化为管理各领域社会事务的效能优势。制度是要求大家共同遵守的办事规程或行动准则。制度都会带有价值判断，从而规范、影响人们的行为。学生管理制度，大到学校的校规校纪，小到班规班纪，都会影响到学生的成长与发展。学校在拟定学生管理制度时，坚持民主，深入调研，广泛征求家长及学生的意见，最后再审核通过。在制度制定的过程中，师生形成了广泛的认同，为制度的实施奠定了思想基础。

（七）坚持德育与家庭教育和社会教育相融合

学校教育离不开家庭教育与社会教育的支持与配合，三者目标一致、相互支持、和谐互动、融为一体，才能使教育的功能最大化。

习近平指出，办好教育事业，家庭、学校、政府、社会都有责任。家庭是人生的第一所学校，家长是孩子的第一任老师，要给孩子讲好"人生第一课"，帮助扣好人生第一粒扣子。学校设有家长委员会和家长学校，系统地开展家长培训，普及家教知识，指导家长给孩子讲好"人生第一课"，提升家长的育子能力与水平。学校通过家长开放日、家长接待日等各种家校沟通渠道，丰富指导服务内容，及时了解、沟通和反馈学生的思想状况和行为表现，认真听取家长对学校的意见和建议，促进家长了解学校办学理念、教育教学工作等情况，使育人工作在家庭中得到全方位的落实。家长对学生的教育应融入日常生活，注重从身边的点滴小事做起，从学生良好的日常行为习惯培养入手，促进他们的个人情操和道德修养的形成。

学生的成长离不开社会。良好的社会教育有利于对学生进行思想品德教育，有利于学生增长知识、发展能力，有利于丰富学生的精神生活，对于学生培养兴趣、爱好和特长有着不可替代的作用。学校积极推进与社区教育的融合，广泛开展学校教育与社区教育的共建工作，整合社区教育资源，进行学校德育社区化的实践与研究，为学校教育活动的开展提供有力支持。如学校成立了通州区第一所"青少年法制教育学校"，成员单位包括属地办事处的妇联、司法所、属地派出所、通州区人民法院、通州区司法局等单位，有力地推动了学校法制教育工作的开展。学校被评为"北京市法制宣传教育先进集体"，学校的模拟法庭活动获通州区主题活动一等奖。"小诸葛在行动，我的社区我建议"活动为社区建言献策 100 余条，通州区电视台进行了新闻报道。"垃圾分类我践行"普及了环保知识，培养了学生爱护环境的意识。如今的社区共建活动更是丰富多彩，家校社的协同配合形成了强大的合力，促进了学校的发展，学校的办学质量赢得了家长和社会的认可，学校也成为学子们向往的学校。

（八）坚持德育与学生评价相融合

教育评价事关教育发展方向，有什么样的评价指挥棒，就有什么样的办学导向。作为教育人要坚持立德树人，牢记为党育人、为国育才的使命，遵循教育规律，充分发挥教育评价的指挥棒作用，确立科学的育人目标，确保教育发展方向正确。学生评价要坚持问题导向与目标导向相结合、定量评价与定性评价相结合、单一评价与多元评价相结合、规定评价与自设评价相结合。学校应扭转不科学的教育评价导向，坚决克服唯分数、唯升学率的顽瘴痼疾，不应戴有色眼镜看待学生，正确对待学生成长中的问题，不以偏概全，不急功近利，要静待花开。学校要根据学生不同阶段的身心特点，科学地设计德育目标，引导学生养成良好的思想品德、心理素质和行为习惯，传承红色基因，增强"四个自信"，立志听党话、跟党走，立志扎根人民、奉献国家。强化过程评价，探索增值评价，健全综合评价，不断提高评价的科学性、专业性、客观性。如：通过综合素质评价，引导学生成长过程中形成良好的品德与行为；通过信息化等手段，探索学生、家长、教师以及社区等参与评价的有效方式，客观记录学生的品行、日常表现和突出表现，特别是践行社会主义核心价值观的情况，并将其作为学生综合素质评价的重要内容；在学校优秀学生评选表彰中，设立卓越学生、优秀干部、学习标兵、美德标兵、体育之星、健康达人、小艺术家、科技能手等，鼓励学生多元发展与个性成长；学校还允许各班或学生特设评选表彰项目，激励班级或学生为学校发展出力献策。

学校通过"八个坚持"推进德育创新，以"融合型德育"的探索与实践，带来了学生与学校的变化。学生遵规守纪、文明有礼的良好表现成为学校的名片。学校被评为北京市文明礼仪示范校、北京市中小学学校文化建设示范校、北京市中小学文明校园、首都文明校园、北京市最具加工能力的中学、通州区综合评价优秀学校、通州区教育系统优秀党组织等就是最好的证明，展现了学校德育创新的成果。

三、对新时代学校"融合型德育"的认识与思考

（一）实施"融合型德育"必须树立正确的育人观

在2018年全国教育大会上，习近平总书记提出了"九个坚持"的重要论述，这是我们新时代教育发展的重要理论指导。其中特别强调要把立德树人作为根本任务，这是新时代加强学校德育工作的重要指导思想，是检验学校一切工作的根本标准，也是习近平总书记德育观的核心要义。作为教育人要自觉树立正确的育人观，回答好"培养什么人、怎样培养人、为谁培养人"的根本问题。

（二）实施"融合型德育"必须坚持以学校为主导

学生健康成长是学校一切工作的着眼点和出发点，学校、家庭、社会协同育人，对落实"立德树人"根本任务至关重要。学校要充分发挥教书育人的主阵地作用，加强家庭教育的指导，争取社会的支持，使学校、家庭、社会协同育人科学化、常态化、制度化，共同培养德智体美劳全面发展的社会主义建设者和接班人。

（三）要将学校实施"融合型德育"作为课题深化研究

关于"融合型德育"的研究还不多见。学校要立足实际深化"融合型德育"的研究，以落实"立德树人"根本任务为着力点，在理论和实践层面进行深入探索，在途径、方法、形式等方面不断取得新突破，形成可借鉴的经验，推进学校德育工作的开展，提升育人实效。

（四）实施"融合型德育"必须坚持不断改革创新

发展离不开改革，同时也需要创新，创新是引领发展的第一动力，

抓创新就是抓发展。学校的德育工作也需要与时俱进，不断创新，在育人理念、育人途径、育人方法、育人模式等方面不断取得突破，这样学校德育才更具活力与生命力。

参考文献：

[1] 中国社会科学院语言研究所词典编辑室.现代汉语词典：第7版[M].北京：商务印书馆，2016：1107.

[2] 舒新城.中国近代教育史资料：第3卷[M].北京：人民教育出版社，1981：997.

[3] 中华人民共和国教育部.教育部关于全面深化课程改革 落实立德树人根本任务的意见：教基二〔2014〕4号[A/OL].（2014-04-08）[2018-05-24].http：//www.moe.gov.cn/srcsite/A26/jcj_kcjcgh/201404/t20140408_167226.html.

[4] 中华人民共和国教育部.教育部关于印发《中小学德育工作指南》的通知：教基〔2017〕8号[A/OL].（2017-08-22）[2019-10-20].http：//www.moe.gov.cn/srcsite/A06/s3325/201709/t20170904_313128.html.

中学生沉迷网吧现象的心理学分析及干预对策的研究

北京市通州区第六中学　常恩元

一、前言

伴随着互联网的兴起,"网吧"作为一个新生事物应运而生,在为人们提供信息传递、交流服务的同时,也产生了诸多的社会性问题。尤其是对未成年人的负面影响,已成为社会关注的话题,不断引起争议。自 2002 年蓝极速网吧纵火事件发生后,北京对全市的网吧进行了大规模的整顿,并取得了阶段性成果。但一年后,有些问题又出现了,尤其是未成年人出入网吧的现象更常见了,影响到青少年的身心健康。而且不少未成年人在学习上、纪律上出现问题,甚至走上违法犯罪的道路。近期浙江省的一次调查指出:在城乡网吧泡吧的人群中,青少年占 80%,50% 以上的青少年都去过网吧。[1]2003 年 2 月 26 日,民盟北京市委发布了题为《关于电子游戏与未成年人教育问题》的调研报告。他们在对北京市 9 个区县的 600 余名中学生进行调查后发现,14.8% 的学生患有网络成瘾症。[2] 为什么网吧倍受青少年的青睐?本文在深入调查的基础上,将从心理学的角度加以分析,并针对网络对青少年的危害,提出建设性的干预对策。

二、中学生出入网吧的心理学分析

2003 年 7 月至 10 月间,笔者先后几次与家长到网吧进行调研,看到的情景令人触目惊心:网民多为在校中学生,有的在上网聊天,有的在玩游戏,神情专注。针对这一问题,我们在学生、家长、教师中进行了大范围的调查及访谈（见表1），发现学生出入网吧从表面看，行为和现象是一致的。

表1 通州六中出入网吧学生的心理状况调查统计

调查内容	受朋友影响的从众心理	消除压力与烦恼	好奇心	得到心理满足	学习的需要	其他	合计
人次	20	17	14	1	1	7	60
百分比	33.3%	28.3%	23.3%	1.7%	1.7%	11.7%	100%

但从心理学角度讲，其成因却不尽相同，主要体现在以下五个方面。

（一）中学生出入网吧是满足从众心理的需要

同伴间的交往是中学生人际交往的重要形式，往往胜过师生关系及亲子关系。伙伴间常常相互模仿、互相依存、互相影响，甚至达到言听计从、无话不谈的地步，而对家长和教师的忠告却往往持怀疑的态度。如果伙伴没有不良行为，则双方可以互相鼓励、共同进步；此时若遇到品行不好的伙伴，就很容易受到不良行为的影响而误入歧途。从现实情况看，中学生出入网吧是与伙伴的影响分不开的，而且这是排在第一位的原因。

"别人去了，我也去。""别人请客，我不去不合适。""其他人去了，我不去，面子上过不去，不够朋友。""平时没事干，一个人太空虚，去网吧找朋友。"正是这种从众心理造成大量中学生出入网吧。如果不采取有效措施，出入网吧的学生还会越来越多。

（二）中学生出入网吧是缓解不良情绪的需要

"去网吧只是想去缓解一下这几天考试的压力。""上网有一种与世界连在一起的感觉，能和一些网上的朋友打打台球，一起玩会儿网络游戏，觉得很有趣，能忘掉不少烦恼。""我觉得学校应该给我们适当的活动时间。从星期一到星期六，我们只有两节体育课可以活动，而且都是艰苦的训练，其他时间一点儿活动的余地都没有。我上网吧只是为了消除烦恼，使生活不再空虚。"学生们的话使我们感受到了他们渴望丰富多彩、充满乐趣的课余生活，但是为了升学、为了学习、为了分数，我们无情地剥夺了他们参加各种活动的权利。为了摆脱家长、老师的束缚，为了减轻压力、消除烦恼，在社会上并不多的可供青少年活动的场所中，他们选择了网吧。

(三) 中学生出入网吧是满足好奇心的需要

中学生正处于青春期，身体发育迅速，精力充沛，独立意识强，思维活跃，富于想象，敢于挑战，善于接受新事物，对大千世界充满好奇。当今互联网的迅猛发展，为人们提供了丰富的信息资源。尤其是网上形式多样、富有挑战性的游戏，恰恰满足了学生猎奇的需要。一方面，在学校、家庭不具备上网条件或家长的严格控制下，出入网吧就成了学生最佳的选择。另一方面，中学生正处在一个特殊的时期，心理发育相对滞后，对事物的认识多停留于表面，分析问题肤浅，容易以偏概全，做事不考虑后果，自控能力差，因而又极易陷入网络的泥潭，苦苦不能自拔。正如一位同学所说："正是好奇心耽误了我，最早去网吧，是因为别人跟我说网吧里的游戏十分好玩。我就去了一次，真的发现里面的游戏惊险、刺激，十分好玩。我就这样玩了起来，一发不可收拾。"

(四) 学生出入网吧是满足个人成就感的需要

近些年，虽然教育改革取得了可喜的成绩，但受传统教育思想的影响，具有时代意义的教育观、学生观和评价观还没有真正植入教师、家长的心田，片面追求升学率的现象还十分普遍。教师、家长以学生的升学为中心，一切围着分数转，学习成绩差的学生备受指责，面临巨大的压力，再加上管、卡、压式的管理模式，极大地伤害了学生的自尊心和自信心，使他们在学校、家里找不到展示才华的舞台，体会不到成功的喜悦。面对一次次的失败，面对僵化的师生关系、亲子关系，他们进入网吧也就成了自然的事情。在这里，他们通过聊天满足情感的需要，充满互动性、仿真性和竞技性的网络游戏吸引着他们。在一次次的挑战中，他们获得了身临其境的感觉，并体验到在现实社会中感受不到的自信，得到在现实社会中得不到的成就感，从而获得相当大的心理满足感，因而在网吧流连忘返。另外从调查情况看，经常出入网吧的学生，学习成绩普遍不佳，在及格线以下的约有40%。在学习上，他们面对的是失败，但在网络世界中找回了自信。

（五）中学生出入网吧是获取知识的需要

随着互联网的发展及电脑普及率的日益提高，人类步入了信息时代，网络与学科教育资源实现了有效整合，打破了学习的时空界限，促进了新的教学模式的形成，为探究式学习、研究性学习注入了活力。在学校教学过程中，教师以引导为主，许多知识需要学生自己去探索，这样就迫使学生有效地利用互联网去查找资料，从而进一步归纳整理，得出结论。另据"北京市中小学网络德育"课题组的调查，北京市区的家庭电脑普及率约为57%，郊区的家庭由于收入低于城区，电脑的普及率要低于这个数字。因此，有相当数量的学生为了完成教师布置的作业，在找不到合适的上网场所时选择去网吧，但这类学生所占的比例极低。

三、网吧对中学生身心健康带来的危害

任何事物都具有两面性，网吧这种特定的场所在给人带来方便、娱乐的同时，也导致了学生过度上网。2003年10月，笔者走访了通州区人民法院、文化委员会、未成年人保护委员会的有关同志，得出了一个结论：通州区已出现了因沉迷网吧而引发的青少年心理问题和违法犯罪案件。因此，我们应清醒地认识到，网络对青少年一代的健康成长带来了诸多负面影响。

（一）网络信息丰富多彩，但良莠不齐、真假难辨，再加上青少年是非观念不强，自控能力差，容易受信息的刺激而迷失方向，影响自身世界观、人生观和价值观的形成。早在2001年，北京市150余位政协委员在一份题为《为未成年人营造健康成长的社会文化环境》的调查报告中指出，在对近3000名中小学生的调查发现：只有近30%的学生上网的目的是与学习相关的"搜索信息"和"下载软件"；有35%的学生上网是为了"玩游戏"；近30%的学生是为了"聊天"。调查还发现，46%的学生曾光顾色情网站。[3] 后果将十分严重。

（二）网络的虚拟性、娱乐性往往使学生沉迷其中，不能自拔，影

响其身心健康：引起自主神经紊乱，免疫功能降低，视力下降，同时因人际交往减少而产生自闭倾向，甚至出现"电脑自闭症"。

（三）许多青少年网民背着家长、老师沉迷于网吧，难以自拔，浪费了大量的时间、精力，对学习逐渐失去兴趣，造成学习成绩急剧下降，甚至出现旷课、逃学、夜不归宿等行为。从通州六中的调查情况（见表2）看，有80%的学生在网吧沉迷于网络游戏。另外，还有大量的学生为了攒钱去网吧而不吃早饭或午饭，为了玩而牺牲休息时间的现象十分严重。

表2　学生在网吧的活动状况调查统计

调查内容	玩游戏	查资料	聊天	发邮件	其他	合计
人次	48	6	3	1	2	60
百分比	80%	10%	5%	1.7%	3.3%	100%

（四）网络运行的隐蔽性，使不谙世事的未成年人受骗上当，新闻媒体已多次报道过类似事件。

（五）网络提供给青少年的是一个虚拟社会，在虚拟社会中他们无所不能。这弱化了未成年人的社会道德感和责任意识，导致未成年人在现实社会生活中出现道德失范及不良行为，甚至违法犯罪等问题。武汉某工读学校负责人称，目前在校的85名"问题少年"几乎都是电子游戏高手。青岛市某公安分局1999年抓获的140名少年违法犯罪分子，无一例外都是游戏机迷。[4]

四、控制中学生出入网吧的对策与建议

（一）学校要针对学生的身心特点，有的放矢地做好教育工作。一是重新设定学校德育目标，设计学校德育内容，扩展学校德育渠道与途径，提高学生的网络道德修养，增强学生自我判断、自我选择、自我控制的能力，使他们成为遵守社会公德和法律法规的模范。二是抓好后进生的转化工作，开展校园"爱心工程"，让每一位学生体会到集体的温暖，体会到教师的关爱，使他们向往丰富多彩的校园生活，从而杜绝旷课、逃学、辍学现象的发生。三是教育工作者要充分挖掘和利用网络的优势，整合学科教育资源，引导学生科学、有效地利用网络为学习服务。

四是加强学校基础设施建设，建立和完善网络教室，安装不良信息过滤系统，为学生提供健康文明的上网场所。五是建立德育网站或网页，实施网络育人。六是积极开展丰富多彩的校园文体活动，培养学生广泛的兴趣爱好，使学生回归校园。

（二）抓好家庭预防。一是家长要有高度的责任感和使命感，关注孩子的成长，切忌因工作忙而不闻不问。从通州六中的调查发现，知道孩子去网吧的家长只占16.7%，有时知道的占26.6%，不知道的高达56.7%。二是全面了解自己的孩子，与他们建立起朋友式的关系，多沟通、多交流，帮助孩子养成诚实守信的良好品质，指导他们正确交友，科学地安排好每天的作息时间，定点上学、按时回家。另外，对孩子零花钱的支出要心中有数。调查发现，在出入网吧的学生中，80%左右的孩子上网的钱是零花钱。三是家长也要与时俱进，学习网络知识，参与孩子的网络生活，并指导孩子有效地利用网络。

（三）加大对网吧的管理力度。文化、公安、工商、电信等部门，要各司其职，严格执法，加强技术防范，净化不良信息，加强对网吧的检查与抽查，对违法操作者要及时处理、严惩不贷。另外，有关方面要针对网吧进行专项治理，压缩网吧总量，走规模化、规范化经营之路，全面提升网吧的品位和文化内涵，使网吧成为先进文化的传播阵地。从调查情况（见表3）看，由于多种原因，我们的执法力度及管理力度还不够，非法网吧仍然存在，合法网吧中未成年人出入无人管的现象还很普遍。

表3 中学生出入网吧是否有人管的调查统计

调查内容	始终有人管	无人管	有时有人管	合计
人次	0	22	38	60
百分比	0%	36.7%	63.3%	100%

（四）呼吁网吧经营者洁身自好，本着对社会、对他人负责的良知，遵守和贯彻落实相应法规，规范营业、文明营业，劝阻未成年人远离网吧。

（五）建议综治、未委会、妇联、关协及网吧所在辖区的乡镇、办事处、村委会、社区居委会、学校共同关注未成年人出入网吧的问题，成立群众性监督组织，建立检查、巡视制度，完善举报机制，监督和规范网吧相关管理法规的落实情况。

(六)希望政府有计划地加强校外青少年文化教育活动场所的建设，广泛开展适合青少年身心特点的群众性教育活动，扭转当前网吧与青少年文化教育活动场所争夺学生的现象。

我们坚信全社会共同携手，充分发挥各自的优势，一定能够营造一个良好的网络环境，互联网不良信息、网络游戏对未成年人的负面影响必将得到有效控制，我们的青少年必将成为讲文明、有道德的"新一代网民"。

参考文献：

[1]刘华蓉.网络成瘾症逼近中学生[N].中国教育报，2003-02-28.

[2]董碧水.互联网对青少年的影响有多大[J].教师博览，2004(2)：15-16.

[3]储召生.当心网害[N].中国教育报，2001-12-03.

[4]王克先，吴德祥."电子海洛因"对青少年的危害和对策[J].青少年犯罪问题，2001（5）：10-12.

初中生同伴交往能力的培养与指导

北京市通州区第六中学 常恩元

一、问题的提出

全球一体化是社会发展的必然趋势。随着人类交往的日益频繁，培养具有高尚的道德、渊博的知识、强烈的合作意识，善于与他人和谐共处的合格人才，是时代对我们提出的要求。当今的中学生绝大多数为独生子女，由于长辈的过度呵护，家庭成员中缺少同龄的伙伴，不少独生子女在性格上以自我为中心，争强好胜，时常站在自己的角度去思考问题，听不进他人的意见，把自己的利益凌驾于集体利益之上。因此，指导学生学会交往，提高交往能力，解决交往中出现的一系列问题，已迫在眉睫。

二、中学生同伴交往的现状

为了更好地了解中学生同伴交往的情况，笔者通过问卷调查、随访、座谈等方式，就初中学生的同伴交往现状进行了调查，结果如下：

（一）中学生同伴关系以单项选择型为主

根据社会网络分析技术，中学生与友伴之间的关系可以分为两大类三小类：一是双向选择的友伴关系，即学生甲选学生乙，学生乙也选学生甲；二是单向选择的友伴关系，即学生甲选学生乙（甲为选出，乙为选入），但学生乙没有选学生甲。从现实调查情况看，由于初中生心理发育滞后，认知水平不高，缺少交往能力的培养与指导，友伴关系的稳定性差，因此初中生的单向选择型友伴明显多于双向选择型友伴。从某种意义上说，单向选择型友伴并不能说是完全意义上的友伴，更多的是"一厢情愿"而已，即他把别人当友伴，但没有得到对方的承认或认可，因此会产生诸如"我把你当朋友,你却那样对我""你根本就没有把我当朋友"等情况,这样就会使学生间产生矛盾,进而影响学生良好伙伴关系的形成。

(二)选女生做同伴的明显少于选男生做同伴的

中学生进入青春期后,男生的身体发育迅速,在身体形态、运动能力等方面发生巨大变化。另外,这一时期的男生思维活跃,富有冒险精神,敢于标新立异、张扬个性,这些恰恰是中学生在选择友伴时较为关注的内容。因此会有更多的中学生选择男生做友伴,男生的选入型友伴也就明显多于女生。

(三)女生双向选择型同伴关系明显高于男生

这一结果的产生是由女生的身心特点决定的。一是女生在心理上比男生更需要相互依赖,致使女生寻求更亲密的友伴关系。二是女生比男生更倾向于建立一种相互忠实、相互亲密、较为稳固的友伴关系。三是女生的友伴关系比男生更具有排他(她)性,其他人不容易加入已形成的友伴关系中。四是女生性格较男生而言相对内向,更喜欢进行一些室内的、比较安静的活动,如聊天、看书等;而男生与友伴更喜欢室外活动,如运动、挑战性活动等。活动性质的不同,也为女生与友伴之间建立更加密切的关系提供了可能。

(四)中学生友伴的类型反映出友伴间互相接纳和认可的程度

中学生与友伴相互接纳和认可的程度越高,他们之间的相互影响就越大,反之就越小。这种现象在双向选择型友伴关系中表现得更为突出,即友伴之间无话不说、无事不谈,一起享受快乐、互诉苦恼,有事一同去,整日形影不离,甚至建立起共同的兴趣与爱好,并形成非组织性的"小团体"。

(五)中学生友伴选择的类型与中学生在友伴中的地位有非常直接的关系

"选出"和"选入"可以说明中学生在友伴中的地位。从总体上看,被选者的地位往往较高,即选出友伴较多的中学生在友伴中的地位较低,而选入友伴较多的中学生在友伴中的地位较高。如学生甲因欣赏、羡慕学生乙而"选出"乙,说明学生甲的地位不如学生乙的地位。学生甲因学生乙的敬仰而被"选入",说明学生甲的地位高于学生乙的地位。地位高的学生就会成为小团体中的"小首领"。

(六)学习成绩与同伴选择有着密切的关系

从目前我国学校教育和社会现实看,学生的学习成绩不仅是教师、家长关注的焦点,也是学生评价自己和同伴的重要标准。每个学生都了解自己班上谁的成绩最好,谁的成绩较差。在孩子的心目中,评价好与坏的一个重要标准是看他们学习成绩的好与坏。因此,学习优秀的学生往往为同伴所尊重和羡慕,而且同伴也愿意与其交往。相反,学习较差的学生,不仅为学业上的失败感到自卑,也被同学轻视,不容易成为同伴喜欢交往的对象。

三、中学生同伴交往存在的问题与分析

(一)为了与同伴交往而出现"反叛"行为

初中学生的成人感和独立意识较小学阶段明显增强,这时他们在行为上希望摆脱家长、教师等长辈的呵护与束缚,倾向于显示自己与成人的不同,形成与成人不同的价值标准和行为标准,做出成人不想他们做的或意想不到的行为。但做出这些"反叛"行为的学生可能备受同伴的羡慕,同伴可能更愿意与他们交往。

(二)为了择友而盲目攀比

张扬个性、追求时尚是当今中学生很明显的行为特征,不仅是中学生表现自我的方法,还是中学生交际与认同,并在同伴中获得地位的重要手段。在中学生中,那些时尚的人会在同伴中享有较高的地位。这就造成不少同学脱离家庭实际,通过盲目攀比来维护自己在同伴中的地位,从而引发一系列的问题。

(三)同伴的负面影响诱发不良行为

初中阶段的同伴关系已成为人际关系的主体,远远超过子女与家长及教师的关系。不少同学对家长的话时常听不进去,但对同伴的话却言

听计从。这时一旦同伴中有人做出不良行为，其他人可能会模仿。一个人不敢做的事，三四个人一哄而上，可能就敢做了，如吸烟、出入网吧、打架等，有些人甚至走上了违法犯罪的道路。

（四）心理问题影响学生同伴交往的质量

从调查中发现，中学生的心理品质与同伴交往存在着密切的关系。性格内向的同学，往往不善言辞、缺乏自信，交往的积极性、主动性不够。以自我为中心及情绪易激动的同学，往往因一点儿小事而与友伴矛盾重重，因而没什么朋友。目前，这些现象在中学生的交往中还普遍存在。

四、初中生同伴交往能力的培养与指导

（一）积极营造"尊重、平等、宽松、和谐、互助"的交往氛围

首先，加强师德建设，倡导新型师生关系，通过宣教引导、制度约束等方式，规范教师的育人行为，使广大教师成为构建健康师生关系、学生关系的示范者和引导者，使学生在良好的氛围中受到熏陶。

其次，根据当前学生的实际开展"同伴交往"话题的讨论活动，共同制定《学生交往准则》。

1. 同伴交往要相互尊重，不说伤害同伴的话，不做伤害同伴的事。

2. 与人交往要学他人之长，补己之短。

3. 当与同伴发生矛盾时先检讨自己，先做自我批评，先向同伴道歉。

4. 当自己有错时，虚心听取他人的意见，并及时改正。

5. 与同伴讲话时要使用礼貌言语，并认真倾听他人讲话，不随便插话。

6. 尝试用鼓励、欣赏的话与同伴沟通、交流。

7. 与同伴开玩笑要注意时间、地点、场合，并把握好分寸。

8. 当同伴将要犯错时，要及时提醒、劝阻。

9. 遇到同伴有困难，要主动、热情地给予帮助。

10. 同伴之间要互促互进，共同提高。

再次，抓好《学生交往准则》的学习，通过班会、交往实践活动等多种途径实现知行的统一。另外，将此项工作纳入学生思想品德评定，

定期检查、及时总结，对表现突出的同学给予表彰，授予文明标兵、礼仪标兵称号，并向家长发放表扬信，使全校上下步调一致，共同营造出一种和谐向上的交往氛围，让学生在这种氛围中去感受、去体验、去尝试、去总结、去提高。

（二）加强交往心理指导，提高学生的交往能力

当今的中学生生活条件优越，从小受到过度的呵护，缺乏社会交往技能，甚至不懂交往的规则与方法。这就需要我们教师适时地教给他们正确的交往方法与技能，并科学地指导他们解决在交往中出现的问题。我们可以从三个方面入手：一是上好心理课，通过心理课传授心理知识，使中学生了解自身的身心特点及可能出现的问题，掌握中学生交往的一般知识以及交往的方法与原则等。二是通过班会、讨论、交流、主题教育活动等方式，使学生正视交往中存在的问题，并学会解决问题的方法，使他们懂得尊重是交往的前提，信任是交往的纽带，真诚是交往的基础，宽容是交往成功的必要条件。三是积极解决学生交往障碍，提高学生的交往能力，培养学生的健康人格。对于性格内向的学生，我们积极创造条件为他们提供锻炼社交能力和表达技巧的机会，鼓励他们多开口，并告诉他们谈话的技巧；帮助他们树立自信，让他们在众人面前保持良好的形象，提高他们在同学中的威信；鼓励他们说出自己的困惑，及时予以解决，给他们特别的照顾，使他们少受伤害。对于情绪易激动、时常与同伴发生矛盾的同学，我们积极指导他们正确认识自己、评价自己，养成尊重他人、宽容他人、学习他人的良好习惯，帮助他们与同伴和谐交往。

（三）以活动为载体，为学生提供交往的机会

2001年，北京青少年研究所副教授余逸群就独生子女的交往问题进行了一次调查。调查表明，79.7%的独生子女有自己的伙伴群体，61.8%的独生子女表示最喜欢伙伴们自己组织活动。在活动中他们强烈的乐群交友心理得到满足，有助于他们从自然人向社会人转化，有助于他们在性格、气质、能力等方面与伙伴互补互促。因此，在学校教育改

革过程中，我们不仅关注课堂教学改革，而且还重视学生健全人格的培养，重视学生的同伴交往，并根据独生子女的实际创造性地开展工作。一是广大教师充分利用课堂，根据教材内容合理安排好教师与学生、学生与学生间的互动，使学生在互动交往中能更好地学习学科知识，使师生、生生关系得到良性发展。二是广泛开展交往实践活动，让学生在活动中学会交往。如通过球类比赛、接力跑、拔河比赛、合唱比赛、辩论对抗等，让学生体会到合作的重要性。通过拍卖会、废旧物品交易会，强化学生的交往技能，并使学生的交往方法、技能得到检验。这些活动的开展不但受到同学的欢迎，也得到了家长和社会的认可。

  关于初中生同伴交往问题的研究已经引起了社会的关注，今后我们还要将研究工作继续深化，进一步研究学生同伴交往的规律，探索解决交往问题的方法，广泛开展同伴交往实践活动，从而全面提高学生的交往能力，培养 21 世纪的合格建设者和接班人。

家长要给孩子扣好人生第一粒扣子

北京市通州区第六中学 常恩元

有一年暑假开学不久，初二年级的作文课上，教师组织学生写一篇《良友》的习作。老师审阅后，将一名学生的作文拿给我看。作文的大意为：孩子父亲和母亲相互配合，与舅舅争夺姥姥家的房产，最后父母胜利了，并从中获得利益。文中充满了自私自利，我看了之后感到非常震惊。我们的家长应该教给孩子什么？这件事不由得使我对家教指导工作进行反思。

习近平总书记在全国教育大会上指出，家庭是人生的第一所学校，家长是孩子的第一任老师，要给孩子讲好"人生第一课"，帮助扣好人生第一粒扣子。第一粒扣子如果扣错了，就可能一错到底。真正的教育，不光是学校的事情，更是家庭、学校和社会共同的责任。其中，家庭教育尤为重要，因为孩子离开母亲的子宫来到这个世界，就进入了家庭，家长与孩子一生相伴。家庭教育，发于童蒙、启于稚幼，对孩子的影响深入骨髓。家长是孩子的第一任老师，帮助孩子扣好人生第一粒扣子是家长的使命与责任。

孩子教育必须从依赖学校走向家校共育。许多家长认为将孩子送到学校，交给老师就行了，其实不然。家长是否了解孩子的日常表现？家长的教育思想与学校、教师的教育思想是否一致？教育方法是否可行？这些问题如果处理不好可能会引发新的问题，最终受影响的是孩子。家长必须充分认识到孩子的成长需要家校协作，自觉建立起家长主动联系学校的意识。

成功的家庭教育需要正确的价值观。家庭教育之所以重要，是因为具有启蒙作用。如果孩子是一张白纸，我们画得五彩斑斓，他以后的人生便会五彩斑斓；我们随意涂鸦，他以后的人生便会乱七八糟。"孟母三迁""岳母刺字"的典故告诉我们，成功的家庭教育，要将爱国敬业、奋发有为、自强不息等积极、乐观、向上的观念，通过家人的言行，春风化雨般浸润孩子的心灵，深植于孩子的骨髓。

成功的家庭教育有赖于优良家风的营造。《曾国藩家书》、陆游《示儿》诗、马克思给女儿燕妮的信、毛泽东与儿子毛岸英的谈话，无不是优良家风的体现。习近平总书记谈到家风时曾说："家风好，就能家道兴盛、和顺美满；家风差，难免殃及子孙、贻害社会。"家风连着民风社风政风，是民风的基础，是社风的反映，是政风的体现。

成功的家庭教育在于家长素质不断提升。在家庭教育中，家长的示范尤为重要，家长自己做出成就，是对孩子的最好教育与引导，孩子就会模仿家长走成功之路。家长天天赶赴酒局，天天围着麻将转，天天吵架不停，只知道指责孩子，不约束自己，对孩子成长带来的负面影响是巨大的。所以，作为家长必须约束自己，树立正确的教育理念，掌握科学的教子方法，与学校共同指导孩子健康成长。

展望2019年，在学校的诸多工作中，我们要高度关注家教指导工作，创新形式，突出针对性与实效性，全面提升家长科学教子的水平。学校将与家长一道培养主动发展、具有卓越气质的六中人。

好习惯成就孩子的一生

北京市通州区第六中学 常恩元

小学升入初中对学生来讲既新鲜又陌生,学生面临的不仅仅是学段的转变,同时也面临着身体、心理及学习内容、学习方法、学习环境等诸多变化。如果不能顺利地做好衔接过渡,学生的学习与生活就会受到影响。作为家长一定要高度关注,与学校密切配合,掌握科学的教育方法,督促孩子养成好习惯,成就孩子的一生。

孩子进入初中阶段后,家长首先要了解中小学生的异同。初中生身体开始快速发育,能量代谢加快、精力充沛、活动量大,抽象逻辑思维逐渐占据主要地位。初中科目增多,难度加大,对学生的理解记忆、抽象思维要求更高,在学习方法上更强调从被动学习向主动学习转变。在个性发展方面,小学生在感情上较多依恋老师。在他们的心目中,教师是绝对的权威。到了中学,个人的独立意识开始萌发,孩子逐渐有了摆脱家长和教师的倾向。因此,了解中小学生的异同,是家长科学育子的前提。

教育好孩子,需要家校目标一致。光靠家长或光靠教师都是不够的,只有二者紧密配合,统一思想与目标,相互尊重、相互理解、相互信任、相互支持、相互体谅,才能形成有效的合力,促进孩子的健康成长。家长在孩子的教育过程中,一定要与教师主动达成共识,支持学校及教师的工作,在学生学习与生活的教育管理上,统一标准、统一要求,讲究方法与技巧。

教育好孩子,需要家长掌握科学的教育方法。家长要做到"五勤":勤学习,向书本学习,向优秀家长学习,提升理论水平,丰富管理经验;

勤了解，了解孩子在思想上的变化、学习上的精神状态，及时发现问题；勤沟通，坚持与孩子沟通，做好孩子的思想工作；勤联系，加强与教师的联系，促进育人合力的形成；勤反思，反思家教中的不足，突出家教的针对性。作为家长要清楚，科学的教育方法一定建立在对学生全面了解的基础之上，需要学习、理解、实践与积累。

营造良好的家教氛围，对孩子成长至关重要。世界上没有两片完全相同的树叶，每个孩子都是不一样的独立个体。但良好的家教氛围都有共性，如家庭教育所特有的伦理的权威性、教育内容的广泛性、家长言行的示范性、情感的感染性等。身为家长必须严格要求自己，不断提升自身修养，起到榜样示范作用。好的榜样可以催人奋进，正如英国著名教育思想家洛克所说："最简明、最容易而又最有效的方法是把他们应该做或是应该避免的事情的榜样放在他们的眼前。"家长要将营造良好的家庭氛围、培育好的家风作为一种责任与使命。

我国著名教育家叶圣陶先生曾说："什么是教育，简单一句话，就是要养成良好的习惯。"良好的习惯会直接影响人的一生，对人的未来至关重要。习惯决定成败，成也习惯，败也习惯。现实中，学生的不良学习习惯时常出现，如做作业磨蹭，反映的是学生的学习态度，以及学生对学习时间的管理能力问题。针对这类现象，家长可以平静严肃地对孩子说："写作业是自己的事，自己的事要自己负责。没写完就不写了，现在该睡觉了，明天到学校自己向老师解释吧。"家长还可以通过考试的方式要求孩子在一定的时间内完成作业，或对老师布置的作业做一个大概的时间预估，给孩子定一个完成任务的时限。余下的时间由孩子自己支配，让孩子做自己喜欢的事情。学生一旦养成这样的习惯，完成作业的效率就会提高。还有的学生痴迷于玩手机，没有手机就像丢了魂似的，这需要家长予以理解和接纳，加强对孩子的正面引导，既要指导孩子充分利用好手机进行有益的学习，又要让孩子知道痴迷于玩手机的危害。家长也可以与孩子共同制定管控手机的规则，减少孩子使用手机的频率。利用"注意力转移法"，引导孩子关注体育、艺术、科技、读书等活动，也是一种办法。另外，家长还可以争取教师的支持，与教师配合，管控好学生手机的使用。家长在关注孩子学习习惯培养的同时，也要关注孩子其他习惯的形成，让好的习惯成就孩子的一生，让孩子多一份自信，多一种享受生活的能力，多一些成功的机会。

青少年是祖国的未来、民族的希望。青少年阶段就如同人生的"拔节孕穗期"。这一时期，孩子心智逐渐健全，思维进入最活跃的状态，更需要精心引导和培育。"蒙以养正，圣功也。"作为家长要教给孩子们正确的思想，引导他们走正确的道路，落实好"立德树人""为党育人、为国育才"的要求。

让假期成为学生成长的加油站

北京市通州区第六中学　常恩元

爱因斯坦说过一句名言："人的差异在于业余时间。"要毁掉一个孩子，就让他以自己喜欢的方式过一个假期，可见假期的重要性。对每一个孩子而言，如何合理、科学地规划假期的生活，使孩子愉悦身心的同时为未来的学习奠定更加坚实的基础，让假期成为孩子成长的加油站，更需要家长的关注与悉心指导。

孩子是每一个家庭的希望与未来，家长是孩子的第一任老师，而且影响作用巨大。有研究表明，家庭教育对子女的影响随着子女年龄的增长逐渐减弱。中小学阶段正是对孩子进行教育的关键时期，家长决不能因为假期的到来而放松对孩子的要求，而应结合假期的特点突出抓好十项关键工作。

一、第一大关键工作：帮助孩子正确地认识自我

一个学期结束后，家长的首要任务就是帮助孩子总结上个学期的得与失。不能只关注分数，而应全面客观地看待学生的发展与进步，包括孩子的品行、学业成绩、身体素质、艺术修养、劳动技能、良好习惯等，对孩子的进步要给予充分的肯定。家长应以精神鼓励为主，切忌没有标准地滥施物质或金钱奖励。面对孩子的不足，家长要认真帮助他们分析原因，研究改进的措施与办法，不要总拿自己的孩子和别人家的孩子比，以免孩子失去信心与前进的动力。作为家长要学会欣赏孩子，让孩子发现自己的优点和闪光点。

二、第二大关键工作：指导孩子安排好假期计划

凡事预则立，不预则废。这告诉我们做任何事情，事前都要有充分的准备。充分准备才可能成功，没有准备可能就会面临失败。孩子的假期生活亦是如此。家长要鼓励孩子拟定假期计划，培养孩子的周密思维

与统筹安排的能力。孩子的假期计划要突出内容的多样性，可以涉及品德修养、文化学习、体育锻炼、艺术熏陶、家务劳动等；也要突出内容的针对性，既要有培养自己兴趣爱好的内容，也要有弥补自身不足的内容，如文化课的薄弱章节、增强体育锻炼、家务劳动等。在时间的安排上，每周、每日、每个时段，都应有相应的具体任务。作为家长，在孩子拟定计划时不能撒手不管，而要适时适度地予以关注和指导。

三、第三大关键工作：关注孩子的全面发展

在当今社会，父母总是望子成龙、望女成凤，希望孩子成为德智体美劳全面发展的人。那么在假期生活中，父母的教育和指导就十分重要。作为家长要关注孩子执行力的培养，依据孩子的假期计划，做好对每日任务完成情况及质量的监督。教育孩子是科学，也是艺术，更是一项系统工程，需要家长充分调动孩子自身学习的能动性，可以安排孩子进行学习成果的展示，如对品德修养的认识、各学科的学习方法与技巧、才艺展示、秀秀厨艺等，既可以增强孩子的自信，也可以促进孩子的发展。

四、第四大关键工作：指导孩子掌握礼仪礼节知识

中国拥有五千多年的灿烂文明史，素有"礼仪之邦"之称，中国人以彬彬有礼的风貌著称于世。礼仪文明作为中国传统文化的一个重要组成部分，对中国社会历史发展具有广泛而深远的影响。春节是我国重要的传统节日。在这个节日里，人们走亲访友，人与人之间的交往更加密切。作为家长有责任弘扬传统文化，从家庭的角度对孩子进行节日习俗及礼仪养成教育。中国各地因地域文化不同而存在着习俗差异，带有浓郁的地域特色。常见的春节习俗有拜年、贴春联、挂年画、贴窗花、放爆竹、发红包、穿新衣、吃饺子、守岁、舞狮舞龙、挂灯笼等。在春节期间，每一天都有特定的礼俗，家长应在引领孩子体验传统节日文化的同时，使孩子成为教养有素、礼貌待人、处事有节的文明使者。

五、第五大关键工作：注重培养孩子良好的习惯

叶圣陶老先生曾讲：教育就是要养成良好的习惯。习惯是什么？习惯就是一个人在做任何事情的时候都会自然而然地表现出来的一种行为

惯性。习惯可以决定一个人的命运，好习惯养成了，一辈子受用；坏习惯养成了，一辈子吃亏。一个人的好习惯是通过有计划、有目的地培养而获得的。孩子的假期生活与日常到校学习明显不同，时间上更为充裕、自由，活动上更为自主，生活上更为安逸。对于尚未成年的孩子来说，这时候家长更需要关注孩子良好习惯的培养，如起居习惯、合理利用时间的习惯、学习习惯、体育锻炼习惯、家务劳动习惯等，一定要督促孩子形成良好的生活习惯和学习习惯，让孩子受益一生。

六、第六大关键工作：指导孩子合理利用手机和电脑

人类社会正由工业社会向信息社会转变，计算机技术及互联网迅猛发展，手机、电脑日益大众化，在给人带来学习、工作、沟通上的便捷，提高人们的逻辑力、思维力、想象力、创造力的同时，也带来了诸多负面的影响。如：网络内容低俗，对未成年人的人生观、价值观、世界观的形成极其不利；网络游戏致使不少学生沉迷其中，不能自拔，失去学习兴趣，荒废了学业。在这些方面，家长的教育引导与监管十分重要。一旦孩子沉迷于网络，家长就要运用转移兴趣、转移注意力等方法来改变现状，如音乐、美术、编程、体育运动、户外活动、拓展训练等。

七、第七大关键工作：让孩子学会吃苦

如今的学生多为独生子女，从小就生长在温室里，大多过着"衣来伸手，饭来张口"的生活。多数孩子不懂得生活的辛苦，没有经历人生的磨难。作为家长首先要从思想上对孩子进行引导，通过典故、现实中的事例，让孩子知道没有付出就不会有成绩，让孩子知道在该学习的时候选择虚度时光，在最能吃苦的时候选择安逸，未来将会一事无成。在实践中，家长要给孩子创造吃苦的机会，通过生活体验、体育锻炼、远足、爬山等，让孩子体验苦、感悟苦，养成吃苦的精神，并将这种精神迁移到学习上、做事上，磨炼孩子的意志品质。

八、第八大关键工作：教会孩子自我保护与防范

冬季正值呼吸道疾病高发期，学生作为易感人群，自我保护与防范十分重要。家长要高度关注孩子的个人防护、居家防护、外出防护的指

导,教会孩子佩戴口罩和手套、勤洗手、勤消毒、开窗通风等具体方法与注意事项,叮嘱孩子加强体育锻炼、注意膳食平衡以增强抵抗力,提醒孩子不到人员密集的区域活动,减少人员接触,杜绝交叉感染。另外,家长要教育孩子遵守法律法规,注意交通安全,不到不明情况的水域活动,以免造成伤害事故的发生;要求孩子遵守网络安全、信息安全的有关规定,不进游戏厅、网吧等不利于未成年人身心健康的场所。

九、第九大关键工作:建立和谐融洽的亲子关系

良好的亲子关系是进行有效家教的基础。在假期,孩子不像日常上学那样紧张,时间上相对灵活、自由。假期也是密切亲子关系的最好时期,家长有更多的时间与孩子进行沟通交流。家长可以蹲下来,同孩子面对面沟通,让孩子意识到爸爸妈妈与自己是平等的,自己是受到尊重的人。这有利于孩子从小养成自尊、自信与合作的精神,更能帮助孩子认真对待自己的问题或缺点,同时也为孩子创造了乐于接受教育的良好心境。另外,家长可以停下手上的工作,安静地倾听孩子的心声,让孩子感觉到爸爸妈妈对自己的重视。家长也可以与孩子一起培养共同的兴趣爱好,形成朋友式的亲子关系,用自身的言行教育孩子。

十、第十大关键工作:让孩子拥有激情与梦想

古人云:"有志者,事竟成。"所谓志,就是指个人为自己确立的远大理想和人生目标。人生目标就像大海中的灯塔,是力量的源泉。如果失去人生目标,我们就会迷失前进的方向,失去前行的动力。人只有确立了人生目标,才可能正确选择前行的道路,才能控制自己。不积跬步,无以至千里;不积小流,无以成江海。我们的目标有两种,一是近期目标,另一个是远期目标。作为家长要指导孩子处理好两个目标的关系,既要有长远目标,也要有短期目标,通过短期目标的实现,带动长远目标的实现,让孩子的人生充满成就感,让孩子的人生更有意义。

每一名学生对于假期都充满着渴望与期待,学校和家长有责任成为学生成长的引路人,既要关注学生的全面发展,也要让假期真正成为学生成长的加油站,让学生的假期生活充实、快乐,富有意义!

教育当使学生向上生长

北京市通州区第六中学　常恩元

　　生长教育是当前的一种育人模式，就是要使每个人的天性和与生俱来的能力得到健康发展，而不是将知识简单地灌输到一个容器中。教育应当激发学生的生命活力，使学生向上生长。正如卢梭所说：教育即生长，生长本身就是目的。马克思关于人的自由全面发展的观点，也是教育的终极目标，与当今教育领域综合改革的目标一致。教育的本质是解放儿童：从"教师中心论"到"儿童立场"——赋予儿童生长过程中的生命意义。作为学校管理者要自觉克服应试教育思想的侵蚀，要站在人的发展角度审视自身工作。

　　理念决定行为，有什么样的理念就会有什么样的行为。生长教育的核心价值观是"让孩子健康成长"。我们的根本目的在于关注儿童、尊重儿童，使学校的一切工作适应儿童的心理发展规律，满足他们的兴趣和需要。同时，这种尊重绝不是放纵，真正追求的是儿童健康、自主、和谐地生长。为此，学校始终坚持"为每一名师生的良好发展服务"的宗旨，全面落实"关注差异、追求卓越、面向全体、至诚至正"的育人理念。"关注差异"，即承认每个个体的个性差别，扬长补短，发展个性。"追求卓越"中的"卓越"不是一个标准，而是一种境界，是将自身的优势、能力，以及所能使用的资源，发挥到极致的一种状态。

　　美国教育家杜威提出：教育即生长，教育即生活，教育即经验的不断改组和改造。杜威全面论述了教育的生长原则："生活是生长的特征，所以教育就是不断地生长；在教育自身之外，没有别的目的。""判断学校教育的价值和标准，就看它创造继续生长的愿望到什么程度，看它为实现这个愿望提供方法到什么程度。"

教育的根本是什么？苏霍姆林斯基曾说："只有能够激发学生去进行自我教育的教育才是真正的教育。"教师在学生生长过程中只是起着激发、引导作用，而不是灌输，更不是代替。为此，学校主动建立学生自我教育平台，引导学生在校内外学习、生活中快乐成长，包括语言、仪表、课间行为、校外行为、学习行为、生活行为六大领域。同时，学校教师通过形式多样的教育活动，培养学生自主、自律、自悟、自省等能力，并外化为良好的行为。如今，伴随着学校大门的打开，每一位学生已经做好了充分的准备，开始美好的一天。

教师学期初要抓好十件事

北京市通州区马驹桥学校　常恩元

一、帮学生收心，与学生一起做好学期计划

学生在假期中多半处在放松的状态，开学初，不但学生的心不好收，连老师自己的心都不太好收！现实中很多老师只习惯按学校要求制订自己的教学计划，却不善于给自己的生活做规划，每当假期结束，总会羡慕那些工作生活两不误的人，自己却还有很多事没做。其实，每位教师能做到，就差一份生活规划。教师可以在假期前写写自己的教学计划、自主发展目标和生活规划，使自己的工作和生活有条不紊。每位教师在妥善规划自己的假期工作和生活时，千万不要忘记带着学生用思维导图制订一份个人的学习计划，等假期结束，看看这些目标都实现了没有，包括社会实践的目标、学科学习的目标、研究性学习的目标、体育运动的目标等。同时，教师还要要求学生拟定新学期计划，使新学期的学习和生活有目标、有追求。

二、班级管理提前着手，建立班主任、任课教师、学生家长联系群

学校与家庭的联系日益密切，许多工作都需要教师与家长联系，作为班主任或教师要有与家长联系的意识和习惯。每位班主任学期开学前，都要做一份班级通讯录，把班上每位学生、各个学科的老师的联系方式，甚至学校政教处、教务处、办公室等行政部门的联系方式都印上，学生、老师、家长人手一份。教师还要在家长群中打好招呼，孩子开学前该注意的事得提前想好，开学后才能迅速落实，进入班级管理的良好状态。

另外，教师还可以结合学生实际情况，建立不同性质的微信群，突出联系的针对性。

三、做好学生假期作业的检查和反馈

放假前，学校和教师都会给学生布置形式多样的作业，有德育方面的、学科方面的，以及体育等作业，而且，作业会同假期通知一起发放到学生手中。开学时一项重要的任务就是收作业，教师会及时检查，了解学生的作业完成情况，做到心中有数，并在第一时间反馈给学生。因为老师收作业和检查作业的态度，直接决定了学生对待作业的认真程度，所以假期作业不可小觑。

四、指导学生做好学期规划

奋斗目标是人生的精神支柱，人只有在站在山顶上的时候，才能看到远处的高峰。没有理想的生活，路上就会耸着生活的墓碑。新学期，无疑又是一个新的起点。对于学生来讲，做好学期规划至关重要。有了计划，自己在日常学习、生活中才有章可循，才可能形成好的习惯并走向成功。巴尔扎克曾说："一个能思想的人，才真是一个力量无边的人。"学生个人规划应包括现状分析、学期奋斗目标、措施等，涉及品德养成、学习、体育等多方面内容。

五、开学第一课要给学生送点儿"见面礼"

新学期的第一节课上，绝大多数教师都不会讲课，而是提前准备给学生送点儿"见面礼"。面对刚刚返校的学生，教师们思考得最多的往往是如何吸引学生的注意力，帮助学生尽快进入学习状态。所以，开学第一课，既不考试，也不上课，那做点儿什么呢？每位教师的做法不尽相同。有的教师采用传统的做法，总结上学期的教学情况，就如何学好本学科开展学法指导。有的老师开学第一课是举行班级颁奖典礼，给寒假作业完成比较好的同学颁奖，送上自己亲手做的礼物。据网上报道，有一位外国老师第一节课，送了学生十二样见面礼，分别是牙签、橡皮筋、OK绷、铅笔、橡皮擦、口香糖、棉花球、巧克力、面纸、金线、铜板、糖果。这些东西传递出一些信息，比如：牙签提醒孩子挑出别人的长处；

橡皮筋提醒孩子保持弹性，找到自己的节奏；橡皮擦提醒孩子每个人都会犯错误……

六、上好新学期第一节班会

班会是学校德育的一种十分重要的形式，它是以班级为单位、面向全体学生的会议或活动。它既是弘扬正能量，对学生进行管理、引导和教育，培养和展现学生自我管理能力，增强学生主人翁意识的重要渠道，也是处理、解决班级问题，开展各项活动的有效途径。"好的开端等于成功的一半"，第一堂课上得好与坏、成功与否，直接影响到学生对教师的信任和亲近。人们常讲"台上三分钟，台下十年功"，一节成功的主题班会就像现场直播的电视节目，具有较强的可预见性和不可预见性。因此，从班会开始到结束的每一个细节，在开会前都要精心设计、周密安排，要体现出科学性、思想性、时代性、规范性。一节好的班会，能引起班集体成员的触动与共鸣，能达到事半功倍的教育效果。

七、开好第一次班务会

班级日常管理涉及诸多内容，开好新学期第一次班务会，既是对学生干部的一次培训，又是推进班级各项工作的动员会，也是明确班级事务分工的部署会。学生干部是班级工作推进的核心，他们的一举一动，都会对班级产生影响，因此要加强对学生干部的培训与管理，强化他们的示范意识、责任意识、自律意识以及团队精神；要不断增强他们的自信心，积极主动地配合班主任干好班集体的各项工作。另外，在班务会上还要教会学生管理方法，让他们学会统筹，在日常分管的工作中体现科学性、精细化，争创优秀班集体。

八、出好第一期板报

随着信息技术在教学上的运用，很多传统的教学模式被忽略了，如教师课堂上的板书、国旗下的爱国主义教育、一周一次的班会、教室后墙的板报等。但是传统的教育方法也有不可忽视的作用，如教室内的板报；就是对学生进行教育的重要途径之一，不但可以美化班级环境，更重要的是可以弘扬班级正能量，引导学生学习传统文化，培养学生的道德情操，帮助学生树立自信心，激发学生创新的智慧，提高学生的审美能力等，是班级不可或缺的舆论阵地，具有宣传、激励、展示、交流等功能。既然板报是教育教学中的一种重要资源，我们就应该努力发挥它的育人作用。所以，新学期出好第一期板报尤为重要。正如苏霍姆林斯基所说："无论是种植花草树木，还是悬挂图片标语，或是利用墙报，我们都将从审美的高度深入规划，以便挖掘其潜移默化的育人功效，最终连学校的墙壁也在说话。"由此可见，教室内的板报在班级文化建设中起着十分重要的价值导向作用。

九、排好学生的新座位

排座位是班主任工作中一件极普通、极平常的小事情，但蕴含的教育意义却是深远的。新学期开始，不少班主任面临的一个问题就是学生座位怎样排才最好。一些常见的座位编排方法，如按学生身高编排、按学生的个性特点编排、按学生平时的表现编排等，我们时常采用。其实，我们也可以这样试试看，如秧田型、分组模块、餐桌式、马蹄式、圆形式等，给学生一种新鲜感。但无论采用什么形式编排，都要注意一些基本原则，如结合本班的实际，以公平之心对待每名学生，关注到每一个学生的需求，给学生搭配适合的小伙伴，让学生成为班级的小主人，定期适当地调整班级座位等。科学、合理地为学生编排座位，可以有效调动学生参加各种活动的积极性，也让老师们的工作事半功倍。

十、策划好新学期的第一次家长会

教育是一项极其复杂的系统工程，需要家庭、学校和社会紧密配合，通力协作，形成目标统一、要求一致、内容科学、方法优化、生动活泼的教育网络，才能使教育功能实现最大化。召开家长会是进行家校合作的一种有效途径，同时也是班主任工作的重要组成部分。家长会可以传播先进的教育理念、好的教子方法，加强家校的沟通，展示教师的风采和学校的办学成果。学期初的第一次家长会十分重要，既可以布置学期班级工作，争取家长的支持与配合，也可以加强家长间的互动，请各科成绩优秀的学生的家长介绍成功的家教心得，还可以给家长颁发一些奖项，如"最佳配合奖""最佳教育奖""最佳进步奖"等，树立优秀家教典型。总之，教师在开学之前一定要有所思考，并结合班级的实际情况不断创新，为学期工作的顺利开展提供保障。

课堂教学中不良师生关系影响学生心理健康发展的研究

北京市通州区第六中学　常恩元

一、前言

师生关系问题是课堂教学中的核心问题，师生关系是"教"与"学"的纽带。当前，无论是教育思想、教育观念的转变，还是教学内容、教学方法的改革，抑或是新课程的推进和教学质量的提高，最终都要依靠师生互动来实现。因此，师生关系如何，不仅影响到学生知识的掌握、技能的形成，而且关系到学生心理的健康发展。本文在对师生关系进行调查研究的基础上，将阐述不良师生关系对学生心理的影响，同时呼吁广大教师进一步增强责任感和使命感，转变教育观念，提高自身修养，从自身做起，努力创建民主、和谐、融洽的师生关系，在向学生传授知识、技能的同时，塑造学生健全的人格。

二、师生关系的类型与现状

师生关系是课堂教学活动中的一种隐性教育资源，已引起人们的广泛关注。积极营造民主、和谐、融洽的师生关系，既是学校工作顺利开展的重要保证，也是课堂教学改革、实施素质教育的需要。教师作为课堂教学的主导者、管理者，知识的传授者和学生的评价者，与学生的交往情况，必将影响到学生心理的发展。有研究表明：教师使用有效的交流策略与学生成绩的提高、参与性的增强、纪律问题的减少、创造力的获得、自我概念的提高、自主性的增强、思维能力的提高等有着关联。[1] 当前国内外的一些学者和教育工作者在实际教学中，也对师生关系进行了大量的调查研究，从教师的行为和师生的情感深度，对师生关系加以区分，归纳了相应的三种类型：（1）教师行为的专制型——师生关系的紧张型；（2）教师行为的放任型——师生关系的冷漠型；（3）教师行为的民主型——师生关系的亲密型。[2]从我们组织的调查情况看，民主型师生关系明显好于专制型和放任型的师生关系。另外，《中国教育报》曾发表了一篇关于"师生关系影响考生心态"的文章。文章作者曾对某市200名中学生对教师的教育态度进行了调查。结果表明：中学生对教师的喜欢程度按"民主型""仁慈专断型""放任自流型""强硬专断型"的顺序排列，高年级学生比低年级学生更喜欢民主型而不是专断型。[3]由此可见，民主型的师生关系正是我们所倡导的。但是教育思想、教育观念滞后，教师个人修养不高，教育方法和手段脱离学生实际等因素，严重阻碍了正常师生关系的形成，因此出现了专制型、放任型的不良师生关系。此类师生关系对学生的心理健康发展，构成了潜在的威胁。

三、不良的师生关系对学生心理的影响与分析

何为不良的师生关系？不良的师生关系就是指那些不利于学生获取知识、技能，阻碍学生的个性发展，压抑学生的个性，损害学生的人格，在课堂育人活动中发挥负效应的师生关系。不良的师生关系对学生心理发展的影响主要体现在以下五个方面：

（一）不良的师生关系影响学生良好学习动机的形成

学习动机是学生从事学习活动，为了达到某一目的的内部动力。一般来说，学生能否对某一门课程产生兴趣，很大程度上取决于学生是否喜欢任课教师。教师如果在教学过程中重视、关心和信任每一位学生，给予学生的是热心的帮助、耐心的指导，帮助学生取得一次次的成功，就会使学生获得自尊和自信，产生自豪感和责任感，激发学生积极的行为动机，使学生乐学、好学，将对教师的情感泛化到教师所教的学科上去。另外，教师高尚的人格、渊博的学识、和蔼的形象，往往也会让学生敬重、钦佩教师，很自然地把教师作为学习的榜样去模仿，愿意与教师接近，积极接收来自教师的信息。相反，关系不良，学生疏远教师，甚至反感、怀疑教师，产生对立情绪，"厌恶和尚恨及袈裟"，对教师所教的学科也会失去兴趣，进而减弱学习动机。我们在不久前组织的一次师生关系调查中发现，学生对学科的兴趣和良好师生关系正相关，再次证明了师生关系与学习动机的形成有着十分密切的关系。

（二）不良的师生关系影响学生的智力开发

无论是从心理学的角度看，还是在现实生活中，我们都会有这样的感受：心情舒畅时，人们往往思路开阔，思维敏捷，解决问题迅速果断，效率高；相反，心情不好、情绪低落时，则思路受阻，反应迟钝，解决问题犹豫不决。课堂教学是一个师生互动的过程，需要教师与学生共同配合，学生往往从教师那里获得积极或消极的情感体验。师生关系好，学生情绪高涨，认为教师欣赏自己、信任自己，于是有信心，愿意积极主动地参与教学过程，敢于大胆地提出问题、发表意见。相反，如果师生关系紧张，学生没有答对教师的提问或犯了错误，老师给予的不是启发、诱导，而是挖苦和指责，那么课堂气氛就会紧张，学生会忐忑不安，如坐针毡，对教师敬而远之。这些不良的情感体验直接影响学生的认识过程，影响学生对学习的态度。有人曾就不同情绪状态对智力操作的影响进行了研究，结果表明：不同情绪状态（愉快或痛苦）对操作效果的影响存在显著差异。[4] 另外，还有人做过这样的实验，先让被试者做若干课题，其中有的有解，有的根本无解。做题后，让一组被试者想象一次成功的演说，引发其愉快的情绪；让另一组想象一次失败的演说，引发其不愉快的情绪。然后让被试者回忆以上测验的内容。结果发现：愉快组回忆未解决的问题多；不愉快组回忆已解决的问题多。这也表明了不同情绪状态对智力操作具有不同的影响。[5] 课堂教学过程中紧张的师生关系造成学生情绪不佳，甚至消极、萎靡不振，不愿意主动参与教学，不敢轻易发表自己的看法，总怕回答错误而被老师批评，于是将自己的内心世界封闭起来，思维受到抑制，师生交流受阻，学生的主体作用难以体现。这样，不但学生的智力发展受到影响，学生的学习效率也大打折扣，还会使学生对某些课程失去兴趣。正如《教育——财富蕴藏其中》一书中指出的那样：教师在培养积极的或消极的学习态度上也起着决定性作用。[6]

(三) 不良的师生关系影响学生创造力的培养

素质教育以提高国民素质为根本宗旨，以培养学生的创新精神和实践能力为重点。在教学过程中保护学生的好奇心和求异思维，营造宽松的心理环境，给学生以一定的自由度，是培养学生创造性的必要条件。有人曾对北京市10所中学1200名学生进行问卷调查，结果表明：课堂上敢于向教师提出质疑的只占21.8%，课堂上敢于当面指出教师错误的学生仅为5.5%。在敢不敢向教师提出质疑这个问题上，中国学生与国外学生形成了鲜明的反差。难道中国学生真的没有问题吗？其实不然。青少年思维活跃，有许多的问题要问。但是，在我们的教育实践中，教师不提倡学生质疑，甚至对学生的质疑置之不理或者认为学生质疑老师就是扰乱课堂纪律，严重挫伤了学生的自尊心，导致学生的主动性、积极性被打击，学生的思考力、想象力被扼杀，竞争意识、创新意识被减弱，学生对教师言听计从。当前我们提倡培养创新精神。创新精神从哪里来？无疑要从小培养，从课堂抓起。学生的质疑能力，就是将来创新能力的基点，"前辈谓，学贵质疑，小疑则小进，大疑则大进"。当代课堂教学改革就是要推进课堂教学过程中师生关系的民主化进程，从而达到发展学生健康的个性、培养学生的创造能力、促进学生智力发展的目的。

(四) 不良的师生关系影响学生自我意识的形成

中学生正处于心理发展的关键时期。自我意识的形成，对学生当前的学习与生活，乃至将来的发展都起着十分重要的作用。自我意识是人格的核心部分，是个体内心世界与外部世界联通的唯一纽带。在教学过程中，学生与教师发生着经常性的交往，教师的评价、情绪反应和行为表现，直接影响着学生对自己的主观评价及主体体验，关系到学生自尊心和自信心的建立。教学过程中教师的评价是学生进行自我评价的重要信息来源，学生往往将教师看成权威，因而特别关注教师对自己的看法，希望能够从教师那里获得鼓励性的评价，如"你学习努力、刻苦""你是一个聪明的孩子"等。通过评价，学生知道教师是怎样看待自己的，久而久之就会将教师对自己的看法内化为自己对自己的看法，形成一种自我概念。师生关系好，学生会认为教师喜欢自己、重视自己、相信自己是因为自己做得好，能力强，从而感到自己有价值，进而产生自信心。相反，师生关系不良，学生得到的多为否定性的评价，学生的感受是教师冷落自己、不喜欢自己，学生会认为"我做得不好""我是一个坏孩子"，从而产生自卑感，失去自信。

（五）不良的师生关系影响学生人格的形成

课堂教学是一个育人的过程，担负着教书与育人的双重任务。良好的师生关系为学生提供了一个适宜的心理空间，而不良的师生关系会造成学生一些基本的心理需要得不到满足，如安全的需要、被爱的需要、尊重的需要、自我实现的需要等。心理学家马斯洛认为，低层次的需要获得满足后，高一层次的需要才会产生。教师挖苦的语言、冷漠的态度、专制性的管理，给学生的恰恰是不安、不爱，不尊重、不信任，使学生的心理需求得不到满足，造成学生的需要层次无法提高。有些学生甚至为了满足某些需要而采取不正当的手段，进而出现学生与教师对抗等不良行为。学生被爱的需要得不到满足，就会形成孤独、自卑、退缩、冷酷、嫉妒等性格。另外，自尊得不到满足时，学生就会自暴自弃、不尊重他人，甚至攻击他人，导致人格扭曲。

四、不良师生关系的成因与分析

（一）教育观念滞后造成师生关系不良

教育观念是先导，教育观念决定教育行为。虽然我们已经进入一个新的历史时期，但一些教师仍没有彻底摆脱传统教育思想的束缚，推崇封建时代的师道尊严，认为教师具有至高无上的权力，致使教师与学生在人格、地位上不平等，一切以教师为中心，忽视了学生的情感、动机、尊严、自信等人格价值的需要，而造成师生关系不良。

（二）教师教育方法不当造成师生关系不良

教学过程也是学生由不知到知、由不会到会、由不懂到懂的一个过程。一些不符合教师期望的行为时有发生，此时教师往往不考虑学生的心理特点和可接受性，而采取简单、粗暴的做法，对学生横加指责，甚至打骂，导致学生产生不满或怨恨情绪。随着这些消极情绪的积累，学生对教师的不满也显现出来，并通过某些具体事件，引发师生间的矛盾和冲突。这就是我们常说的"恨铁不成钢"，老师的出发点是好的——为了教学生解决问题，但方式方法不对，从而造成师生关系紧张。

（三）教师与学生在生理和心理上的差异造成师生关系不良

师生关系本质上是成年人与未成年人的关系。教师的思想品德、知识经验和情感等都是比较成熟的，而学生各方面经验有限，辨别是非的能力差，人生观、世界观、价值观正在形成，情绪不稳定，易感情用事，时常出现师生对同一问题产生不同看法的情况。如：在学习上，教师认为学生不用功，学生却认为自己刻苦努力；在爱好上，学生追星、追名牌，教师认为这些无价值。当教师对学生的表现进行干预或批评时，学生对教师就会产生极大的不满，甚至愤怒、争辩，仍然认为自己的做法是正确的，造成师生冲突。

（四）教师的行为不符合学生的期待造成师生关系不良

教师是科学知识的传播者、学生智力的开发者和思想品德的培养者，其一言一行都对学生产生着影响。在学生的眼中，教师应该是一个完美的榜样。但是在现实中有些教师却达不到学生的期待，如教学水平低、知识贫乏、对学生缺乏爱心、为人不实、不负责任的教师等，使学生对教师产生不满，不再信服与尊重教师，造成师生关系紧张，甚至产生冲突。

五、建立良好师生关系的主要对策与建议

（一）转变教育观念，树立全新的学生观

广大教师要从陈旧的教育思想中解放出来，坚持以人为本，建立起人格平等的师生关系，用正确的学生观去指导自身对待学生的态度与行为，用发展的眼光去看待学生，正视学生间的差异，了解学生的身心特

点，尊重学生的人格，看到学生的发展潜能，克服传统教育思想的束缚，注重非智力因素的作用，用自己高尚的品德、严谨的工作作风、非凡的教学能力去影响学生，使学生愿意接受自己的教诲，从而促进良好师生关系的形成。

(二) 进一步提高教师的职业道德修养

教育是一项公益事业，教师的职业是神圣的，教师的职业道德反映了教师的职业义务，体现了教师对所从事的事业和对学校所负的道德责任。职业道德是教师的灵魂，是贯穿教育全过程的精神支柱，教师对学生缺乏责任感、不尊重、不信任，原因之一就是缺乏教师应有的职业道德修养。因此，良好师生关系的建立，必须强化教师的职业道德建设。

(三) 实施教学改革，满足学生的基本需要

课堂教学过程不仅是学生学习掌握知识的过程，同时也是师生进行情感交流的过程，师生间的情感交流影响着学生的学习过程。因此，建立民主、和谐、融洽的师生关系是课堂教学改革的重要内容。师生关系的改进，要从满足学生的基本心理需要入手，为学生产生高一层次的需要创造条件，从而激发学生的求知欲。在教学过程中，我们要特别注意以下五点。一是满足学生摆脱过失感的需要。教师要正确对待学生的过错与失败，主动关心他们，帮助他们改正错误、重拾信心。二是满足学生被爱的需要。教师要赏识学生，要给学生以鼓励、赞扬，哪怕只是一句话、一个手势或者一个眼神，把爱传递给学生。三是满足学生克服胆怯的需要。面对那些不愿意主动参与教学活动的学生，教师要坚持"小目标、低起点、循序渐进"的原则，为他们创造条件，鼓励他们与教师或同学进行交流，使他们感受到教师对他们的关心与信任。另外，当他们不小心犯了错时，教师要及时给予安慰，帮助他们查找原因，以便今后不再犯同样的错误。四是满足学生被尊重的需要。教师要主动接近学生、信任学生，尊重学生的意见，宽容学生的过失，不在公开场合批评、指责学生，做到严而有格、严而有度、严而有方。五是满足学生成就自我的需要。获得成功是每一个人的愿望，如果总是面临一次次的失败，

或者总找不到展示自己的机会，学生就会变得心灰意冷。因此，我们要为每一名学生创造成功的机会，让他们得到成功的体验，激发他们拼搏向上的进取精神。

（四）强化学校管理，引导师生关系健康发展

师生关系虽然是一种师生互动的关系，但必须强调教师是主导方面。学校要将教职工的思想教育工作放在学校各项工作的首位，坚持"以人为本"的办学思想，建立科学合理、行之有效的管理、考核、评价体系。举措如下：一是将师生关系是否民主、和谐、融洽作为评价教师工作的一项重要指标，对问题严重者实施"一票否决"制；二是定期开展家长、学生评师活动，了解师生关系现状；三是聘请行风监督员，建立监督机制，规范教师的行为；四是大张旗鼓地表彰先进典型，宣传他们的事迹，营造良好的氛围；五是保证师生沟通渠道的畅通，设立师德信箱、知心信箱、校长信箱，及时化解师生矛盾。我校即开设了心理辅导讲座，接受学生的心理咨询，架起师生心灵交流的桥梁。

综上所述，重视和研究课堂教学中师生关系对学生心理的影响，既是实施素质教育、深化课堂教学改革的需要，也是全面育人、培养学生健康心理的需要。因此，我们必须充分认清不良师生关系对课堂教学及学生心理带来的负面影响，认真分析不良师生关系的成因，并采取有效措施努力营造民主、和谐、融洽的师生关系，这样才能保证课堂教学改革的顺利进行，保证青少年一代的健康成长。

参考文献：

[1] 蒋裕源. 从历史走向明天：宁波中学弘扬"三自"，全面推进素质教育的理论与实践 [M]. 上海：上海教育出版社，2003：387.

[2] 陶春辉. 师德手册 [M]. 北京：九州图书出版社，1998：358.

[3] 郑晓边，罗金远，张才生. 师生关系影响考生心态 [N]. 中国教育报，2002-02-06.

[4] 阴国恩，梁福成，白学军. 普通心理学 [M]. 天津：南开大学

出版社，1998：289.

［5］同［4］290.

［6］联合国教科文组织总部中文科.教育——财富蕴藏其中：国际 21 世纪教育委员会报告[M].北京：教育科学出版社，1996：134.

对初中"师友互助、合作学习"教学模式的探索与思考

北京市通州区马驹桥学校　常恩元

课堂教学是落实学科核心素养、培养学生实践能力与创新精神的主渠道。当前，新的教育理念、新的教学方式正逐步被广大教师接受。但是旧的课堂教学结构还有很大的惯性，备课以备"教"为主，上课以教师为中心，教师是主动者、支配者，学生是被动者、服从者。教师满堂灌，刻板、低效、无趣、形式单一的现象还依然存在，与教育改革的大背景不相适应，使学生的主体性和学习潜能得不到最大限度的开发，造成学生学习效率低下，学科核心素养难以提升。

一、当前课堂教学所存在的问题

（一）学生的主体地位难以体现

在课程改革过程中，有关部门明确提出要改变课堂教学中的"教师中心论"，把课堂的主宰权还给学生。日常工作中教师听了许多按照新课程理念上的示范课，自己也上了不少校内或教研组的公开课、研究课，理论上讲应该不存在这类问题。可是，在教学实践中完全是另外一番景象。教师往往首先考虑怎样教，特别是有人听课时，首先考虑的是怎样把听课者的眼球吸引到自己这里来，怎样把自己的看家本领在一节课上都展示出来，主角意识太强，表演欲过于强烈。老师往往把教学过程看成是学生配合教师完成教案的过程，一定程度上忽视了作为学习主体的学生，忽视了作为重要课程资源的学生。由于课前忽视了对学生情况的分析，教师所设定的教学起点，与实际的教学起点有时并不吻合，等到上课时，才发现好多东西都是学生早已知道的。教师很难看到教学过程的动态生成，很难看到富有生命活力的课堂。在我们抽检的"推门课"

中，大量教师对传统的教学方法仍情有独钟。凯洛夫的五段教学法（即组织教学、复习旧课、讲授新课、巩固新课、布置作业）还在普遍应用，许多教师对这种教学法已形成思维定式。以教师讲授为主的教学模式还长期存在。教师总怕学生听不明白，把大量的时间用在讲授上；学生被动接受，根本无法把学生的学习积极性、主动性充分调动起来。认知心理学将知识分为陈述性知识和程序性知识两类，前者即"是什么"的知识，后者为"怎么做"的知识。教师的教学基本上是对教材中的陈述性知识的机械复述，而忽视了学生通过亲身参与、实践训练而获得程序性知识的事实。教师没有从学生已有的经验和需要出发，没有引导学生探讨教材文字背后所蕴藏的内容，学生很难感受到成功的喜悦。

(二) 教师统得过死

传统课堂上，教师居高临下，是主宰者，学生时常处于无形压力的包围中。老师讲课时，学生们往往一言不发。老师提问时，学生要举手，征得老师的同意才能回答。有些老师甚至以高压下形成的准军事化管理作为成功的典范，作为自己的谈资。事实上，这种统一规范、整齐划一的环境中的孩子，在承受着巨大的压力。甚至有的教师在公开课上为追求举手效应，要求会的学生举右手，不会的举左手。教师在公开课上解决了学生所有"问题"，学生什么都"懂"了，最后没有一个学生提问、质疑。冰雪融化后只能变成"水"的例子，值得我们深刻反思。

(三) 课堂教学模式单一

多少年来，课堂教学所追求的是循着课前精心设计的教学程序，采用一连串的提问，引导学生按照教师的想法接受一个又一个结论。问题设计往往过细、过窄，缺乏思考价值。当学生对问题的回答正是所期望得到的答案时，教师便会如获至宝地加以肯定或赞扬，对这个问题的讨论也就此画上句号。有时教师提出的问题具有一定的思维空间，但教师又不能给学生充足的思考时间。这无疑阻碍了学生思维独立性与创造性的培养与发展，致使学生在思考问题方面存在着比较严重的依赖性。教学中，学生的每一步都由教师领着走。教师好像是导游，拿着旗子在前面喊，一队学生跟着走，无法思考，可谓走马观花。概括起来讲，传统的课堂教学存在以下问题：教师讲解多，学生思考少；一问一答多，探索交流少；操练记忆多，鼓励创新少；强求一致多，发展个性少；照本宣科多，智力活动少；显性内容多，隐性内容少；应付任务多，精神乐趣少；批评指责多，鼓励表扬少。传统的讲授式教学还占主体，自主、合作、探究式教学没能得到很好地运用或流于形式。

（四）课堂教学中信息交流单一

传统的课堂教学中，学生学习被动，学习方式单一，主要体现个体性，教师与学生之间、学生与学生之间经常处于一种紧张甚至对立的状态，信息交流处在一种不畅通的状态，很少有人际交流和互动、观点的交锋和智慧的碰撞，学生的学习始终处于被动应付状态。学生缺少自主探索、合作交流、独立获取知识的机会，很少有机会表达自己的理解和意见，致使课堂气氛沉闷、封闭。教师的"一讲到底"限制了学生创造性的发挥，师生的"一问一答"剥夺了学生与学生之间的合作机会。在应试教育体制下，教学评价往往注重结果，评价手段是单一的考试，评价依据是考试分数。中考怎么考，教师就怎么教，学生就怎么学。教师们为了学生考个好成绩、排个好名次，只好在逼学生上下功夫。学生在书山题海面前，忙得晕头转向，无所适从，苦不堪言。

（五）课堂教学以知识为本

传统的课堂教学是一种以知识为本的教学，这种教学在强化知识的同时，从根本上失去了对人的生命及其发展的整体关怀。为了完成认知目标，学生的创造性被抹杀，学生的情感被忽视。这造成我们的教育强调知识的记忆和培养，却没有意识到学习过程不仅是一个认识活动过程，而且是一个情感活动过程。许多学生普遍反映上学不幸福，而且这种情况不被教育者关注和理解。学生学习的动力主要来自外部，更多的是来自分数的压力，而不是来自对知识的追求和热爱。传统课堂使我们的孩子失去了许多宝贵的东西，他们失去了梦想和激情，变得麻木、呆板；他们失去了积极的人生态度，变得懒惰；他们失去了学习的主动性，变得低能；他们失去了天真活泼、乐观向上的天性：这是传统课堂的弊病。

(六) 课堂教学缺少有效的反馈环节

课堂教学中，教师要通过捕捉学生各方面的反应，有针对性地调控教学行为。真实的反馈可以使教师做出更有利于学生发展的教学决策，没有反馈或虚假、片面的反馈将使教师的教学偏离方向。通过课堂观察，我们发现不少课堂教学没有反馈，教师只是讲，为了完成任务而完成任务，有交流也是一问一答式，学生没有实质性的参与。学生到底掌握得怎么样，教师并不清楚。有些课堂教学反馈滞后于教学。当教师获取反馈信息时，一些错误的认知可能已经在学生的头脑中根深蒂固，此时要将这些错误改正过来，不但要花大功夫，而且效果可能也不好。另外，也有些教师忽视了教学要面向全体的原则。课堂教学反馈只针对个别学生展开，涵盖面窄，往往多关注好学生，对学困生关注较少，没有追问和及时解决发现的问题。因此，教师在教学过程中要找到有效的方法，及时获取学生的反馈信息，发现学生学习中出现的偏差、错误，从而调整自己的教学，及时进行矫正和补救，只有这样才可能达到事半功倍的效果，才能进一步提高课堂效率。有效的教学反馈有助于及时了解学生的接受能力与差异化需求，有助于及时调整和优化教学内容及方法，有助于培养并增强学生的自主学习意识，有助于及时获知个别学生的错误想法，并纠正他们的错误想法及学习方法。

(七) "重教法轻学法"导致学生不会学

传统的教学把学习建立在学习者的客体性、受动性和依赖性的基础之上，过多强调如何教。在传统的课程观中，课程内容规定了"教什么"，而教师则负责"怎样教"，课程与教学的界限泾渭分明。课程内容由政府和学者专家确定，教师的职责是踏实而有效地传递课程内容，是课程的实施者，很少有机会发挥自主性，扮演着"执行者"和"传声筒"的角色。教师不是"用教科书教"，而是"去教教科书"。在教法上，不是多种媒体综合运用，而是单一地讲授；不是"以培养创新精神为核心"，而是"以传授知识为核心"；不是"学生本位"，而是"教师本位"，没有把学生置于教学的核心地位。在传统的教学中，教师负责教，学生负责学，教学就是教师对学生单向的"培养"活动。教学关系就是我讲你听、我问你答、我写你抄、我给你收。在这样的课堂上，"双边活动"变成了"单边活动"，教代替了学。

（八）"重教材轻学生"导致兴趣丧失

日常教学中教师总是忠实地执行教材，视教材为金科玉律，不敢越雷池一步。教材上怎么写，教师就怎么教，即便发现教材有问题或不合理之处，也不敢随便改动。许多教师甚至成教材和教参的传话筒，把教材内容毫无遗漏地传授给学生，使教材成为限制学生大胆创新的枷锁。传统的教学中，教师教学的最大"特色"是"教教材"，教材是依据课程标准编写的，具有一定的权威性，而且考试主要测试的是教材上的内容，陈述性知识居多，这导致掌握教材的程度成了评价学生的唯一标准。教师进行教学设计主要依据教材和教参，力图将教材上的每一个知识点都纳入自己的课堂教学中，教学过程也往往是对知识点照本宣科。当课堂设计环节完成以后，一堂课的教学任务也就算完成了，至于学生怎样去掌握，掌握了多少，掌握到什么程度，要到考试时看学生"复制"知识的效果才知道。所以，传统的课堂教学缺少活力，教师是知识的主动转载者，教得辛苦；学生是知识的被动接受者，学得枯燥。

（九）"重知识轻能力"导致学生眼高手低

课堂教学中的一切活动都应该围绕学生开展，学生是学习的主体。可是传统课堂上，教师缺少尊重意识和服务意识，往往存在忽视学生的差异与权利的现象。学生在课堂上得不到平等对待，得不到对话和表现自我的机会。传统课堂束缚了学生的思维，压抑了学生的求知欲望。教育不应该以压抑、管制和约束的方式去调教、干预、统治学生。教育应该尊重学生的身心成长规律，尊重学生的天性，才会使学生产生学习的主动性和积极性。学习的结果是知识的掌握、能力的形成，而知识掌握的过程和能力形成的过程才是学习本身。学生的大脑就是一片沃土，知识是思维的元素，知识若是种子，思维则是耕种。只有把知识通过思维种到大脑里，知识才能变成力量，否则就是堆积在大脑里的垃圾。当前不少家长、干部、教师还被功利思想左右，把目光全部集中到考试和成绩上，忽略了人性。学校把追求升学率作为首要任务，把学生当作接受知识的机器，教师只为中高考而教，学生只为中高考而学，严重违背了教育的本质规律，形成了"重知识轻能力"的现象。

（十）教学应试化致使学习枯燥乏味

用简单的升学指标管理学校，并将升学率、平均分、及格率、优秀率作为评价教师的重要依据，致使教育畸形。在这种情况下，应试教育强调的是"两眼一睁开始竞争"。传统课堂上，教师对学生的评价依据就是有没有掌握教师所教的知识，会不会做题，考试成绩怎么样。学校对教师的评价也基本上是看教师的教学成绩。传统的教学评价，过于注重结果的终结性评价，而忽视对过程的评价，造成的结果是：打击了学生学习的自信心与积极性，使学生不能清醒地认识自我、反思自我，学生自主学习、自主发展的能力与品质得不到应有的培养，学生个性的健康发展受到了极大的影响。

二、课堂教学改进策略

精彩高效的课堂从何而来？来自教师的教育理念与教学行为，不同的教育理念会形成不同的教学行为。一位教育专家参观了美国的教室，回来后专门进行了对比分析（见表1）。

表1 课堂教学师生"教"与"学"行为对比表

教学要素	教学行为	
	以老师为中心	以学生为中心
教学方式	讲课	讲课，小组讨论，理论应用
教师角色	主导学习进度，提供知识来源	呈现内容，激发讨论，示范分析技巧
学生角色	听讲，记笔记	听讲，记笔记，读书，思辨，在课堂上表达观点、参加讨论，呈现自己所理解的内容
学习进度	老师主导	老师和学生主导
学习模式	自上而下式，老师向学生传递知识	合作、参与，老师和学生互动

（续表1）

评估方式	笔试、口试	笔试、口试、演讲陈述、课堂讨论、论文、小组项目、同学评估
评估过程	老师评估学生	老师评估学生，学生评估老师，同学互相评估
预期结果	记忆、吸收知识	获得知识，将理念应用在新的情形下，掌握思辨分析技能

从上表可见，以教师为中心的课堂，没有将学生解放出来，学生还处于被动接受状态，缺少实质性的有效参与，课堂压抑、沉闷，有预设没有生成，自主、合作、探究多停留在理念层面，落实得少。现实中以教师为中心的课堂还占主体，以学生为中心的课堂的建立还有很长的路要走。

因此，我们结合学校实际，积极探索"师友互助、合作学习"的高效课堂。学生互为学师、学友，2至4人一组。学习优秀的同学为学师，学习差的同学为学友。学师的主要职责是教会学友学习，督促学友学习，指导学友掌握科学的学习方法和技巧，对学友的思想、行为、学习等方面进行全面管理。学师不仅要学会做题，还要学会如何分析题，如何理清解题思路，如何把例题（习题）和更多同类型的题、相应的知识点和拓展知识点联系起来，如何梳理知识结构形成系统。学友的责任主要是自主学习、独立思考，遇到不会的问题，及时寻求学师帮助，尽自己最大的努力解决存在的疑惑，查找出错的原因，及时总结成功的经验，自觉接受学师的管理。课堂学习中，本组解决不了问题时，向其他组请教，如果还不能解决可向教师寻求帮助。"师友互助、合作学习"模式的建立，目的在于让学生做课堂学习的主人，指导学生学会自主学习，学会独立思考，学会自我表达，逐步养成良好的学习习惯，促进学生学习能力的提高，提升学生的学习成绩，最终为学生终身学习奠定坚实的基础。

（一）确立"师友互助、合作学习"的课堂教学模式的依据

1. 政策依据

《国务院关于基础教育改革与发展的决定》（国发〔2001〕21号）指出："鼓励合作学习，促进学生之间相互交流、共同发展，促进师生教学相长。"

《基础教育课程改革纲要（试行）》中明确要求，"关注学生的学习兴趣和经验"，"倡导学生主动参与、乐于探究、勤于动手，培养学生搜集和处理信息的能力、获取新知识的能力、分析和解决问题的能力以及交流与合作的能力"。

《教育部关于全面深化课程改革 落实立德树人根本任务的意见》指出："人才培养模式改革不断深化，自主、合作、探究的学习方式与启发、讨论、参与的教学方式不断推广，育人的针对性、实效性进一步增强……突出强调个人修养、社会关爱、家国情怀，更加注重自主发展、合作参与、创新实践。"

文件中多次提及"合作"一词，探索与实施"合作学习"已成共识。

2. 理论依据

合作学习之所以能长盛不衰，广泛传播，并不断发展，甚至被认为是"当代最大的教育改革之一"（埃利斯和福茨《教育改革研究》），是因为有众多的理论支持。支持合作学习的理论主要有：

（1）社会互赖理论。此理论认为群体是成员之间的互赖性可以变化的动力整体，各成员之间的互赖性有差异。

（2）选择理论。此理论是一种需要满足理论。学校是满足学生需要的场所。依照此理论，不爱学习的学生，绝大多数不是"脑子笨"，而是"不愿意学"。

（3）发展理论。此理论来源于维果茨基的发展区理论与皮亚杰的认知发展理论。

（4）精致理论。认知学的研究证明，如果要使信息保持在记忆中，并与记忆中已有的信息相联系，学习者就必须对材料进行某种形式的认识重组或精致。精致的最有效方式之一是向他人解释材料。

（5）接触理论。此理论认为人际合作能提高小组的向心力，增进小组成员的友谊。

（6）人本主义学习理论。罗杰斯认为同伴教学是促进学习的一种有效方式。

(7) 自控理论。威廉·格拉塞博士认为人的行为内驱力来自人固有的需要。

(8) 建构主义学习理论。此理论认为个体是在与世界环境相互作用的过程中积极建构，改组自己的认知结构而进行学习的，学习涉及学习者之间的相互效仿、协助和激发。

(9) 有效教学理论。有效教学是指教师遵循教学活动的客观规律，以尽可能少的时间、精力和物力投入，实现教学目标和学生的个性培养与全面发展，取得尽可能多的教学效果。教学有效性包括：有效果，指教学活动结果与预期教学目标的吻合程度；有效率，指以少量的投入换得较多的回报，教学效率＝有效教学时间／实际教学时间；有效益，指教学活动的收益、教学活动价值的实现，具体是指教学目标与特定社会和个人的教育需求是否吻合及吻合的程度。

(10) 合作学习理论。所谓合作学习，是指在教学中通过两个或两个以上的个体组成合作学习小组一起学习，以提高学习成效的一种教学形式。当所有人聚在一起为一个共同目标而工作的时候，靠的是相互团结的力量。相互依靠为个人提供了动力，使他们互勉、互助、互爱。小组合作学习较好地解决了这一矛盾，使学生能在和谐的气氛中共同探索、相互学习，逐步培养探索精神和创新意识。

正如斯莱文在《合作学习与学生成绩：六种理论观点》一文中所说："所有这些观点在某些情景下都可证实是正确的，但没有一种观点可能在所有情景下既是必要的又是充分的。"从这些理论中汲取不同的观点并进行补充，便形成了合作学习的理论基础。总的来说，这些理论的共同之处在于，人是生活在群体中的，除了竞争还有合作关系的存在。不管是否真正关心集体利益，群体总会产生互赖的关系。

3. 实践依据

(1) 古代合作学习的实践

两千多年前，我国就产生了合作学习的思想。《诗经·卫风》中指出"有匪君子，如切如磋，如琢如磨"；教育名著《礼记》中也提出"相观而善之谓摩","独学而无友,则孤陋而寡闻";许多私塾都采取"高业弟子转相传授"的办法进行教学;书院更是盛行"切磋"之风;20世纪30年代,著名教育家陶行知先生大力倡导"小先生制":这些提法、行为都体现了合作最基本的理念——互相帮助、共同发展。

在西方,亚里士多德、柏拉图、奥勒留、托马斯·阿奎那等人都曾在著作中论述过合作学习的思想。例如,亚里士多德认为营造一种合作式的宽松的学校气氛,能激发人求知的本性,有利于人的潜能的发挥。公元1世纪,古罗马教育家昆体良就指出学生们可以从互教中获益。他始终强调一个观点:"大家一起学习,可以互相激励,促进学习。"

(2) 近代合作学习的实践

文艺复兴时期,捷克的大教育家夸美纽斯也在其著作中明确提出,学生不仅可以从教师的教学中获得知识,还可以通过别的学生获取知识。启蒙时期,法国的卢梭、英国的洛克、美国的杰弗逊和本杰明·富兰克林都曾提出合作的思想。18世纪,约瑟夫·兰开斯特和安德鲁·贝尔开始在英国广泛使用合作性学习小组;19世纪初,合作学习的方式传入美国,并不断发展。教育家帕克和杜威都做出了重要贡献。帕克认为学校是最适于实现民主并让儿童共同学习和共同生活的地方,他的"昆西教育改革"取得了巨大的成功;杜威则把合作学习作为"从做中学"教学方法的组成部分。"有关资料显示,仅在美国,合作学习的方法与策略目前就不下百种,这其中还不包括每一种方法的变式。"(高艳《合作学习的分类、研究与课堂应用初探》)

(3) 现代合作学习的实践

我们通常所说的合作学习,其实是指20世纪六七十年代在美国重新兴起且至今都盛行不衰的合作学习。它的"重新兴起绝非偶然,它既反映了自1957年苏联成功发射人造卫星后,美国朝野要求大面积提高教育质量的呼声,也是对传统教学形式的反思和对传统评分制的批判"(王凯《论合作学习的局限性》)。它一兴起就迅速发展,现在"已广泛地应用于美国、以色列、新西兰、瑞典、日本、加拿大、澳大利亚、荷兰、英国、德国等国的大中小学教学"（高艳、陈丽、尤天贞《关于合作学习的元分析》）。

我国洋思中学"先学后教，当堂训练"的教学模式、杜郎口中学"三三六"的自主学习模式、即墨二十八中的"和谐互助"和"五步十环节"教学模式等，都展现了学生的合作学习。

4. 身心规律

人们接收信息、进行学习时，要借助不同的感觉器官，如用耳朵听、用眼睛看、用手摸等。不同的人偏爱不同的感觉器官和感知通道：有些人更喜欢通过视觉接收信息；有些人更喜欢通过听觉了解外在世界；还有一些人更习惯通过动手（或身体运动）来探索外部世界，从而掌握有关信息。不同感知觉类型的学习者，在学习上有不同的表现，所采用的学习策略也各不相同。我们可以记住所读的20%、所听的30%、所看的40%、所说的50%与所做的60%。以教师为中心的传统教学方式，显然比较适合视觉型与听觉型的学生，因为擅长读课文或是默念课文便能将书本熟记的学生能在传统教学中拿到高分。以学生为中心的课堂，要求学生努力转变学习方式，由被动听转到主动学，综合使用多种器官，耳、眼、脑、口、手并用，利用各种方式，如读书、看视频、浏览网页等，或是与其他同学一起合作、探究学习，在参与中提升学习兴趣、掌握知识、生成能力，真正实现从知识到能力的转化。这种"我要学"的主动学习才是最有效率的学习。"师友互助、合作学习"就是一种很好的学习形式，在前期测试的基础上，可以将听觉型、视觉型、动觉型、均衡型进行科学分组，引导学生多感官并用，提高学习效率。

（二）"师友互助、合作学习"课堂教学模式

第一环节：温故导新、师友互查

操作方式：在教师导入的基础上，通过师友讲题巩固旧知，通过师友展示导入新课，通过师友互查检查预习任务。

说明：互查主要用于课前预习、记忆类、巩固练习类等简单学习任务的检查，先检查学师，用于示范引领；再检查学友，用于模仿学习。

第二环节：自主学习、师友互助

操作方式：教师提出问题，学生自主学习，将有疑惑的问题做好标记，组内成员相互解疑。若全组没问题，主持人马上举起"笑脸"牌。如有问题，主持人举起"问号"牌，在征得教师同意后可向其他组请教。

说明：在相互解疑阶段，组内成员都明白后，主持人才能举起"笑脸"牌。如有疑惑，主持人举起"问号"牌示意。

第三环节：交流分享、师友互补

操作方式：课堂展示时，组内成员轮流发言，成员不会或回答不全，组内其他成员可以引导、补充。如遇到不会或有争议的问题，师友要主动询问："有没有师友组补充？"

说明：表述时要有固定的陈述语，如"我们组认为……"。教师可适时追问，引导性的语言有"你从哪里看出来的""你的依据是什么""你为什么这么想"……

第四环节：巩固提升、师友互议

操作方式：出示拓展提高类问题。师友自主思考后，组内成员主动交流，有无法解决的问题，可向其他小组请教，讨论出结果后主动举牌示意。

说明：遇到创新类、发散思维类的问题，组内成员必须坚持轮流发言，别人发言时虚心倾听，听清要点，适时插话，总结提升。当意见不一致时，不要急于争吵，而应设法列出事实来证明自己的见解的正确性。

第五环节：检测达标、师友互评

操作方式：教师结合学习目标，出示课堂检测题，师友分头测试，在教师的引导下进行评价，总结本节课所学，同时督促改错。理想的效果是能针对错题出类型题给学友，保证学友真正学会。

说明：此阶段可以对师友某阶段的表现或本节课的表现予以总结，可师评，也可生评，提出下一阶段的学习目标，并评选出本节课的"最佳师友"。

其他形式还包括：

师友互改：用于作业、练习的批改，互评对错，监督纠错。学友若做错了题，改正后，学师还要出一道同类型的题，巩固学习效果。

师友互考：师友根据老师布置的自学任务，结合对方的学习情况，提出适合对方的问题，考查自学成果。学生回答正确，教师及时激励；学生回答有偏差，教师给予提醒。

师友互促：学师、学友针对某阶段的学习或本节课的学习提出下一步的目标，相互鼓励，共同进步。

对学生的要求：动作迅速，训练有素；表达完整，有理有据；态度大方，声音洪亮。

对教师的要求：师友合作要领会好、实践好、完成好，充分体现"师友互助、合作学习"的课堂教学模式。

（三）"师友互助、合作学习"课堂教学模式的实施

1. 明确划分标准

根据学生的智力水平、学习成绩、认知基础、学习习惯、学习能力、兴趣爱好、交往能力、心理素质、性格因素等综合情况确定师友，帮助学生找到自己的学师。做到优化组合、优势互补、相互促进，有效利用学生资源。

2. 坚持科学分组

在前期测试的基础上，将听觉型、视觉型、动觉型、均衡型进行科学分组，并确定主持人（组长）、计时协调员（分配工作，管理时间和物品）、纪律管理员（控制音量，解决冲突）、记录员兼发言人。做到组间同质、组内异质、责任明确、任务驱动，坚持互补性原则，坚持稳定与动态管理相结合的原则，坚持班主任整体安排与任课教师微调相结合，坚持学生自愿建组与教师指定相结合。

3. 明确师友责任

学师的主要职责是对学友的思想、行为、学习等方面进行全面管理，教会学友学习，督促学友落实学习常规，指导学友掌握科学的学习方法和技巧；帮助学友创新思维、激发灵感，课上课下要会讲、善讲，成为

名副其实的师傅。

学友要接受学师的全面管理，及时向学师汇报情况，不但要接受学师的学习指导，还要克服思想、行为、纪律等方面的问题；要和学师共同学习、共同探究，形成好的学习习惯、行为习惯，增强学习自信；要善于发挥自己的特长，将自己的优势显现出来，并能看到自己的问题与不足，及时解决问题、弥补不足，不断提升自己的能力和素质。

4. 规范活动程序

学生结合教师给出的问题自学，提出自学过程中遇到的问题。学生互相帮助，想法解决疑难问题。本组成员不能解决的问题要向其他组请教，或在全班交流时解决。每组展示或回答问题后教师要依据表现进行评价，并做好记录，每月进行一次优秀师友小组评比。

5. 明确活动规则

（1）师友互助规则

友善交流：集中注意力，努力听懂别人的发言，记住要点，捕捉对自己有利的信息并加以整理。别人发言时要虚心倾听、适时插话。学会换位思考，意见不一致时设法列出事实证明自己的见解的正确性。

团结一致：有团队合作意识，不放弃每一名组员。所有成员都会时，主持人才能举手。学师必须教会学友。

勤于发问：从怕问、不敢问到会问有一个过程。只有多问、勤问，才能实现质的飞跃。

体现自主：发挥学生的自主性进行自我教育、自我提高、自我反馈。设计的题目坚持分层，可分三类：必做题、选做题和思考题。

（2）师友交流的规则

控制音量：学会用两种声音说话，师友互助交流时声音要小，不能影响他人；全班交流时，声音必须洪亮，口齿清晰，要展现出对问题的理解透彻度。

规范用语：交流过程中用语要规范，不仅要说明答案，而且要说明解题思路、解题方法、应注意的问题及从该题得出的规律等。

解决问题：能独立完成的问题就不要交流；需要互助交流的问题，应尽最大可能在师友间解决；非疑点、难点、重点问题，尽量不在全班进行展示。

6. 建立激励机制

采取相互激励措施：如拇指激励法、评语激励法、当堂激励法、课后激励法、作业激励法、短信激励法、榜样激励法、目标激励法、评选优秀师友组等。

建立监督检查机制：课堂上，互相监督纪律，及时记笔记，当堂掌握情况。课间，师友交流思想，查缺补漏。课后，相互督促和检查对方的复习情况及作业完成情况。休息日，学师可电话抽查学友利用时间的情况。教师及时与班主任沟通协调，反馈师友互助情况。班主任每天放学时对班级师友互助的典型事例进行总结，每月公示最佳小组；若学友犯错误，学师月考核降级。

家长联系本：发挥家长的作用，密切家校联系，举办家长开放日，拓宽家校沟通渠道，实施合作监督，形成教育合力。

7. 注重前期培训

（1）增强学生的意识。引导学生明确"师友互助、合作学习"的重要性，知道小组就是一个团队。让学生知道合作学习过程中应履行的职责，自觉自愿地履行职责。通过角色轮换等方式让学生理解他人、学会待人、体会人格平等、合作共赢。

（2）注重学习方式指导。通过教师的讲解示范，让学生在合作学习的实践中践行职责分工、规则和机制，学会倾听、说明、求助、反思、自控、帮助、支持、说服等技巧。教师要教给学生"师友互助、合作学习"的方法和注意事项。

（3）加强学生个别指导。教师要结合学生的实际情况，对学生进行一对一或一对多的培训，让学生适应"师友互助、合作学习"的方法，提高学习效率。

（4）开展专题培训指导。教师利用课间或其他时间对学生进行集体或个别的专项培训。如对学师进行专项培训，包括学习方法、教学方法、解题技巧、学习习惯、健康心理、品德行为，如何给学友讲题，如何指导学友讲题，课上如何管理、督促、帮助学友，课外如何督促、管理、帮助学友，如何做学友的思想工作，碰到解决不了的问题怎么办，等等。对学友的专题培养，包括培养学友与学师合作交流、向别人请教的方法、培养好的学习习惯等。

三、推进措施

（一）传播先进理念

课堂教学行为的改变，需要以先进的教育理念为先导。为此，学校拟定了详细、具体的校本培训方案。组织教师学习的同时，坚持聘请知名专家、学者来校讲学，将先进的教育理念带入校园。学校先后与华师教育研究院、翼课网、北京四中网校建立合作关系。万福、胡新懿、张素兰、房涛、梁恕俭等来校讲学。万福教授的"合作学习"、胡新懿主任的"课程建设与教学改革"、张素兰老师的"合学教育"、梁恕俭老师的"小组合作教学"的体验式培训给老师们留下了深刻印象。

（二）加强课例研究

通过"观、仿、议、思、评"五个环节，加强课例研究，落实"师友互助、合作学习"教学模式。"观"是观看专家、优秀教师的示范课，如华师教育研究院的梁恕俭老师的"小组活动示范"，安徽名师李如起和汤传光的语文、数学示范课，让教师直观地体验"师友互助、合作学习"教学模式。"仿"是学教育理论、学课堂教学实践，在自己的教学中践行"师友互助、合作学习"教学模式。"议"是在校内开展研究课题的基础上，围绕"师友互助、合作学习"教学模式进行研讨，找出成功经验与不足之处，提出改进建议。"思"是反思常规教学的弊端，研究"师友互助、合作学习"的措施与办法。"评"是邀请专家、教研员来校指导，通过评课让教师进一步明确"师友互助、合作学习"教学模式的操作。

（三）提高教研实效

延长教研时间，由过去的一次 40 分钟，增加到一次 80 分钟，给予时间上的保证。确定教研的主题，采用"师友互助、合作学习"教学模式，以理论学习、听评课为主要内容。学校开设了新教师汇报课、骨干教师示范课以及学科研究课，教师在课堂教学实践中发现问题要及时改进。另外，落实领导干部深入教研组、备课组制度，领导干部和教师共同参与活动，给予针对性的指导，促进教研质量的提升。

（四）推广典型课例

学校教师在广泛听课的基础上，选出优秀课例，在全校开展展示活动，课后请授课教师说课、谈体会，重点讲"师友互助、合作学习"教学模式如何落实，让教师通过直观的课堂教学，将好的做法和成功的经验，用于自己的课堂教学，从而使学生学会学习。

（五）建立骨干工作室

学校现有市区级骨干教师 15 人，他们是学校重要的人力资源和宝贵财富。如何发挥他们的示范、引领作用，带动全校教师专业水平与能力的提升，是学校必须解决的问题。为此，学校成立了骨干教师工作室，并拟定了详细的实施办法，每一名骨干教师负责 5—8 名教师的发展。骨干教师既要关注教师的成长，也要关注学科发展。

（六）开展师徒结对

学校除了成立骨干工作室，还制定了师徒结对制度。一位师傅带一位徒弟，师傅要深入课堂听课，帮助徒弟把脉，发现课堂教学中存在的问题，对课的设计、学习目标、师生互动、生生互动、学生参与的广度与深度、教学氛围、课堂效果等逐一分析，帮助徒弟尽快提高，使学生的课堂学习更高效。

（七）建立激励机制

突出四个挂钩，即教师课堂教学与学校推荐镇、区、市优秀教师挂钩，与推荐市区评优课、示范课、研究课挂钩，与推荐教师外出参加学习培训挂钩，与学校年终考核、奖励挂钩。

（八）保障经费投入

"师友互助、合作学习"教学模式的推进，除了教师的积极参与，还需要必要的经费保障。2015年和2016年我校申请了市级课改专项经费，保证了教师培训活动的顺利开展。另外，围绕"师友互助、合作学习"教学模式的推进，学校还购置了图书、光盘，定制了小组活动的胸卡、示意牌、计时钟等，为"师友互助、合作学习"教学模式的推进提供物质支持。

四、取得的成效

（一）改变了学生的学习状态

通过小组合作学习，变"要我学"为"我要学"。日常上课总会有些学生缺乏学习主动性或开小差。小组合作学习以后，上课每做完一道题，都会有学师进行检查，不会做的题有学师予以指导。而且教师每次都要统计各组不会的学生，不会的学生会很没有面子。这样，不学习的学生也会跟着学，再加上教师、同学及时鼓励，学习的积极性就会逐步高涨，成绩就会进一步提高。

（二）优化了学习方法，提高了学习效率

在小组合作学习的过程中，教师更多关注由"教"向"学"的转变，注重学习方法的指导，让学生领悟方法、进行学法交流、比一比谁的方法好，拓展学生的思维，让学生取长补短，同时也让学生学会选择与判断什么是有效的、正确的，并形成良好的学习习惯，最终实现学习效率的提高。

（三）小组合作学习凸显了学生的主体地位

小组合作学习使学生动了起来，真正参与到课堂教学之中。学生在交流中向别人发问，向别人阐述自己的观点，不但解决了问题，提升了学习兴趣，提高了学习能力，增加了学以致用的机会，而且促进了学生间的交流，使学生接受不同的观点，开阔了视野，促进了思维的发展。

（四）小组合作学习培养了学生的人际交往能力

小组合作学习是同学之间互帮互学、交流知识的过程，同时也是互爱互助、沟通感情的过程。在小组合作学习中，成员间相互勉励，共同克服困难，学会了如何关心和帮助他人、评价他人，即学会欣赏他人的优点，包容他人的缺点，虚心向他人学习，听取他人的意见。小组合作学习使每一个成员都融入集体之中，增强了学生的集体意识，培养了学生的团队精神。

（五）小组合作学习培养了学生的自学能力

小组合作学习把学生由旁观者变为实际的参与者，在自主学习的基础上，让那些已经掌握知识和技能的学生把知识和技能教给其他成员。因此，学生的学习积极性提高了，在长时间的积累中自学能力也提高了。

（六）小组合作学习培养了学生的组织能力

小组成员有明确的分工。在小组学习活动中，小组长要根据实际情况安排好谁先谁后、谁问谁答，充分考虑对话的难易度和成员的水平，在活动中培养了组织能力。

（七）小组合作学习拓宽了学生的学习空间

小组合作学习不仅将学生个体间的学习竞争关系改变为"组内合作""组际竞争"的关系，将传统教学中的师生之间的单向或双向交流变为师生、生生之间的多向交流，而且还将课内学习延伸到课外、校外，拓展了学生的学习时空。

（八）小组合作学习增强了学生的合作意识和能力

当今社会正处于知识经济时代，竞争日趋激烈，这些竞争并不是靠单兵作战就可以取胜的，团队精神在竞争中越来越重要。小组合作学习恰好给学生提供了锻炼的机会，使学生在学习中学会了合作，体验到成功的喜悦，增强了自信心，学习成绩也得以提高。

（九）使课堂的监管力度加大

一个人的能力是有限的，一名老师管理几十个学生，不免出现监管不到位的现象，致使学生钻空子，不能完成学习任务。小组合作学习中，组长变成了小老师，能够协助教师随时监督组员的表现，包括思想、行为、学习、纪律等，哪项任务没完成都能及时发现，减少了学生钻空子的机会，规范了学生的学习。

（十）促进了教师与学校的发展

"师友互助、合作学习"教学模式的实施，真正确立了学生的主体地位，师生以平等的身份同处在一个空间，为相互间的交流探讨创设了民主、平等、和谐的氛围，使学生的合作交流更加顺畅自然，学生学习的主动性、积极性、创造性被充分调动起来，使课堂教学取得了良好的效果，教师的业务能力提高了，学生的学习成绩和学校的升学率提高了，学校的课改在区域内形成了一定的影响力，促进了学校的发展。

五、存在的问题

（一）小组合作学习形式化

"师友互助、合作学习"教学模式在应用中，也存在形式化的倾向，如教师对学生缺少指导，小组成员分工不明，责任落实不到位，学生参与停留于表面，学生缺少实质性的参与，并且参与深度不够。

（二）小组合作学习表演化

新课程改革一直强调"以学生为中心"，但在教学实践中，"以教师为中心"的现象依然存在。尤其是在一些公开课、研究课、评优课中，教师存在强烈的表现欲望，即使有"师友互助、合作学习"也是停留于表面，存在表演的成分。

（三）小组合作学习平庸化

学生合作时秩序混乱，不会交流，七嘴八舌，没有中心。有时教师设计的问题过于简单，缺乏讨论、研究、交流的价值，致使合作学习平庸化。

（四）小组合作学习低效化

学生一开始不具备合作意识，无法进行有效的互动交流；师友合作时学优生处于"霸主"地位，互助学习则成了学优生发挥自己潜能、表现自己才能的舞台；厌学的学生在合作时，答非所问，浪费了课堂时间；后进生在合作中无所事事，被忽视，无形中失去了思考、发言、表现的机会。这时常导致课堂时间不够用，教学任务完不成，学生学习低效。

初中生学习状况的调查与分析

——仅以北京市通州区第六中学学生为例

北京市通州区第六中学　常恩元

21世纪人类进入了学习时代，社会的变革、科技的发展对教育提出了新的挑战与要求，学校教育的重心不再是教给学生固有的知识，而是转向培养具有实践能力和创新精神的新型人才。学校教育的根本任务在于使学生学会如何学习，学会如何工作，学会如何合作，学会如何生存。那么当前学生的学习状况如何呢？笔者在2005年12月对本校学生的学习状况进行了调查。调查表明，学生自主学习意识不强，学力下降。因此，及时采取有效措施，改变目前学生的学习状况，引导学生端正学习态度、树立明确的学习目标、提高自主学习的意识与能力，是当前学校教育教学工作的重中之重。

一、调查的目的和意义

（一）了解当前初中生的学习状况及存在的问题。

（二）查找当前初中生学习积极性不高、主动性不够的原因。

（三）针对初中生学习中出现的问题，进行深入探究和分析，并研究改进措施，为学校教育教学改革提供参考依据，为改进学生的学习提供指导。

二、调查方法

（一）问卷调查法

1. 调查内容：学习态度、学习目标、吃苦精神、学习习惯、学习方法、学风等。

2. 调查对象：通州六中初一至初三的部分学生。

3. 调查时间：2005 年 12 月发放问卷 550 份，回收有效问卷 538 份。另外，2005 年 12 月和 2006 年 3 月，我校还先后对初一至初三的学生进行了问卷调查。其中：2005 年发放问卷 80 份，回收有效问卷 76 份；2006 年发放问卷 120 份，回收有效问卷 120 份。

（二）访谈法

在问卷调查的基础上，召开领导、教师、家长、学生座谈会，进行个案调查，进一步了解和掌握大量与课题相关的翔实材料，为课题研究提供有价值的参考依据。

三、调查结果与分析

（一）学生对校园生活和学习态度的调查与分析

调查结果（见表1、表2）显示，学生对校园生活的喜欢程度高于对学习的喜欢程度。这说明校园生活的吸引力高于学习的吸引力，学生在校园生活中得到的快乐要多于从学习中得到的快乐。另外，从表1和表2，我们还可以发现，随着年级的升高、学习压力的增大，学生对校园生活的喜欢程度和对学习的喜欢程度有所降低。如：学生对校园生活的喜欢程度这一项中，初一、初二、初三年级选择"喜欢"的人数比例分别为 57.5%、51.1%、32.3%；学生对学习的喜欢程度这一项中，初一、初二、初三年级选择"喜欢"的人数比例分别为 53.3%、38.5%、28.0%。

表1 学生对校园生活的态度调查统计表

年级	人数	喜欢 人数	喜欢 百分比	一般 人数	一般 百分比	不喜欢 人数	不喜欢 百分比	厌倦 人数	厌倦 百分比
初一	214	123	57.5%	85	39.7%	1	0.5%	5	2.3%
初二	231	118	51.1%	92	39.8%	16	6.9%	5	2.2%
初三	93	30	32.2%	49	52.7%	5	5.4%	9	9.7%
合计	538	271	50.4%	226	42.0%	22	4.1%	19	3.5%

表2 学生对学习态度的调查统计表

年级	人数	喜欢 人数	喜欢 百分比	一般 人数	一般 百分比	不喜欢 人数	不喜欢 百分比	厌倦 人数	厌倦 百分比
初一	214	114	53.3%	91	42.5%	4	1.9%	5	2.3%
初二	231	89	38.5%	124	53.7%	14	6.1%	4	1.7%
初三	93	26	28.0%	60	64.5%	6	6.5%	1	1.1%
合计	538	229	42.6%	275	51.5%	24	4.5%	10	1.9%

另外，2005年12月24日《北京青年报》报道了这样一条消息："东城区目前对两所初中抽取初三年级14个班的700名学生，调查表明，正在准备期末考试的初三毕业生，有36%的学生厌恶学习，另外还有42.8%的学生感到心理紧张，42.6%的学生感到学习压力大，16.2%的学生还说自己有心理问题。"[1]是什么原因导致学生对校园生活、对学习失去兴趣呢？通过调查、访谈，我们发现了原因：

1. 素质教育落实不到位，重智育、轻德育、体育，片面追求升学率，导致学生学业负担过重，学习枯燥无味，找不到乐趣，出现厌学情绪。

2. 信息多元化、价值多元化，给学生带来前所未有的冲击。学生追求个人享受，缺少吃苦精神。

3. 学生不知道为什么要学习，缺少内在的动力。

4. 教师教育理念滞后，教学方法脱离学生实际，教学矛盾得不到有效的解决，降低了学生学习的主动性。

5. 师生关系紧张，造成有些学生因师生关系不良，而放弃某些学科的学习。

6. 家长教育方法不当，只关注分数，而忽略了对孩子的学习兴趣、动机等非智力因素的培养。

（二）学生学习目标的调查与分析

明确的学习目标是激发学生前进的动力。但调查（见表3）发现，只有48.9%的同学有明确的学习目标，而44.8%的同学目标不明确，6.3%的同学没有学习目标。另外，拥有明确学习目标的人数随年级的升高而减少，初一至初三年级有明确学习目标的人数比例分别为58.9%、45.0%、35.5%，呈递减趋势。相反，没有学习目标的人数所占比例，从初一年级的3.7%，上升到初二、初三年级的6.9%和10.8%。这说明，随着年级的升高，学生对学习的兴趣在减弱，尤其是那些成绩不理想的同学。考试的一次次失败，严重挫伤了学生的自信心，使学生失去了实现目标、实现理想的勇气和信心，动摇了学习目标，甚至失去学习目标而破罐破摔。

表3 学生学习目标状况调查统计表

年级	总人数	有明确目标 人数	有明确目标 百分比	有时有 人数	有时有 百分比	没有 人数	没有 百分比
初一	214	126	58.9%	80	37.4%	8	3.7%
初二	231	104	45.0%	111	48.1%	16	6.9%
初三	93	33	35.5%	50	53.8%	10	10.8%
合计	538	236	48.9%	241	44.8%	34	6.3%

（三）学生学习中吃苦精神的调查与分析

学生良好的意志品质是学业上取得成绩的重要保证。调查（见表4）显示，在学习中能吃苦、遇到困难能咬牙坚持的学生只占被调查人数的30.3%，偶尔能坚持的占64.1%，不能坚持的占5.6%。可见，学生在学习中缺少吃苦精神，缺少战胜困难的勇气和毅力，因而影响了学习成绩的进一步提高。另外，学生在学习中遇到困难时，求助的对象依次为同学、教师、家长、自己。遇到困难时自己独立解决的只排在第四位，且所占比例不足10%，说明学生独立学习、自主解决问题的能力不强，从侧面反映了学生缺少刻苦钻研的精神和坚韧不拔的毅力。

（四）学生学习习惯、学习方法的调查与分析

良好的学习习惯和科学的学习方法，是提高学习效率、取得优异成绩的有效武器，拥有良好的学习习惯和科学的学习方法可以起到事半功

表 4　学生学习中吃苦精神的调查统计表

年级	总人数	能吃苦 人数	能吃苦 百分比	偶尔有 人数	偶尔有 百分比	不能 人数	不能 百分比
初一	214	91	42.5%	116	54.2%	7	3.3%
初二	231	55	23.8%	161	69.7%	15	6.5%
初三	93	17	18.2%	68	73.1%	8	8.7%
合计	538	163	30.3%	413	64.1%	30	5.6%

倍的作用。调查发现：40.1% 的同学没有良好的学习习惯；49.3% 的同学还没有掌握科学有效的学习方法；课前经常预习的学生只占被调查人数的 17.8%，并且随着年级的升高、科目的增多、知识难度的加大、课业负担的加重，课前经常预习的人数呈下降趋势，初一为 29.5%，初二为 13.8%，初三为 8.6%。从不预习的人数随着年级的升高而上升，初一为 4.9%，初二为 13%，初三为 20.4%。偶尔预习的人数约占总人数的 70% 左右。由于缺少有效的课前预习，课堂的听课效果受到影响。在学生听讲效果的调查中，只有 27.8% 同学认为听讲效果好。另外，从作业的完成情况看，有 4.8% 的同学经常抄作业，有 65.4% 的同学偶尔抄作业。抄作业的原因中，不会的占 35.7%，认为作业量大完不成的占 21.2%。从这些数据可以看出，教师在教学过程中重教，而忽视了学生学习习惯的培养、学法的研究与指导，致使不少学生不会学习，因而影响了学生学习质量和学习成绩的提高。

（五）学风的调查与分析

学风是班级文化的重要组成部分，良好的学风对班集体建设和学生学习热情的激发将起到积极的推动作用。但调查（见表 5）发现，只有 41.3% 的学生认为本班拥有良好的学风，而认为本班学风一般和较差的比例分别为 48.0% 和 10.8%。这说明我们在班集体建设中，忽视了正确价值导向和学风的建设，致使班级内部缺少浓郁的学习氛围，影响了学生良好的学习态度、动机、行为的形成。

表5　学生对本班学风的认可情况调查统计表

年级	总人数	学风良好 人数	学风良好 百分比	学风一般 人数	学风一般 百分比	学风较差 人数	学风较差 百分比
初一	214	94	43.9%	92	43.0%	28	13.1%
初二	231	97	42.0%	113	48.9%	21	9.1%
初三	93	31	33.3%	53	57.0%	9	9.7%
合计	538	222	41.3%	258	48.0%	58	10.8%

四、思考与建议

（一）强化教育主管部门的职能作用

呼吁政府、教育主管部门贯彻落实《中华人民共和国义务教育法》，完善升学考试制度，建立科学有效的素质教育评价体系，保证素质教育落到实处，消除应试教育中的弊端，将学生从沉重的课业负担中解脱出来，让学生在德智体美等方面全面、协调、健康发展。

（二）指导家长科学教子

学校要通过家长学校、教师家长协会，大力普及家教知识，帮助家长树立科学的育人观，克服功利思想的影响，引导家长从只盯分数向关注学生的需要、动机、兴趣、毅力、情绪等非智力因素转变，解决学生的学习动力问题，并帮助学生逐步掌握科学的学习方法、养成良好的学习习惯，提高学习和辅导的针对性。

（三）学校要成为学生的精神家园

作为办学主体的学校，应站在学生可持续发展、创新人才的培养和民族伟大复兴的高度，依法办学、规范办学、科学办学，充分遵循学生的身心发展规律，精心设计、组织学校各项教育教学活动，让学生在丰富多彩的校园活动中享受成功、享受快乐，让学校成为学生的学习乐园和精神家园。

（四）加强班级学风建设和学生学习品质的培养

1.推进学风建设，营造良好的学习氛围

通过班会、主题活动课、专题讨论、社会实践、社会调查、社区服务、研究性学习等多种形式，引导学生在活动的参与、体验中正确地认识学习、看待学习，激发学生内在的学习动力，帮助学生树立远大的理想和明确的学习目标，营造乐学、勤思、刻苦、创优的良好学风。

2. 大力开展学法指导活动，帮助学生养成良好的学习习惯

教师不仅要让学生学会知识，更重要的是让学生学会学习，这就是我们经常讲的"授之以鱼，不如授之以渔"。良好的学习方法和学习习惯是学生顺利完成学业的必要条件。

许多知名教师的教学任务都在课堂上完成，课后不给学生布置作业，而学生的学习成绩和升学率却很高。事实上，他们的教学经验中蕴含了一个普遍的规律，那就是整体建构的思想，将学习作为一项系统工程来抓。正如新西兰教育家克里斯蒂·沃德提出的"友善用脑"教学理念一样，将脑科学、教育学、心理学的知识融为一体，来抓学生的学习，并且取得了很好的效果。因此，我们要善于借鉴国内外的优秀研究成果，向学生传授系统、科学、有效的学习方法，指导学生养成良好的学习习惯，帮助学生改进和解决学习过程中出现的各种问题，提高学习效率，让学生乐学、会学、学会、学好，并使学生的潜能得到充分的挖掘。

3. 提高学生学习的意志力

意志力是一个人努力的程度和意志品质，表现为确定目的的自觉性、行动的坚持性、执行决定和决策的果断性、控制自我的自制力。意志力对学生学习行为的维持起着十分重要的作用。2006年11月8日，中国青少年注意力状况调查结果公布，调查显示：只有58.8%的青少年自认为上课时能集中注意力，仅有39.7%的青少年表示课堂上持续集中注意力达30分钟以上。[2] 这说明集中注意力时间达不到30分钟的学生占六成。另外，社会上的不良价值观念、思想、信息也给学生的学习带来了冲击。因此，我们还要关注和重视学生辨别是非的能力、自我控制力和坚持力的培养，让学生能够抵御外界的干扰，安心学习、刻苦求知。

（五）推进课堂教学改革，引导学生走向学业成功

1. 转变教育观念，改变教育策略

一篇题为《周之良：新课改与友善用脑》的文章中指出："据调查，在我国的高校中，大学生自己认为爱学习的占11%，其余89%的学生都表现出'规定所迫'而学习的状态。因为不学习就没有学分，就毕不了业。……'如何教'大家是尽了力，但学生'如何学'我们知之不多。所以，我们要研究学情，研究学生。"[3]高校如此，中小学也是这样：学生学习缺少主动性。因此，我们应该站在学生"如何学"的角度设计课堂教学，提高课堂教学的吸引力，让学生爱学。

2. 改进教学方法，调动学生学习的积极性

新课程改革的主导思想是"以学生发展为本"，通过自主学习、体验学习、合作学习等方式，来培养学生的能力。学生是主体，教学方法的选择运用，应以激发学生的学习兴趣、调动学生学习的积极性为前提。因此，教师要善于结合不同的教学内容和学生的实际来设计教学，引导学生采取灵活多样的学习方式进行有效学习，从而激发学生的学习兴趣，提高学生的学习效率。

3. 满足学生的心理需要，激发学生参与学习的热情

满足学生摆脱过失感的需要。教师要正确对待学生的过错与失败，主动关心他们，帮助他们改正错误、重拾信心。

满足学生被爱的需要。教师要赏识学生，要给学生以鼓励、赞扬，哪怕只是一句话、一个手势、一个眼神，把爱传递给学生。

满足学生克服胆怯的需要。面对那些不愿意主动参与教学活动的学生，教师要坚持"小目标、低起点、循序渐进"的原则，为他们创造条件，鼓励他们与教师和同学进行交流，使他们感受到教师对他们的关心与信任。另外，当他们不小心犯错时，教师要及时安慰，帮助他们查找原因，以便今后不再犯同样的错。

满足学生被尊重的需要。教师要主动接近学生，信任学生，尊重学生的意见，宽容学生的过失，不在公开场合批评、指责学生，做到严而有格、严而有度、严而有方。

满足学生成就自我的需要。获得成功是每一个人的愿望。如面临一

次次的失败，或者总找不到展示自己的机会，学生就会变得心灰意冷。因此，我们要为每一名学生创造成功的机会，让他们得到成功的体验，激发他们拼搏向上的进取精神。

4. 改善师生关系，做学生健康成长的引路人

师生关系是课堂教学的润滑剂。师生关系融洽能让学生关注教师所教的学科，从而爱学、乐学；相反，如果师生关系紧张，"亲其师，信其道"将无从谈起。因此，教师要主动成为良好师生关系的建构者，努力提高自己的职业道德修养和业务水平，用自身的人格魅力教育、启迪学生。在教育教学活动中，教师要尊重学生，充分发扬民主，公正地对待学生，多与学生接触，关心学生的学习与生活，与学生建立起朋友式的师生关系，拉近与学生的距离，搭建起师生情感交流的桥梁，让良好的师生关系成为学生乐学的助推器，让教师引领学生健康成长。

参考文献：

[1] 邓兴军.36% 初三学生厌学[N].北京青年报，2005-12-24（A4）.

[2] 陈翠.中国青少年亟需"注意"[N].现代教育报，2006-11-10.

[3] 李荐.周之良：新课改与友善用脑[J].北京教育（普教版），2005（9）：1.

核心素养背景下对课程改革的认识与思考

北京市通州区第六中学　常恩元

　　学生发展核心素养指学生应具备的，能够适应终身发展和社会发展需要的必备品格和关键能力，是关于学生知识、技能、情感、态度、价值观等多方面要求的综合表现。核心素养的提出，是我国教育变革时期对人才质量标准的重新定位，也是教育发展赋予改革的重要使命。2014年4月，《教育部关于全面深化课程改革　落实立德树人根本任务的意见》颁布。该文件涉及"培养什么人、怎样培养人"的问题，并提出将"研究制订学生发展核心素养体系和学业质量标准"作为着力推进课程改革深化发展的关键环节，以此来推动教育发展。

　　如果说基础教育阶段的学校课程是落实立德树人根本任务的重要载体，那么对当前和未来一定时期内，我国基础教育阶段学生需要具备的核心素养内涵、构成、彼此关系及其发展水平的论证和阐述，就是将立德树人根本任务转化成具体和系统的基础教育阶段育人目标的根本途径。《中国学生发展核心素养》研究成果于2016年9月13日在京发布。核心素养以培养全面发展的人为核心，分为文化基础、自主发展、社会参与3个方面，综合表现为人文底蕴、科学精神、学会学习、健康生活、责任担当、实践创新6大素养，每一素养又分为3个基本要点，共18个基本要点。我国学生发展核心素养是党的教育方针的具体化，是连接宏观教育理念、培养目标与具体教育教学实践的中间环节。党的教育方针通过核心素养可以转化为教育教学实践可用的、教育工作者易于理解的具体要求，明确了学生应具备的品格和关键能力，从中观层面深入回答了"立什么德、树什么人"的根本问题，将引领课程改革和学校育人模式变革。推进核心素养下的课程体系建设要关注四个方面。

一、核心素养下的学校课程体系建设必须厘清三大关系

（一）厘清"办学宗旨""办学理念""办学目标"与"育人目标"的关系

"办学宗旨"指的是办一所什么样的学校，解决"是什么"的问题。而"办学理念"指的是用什么思想来指导办学，解决"怎么办"的问题。"办学理念"是随时代进步而变化、反映教育的本质要求、影响和决定学校的整体发展、来源于办学实践又作用于办学实践的理性认识和价值追求。有什么样的"办学宗旨"就有什么样的"办学理念"，"办学理念"又影响着"办学宗旨"能否实现，两者相辅相成，但不能相互替代。"办学目标"则是在办学理念指导下，一定阶段内学校发展的理想预期状态，是办学理念在学校发展中的具体体现。"育人目标"则是体现"办学宗旨"、落实"办学理念"、实现"办学目标"的育人方面的具体标准与追求。有的学校在章程中特意将"育人目标"单独列出来，也就是教育学生要达到什么样的境地或标准。主要目的是让"办学宗旨""办学理念""办学目标"具体可知、可感、可操作，实现学校的育人功能。

（二）厘清素质教育与核心素养的关系

素质教育作为一种具有宏观指导性质的教育思想，主要是相对于应试教育而言的，重在转变教育目标指向，从单纯强调应试应考转向更加关注培养全面健康发展的人。核心素养是对素质教育内涵的具体阐述，可以使素质教育目标更加清晰，内涵更加丰富，更具有指导性和可操作性。核心素养的内涵比"能力""技能"等更加广泛。它是知识、能力、态度和情感的融合，不仅包括学生的认知发展，也包括学生的非认知发展，如我国提出的"社会责任、国家认同"等，更加侧重学生品性修养、态度养成和情感发展。这些都超越了知识和技能的内涵，可以矫正过去重知识、轻能力，忽略情感、态度、价值观的错误做法，更加完善和系统地反映教育目标和素质教育理念。另外，核心素养并不指向某一特定的学科，而是个体发展、适应生活所必需的综合素养，是学生在学科教

育过程中获得的共性素养，具备一定的学科融合性。

核心素养是党的教育方针的具体化、细化，也是对素质教育过程中所存在的问题的反思与改进。尽管素质教育已经取得了显著成效，但我国长期以考试成绩作为主要评价标准的现状，影响了素质教育的实效。核心素养概念的提出是社会发展的要求，对核心素养的理解是一个不断加深认识的过程。

（三）厘清核心素养与学科核心素养的关系

学科核心素养是基于学科本质提炼本学科核心素养，明确了学生学习该学科课程后应具备的正确的价值观念、必备品格和关键能力，对知识与技能、过程与方法、情感态度价值观三维目标进行了整合。学科核心素养建立起了核心素养与课程教学的内在联系，挖掘了学科课程教学全面贯彻党的教育方针、落实立德树人根本任务、发展素质教育的独特育人价值，进一步提升了学生综合素质，使学生具有理想信念和社会责任感、具有科学文化素养和终身学习能力、具有自主发展能力和合作沟通能力。

二、坚持以学生核心素养为本的课程目标体系建构

中美科学能力的对比，引发我们对课程的思考。发表在美国 *Science* 杂志的《中美学生推理能力比较研究》一文中指出："美国学生知识的掌握程度，在世界上位于差等，但其创造力举世领先。中国学生知识、技能的熟练程度世界上遥遥领先，但其创造力却非常薄弱。"正如钱学森之问："为什么我们的学校总是培养不出杰出人才？"众所周知，育人的载体是课程。陶行知老先生曾说："课程为学校教育之中心，假使课程得有圆满解决，则其他问题即可迎刃而解。"课程是教育思想、教育目标和教育内容的主要载体，集中体现国家意志和社会主义核心价值观，是学校教育教学活动的基本依据，直接影响人才培养质量。目前我国实施的课程改革是人才培养体制改革的关键，影响着学校教育的全面改革。多年的课程改革实践证明，谁抓住了课改，谁就抓住了育人工作的"牛鼻子"。只有进一步深化课改，扫清人才培养的体制、机制障碍，

才能真正有效落实立德树人的根本任务。

建设以学生核心素养为本的课程目标体系，既是核心素养育人目标体系在课程中得到体现的关键所在，也是学校课程回归教育原点的必然要求。课程目标体系的建构，不仅需要明确核心素养的具体内涵，更应该思考核心素养如何与学校实际和特色融合。在学校课程体系建设中一定要有基于学校办学理念的理性分析，面向学校师生群体、家长、专家、社会人士的实证调查，基于学校核心团队和校外专家的意见征询，要制订翔实的课程执行方案，建立科学严谨的督导、评价体系。只有这样，才能最终完成体现学校特色的课程目标体系建设。教育既是理想的事业，需要理论指引，同时也是实践活动，不能脱离实际，一定要摆脱理论与实践两张皮的现象。

三、坚持以核心素养为目标的课程体系建设的关键点

在核心素养的视野下，学校必须调动一切课程资源，将国家课程、地方课程、校本课程进行统一规划，打破这三者之间的界限，根据学校的实际情况，确立核心素养视野下的大课程观，构建具有学校特色的课程体系。学校要主动从办学宗旨、办学理念、办学目标以及育人目标中寻找核心素养的结合点，作为教育中落实核心素养的抓手。在建设以核心素养为目标的课程体系时，学校要抓住关键点。

（一）基于核心素养确立构建学校课程体系的价值追求

在育人目标的统领下，立足学校教育的内涵与外延，进行课程内容构建，学校要着眼于"核心素养"的培育，关注理念与价值观方面的重构，力图找到对学生终身发展、未来发展有益的基因图谱，从内核层面统领学校课程体系的价值取向，培育学生终身健康发展和社会持续发展所需的必备品格与关键能力。在课程建设和课程改革中，打破"以学科为中心"和"以知识为中心"的思想，变"一刀切"式的教育为关注学生全面发展与个性发展的教育，变学生适应课程的教育为课程适应学生的教育，让全体学生具有人文底蕴、科学精神与实践创新能力，让学生发现自我、享受生命。

(二) 基于核心素养的课程建设关注多主体参与

学校课程体系的构建，课程的开发、实施与评价是一项系统工程，需要多个主体参与，各个成员要密切配合。校长在以学生核心素养为目标的学校课程建设中，自始至终承担着重要作用，要将学生核心素养的培养作为课程建设的价值取向，明确课程目标应围绕这个中心指向进行。校长还是课程管理、评价的主体，要在实践中不断校验学校课程，及时调整与改进。在学校课程的实施中，校长还要关注全校教师课程意识的提升，为学校课程的实施奠定坚实的思想基础。另外，教师是课程最主要的实施者，也是校本课程开发最重要的主体。在学生核心素养课程的开发过程中，教师不仅仅是课程的实施者，更是开发者、研究者、评价者。教师还是连接多个主体的关键要素，需要不断加强教师与教师、教师与学校、教师与家长、教师与学生、教师与专家、教师与社区人员的对话，以促使教育目标达成一致，形成合力。除校长、教师外，课程建设还涉及学生、家长、专家、社区人员等的共同参与。

(三) 将核心素养转化为学科素养在课堂落实

随着相关政策的颁布，"核心素养"被置于进一步深化课程改革、落实立德树人目标的基础地位。"核心素养"如何具体落实到课程实践之中，是一线教育工作者最为关注的焦点问题，同时也是难点问题。核心素养如何转化为学科素养，如何在学科教学中发挥整体的育人效果，核心素养与课程标准、学科素养之间到底是什么关系，诸如此类问题都是深化课程改革、实现育人目标的关注热点。在核心素养的落地上，关键问题就是把核心素养的内涵细化、转化为具体的品格和能力要求，结合学科特征，贯穿到各学段、融合到各学科，最后体现在学生身上，回答"培养什么人"和"怎样培养人"的问题。

四、构建促进核心素养在课程中落地的支持系统

核心素养在学校落地，需要确立以学生未来发展为本的新型人才观，聚焦教育质量提升，这些都有赖于学校课程的深层变革和与之配套的支持系统。

（一）核心素养落地坚持以转变观念为前提

有什么样的教育理念就会有什么样的教育行为，核心素养在学校的落地必须坚持理念先行，尤其是在课堂上要关注学科知识的双重意义，特别是知识的文化意义。福建师范大学教授余文森指出：任何学科的教学都不仅仅是为了获得学科的若干知识、技能和能力，同时还指向人的精神、思想情感、思维方式、生活方式和价值观的生成与提升。学科教学要有文化意义、思维意义、价值意义，即人的意义！课堂改革要在重塑教学形态、重建学习方式、重构学习内容、重组学习社区、重述学程目标等方面取得新进展、新突破。

（二）提升干部的课程领导力有利于核心素养的落地

在教育教学实践中，干部往往扮演亦师亦友的重要角色，关系到对核心素养的理解，对承载核心素养的途径的挖掘，对核心素养背景下课程体系建设、实施、评价的研究等工作。干部的课程领导力与核心素养的落地有着密切的关系。

（三）主动探索核心素养导向下的教师专业发展

要形成适合学生的课程，让教育走进学生的心灵，让核心素养在学生身上得以体现，就要倡导全体教师成为课程与课堂的研究者、思考者、推动者；而这需要一个专业的团队进行长期的研究，进而对学校的教育、教学理念进行引领和实践。因此，学校要将教师的培训放在首要位置，树立"没有教师的发展，就没有学生的成长与学校的发展"的观念，要开展形式多样，富有针对性、实效性的培训活动，推动核心素养在学校的落地。

（四）构建基于核心素养发展的教研系统

传统的学校教研系统更多围绕学科教学进行。但随着核心素养的落地，从以教为中心、以学为中心进入教中有学、学中有教、不分彼此的"第三种教学关系"，即混合式学习。课堂教学既要培育全面发展的人，又要关注人的个性化发展，因此，教研系统的构建也要关注人的个性化发展。未来，教研系统的构建将逐渐转型成综合教研（跨学科、年级组教研等）和学科教研的共同发展。

（五）营造良好的课程改革氛围，推进核心素养的落地

学校要自觉担起"传播者"的角色，以传播先进理念、营造良好的课程改革氛围为己任，将核心素养传播给广大教师，让广大教师充分理解、认同核心素养的内涵和功能，让他们拥有广泛的"群众基础"，让核心素养在学校落地生根、开花结果。

以教师教学方式变革促进学生学习方式变革的校本化探索与研究

北京市通州区第六中学　常恩元

当今社会正处于从传统的工业社会到智能化社会的转型时期，对教育提出了新的挑战与新的要求。随着信息化的快速发展，人工智能时代已经到来，知识更新速度越来越快。教育必须放眼世界、面向未来，基于学生实际，培养学生应具备的、能够适应终身发展和社会发展需要的必备品格与关键能力，这样才能更好地推动社会发展。学校要主动适应这一变化，以教师教学方式变革促进学生学习方式变革，最终实现学生能力的发展，切实提升学生的实际获得感。

一、当前学校教师教学方式与学生学习方式的现状与分析

课程改革目标明确指出：改变课程实施过于强调接受学习、死记硬背、机械训练的现状，倡导学生主动参与、乐于探究、勤于动手，培养学生搜集和处理信息的能力、获取新知识的能力、分析和解决问题的能力以及交流合作的能力。

在新一轮基础教育课程改革中，学生学习方式的变革已成为改革的核心，是教师改变教学方式、评价方式的重要依据，也是改革最大的难点、热点问题，学校有必要高度关注并进行深入研究。从学校的调查看，教师的教学方式与学生的学习方式还不尽如人意。

（一）教师教学方式的现状与分析

教学方式是教师在教学过程中所形成的相对稳定的行为方式。科学的教学方式能够帮助学生在学习中主动思考、提出质疑、自主安排和规

划时间。教师在教学中鼓励学生独立思考、支持兴趣发展，对学生的自主学习、合作学习和探究学习均具有积极影响。新课改所倡导的以教师为主导、学生为主体的课堂教学模式，就是要通过教师教学方式的有效运用引领学生学习方式的合理运用。

教学方式的分类方法有很多，但是到目前为止国内外对教学方式还没有统一定论。通过阅读大量文献，笔者根据比格斯（Biggs）等人[1]的分类将教师的教学方式分为传统型教学方式与新型教学方式。传统型教学方式的特点是：在教学过程中，教师以讲授为主，主要参考教科书和教学大纲进行备课，只关注学生对知识的理解和成绩的高低。新型教学方式的特点是：在教学过程中，教师采取合作、探究的方式进行教学，以调动学生的学习积极性，备课时主要以学生的需求为主，关注学生的情感需求。我校的调查数据显示，在86名专任教师中，使用传统型教学方式的教师达61.32%；只有38.68%的教师使用新型教学方式。另外，传统型教学方式的标准差为0.30503，小于新型教学方式的标准差0.38306，说明新型教学方式的离散程度较大。从总体上来讲，教师还是更倾向于传统型教学方式。主要原因是教师年龄较大，理念滞后，对于是否采用新型教学方式存在认识上的误区，不知道如何衡量新型教学方式的利弊。这从侧面反映了学校系统的培训工作，以及推进教师教学方式变革的针对性机制和有效措施还有待加强。当前教师所使用的教学方式与课程改革所倡导的教学方式存在差距，说明基础教育改革以来，虽然教师的教学方式在发生变化，但总体上依旧以讲授为主，亟待改进。

（二）学生学习方式的现状与分析

学习方式是学生在完成学习任务过程中的基本行为和认知的取向。[2]学习方式是指个体在进行学习活动时所表现出的具有偏好性的行为方式与行为特征。[3]目前有关学习方式的概念、分类，不同的学者有不同的理解与认识。比格斯等人除了对教师教学方式进行分类，还通过对学生的学习过程进行研究将学生的学习方式分为表层式学习（表层式学习的学生，在学习知识的过程中主要是被动地接受知识，对知识的学习主要通过死记硬背，只能学到肤浅的零散的知识)、深层式学习 (深层式学习的学生，在学习知识的过程中，主要通过主动建构来完成学习，对学习有内在的求知欲望，注重对知识的理解，对知识有一个深入的认识)、成就式学习 (成就式学习的学生主要关注考试成绩，以获得好的成绩为动机，采取最直接、最有利于获得高分的学习方法进行学习，带有一定的功利性)[4]。

从学校对 985 名学生的调查看，33.12% 的学生选择了表层式学习；28.22% 的学生选择了深层式学习；38.88% 的学生选择了成就式学习。这说明学生在学习方式上主要倾向于成就式学习，学生仍旧是为了应付考试、获得家长和老师的赞扬而学习，带有很强的功利色彩和指向他人的学习目的，在学习过程中以考试考好为主要动机。这从侧面反映了教师的教学还是以关注学生的成绩为主，没有实现从强调"双基"到三维目标，再到学科核心素养落实的转变，因此成就式学习排在最前面的位置。在现实教学中，许多教师的课堂教学还是以教师为中心，讲授式、灌输式的教学还占主体，致使学生被动地学习知识，丧失了学习兴趣，这只是表层式学习。在三种学习方式中，选择深层式学习的学生最少。可见，以学生为中心的课堂教学还没有得到很好的落实。

(三) 教师教学方式对学生学习方式的影响分析

从学校调查的数据及其对比情况看，选用传统型教学方式的教师直接影响到学生学习方式的选择。有 95.23% 的学生选择表层式学习，并且 65.65% 的学生的学习成绩低于选择成就式学习、深层式学习的学生。可见，教师教学方式对学生学习方式及学习成绩产生了影响。

目前，国内外许多研究表明，教师的教学方式直接决定着学生学习方式的选择与运用。教师如果采取基本的课堂讲授模式，"学生的学习形式一般也只可能是被动的机械接受式，更别提学生主动性、自主性、创造性以及社会性等学习状态的改变"[5]。另外，教学方式能够有效影响学生的学习方式[6]。例如，以学生为主体的教学方式能够激发学生的内在学习动机和对学习的主动性，从而促进学生主动管理学习并对自己的学习负责。学者高凌飚通过使用学习过程量表证明，学生的学习方式与学习成绩有关[7]。教师如果偏向于以学生为中心的教学方式，那么可以促进学生的学习方式向深层式学习转变；如果偏向于以教师为中心的教学方式，就可能导致学生的学习方式向表层式学习发展。因此，教师需要抛弃填鸭式教学法，充分认识到过度灌输对孩子想象力和创造力发展的不良影响。

二、推进"教""学"方式变革的意义

（一）推进"教""学"方式变革是培养未来社会所需人才的需要

在教育4.0时代，作为教育人的我们应深刻思考21世纪应该教给孩子什么。早在1997年12月，OECD（经济合作与发展组织）就启动了"素养的界定与遴选、理论和概念基础"项目，组织奥地利、德国、美国、法国等12个国家研究核心素养框架，培养符合社会需要的人才。2016年9月13日，在北京师范大学举行了中国学生发展核心素养研究成果发布会，公布了三年的研究成果，涉及3大领域6大素养18个要点。学生发展核心素养是党的教育方针的具体化。《普通高中课程标准（2017年版）》又提出了学科核心素养。学科核心素养是学科育人价值的集中体现，学生通过学科学习逐步形成正确的价值观、必备的品格和关键的能力。因此，学科素养的落地，有赖于"教""学"方式的变革。

（二）推进"教""学"方式变革是落实国家教育改革精神的需要

早在2001年6月8日教育部颁发的《基础教育课程改革纲要（试行）》就明确指出："改变课程实施过于强调接受学习、死记硬背、机械训练的现状，倡导学生主动参与、乐于探究、勤于动手，培养学生搜集和处理信息的能力、获取新知识的能力、分析和解决问题的能力以及交流与合作的能力。"

2014年4月8日发布的《教育部关于全面深化课程改革 落实立德树人根本任务的意见》指出："人才培养模式改革不断深化，自主、合作、探究的学习方式与启发、讨论、参与的教学方式不断推广，育人的针对性、实效性进一步增强。"

2014年8月2日，中华人民共和国教育部发布的《义务教育学校管理标准（试行）》指出："营造良好的学习环境与氛围，激发和保护学生的学习兴趣，培养学生的学习自信心。遵循教育规律和学生身心发展规律，帮助学生掌握科学的学习方法，养成良好的学习习惯。落实学生主体地位，引导学生独立思考和主动探究，培养学生良好思维品质。尊重学生个体差异，采用灵活多样的教学方法，因材施教，培养学生自主学习和终身学习能力。""采取启发式、讨论式、合作式、探究式等多种教学方式，提高学生参与课堂学习的主动性和积极性。"

2019年2月23日，中共中央、国务院印发的《中国教育现代化2035》指出"创新人才培养方式""注重对学生创新精神与实践能力的培养""推行启发式、探究式、参与式、合作式等教学方式以及走班制、选课制等教学组织模式"。

2019年6月11日发布的《国务院办公厅关于新时代推进普通高中育人方式改革的指导意见》指出："积极探索基于情境、问题导向的互动式、启发式、探究式、体验式等课堂教学，注重加强课题研究、项目设计、研究性学习等跨学科综合性教学，认真开展验证性实验和探究性实验教学。"

2019年6月23日发布的《中共中央、国务院关于深化教育教学改革全面提高义务教育质量的意见》指出："坚持教学相长，注重启发式、互动式、探究式教学。""探索基于学科的课程综合化教学，开展研究型、项目化、合作式学习。精准分析学情，重视差异化教学和个别化指导。"

从上述文件可以看出，推进"教""学"方式变革是贯彻落实国家教育改革精神的需要。

（三）推进"教""学"方式变革是激发学生课堂学习兴趣的需要

伟大的科学家爱因斯坦说过："兴趣是最好的老师。"兴趣可以激发人的创造热情、好奇心和求知欲，可以激励人们主动去求知、去探索、去实践，并在求知、探索、实践中产生愉快的情绪和体验。没有兴趣就没有学习的目标与动力，就很难获得科学、正确的方法。教育家苏霍姆林斯基认为："教学的依据是学生的兴趣、动机和渴望。"培养求知欲、激发兴趣、变苦学为乐学才是人性化的教学，才是以学生为中心的具体体现。在传统的教学中，教师讲、学生听；教师照本宣科，讲得毫无激情；学生多处于被动学习的状态，丧失了学习兴趣，意力控制力减弱，注意力不集中，学习成绩不佳。而新型教学中，教师不再是传授知识的工具，可以进行创造性教学；学生真正成为课堂的主人，更好地发挥主动性和积极性。

（四）推进"教""学"方式变革是提升学校办学质量与品质的需要

人民群众对优质教育的期盼日益强烈，中国梦就是要实现人民群众对美好生活的向往。努力让每个孩子都能享有公平而有质量的教育，是中国梦的重要组成部分。从区域上看，学生"有学上"的问题已基本解决，但"上好学"的问题还有待改进。要满足人民日益增长的享受更加公平、更高质量的教育的需要，学校就必须在提升"品质"上下功夫，以推进教师教学方式的变革促进学生学习方式的转变。学校课堂教学改革要聚焦"教""学"方式的变革，以教师教学方式的变革带动学生学习方式的转变，引导学生确定合适的学习方式，激发学生的学习动机，让学生不只是依靠单纯的记忆来学习，而是通过主动建构来学习，让学生真正渴望学习、愿意学习，从而达到提高学生学习成绩的目的。

四、学校推进"教""学"方式变革的主要举措

新课改的重点目标就是让学生的学习产生实质性的变化，在学习方式上实现由被动学习、单一学习、接受学习向自主学习、合作学习、探究学习等学习方式转变。这有利于激发学生的学习兴趣和主观能动性，培养学生的合作能力和探究精神，增强学生的创新意识与实践能力。学校推进"教""学"方式变革的主要举措有六个：

（一）以系统培训为先导，促进教师理念的更新

有什么样的教育理念、教育思想就会有什么样的教育行为。"教""学"方式的变革，与教师的育人理念、教学观、学生观等因素有着直接而密

切的关系，其前提是教师教育观念的更新。为此，开学前学校都统筹规划、精心安排教师系统培训，如对当前的教育理念和教育政策的解读、"教""学"方式变革的实操等，并认真加以落实。授课教师既有高校、研究机构的专家、学者，也有来自一线的优秀教师，从理论到实践加强对教师的全方位指导，突出针对性、系统性。

（二）以教科研为着力点，突破教学变革之困

针对"教""学"方式的变革，学校坚持问题导向，以教科研为着力点，围绕"教""学"两大主题，通过问卷、访谈及课堂教学观察等，进行广泛的调研，并及时汇总、分析数据，针对问题分析原因，研究改进措施。针对教师传统型教学方式及学生表层式学习方式的改进，学校成立了由校长任组长的课题组，成员包括主管干部及教研组长、备课组长等，指导各组依据学校调研数据、结合本学科"教""学"实际，拟定研究计划，确定可行的操作办法，让"教""学"方式的变革成为本组的研究课题。

（三）以专题教研为载体，助力"教""学"方式变革

围绕"教""学"方式的变革，学校及时启动了课堂教学改革活动年。如确定专题教研主题，组织教师学习"教"与"学"的理论依据，了解当今"教""学"的主要方式，引导教师分析本组"教""学"存在的问题，寻求"教""学"方式变革的措施，围绕"教""学"方式变革开展说课活动，举办"教""学"方式变革听评课等。通过校本专题教研助力"教""学"方式的变革，实现了课堂教学由以教师中心向以学生为中心的转变。教师在教学中关注学生在学习过程中的感受，并根据不同学生的需求与兴趣，提供更多的选择机会和有针对性的帮助，给学生留下充足的时间进行思考和讨论，鼓励学生提出不同的解决方法。教师在教学中更加关注学科素养的落实，培养学生的实践能力与创新精神。

（四）以激发兴趣为前提，改善学生的学习生态

孔子说："知之者不如好之者，好之者不如乐之者。"古今中外，凡是有成就的人物，不论是科学技术方面的，还是文学艺术方面的，都

对他们所从事的工作具有浓厚的兴趣。学生的课堂学习亦是如此。教师注重从培养学生的学习兴趣入手,激发学生内在的学习动机。如教师利用学习内容与学生的现实生活和知识背景的联系,巧妙地创设问题情境,满足学生的好奇心,激发学生的学习兴趣。再有,教师从学生实际出发,坚持以学生为中心,精心设计教学,为学生提供积极思考、主动探究、自我成长的民主氛围,激发学生的内在学习动机,鼓励学生自主发展。教师主动与家长配合,统一教育思想,指导家长掌握科学的教育方法,激发学生奋发向上的内在动力,改善学生的学习生态。

(五)以教学实践为平台,推进"教""学"方式转变

"教""学"方式的变革最终发生在课堂上,课堂教学实践是检验教学方式变革的有效手段。学校以教学实践为平台,通过五种形式推进"教""学"方式的转变:一是授课教师发起的邀请式听评课活动,主要参与人员是学校的干部、教师;二是教研组发起的诊断式听评课活动,主要参与人员为校外的专家、学者,校内的干部与教师等;三是教研组发起的组内研究课活动,参与人员以深入教研组的干部及本组教师为主体;四是学校发起的汇报课与示范课活动,如新教师及师徒结对中徒弟的汇报课,高级教师、骨干教师及师徒结对中师傅的示范课等;五是全校性的评优课,每学年的第一学期全校教学人员参加组内的评优活动,第二学期为各组推荐的教师风采展示课。通过上述活动,教师取长补短,既能学习、借鉴他人好的做法、成功的经验,还能发现自身教学中存在的问题与不足,并及时加以改进,最终达到相互学习借鉴、促进教学水平提升的目的。

(六)以机制创新为保障,促进教学质量的提升

学校围绕教学方式的变革坚持机制创新,比如:学校将听评课、研究课、汇报课、示范课、评优课等制度化、系列化、常态化;设立"教""学"方式的改进年,明确课堂教学改进主题;设立课堂教学创新奖、突破奖,表彰和鼓励在课堂教学中主动变革并取得优异成绩的教师;开展"教""学"方式变革的专题研究,引导教师寻找突破点;完

善课堂教学的评价体系,关注"教""学"方式的变革。学校教师教学方式与学生学习方式的变革得到充分肯定和发展。此外,学校还积极引导教师着眼于学生的长远发展,不断提升课堂多种学习方式的运用和组织能力,完善多种学习方式的评价,考察学生核心素养的落实情况。

两年来,学校在推进教学方式的变革中取得了一定的成效。一是教师的教育理念发生了转变,能够基于学生的未来发展,克服功利思想的侵蚀,坚持以学生为中心进行教学设计,选用适宜的教学方式,促进学生学习方式向深层式学习转变。二是促进了教师教学技能的提升。从调查结果看,有65.23%的教师选择了新型教学方式,较两年前的38.68%上升至26.55%;学生选择表层式学习的比例由33.12%降到21.08%。三是课堂发生了变化,教师重视差异化教学及个别化指导,注重精准的学情分析,关注学生可持续发展能力和创新精神的培养。课堂上,教师讲得少了,更加注重启发式、互动式、探究式、体验式等教学方式的运用。学生参与活动的时间明显增多,研究型学习、项目化学习、合作式学习得到充分体现,课堂的吸引力明显增强。在学生能力得到发展的同时,学生的学业成绩保持高位。"教""学"方式的变革是一个永恒的话题,作为教育人要潜心研究、锐意改革,通过教学方式的变革,回答好"培养什么人、怎样培养人、为谁培养人"这一根本问题,为教育的发展与学生的成长做出贡献。

参考文献:

[1] BIGGS J B.Student approaches to learning and studying[M]. Melbourne:1987.

[2] 同[1].

[3] 安文丽,许建华,章婧.贯通:走向绿色生态的校本路径[M].南京:河海大学出版社,2021:135.

[4] 同[1].

[5] 谭姣连,徐晓东.用视频转变学生的学习方式[J].中国远程教育,

2013（11）：58.

[6] ENTWISTLE N，MCCUNE V.The conceptual bases of study strategy inventories [J].Educational psychology review，2004，16（4）：325-345.

[7] 高凌飚.现象描述分析学与学习观、教学观的研究[J].华南师范大学学报（社会科学版），2000（3）：100.

提高初中数学教师课堂提问有效性的策略研究

——以通州区第六中学数学组教师为例

北京市通州区第六中学　常恩元

摘　要：提高初中数学教师课堂提问有效性的研究，以北京市通州区第六中学数学组教师为研究对象，采用了文献法、调查法等研究方法。通过研究发现教师课堂提问能够坚持面向全体，给予学生充分的思考时间，教师的提问具有启发性、激励性、层次性，注重问题设计的系统性，课堂提问能有力促进学生的学习等优势。但也存在教师对学生学习数学的兴趣激发不够、提问时表达能力不强、教师提的问题缺少精心设计、忽视学生思维水平的提升、教师的态度和语气对学生带来负面影响等问题，需引起我们的关注。为此，学校拟定校本化培训方案，采取以普适性为基础的全校性培训、体现学科特色的教研组（备课组）培训、体现个人特色与风格的教师自我研修三大策略，分层、分类提升教师课堂提问有效性的能力与水平。两年的研究和探索取得了突出成效。

关键词：初中数学教师；课堂提问；教学质量；学生

"善教者，必善问。"提问是课堂教学中不可缺少的重要组成部分，在教学中具有重要意义和作用，是师生交流的重要方式，是"有效教学的核心"。课堂是师生交流、共同成长的场所，教学中离不开教师的"问"，但要问出水平、问到位，切实激发学生的求知欲望，调节课堂气氛，培养学生的口头表达能力，促进学生思维的发展，使提问成为学生创造力的源泉，教师就要具有正确的育人理念、较强的专业能力。当前教师为了落实课改理念，突出学生主体，调动学生参与教学的积极性，启发学生的思维，克服满堂灌的教学倾向，普遍应用课堂提问。但不少教师缺乏课堂教学提问的技巧与艺术，致使问题问了不少，形式上很热闹，但许多问题提得不得法、问得不到位，最终影响了教学的实效。为了切实提高课堂教学提问的有效性，发挥其应有的作用，特开展此课题研究。

一、研究对象、内容与方法

（一）研究对象

通州区第六中学数学组教师 14 人，均为女教师。35 岁及以下的教师 4 人，36 至 50 岁的教师 8 人，51 岁以上的教师 2 人，以中老年教师为主体（见表 1）。

表 1　通州区第六中学数学组教师年龄结构统计表

年龄段	35 岁及以下	36 至 50 岁	51 岁以上
教师人数	4	8	2

从教师的教龄（见表 2）看：教龄 5 年以下的教师 4 人；教龄满 5 年不满 10 年的教师 0 人；教龄满 10 年不满 15 年的 1 人；教龄满 15 年不满 20 年的教师 1 人；教龄满 20 年及以上的教师 8 人。可见，教龄 20 年及以上的教师占主体，达 57.1%。

表 2　通州区第六中学数学组教师教龄结构统计表

教龄段	5 年以下	满 5 年不满 10 年	满 10 年不满 15 年	满 15 年不满 20 年	满 20 年及以上
教师人数	4	0	1	1	8

从教师职称（见表 3）看，初级教师 6 人，中级教师 5 人，高级教师 2 人，正高级教师 1 人。可见，初中级职称教师占主体，达 78.6%。

表 3　通州区第六中学数学组教师职称结构统计表

职称	初级教师	中级教师	高级教师	正高级教师
教师人数	6	5	2	1

从教师学历（见表4）看，中专（中师）4人，大专5人，本科4人，研究生1人。整体学历偏低，与高水平学校不匹配。

表4　通州区第六中学数学组教师学历情况统计表

原始学历	中专（中师）	大专	本科	研究生
教师人数	4	5	4	1

（二）研究内容

1. 了解教师课堂教学中提问与学生回答问题的实际状况

从学生对学科的喜欢程度、问题的设计、教师提问时师生互动的相关要素、提问对学生的学习及发展的影响等方面进行调查，发现教师课堂提问的优势及存在问题。

2. 针对教师课堂提问中的问题，探讨相应的对策，促进教师课堂提问有效性的提升、教学质量的提高。

基于教师提问存在的问题，拟定有针对性的校本培训方案，开展提升课堂提问有效性的系列培训，提高教师的理论水平，促使其掌握提问的方法与技巧，进而提高课堂提问水平、课堂教学质量。

（三）研究方法

文献法：通过查阅、分析、整理与课题相关的文献资料，了解国内外的研究现状及存在的问题，为本课题的研究提供理论与实践经验上的指导，确保本课题研究顺利进行，并取得预期成效。

调查法：通过问卷、观察了解教师课堂教学提问与学生回答问题的实际情况，深入掌握教师提问的优势和存在的问题。问卷由课题组研制，并经校外专家审定。

全校学生846人，随机抽取771名学生参加网上调查，占学生总数的91.1%，其中初一263人、初二247人、初三261人。此次调查发放问卷771份，回收771份，有效问卷771份。参与调查的教师14名，发放问卷14份，回收14份，有效问卷14份。

课堂观察是了解教师课堂提问有效性的重要手段。课题组在研究文献的基础上，设计"教师课堂提问有效性测评观察量表""教师课堂提问观察评价记录表"，由课题组组长牵头，成员包括学校干部、教研组长、备课组长、学科教师及外聘专家，对教师的课堂教学及实录，进行观察与分析。本课题研究过程中，自 2018 年 12 月起一共进行了 45 节次的课堂教学观察，涵盖课题研究的初期、中期和末期。每次观察记录的内容，主要包括"提问语速、提问语调、等待时间、提问对象、问题题意、问题类型、问题难易度、叫答方式、叫答范围、理答对象、评价内容、反馈内容"等。

二、初中数学教师课堂提问现状与分析

在数学课堂教学中，高效课堂能否实现与教师提问题的有效性有着密切的关系，教师提问甚至直接决定整堂课的质量与效率。调查发现，通州六中数学教师课堂提问的实际状况如下：

（一）教师课堂提问的优势

1. 教师提问能坚持面向全体

在问卷调查中 90.5% 的同学对教师提问面向全体的做法给予了高度认可。同时，调查还显示，教师能否坚持面向全体随着年级的升高而降低，初一至初三的学生认为教师能坚持面向全体的数据分别为 93.2%、91.0%、88.4%。在课堂观察中，我们看到教师们能够针对不同层次的学生进行提问，关注学生的参与面，保证提问面向全体。在"教师的问题你是否有能力回答"的调查中，89.7% 的学生认为有能力回答，9.3% 学生认为偶尔有能力回答，反映了学生在课堂学习中的自信心。

2. 教师提问能够给予学生思考的时间

90.6% 的学生表示认可，特别是低年级的学生认可度最高，但也呈现出随着年级的升高而降低的趋势。初一至初三选择"教师经常给时间"的占比分别为 93.2%、91.0%、88.8%，主要原因是随着问题难度的加大，学生需要的思考时间相应增加。从课堂教学情况看，教师给予学生的思考时间随着年级的升高而延长。尤其是在一些难度大的题目上，教师留给学生的时间会更长，这也反映了教师教学的真实情况。

3. 教师提问具有启发性、激励性、层次性

在提问是否具有启发性方面，88.1% 的学生表示教师的提问具有启发性，8.4% 的学生认为偶尔有启发性，有 2.3% 的学生认为随意，1.2% 的学生认为没有启发性（见图1）。现实的课堂教学中时常会遇到教师提出的问题学生回答不出来的情况，此时，我们会看到教师循循善诱、耐心启发学生，帮助学生理解教师提出的问题的场景。教师还经常问"哪位同学有想法""哪位同学有高见"，通过学生的作答为遇到困难的同学提供解答思路。从课题组的调查数据看，在"遇到问题你无法回答时教师的反应"方面，49.8% 的教师启发学生后再让学生回答；32.9% 的教师让其他同学答题，启发未答出问题的学生，然后再让未答出问题的学生回答。在"你的回答与教师预期的答案相差甚远时教师的反应"方面，46.3% 的学生选择教师引导自己，等待自己说出教师期待的答案；30.9% 的学生选择教师自己说出答案，再让学生说出教师期待的答案；16.2% 的学生认为教师会对学生的回答进行评价，再自己说出答案；6.6% 的学生认为教师让其他学生引导自己说出教师期待的答案。可见，六中初中数学教师十分注重提问的启发性。在提问是否有激励性方面，85.7% 的学生认为有，10.1% 的学生认为偶尔有。在"提问是否有层次性"（见表5）方面，88.7% 的学生认为教师的提问具有层次性，8.3% 的学生认为偶尔有。

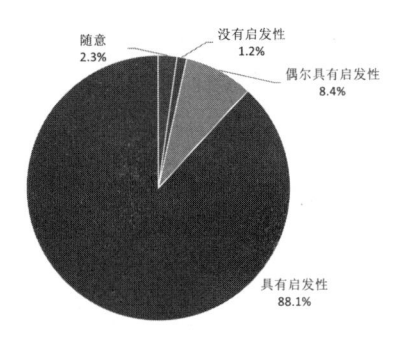

图1 教师提问是否具有启发性结果统计

表5 教师提问是否有激励性和层次性调查结果统计表

问 题	有	偶尔有	没有
教师提问是否有激励性	85.7%	10.1%	4.2%
教师提问是否有层次性	88.7%	8.3%	3.0%

4. 课堂提问能有力促进学生的学习

在"课堂提问对学生学习的促进作用"（见图2）方面，92.8%的学生认为老师的提问有助于自己注意力的集中，90.6%的学生认为老师的提问对自己掌握知识有帮助，99.0%的学生认为老师的提问对自己掌握学习方法有帮助。在课题组与学生的课下交流中，学生说"当我下午上课犯困时，老师会通过调节氛围或提问使我的注意力再次回到课堂""在我回答完问题后，老师会让我说出解决问题的思路""多数教师上课时注重学习方法的指导，让学生在回答问题或解题的同时讲述解题方法，帮助学生掌握解题的技巧，促进知识的掌握"。这在一定程度上说明：目前教师的提问能有力促进学生的学习。

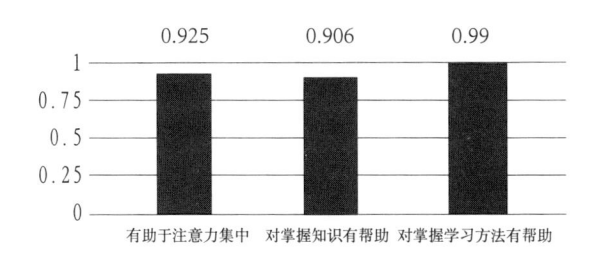

图2 课堂提问对学生学习的促进作用统计图

5. 教师注重提问的系统性

在"教师提问时是否两个以上的问题一次性提出"方面，90.6%的学生认为教师是这样做的，9.4%的学生认为教师偶尔这样做。如教师在初三的复习课上给学生出了这样一道题："某中学开展以'我最喜欢的职业'为主题的调查活动，通过对学生的随机抽样调查得到一组数据，根据这组数据绘制了不完整的统计图（见图3）。请同学求出被调查的学生人数，把折线统计图补充完整，求出扇形统计图中，公务员部分对应的圆心角的度数。若从被调查的学生中任意抽取一名，求被抽取的这名学生最喜欢的职业是'教师'的概率。"四个问题环环相扣，联系紧密。教师注重提问的系统性的调查结果反映了数学学科的本质特征，数学学科具有很强的内在联系，是一个大的系统，而"大系统"由许多"小系统"构成，一般是以单元、课作为基本单位。因此，教师在设计课堂提问时，依据教材内容的内在联系和知识的逻辑顺序来设计问题，并按照从具体到抽象、从感性到理性的认识规律，由近及远、由易到难地分层次设计一系列的问题，既能体现"小系统"的特点，又能兼顾"大系统"的教学目标，让学生由浅入深、循序渐进地获取知识，建立知识系统，锻炼思维品质，提升运用能力，显现了教师在问题设计上的整体性、系统性。

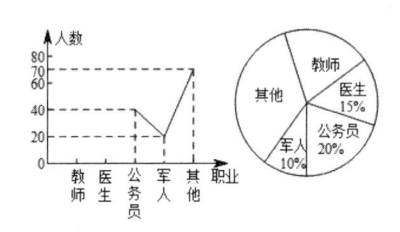

图3 "我最喜欢的职业"调查结果统计图

（二）教师课堂提问存在的突出问题

1.学生学习数学的兴趣需要加强激发

调查显示：全校三个年级合计51.7%的学生喜欢上数学课；态度一般的占30.8%；不喜欢的占17.5%。从"喜欢"的选项（见图4）看：初一年级为42.4%；初二年级为58.5%；初三年级为53.2%。三个年级喜欢数学的程度呈马鞍形分布（见图5）。出现问题的原因有以下几方面：首先是学科本身的原因，小学、初中数学知识存在跨度，初中数学较小学难度加大，致使选择"喜欢"选项的人数比例相对较低。其次，教师能够及时发现学生学习上的困难，积极引导，帮助学生解决问题，提升学生的学习信心，使选择"喜欢"的初二学生最多。选择"喜欢"的初三学生比初二学生略少的原因是，初三数学难度加大，综合性增强，致使学生出现畏惧数学的心理。通过三个年级的课堂教学观察发现，低效提问或无效提问的教师（合计达30%），受学生喜欢的程度明显低于提问有效性达80%以上的教师。三个年级的情况相同。美国心理学家布鲁纳说："学习最好的动机是对所学学科的兴趣，兴趣是最好的老师。"[1]另外，2018年教育部基础教育质量监测中心发布的报告显示："从全国来看，数学学习兴趣高的学生，其数学学业成绩平均分相对较高。"[2]从学校的调查数据看，还有近一半的学生缺乏学数学的兴趣。在激发学生学习兴趣、调动学生积极性、增强课堂吸引力上，我们需要加强研究。

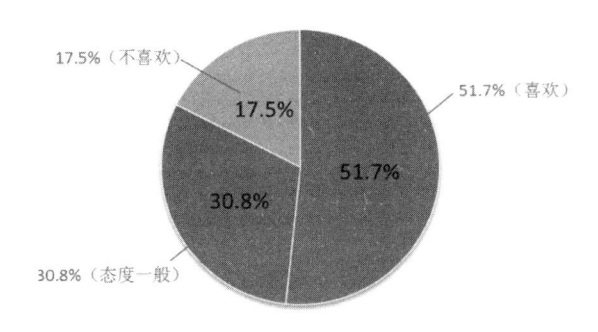

图4　各年级学生对数学学科的喜爱程度统计图

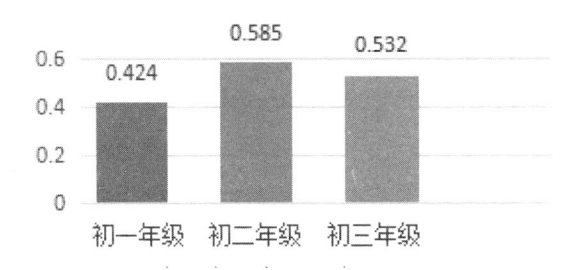

图5　全校学生对数学学科的喜爱程度统计图

2.教师提问时的表达能力需要进一步提升

调查显示，68.6%的学生认为教师表述清晰，26.9%的学生认为教师表述偶尔清晰，4.5%的学生认为教师表述不清晰。在教师提问是否有口头语方面，90.6%的学生认为有，8.4%的学生认为偶尔有，1%的学生认为没有。通过课堂观察我们也发现教师在提问时语言表达确实存在一些问题，如语言不准确、指向不明、不合逻辑、过于呆板、口头语过多等，容易使学生对问题理解产生障碍。为克服这种障碍，有时教师只能一遍遍地复述或机械式地解释，浪费了课堂的宝贵时间。这些都说明在提问的表达方面，教师还要加强训练。

3. 教师提的问题还需要精心设计

调查（见图6）显示，68.6%学生认为教师的提问是精心设计的，27.0%的学生认为教师提的问题偶尔精心设计，4.4%的学生认为教师提问随意。在"精心设计"这个选项上，初一到初三三个年级的比例大体相同，分别为68.2%、70.7%、68.8%。问题没有精心设计，必然会造成教学低效，甚至无效。问题没有精心设计，就易偏离课标、偏离教材、偏离学生实际。问题缺少精心设计往往反映出教师对提出的问题缺少系统性的思考，缺少预设，这些都不利于学生知识的掌握与生成。从数据看，在精心设计问题方面，教师还有较大的改进空间。

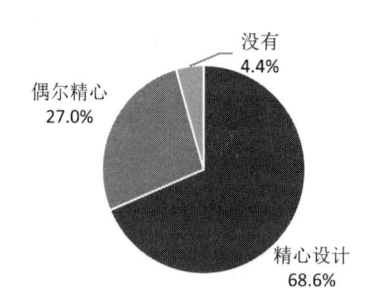

图6　教师课堂提问是否精心设计的统计图

4. 教师的提问在促进学生提升思维水平方面还有待提高

68.6%的学生认为教师的提问有助于思维水平的提升，27.0%的学生认为偶尔有，4.4%的学生认为没有。初一到初三三个年级在"思维水平提升"这个选项上基本相同，分别为68.8%、70.0%、68.2%。通过课堂观察，我们发现部分教师的提问过于简单，难以达到启发思维的作用。数学教学的目的，不仅仅是传授知识，让学生学习、理解、掌握数学知识，更重要的是教给学生学习方法，培养学生的思维能力和良好的思维品质，全面提高学生的数学素养。在北京师范大学教授林崇德看来："能否把核心素养落实好，关键是思维教学。"教师的提问是否有助于学生思维水平的提升，表面上看是需要教师重视学生思维品质培养的问题，实际上需要教师转变教学观念，教育的价值要从知识传授向思维能力培养转变。

通过课堂教学观察，我们也发现教师有不少好的做法值得学习和借鉴，如教师鼓励一题多变、一题多解。一题多变和一题多解使学生既能把握数学问题的整体，抓住其基本特征，又能抓住重要的细节和特殊因素，放开思路进行思考。[3] 另外，在课堂教学中，还有的教师通过拓展课本内容，来培养学生思维的灵活性。如在讲完完全平方公式 $(a+b)^2$ 后，可以先让学生阅读课本内容"$(a+b)^2$的推广"，教师再提问：多项式的平方应如何计算？通过课本上的例题 $(a+b+c)^2$ 总结规律：教师引导学生积极讨论，最后共同总结出规律：多项式的平方等于各项平方和加上每两项积的2倍。然后教师给出习题 $(2x-3y-z)^2$ 让学生完成，并提示学生注意公式应用中的符号变化。这也不失为提升学生思维水平的好经验。

5. 教师提问时注意态度和语气

在"你认为教师提问态度和语气对回答问题的影响"方面，51.7%的学生认为有影响，30.8%的学生认为影响不大，17.5%的学生认为不会有影响。在"学生问题回答不好时，教师提问时和提问后的行为和态度的变化对学生的影响"方面，有4.2%的学生认为教师的行为和态度变坏了，67%的学生认为教师会依情况而定。在课下的学生访谈中，学生一致认为教师行为、态度的改变会影响师生关系及学生知识的掌握。

如果教师的提问使学生对课堂学习产生畏惧感，总处于一种不安、紧张的状态，学生的学习效果就会受到影响。

三、提升初中数学教师课堂提问有效性的策略

针对研究中发现的初中数学教师课堂提问存在的问题，我们从三个层面采取了相应的策略。

（一）以普适性为基础的全校性培训

1. 加强课堂育人理念的培训，关注有效教学

教师课堂上提什么问题，与教师的育人理念、教学观、学生观等因素有着直接而密切的关系。提升课堂提问的有效性必须以教师教育观念的更新为前提。每学年开学前学校都会统筹规划、精心安排教师的系统培训，并认真加以落实；通过多种有效形式普及育人理念，帮助教师克服应试思想的侵蚀；关注课程的育人作用，关注学生的未来发展，坚持以学生为本，从尊重学生的尊严、价值、个性出发，引导学生主动发展、全面发展、个性化发展；关注学生发展的潜力和多样性，把学生的现在作为起点来看待。教师在教学过程中要善于创设情境，与学生积极互动，主动处理好传授知识与培养能力的关系，关注学生独立性和自主性的培养，既要面向全体，也要关注学生的个体差异，满足不同学生的学习需要、发展需求。学校应积极创设能引导学生主动参与的教育环境，引导学生怀疑、探究，在实践中学习，激发学生的学习积极性，促进学生在教师指导下主动学习，使学生得到充分、和谐的发展。

2. 举办提升课堂提问有效性的专题培训

提问是课堂上非常普遍而又极其重要的教学活动。优秀教师的教不仅在于会讲，更在于会问，富有艺术性的有效提问是"有效教学的灵魂"。学校针对前期调研中发现的问题，围绕"提高课堂提问有效性"这一主题，聘请专家、名师来校指导、做讲座，内容涉及教师课堂提问时如何更好地表述，是否能根据学生的知识储备、能力水平和接受程度设置不同的问题，学生是否有足够的候答时间，教师提问是否能够体现系统性，教师提问能否启发学生的思维等，从而帮助教师答疑解惑，促进其课堂

提问能力的提升。

（二）体现学科特色的教研组（备课组）培训

1. 加强学科知识、教育理论的培训

有效提问与教师对课标的理解，教材的学科思想及内在联系，学生的认知规律、心理特征等都有着密切的联系。如果教师没有学科知识、教育理论的储备，课堂提问的有效性将无从谈起。为此，教研组深入开展三大学习工程。一是开展"课标、教材系统学习工程"，组织教师利用业余时间通读课标及小学到初中的教材，理解课标、吃透教材，并通过学校举办的"两说"活动，即"说课标、说教材"，让教师心中有纲目，为课堂教学中有效提问提供学科知识储备。二是开展"教育理论系统学习工程"，深入学习教育学、心理学等理论，知道课堂有效提问的原理依据与心理学基础。三是开展"走进学生工程"，详细掌握学生的思想状况、学习基础、心理特征等，使教师能够基于学生实际精心设计问题。苏联心理学家维果茨基认为，对于儿童而言，存在着一个介于儿童自己实力所能达到的水平（如学业成就）与经过别人的帮助之后所能达到的水平之间的差距，这一差距被称作"最近发展区"[4]。教师结合学生实际及"最近发展区"理论设计提问，使课堂教学中的提问更具针对性，优化了课堂教学实践，促进了学生的发展。

2. 围绕提高课堂提问有效性，开展集体专题教研

教研组（备课组）首先将"如何提升教师课堂提问的有效性"这一问题纳入学年、学期教研计划，明确活动的时间、地点、主题、中心发言人，从理论、实践两个方面加以研究。教研组长关注每一位教师的作用的发挥，给教师布置具体的任务，如"寻找课堂提问有效性的理论依据""用课堂提问的有效性理论分析自己的教学问题"等，帮助教师找到理论的支撑。另外，从实践层面研讨课堂有效提问的技巧、方法及注意的问题等。不同年龄、教龄的老师，处于不同的职业发展阶段，遇到的问题也不一样，如年龄大的教师课堂提问的娴熟度、针对性要稍强于年龄小的教师，骨干教师的课堂提问实效性要高于普通教师。调查数据

显示，年龄大的教师课堂提问学生认可度要高于年龄小的教师，骨干教师课堂提问有效性要高于普通教师。在教学实践中，还可以通过录像分析，进行专题性评课，找到优势与问题。教研组长要努力将专题教研活动安排系列化，并让教研组建设和每位教师的成长发展紧密联系起来，增强每位教师的参与意识、主体意识与发展意识。教研组长在这个过程之中，既关注教研组之"事"，又关注教研组中的"人"，"在成事中成人，用成人促成事"。

3. 组织全体数学教师开展多样化的课堂教学观察活动，查找课堂提问中的问题

教学实践证明，只有具有创造性和批判性的"对话式教学"才能促进学生的个性化发展。而提问又是教学对话的关键。针对教师的提问，课题组成员、教学干部、外聘专家开展了课堂教学观察活动，事先拟定教师课堂提问观察表，组织好课堂教学观察活动：通过课前会议明确观察者要观察的问题；进入课堂观察环节后，观察者根据观察点选择观察位置，运用量表做好课堂实录；课后会议上帮助教师获得课堂提问的真实信息，查找课堂提问的不足，分析研究其中的原因，及时调整课堂教学提问的技巧，提升问题的设计能力，促进教学观念的更新与转变，激发教师的教育智慧，促进教师专业成长。

4. 在专家指导下，探索课堂提问有效性标准

结合前期问卷调查、课堂观察及学科教学录像分析，立足于学生知识的掌握、思维的发展、能力的提升，在参考辽宁师范大学左博雯的《课堂提问有效性评价体系及标准的构建——以高中生物课堂教学为例》，以及南京师范大学汪建霞的《初中数学课堂提问的有效性探究》这两大研究成果的基础上，由课题组完成学校数学课堂有效提问标准初稿，在征求校外专家意见的基础上最终定稿。《数学课堂有效提问标准》的出台与实施，有利于更好地指导教师进行有效的课堂提问。

5. 借助专家名师的力量，提升课堂教学提问有效性

学校坚持"内升外引"的策略，促进数学教师课堂提问有效性的提

升。一是设立"通州区'运河计划'教育领军人才、特级教师、市区骨干教师"工作室,充分发挥工作室的作用,关注课堂,关注课堂提问有效性的提升。二是聘请校外专家、名师担任学校数学学科发展指导教师,将提升课堂提问有效性作为重要内容加以指导,通过举办讲座、深入课堂听课,发现问题并提出改进意见。坚持"内外结合,共同指导"的原则,切实提升数学教师课堂提问的能力与水平。

6. 开办示范课、汇报课、研究课,相互学习借鉴成功的经验

围绕课堂提问有效性这一主题,针对学校《数学课堂有效提问标准》的落实,安排课堂教学中会提问、善提问、学生认可和喜爱的教师上示范课,让教师通过集体观摩、研讨,学习好的经验,查找自身的不足,研究改进的办法。另外,教研组还有计划地安排新教师的汇报课、研究课,形成推进《数学课堂有效提问标准》落实的氛围。爱因斯坦曾说过:"提出一个问题往往比解决一个问题更重要。"发现问题、提出问题是有效开发创新学习潜能的开端。

(三)体现个人特色与风格的教师自我研修

鼓励全体数学教师在以下四方面不断进行自我提升。

1. 自主学习

在学校、教研组、备课组组织的学习基础上,引导教师进一步学深、学透、学懂,多看理论书籍、学典型的经验,向名师学习,阅读相关文献,不断丰富自己的知识储备,开阔自己的视野。

2. 勤于实践

鼓励并动员教师将学到的理论及成功的经验运用于课堂教学中,通过高效的课堂提问,激发学生的学习兴趣,引发深度思考,培养学生的数学思维,落实学科素养,让学生体验到学习的快乐。

3. 善于反思

教学反思是促进教师专业成长的有效途径,教师不能仅仅满足于自己获得的经验,而应对经验进行深刻的理性思考,以对后续的教学产生积极的影响。学校应引导教师认真梳理课堂教学情况,围绕课堂提问进

行重点思考，帮助教师看到优点、反思不足，实现教师的专业成长。

4.注重研究

学校搭建了平台，设立了课堂教学研究专项基金，鼓励教师进行提高课堂教学提问有效性的行动研究，以发现问题、分析问题、解决问题，在研究中取得突破、获得成长，促进自身教学水平的提升。

三、研究的收获与反思

两年来，我校在提高数学教师课堂提问有效性的策略研究方面取得了一定的成绩，同时也进行了反思。

（一）主要收获

1.教师的教育理念得到更新

解决课堂提问有效性的前提是教师观念的更新，没有观念的更新就不会有课堂提问有效性的提升。为此，本研究首先从更新观念抓起，通过大量的课堂实录分析和课堂观察，帮助教师看到课堂提问中的问题，并分析深层次的原因，主动寻找破解的方法。这一过程促进了教师教育观的转变，以生为本的教育思想、启发式教学理论、建构主义理论、最近发展区理论、人本主义学习理论、教学过程"最优化"理论等成为指导教师课堂提问的重要依据。

2.教师有效提问的意识得到增强

在课题研究的过程中，教师通过专题报告、听评课、课堂观察、自主研修等活动的参与，对课堂有效提问的重要性的认识进一步提高。教师深刻认识到提问对学生知识的掌握，思维的拓展，情感、态度、价值观的形成以及核心素养的落地有着极大的影响。教师"育人"的思想得到强化，能够站在学生发展的视角思考自己的教学，思考如何在课堂教学中有效提问，能够通过课堂观察的数据改进自己的教学。

3.教师课堂提问的技巧日趋熟练

经过大量的课堂教学实践，教师课堂提问的技巧日趋熟练，问题的设计更加注重类型与层次，突出针对性与启发性，关注学生思维水平的提升。在提问中教师还注重创设和谐的氛围，注重教学方式的调整，注重学生的参与，注重鼓励性评价，注重良好师生关系的建立及学生学习兴趣的激发，这些变化促进了师生的和谐互动。

4. 教师越发关注学生能力的培养

《义务教育数学课程标准（2011年版）》的总目标指出，让学生通过数学学习，"体会数学知识之间、数学与其他学科之间、数学与生活之间的联系，运用数学的思维方式进行思考，增强发现和提出问题的能力、分析和解决问题的能力。了解数学的价值，提高学习数学的兴趣，增强学好数学的信心，养成良好的学习习惯，具备初步的创新意识和科学态度"。两年的教师系统培训，使我们在数学课堂教学中看到了可喜的变化：教师们能够根据教学实际情况，通过问题设计将科学的发现过程简洁地重现于课堂，让学生积极主动地参与到学习中来，给予学生充分的时间和空间来进行探索、猜想、发现。这些做法有助于培养学生的思维品质，提升其理解能力、推理能力。

（二）研究反思

本课题研究侧重于教师有效提问理论、方法及技巧的指导，对课堂提问的功能研究涉及不多。从课堂教学的角度看，提问的功能可以分为求证性功能、启发性功能、警戒性功能、激励性功能、检查性功能、调节性功能等。从育人的角度看，提问的功能有传授知识技能的功能，教学反馈功能，情感、态度、价值观培育功能。本课题主要涉及有效提问对学生知识技能学习的影响这一领域的研究。有关教学反馈功能，情感、态度、价值观培育功能等内容将在后续的研究中进行深入探索。

课题研究数据多是学生自评数据，学生是未成年人，评价能力有限，主要是从感性的角度反馈课堂教学中教师提问有效性的意见，缺少深入的思考，在理性的反馈与评价上还需加强。另外，教师的自我评价，具有明显的利己性。在"您喜欢本学科吗""您提问是否表述清晰""问题是否精心设计""是否给学生留有思考时间""提问是否有激励性""问题是否具有启发性"此类问题的调查中，教师几乎百分之百地选择最佳选项。所以，在今后的相关课题研究中要多视角、多维度地进行调研，确保课题研究能够揭示问题的本质。

总之,提升课堂提问的有效性是一个永恒的话题。在先进教育理念的指导下,六中人会结合课堂教学实践,不断探索、不断突破,形成具有推广价值、校本特色的课堂提问风格,发挥课堂最大的育人功能,为丰富学校办学内涵、提升办学品质做出贡献。

参考文献:

[1] 林润之. 新课程下教师自我发展设计能力 [M]. 北京:新华出版社,2005:99.

[2] 中华人民共和国中央人民政府. 教育部发布 2018 年国家义务教育质量监测数学、体育与健康监测结果报告 [R/OL].(2019-11-21){2020-09-15}.https://www.gov.cn/fuwu/2019-11/21/content_5454124.htm.

[3] 张勇. 在数学课上培养学生思维品质的几点做法 [J]. 数学学习与研究,2015(12):81.

[4] 母远珍,乔勇亮. 听课、观课、评课的艺术 [M]. 长春:吉林文史出版社,2013:136-137.

"双减"背景下构建课后服务课程群的实践与探索

北京市通州区第六中学　常恩元

2021年是"双减"政策实施的元年。如何切实实现减负提质，提升学校的吸引力，满足学生多样化发展与个性化成长的需求，是每一所学校都面临的问题。《义务教育课程方案（2022年版）》明确提出"制订学校课程实施方案，注重整体规划"[1]，为课后服务课程群建设提供了政策依据。知名课程建设专家王凯认为，课程群"是在学校课程框架下，以促进学生核心素养的达成为目标，应用学校的课程自主权，通过将具有关联性的学科或课程模块进行重新组织，形成结构合理、衔接有序的课程组织，实现课程整体育人价值"[2]。为此，学校进行了深入的实践与探索。

一、构建课后服务课程群的背景分析

（一）未来社会的不确定性给教育带来了严峻挑战

进入21世纪以后，我们正经历着从传统工业社会到智能化社会的转型。世界风云多变，不同的国家和地区既相互依赖又相互竞争，机遇、冲突与挑战并存，人类面临着诸多不确定因素，对教育提出了新的挑战与新的要求。教育必须放眼世界、面向未来，结合学生实际。我们应该思考教给学生什么。是死的知识，还是面向未来的价值观念、关键能力与必备品格？显然是后者。它需要我们教育人去践行。1997年12月，经济合作与发展组织（OECD）就启动了以21世纪核心素养为导向的国际教育研究和改革，组织美国、瑞士、加拿大、法国等12个国家研究本国的核心素养框架，以培养符合社会需求的人才。2016年9月13日，在北京师范大学举行了中国学生发展核心素养研究成果发布会，公布了三年的研究成果，涉及3大领域6大素养18个要点。2017年、2022年，教育部又相继颁布《普通高中课程标准（2017年版）》《义务教育课程标准（2022年版）》，突出真实情境问题的解决，以学科实践为支点，撬动传统育人体系，建构以实践为中心的新型育人方式。

（二）学校原有课后服务课程的突出弊端亟须解决

传统的课后服务课程难以适应"双减"的要求，忽视学生的实际需求，多是学校依据自己的想法、师资、场地、资金等而设置的，吸引力低。如课程缺少顶层设计，忽视课程间的相互关联，没有系统性，过于随意，学生被动地参加，而没有选择性，学生个性化的需求难以满足。另外，各学期之间、各学年之间缺少整体设计，课程往往在同一维度上重复，或者课程间没有递进，导致课程的"平面化"。再有，课后服务课程的构建过程中，忽视学校的办学理念、育人目标、办学传统和生源特点，只是机械地开设课程，致使课程无亮点，更无特色可言。在原有的课后服务课程的实施中，由于师资、学校活动等因素的干扰，课后服务课程断断续续，缺少执行的严肃性。而且由于实施过程中缺乏监督、管理、评价，课后服务课程质量堪忧。上述问题都是我们在推进"双减"落地、减负提质过程中亟待改进的问题，这些问题改进得怎么样关系到学生的培养与未来的发展。

（三）落实"立德树人"根本任务需以课后服务课程为补充

学校办学的终极目标是育人。落实"立德树人"根本任务，应与学校的办学实际相结合，综合考虑国家课程、地方课程、校本课程以及课后服务课程的开发与实施，体现课程的育人功能。《教育部关于全面深化课程改革 落实立德树人根本任务的意见》中指出："课程是教育思想、教育目标和教育内容的主要载体，集中体现国家意志和社会主义核心价值观，是学校教育教学活动的基本依据，直接影响人才培养质量。"[3]为此，学校坚持开齐、开足国家课程，深入挖掘课程的育人功能，使国家的育人要求在学校得到落实；创造性地开好地方课程，对学生进行知家乡、爱家乡教育；基于学生需求开好校本课程以及课后服务课程，体现学校特色，突出选择性，满足学生多样化与个性化的学习需求。学校通过高质量的课程让学生乐于参与，回答好"培养什么人、怎样培养人、为谁培养人"的问题，使课后服务的发展性功能得以体现。

(四) 构建课后服务课程群是学校提升办学品质的需要

人民群众对优质教育的期盼日益强烈。中国梦就是要实现人民群众对美好生活的向往，努力让每个孩子都能享有公平而有质量的优质教育。从区域上看，学生"有学上"的问题已基本解决，但"上好学"的问题还有待解决。要满足人民群众日益增长的享受更加公平、更高质量的教育的渴望与期盼，学校就要进一步增强课后服务的供给能力，必须在提升教育品质上下功夫，构建丰富多彩的高品质课后服务课程，对国家课程、地方课程、校本课程进行有益补充，既要面向全体，又要关注差异，突出选择性，为学生提供机会、搭建舞台，满足学生多样化发展与个性化成长的需求，让每一名学生在课程学习中启迪思想、获得知识、陶冶情操、练就本领、发展特长。学校教育聚焦学生应具备的适应终身发展和社会发展需要的必备品格和关键能力的培养，使学生在校园学习生活中快乐成长，并得到充分、和谐的发展，让学生在"吃得饱"的同时"吃得好"，使人民群众具有更多的实际获得感和幸福感。

二、构建课后服务课程群的目标

(一) 总目标

聚焦核心素养，以丰富多元的课后服务课程群，突出"身体参与和亲身经历"，落实"做中学""用中学""创中学"的课程实施要求，以"体验和感悟"为内在特征的学习方式，培养有理想、有本领、有担当，自主发展，具有卓越气质的新时代六中人。

(二) 分目标

品德类：培养学生爱党爱国爱人民，增强国家意识和社会责任意识，引导学生理解、认同和拥护国家政治制度，了解中华优秀传统文化和革命文化、社会主义先进文化，增强中国特色社会主义道路自信、理论自信、制度自信、文化自信，引导学生准确理解和把握社会主义核心价值观的深刻内涵和实践要求，形成良好的政治素质、道德品质、行为习惯和较强的法治意识，以及积极健康的人格和良好的心理品质，注重学生价值观的引领，激发学生自主发展的内驱力，让学生拥有好习惯、好品质、好人生，成为优秀的六中人和最好的自己。

学习类：关注学生学习力的提升，注重学生学习动力、学习态度、学习方法、学习效率、创新思维、创造能力的指导，帮助学生实现由"学会"向"会学"的转变。满足学生多样化的学习要求，关注个体，因需指导，让不同层次、不同水平的学生都有进步。不断扩充学生的知识，开阔学生的视野，培养学生的学习兴趣，提升学生的学习素养。

体育类：通过课后服务课程的学习，让学生享受运动乐趣，掌握各种体能的学练方法，达到《国家学生体质健康标准（2014年修订）》的相应要求，改善体形，保持良好的身体姿态。在学练多种运动项目和参与展示或比赛的基础上掌握篮球、田径两项及以上运动技能。能理解参与体育学练、展示或比赛对个人品德塑造的重要性。在遇到困难或挑战自身身体极限且保证安全的情况下能克服困难、坚持到底，顽强拼搏。遵守体育规则，与他人相互尊重，诚实守信，具有公平竞争的意识和行为，充满自信，乐于助人，彬彬有礼。正确对待成败，能将体育运动中养成的良好体育品德迁移到日常学习和生活中。

艺术类：感知、发现、体验和欣赏艺术美、自然美、生活美、社会美，提升审美感知能力。丰富想象力，运用媒介、技术和独特的艺术语言进行表达与交流，运用形象思维创作情境生动、思想健康的艺术作品，提高艺术表现能力。发展创新思维，积极参与创作、表演、展示、制作等艺术实践活动，学会发现并解决问题，提升创意实践能力。感受和理解我国深厚的文化底蕴和党的百年奋斗重大成就，传承和弘扬中华优秀传统文化、革命文化、社会主义先进文化，坚定文化自信，树立中华民族共同体意识。了解不同地区、民族和国家的历史与文化传统，理解文化与构建人类命运共同体的关系，学会尊重、理解和包容。

科技类：能够认识、理解科学的本质，掌握与认知水平相适应的科学知识，初步形成基本的科学观念。具有初步的科学思维，拥有分析与综合、比较与分类、抽象与概括、归纳与演绎、联想与想象、重组思维、发散思维、突破定势等基本的思维方法及其在科学领域的具体应用的能力。对自然现象充满好奇心和探究热情，能大胆提出自己的见解，并基于证据和逻辑得出结论。实事求是，不迷信权威，敢于大胆质疑，追求创新。善于与他人合作和分享，包容不同的观点。热爱自然、珍爱生命，具有保护环境、节约资源、推动生态文明建设和可持续发展的责任感。能对与科学技术相关的社会热点问题做出正确的价值判断，尊重科学，反对迷信。遵守科学与技术应用的公共规范、法律法规和伦理道德，维护自身和他人的合法权益，捍卫国家利益。

生活类：围绕日常生活劳动、生产劳动和服务性劳动的参与，正确认识劳动与人类生活、社会发展、个人成长之间的关系，形成基本的劳动意识，树立正确的劳动观念。懂得人人都要劳动、劳动创造财富、劳动创造美好生活等基本道理。体验劳动的艰辛和快乐，形成劳动效率意识、劳动质量意识。具有热爱劳动、热爱劳动人民、尊重普通劳动者的积极情感。树立劳动最光荣、劳动最崇高、劳动最伟大、劳动最美丽的观念。掌握劳动技能，发展初步的筹划思维，能综合运用多学科知识和多方面经验解决劳动中出现的问题，发展创造性劳动的能力，并在劳动过程中学会自我管理、团队合作，逐步养成良好的劳动习惯，塑造基本的劳动品质，培育积极的劳动精神，弘扬劳模精神和工匠精神。

实践类：基于自然、社会、文化、科技等诸多领域中问题的解决。坚持校内与校外、课内与课外相结合。遵循自主性、体验性、综合性、创造性、个性化的原则，从实践出发，注重创设真实情境，学、思、做并用，以真实问题或项目驱动，帮助学生理解基本概念和原理，提升知识迁移能力和思维水平。培养学生综合运用不同领域的知识观察问题、分析问题、解决问题的能力，学会合作、交流与分享。引导学生形成对周围世界和自己的一种积极而富有的情感的,富有创造力和探索精神。激发学生的爱国情感,增强责任意识,立志为民族复兴做出贡献,让学生在实践中快乐成长。

创新类:以贴近学生生活的创新课程,以及适应时代发展的体验课程,激发学生的创新意识,培养学生对自然现象的好奇心和探究热情,能大胆提出自己的见解,并基于证据和逻辑得出结论,实事求是。不迷信权威,敢于大胆质疑,追求创新。善于与他人合作和分享,包容不同的观点。热爱自然、珍爱生命,具有保护环境、节约资源、推动生态文明建设和可持续发展的责任感。能对与科学技术相关的社会热点问题做出正确的价值判断,尊重科学,反对迷信。遵守科学与技术应用的公共规范、法律法规和伦理道德,维护自身和他人的合法权益,捍卫国家利益。

三、课后服务课程群的主要课程

课程是教学目标得以实现的重要载体,亦是教师传递知识、培育人性的重要媒介。课后服务课程(见表1)是对国家课程、地方课程、校本课程的丰富、补充与完善,包括品德、学习、体育、艺术、科技、生活、实践、创新八个方面,每个方面的侧重点不同,且分年级递进,总体来讲所选内容突出实践性,有利于以"身体参与和亲身经历"为表现形式、以"体验和感悟"为内在特征的学习方式的体现。

表1 通州六中课后服务课程群

类别	开设课程	开发实施部门
品德类	好习惯、好品质、好人生、做最好的自己、做优秀六中人、伟人的故事、通州区名人、身边榜样、时政演讲、美丽中国、传统文化、礼仪规范、民主与法治、我与集体、健康身心等	政教处
体育类	田径、篮球、足球、排球、乒乓球、羽毛球、武术、键球、轮滑、空竹、跳绳、踢毽子、健身操、体育舞蹈、体质提升课等	政教处
科技类	模型制作、纸船承重、纸桥承重、木梁承重,单片机、天文、机器人、无线电测向等	政教处

（续表1）

类别	开设课程	开发实施部门
生活类	清洁与卫生、整理与收纳、烹饪与营养、家用器具使用与维护、农业生产劳动、传统工艺制作、工业生产劳动、新技术体验与应用等	政教处
艺术类	音乐与表现、音乐与创造、音乐与文化、音乐与鉴赏，舞蹈、合唱、独唱、器乐，美术史话、装潢与设计、艺术表达、书法、绘画、剪纸、版画、布艺、扎染，朗诵、演讲、辩论、话剧、戏剧表演等	政教处
实践类	研究性学习，现代服务业劳动，公益劳动与志愿服务，走进博物馆（科技馆），寻找历史变迁，区域植被、区域地理、区域民俗、区域饮食、区域文化、区域古迹、区域交通、区域经济，新闻中的地理，节气探究，我为社区发展献一计，我知道的六中校史等	政教处
创新类	3D打印、人工智能、机器人、编程、发明创造、生活中的科学、创意大比拼、科学建议等	政教处
学习类	学习方法指导、思维训练、答疑课、辅导课、巩固课、提高课，文字起源、文体解析、名家生平、名著赏析、口语交际、阅读与写作、诗社，人文数学、生活中的数学、数学小百科、初中数学开放性问题及其解法，英语语法、英文写作、英文演讲、国外文学，物理史话、物理实验探究、生活和物理、伟大物理学家，化学与自然、化学与科技、化学与社会、化学真奇妙——生活健康都需要、化学计算技巧、趣味化学，生物栽培、生物实验问题探究、细胞工程和基因工程与人类社会、生态与环境、对抗细菌的武器——抗菌药物等	教务处

四、课后服务课程群的实施

人们常讲眼界决定境界，思想决定行动。"双减"事关国家、民族的未来，是国之大计、党之大计。"双减"在学校的落地，前提是统一思想、提升认识。学校从加强学习入手，针对出台的文件第一时间组织干部、教师、家长以及学生进行学习研讨，理解精神实质，建立"双减"

深入推进的思想基础。围绕"双减"的落实，学校及时建立"双减"管理及推进的组织机构，设立教师专业发展指导组、课堂教学改革推进组、作业设计研发组、课后服务管理组及家教培训组。课后服务课程建设由课后服务管理组负责组织实施，突出特色为八个"坚持"。

（一）坚持服务内容系统化与课程化相结合

传统的课后服务课程往往存在不接地、无目标、碎片化、大杂烩、弱关联等问题，没有站在学生未来成长的角度进行系统设计，课程间缺少内在联系，忽视了学生的主体性与教育性，难以满足学生的成长需求。课后服务管理组基于现实，在深入调研分析的基础上，立足学校实际与学生需求突出创新，以课程群建设为载体助力"双减"的实施，即将过去传统的课后服务内容由随意式、碎片化向系统化、课程化转变，突出育人导向，突出五育并举、五育融合。课后服务课程化就是要提升课后服务的吸引力，落实五育并举，突出课后服务课程的校本化建设，把课后服务活动课程融入学校课程体系建设，在课后服务课程建设中体现"办卓越教育——激励每一名师生主动发展，成为最好的自己"的办学理念，以及"培养自主发展、具有卓越气质的六中人"的育人目标。学校在课后服务的实施中，基于学生实际，设立品德类、学习类、体育类、艺术类、科技类、生活类、实践类、创新类八大类课后服务课程100余门次，如品德类的"好习惯、好品质、好人生、做最好的自己"等；学习类的"学习方法指导、思维训练、答疑课、辅导课、巩固课、提高课"等；体育类的"田径、篮球、足球、乒乓球、羽毛球、毽球、轮滑、体质提升课"等，不断丰富课后活动课程内涵，为学生提供了丰富的选择机会。

（二）坚持规定课程与自选课程相结合

课程育人目标的实现取决于课程内容和育人活动的有机结合，只有采用适当的育人方式，才能激发学生的学习内驱力，才能真正将知识转化为素养。课后服务课程的实施，应与学校的特色、个人的发展需求相结合。如北京市通州区第六中学是全国青少年校园篮球特色学校、北京市田径传统体育项目学校、全国中小学中华优秀传统文化传承学校，因此在课程设置上对学生提出"2+1+N"课程选择性建议（"2"为篮球、田径，是每个学生的必选课程；"1"为一门艺术课程，每个班都具有特色社团，常年开展活动；"N"为学生可自主选择的课程），既体现了学校的特色，又满足了学生体育、艺术"2+1"的特长要求，以及学生多样化发展、个性化成长的需求。学校在推进课后服务课程中，坚持"做优规定课程，做强自选课程"的思路，确保"2+1+N"课程的全面落实，彰显学校的特色，满足学生的期盼。

（三）坚持问题导向与目标导向相结合

问题导向即学生有什么需求。目标导向即通过课后服务活动的参与要达到的目标。以课后服务的体质提升课程为例，三个年级的侧重点不尽相同：初一年级注重活动的广泛参与，打下体质基础，激发学生的兴趣；初二年级在面对学业水平考试的同时，提升体质水平，培育爱好特长；初三年级在巩固特长的基础上，全力备战中考。2021年新学年开学时，初二年级有121人体重超标，初三年级有90人体重超标，分别占年级总人数的34.6%和26.5%，可谓问题严重，对学生的升学与未来的生活都会带来极其不利的影响。学校高度关注，认真分析原因，及时采取干预措施（如召开家长培训会，由医务室拟定健康食谱，邀请医院专家进校举办健康讲座，体育组拟定运动处方，进行针对性训练，开展"校园吉尼斯系列体育项目挑战赛"），营造体育锻炼的氛围，引导学生养成运动的习惯，降低学生的体重，提升身体运动机能，经过一年的努力收到了可喜的成效：学生体重得到有效控制，体质得到提升，实现了"做中学""用中学""创中学"，也更好地体现了课后服务课程的实践性。

（四）坚持部门实施与整体推进相结合

学校"双减"课后服务课程建设中坚持"一盘棋"思想，注重师资、学生、时间、空间、内容、方式等的统筹，在制订课后服务实施方案的基础上精细化落实。德育部门负责品德类、体育类、艺术类、科技类、生活类、实践类、创新类课程的组织与落实，并做到有计划、有安排、有指导、有检查、有反馈，具体到周、到日、到负责人，通过项目竞赛、评比检查、活动展示等举措，确保活动的高质量。另外，在课程的设计、安排上，既有规定动作又有自选动作。如课间操所有学生都要练习，大课间、课后综合素质拓展类课程给学生留有选择的空间，满足不同学生的兴趣爱好的需要。教学部门重点负责学生学习类课程的落实，满足学生的学业需求及成绩提升要求，将学习类课后服务纳入学科教研，注重学情分析，研究答疑、辅导、巩固、提高的策略与方法，提升课后答疑、辅导、巩固、提高的针对性与实效性。学校通过高水平、高质量的课后服务供给满足学生的学业需求，让处于不同层次、不同水平的学生都能够得到更好的发展。

（五）坚持课程实施普及与提高相结合

1942年5月，毛泽东主席在《在延安文艺座谈会上的讲话》中就论述了"普及与提高的关系"，提出了"我们的提高，是在普及基础上的提高；我们的普及，是在提高指导下的普及"的著名论断。这个论断具有高度概括性和抽象性，具有普遍的指导意义。普及工作与提高工作是不能截然分开的。普及的课后服务课程体现了大众化，易于学生接受、掌握；提高的课程体现了个性化，具有一定的知识含量、难度与挑战性。课后服务普及的课程坚持面向全体学生开设，注重兴趣、爱好的培养，满足学生多样化的需求，如跳绳、队列、长跑、引体向上、仰卧起坐等。提高的课程关注学生兴趣爱好和特长的培养，更注重满足学生个性化的需求，如学校的篮球社团培养了学生的团队意识，田径社团培养了学生的吃苦精神与意志品质，辩论社团培养了学生的思维表达能力，车模、海模、航模等社团培养了学生的创新思维与动手能力。学校通过课后服务活动促进了学生综合素质的提升，同时也培养了大批优秀学子。

（六）坚持校内资源与校外资源相结合

课程的实施注重校内资源与校外资源的同步开发，以解决课程、师资、场地、资金等不足的问题。如：在课程上，学生申报的毽球、机器人编程、3D设计等课程，单靠校内资源暂时无法开设，学校在比较和选择的基础上及时邀请校外教育机构入校，购置器材，划定场地，开设课程,以满足学生的需求;在师资上,坚持校内师资与校外师资相结合,学校依靠社会力量补充缺少的师资,并建立严格的监督考核机制,以确保教学质量;在场地上,合理利用校内空间与共享校外场地相结合。学校生均面积小,课后服务课程全面铺开,场地严重不足,学校在精心安排校内场地的同时,还主动联系辖区单位,建立共建关系,实现场地资源共享。校内资源与校外资源的有效整合,确保了课后服务课程的开展与落实。

(七)坚持过程监督与多元评价相结合

树立育人为本的思想,突出以提升课后服务质量为核心,加强课程实施的过程管理与目标管理。学校"双减"工作领导小组,加强课后服务过程监督与检查,包括师生出勤、纪律状况、活动实效等;阶段性召开学生座谈会,了解课后活动参与过程中学生的感悟与收获,以及存在的问题;建立学生、家长对学校课后服务的评价机制,将评价结果作为改进课后服务的参考依据。另外,学校还充分发挥"督管、督育、督学、督改"四位一体校内督导机构的作用,对活动中暴露出的问题进行诊断与分析,并基于学生的成长与实际获得给出改进建议,促进课后服务质量的不断提升。

(八)坚持物质激励与精神激励相结合

激励是管理过程中不可或缺的重要环节和手段。有效的激励可以成为组织发展的动力保证,并促进组织目标的实现。常见的激励有物质激励和精神激励、外在激励和内在激励等不同类型。就学校来讲,激励是教师在各种刺激的影响下,产生兴奋状态,并有效地完成工作目标的心理过程。在学校办学的诸多要素中,人是最活跃、最主要的资源,教师又是人力资源中最富有朝气、活力与创造力的有生力量。科学有效的教师激励机制是激发学校办学活力、落实立德树人根本任务、引领学生健康成长的有力举措。为保证课后服务的质量及可持续性,学校优化教师绩效工资方案,将教师参与课后服务的付出纳入工作量,并及时给予补贴,认可教师的劳动;同时,建立鼓励性激励机制,将教师参与课后服务的情况纳入评优、评先、职评，形成人人关注、人人参与、人人支持课后服务的局面。

五、课后服务课程群实施效果分析

构建课后服务课程群为学校"双减"的落地与推进注入了活力。高质量的多元的课后服务课程，让学生们自主挑选、各取所需，为学生提供了丰富的"营养"。学生在教师的指导建议下，根据自身的学习需求和个性发展需要自主选择、搭配组合课程，形成一份独属于自己的具有均衡性、适宜性和趣味性的课程"套餐"已成为亮点。课后服务课程群的构建给我们带来了收获，也引发我们思考。

（一）构建课后服务课程群的主要收获

1. 课后服务课程群的构建丰富了学校原有课程体系

课程体系建设是根据社会需要、学生需要和学科发展需要，基于宏观层面，针对国家教育目的和学校办学目标，提高教育质量进行的建设。学校课后服务课程群建设属于微观层面的课程建设，是对学校实施的国家课程、地方课程、校本课程的丰富、补充与完善，体现了以学生发展为中心的思想，在课程建设中坚持面向全体与关注个体发展相结合的原则，构建丰富多彩的高品质的八大类课程群。在课程建设中学校采取服务课程化策略，将课后服务课程一体化设计，围绕学校育人目标，对学校原有课程与课后服务课程进行整体设计，让每一门课程的育人功能得到彰显。课与课之间协同共促，形成有机整体，丰富了学校的课程体系。学校课后服务课程群建设经历了三个阶段：一是丰富供给阶段，主要是在"双减"政策落地初期，学校为留住学生更加关注课程的丰富性；二是精品供给阶段，突出关注每门课的育人价值；三是整体供给和个性供给阶段，更加关注学生的个体差异与需求，突出课程的精准性。

2. 课后服务课程群的构建促进了学生全面持续发展

习近平总书记在 2018 年 9 月 10 日的全国教育大会上指出"培养什么人，是教育的首要问题"。作为教育人要以实际行动和高度的责任感自觉回答好这个关键性问题。西湖大学校长施一公在一次演讲中曾讲：

"清华70%至80%的高考状元去哪儿了？去了经济管理学院。连我最好的学生，我最想培养的学生都告诉我说，老师我想去金融公司。不是说金融不能创新，但当这个国家所有的精英都想往金融上转的时候，我认为出了大问题。管理学在清华、在北大、在整个中国都很热，这是违背教育规律的一件事情。专科学校办学的理念，是培养专业人才，为行业输送螺丝钉，但大学是培养大家之才，培养国家各个行业精英和领袖的地方，不能混淆。"PISA测试，我们曾世界第一，但中国仅有16.8%的学生将来期望进入科学相关行业从业，低于美国的38%，以及OECD的24.5%。华为为什么选择在西北工业大学设立鸿蒙生态班，而没有选择清华，值得我们深思。课后服务课程群中就包含激发爱国情感、培育科学志向、培养实践能力与创新精神的课程，把爱国情、强国志、报国行自觉融入学生的日常学习生活之中，让学生立志为中华民族的伟大复兴做出贡献。

3. 课后服务课程群的构建提升了教师的课程开发能力

随着"双减"的不断推进，课后服务课程日趋丰富已成为必然要求。高品质的课后服务供给，需要教师参与到课后服务课程的开发与实施中来。学校在组织开展"课程开发与建设"培训、学习课程原理的基础上，鼓励教师结合自身的专业、兴趣爱好，开发具有校本特色、深受学生喜爱的课后服务课程，使教师成为课程的设计者、建构者和生成者，通过有效的课程开发促进每名学生健康、富有个性的发展。学校所有学科组均参与了课后服务课程的开发任务，如语文组的"文字起源、文体解析、名家生平、名著赏析、阅读与写作"，数学组的"生活中的数学、数学小百科、初中数学开放性问题及其解法"，英语组的"英语语法、英文写作、英文演讲、国外文学"，物理组的"物理实验探究、生活和物理、伟大物理学家"，化学组的"化学真奇妙——生活健康都需要、化学计算技巧、趣味化学"，生物组的"生物栽培、生物实验问题探究、细胞工程和基因工程与人类社会、生态与环境、对抗细菌的武器——抗菌药物"，科技组的模型制作、木梁承重、单片机等。在课程的开发中，教师的能力得到了提升。

4.课后服务课程群的构建促进了学校办学品质提升

"双减"推行以来，课后服务课程的开发与实施，带来的突出变化是促进了学生的多样化发展，表现为"多维活动""有机融合""整体效应"。学校辩论社团战胜市区名校，学生广博的知识、敏捷的思维、出色的表现给对手留下了深刻印象。语文组的区域文化社团走进回民聚集区——南街，调查饮食文化、民族建筑以及民俗等，形成了翔实的调研报告。学校志愿者服务社团，走进社区参加公益活动，弘扬博爱精神。环保小组走进大运河森林公园，进行运河水质及生物多样性调研，撰写的报告《通州区运河水质的变迁》在"环球自然日"科技活动中获北京市一等奖。六中学生提出的关于完善应急急救设施的建议，获北京市中小学生科学建议一等奖。各类科技社团在国家及市区竞赛中摘金夺银，培养了学生的科学探索精神，也为学生播下了一粒粒科学的种子。学校体育节、科技节、艺术节、读书节、劳动节、志愿者节深受学生喜爱。另外，教师们还将课后服务课程与课堂教学相结合，围绕"垃圾去向追踪"的主题，基于化学、生物、物理三科中"物质循环、元素守恒、能量守恒"概念间的联系，进行整合设计，紧跟热点时事，开展跨学科教学，引导学生解决垃圾分类及垃圾处理问题，在学生前期调研及答疑解惑的同时增强学生的社会责任感。张迪、李晓庆、李晴、和剑菲四位教师的论文《智能平台支撑下的跨学科教学——以"垃圾去向追踪"为例》在《中小学数字化教学》2021年第11期发表。《北京教育》《通州教育》及北京电视台、通州电视台等媒体从不同的角度报道了学校实施"双减"的情况。学校获首都劳动奖状、区综合考核优秀学校、毕业班优秀学校、体育先进校、卫生先进校、艺术先进校、科技先进校等奖项30余项，学校办学的综合实力处于区域先进行列，得到家长和社会的高度认可。

(二) 对构建课后服务课程群的思考

1.课后服务课程群的构建要基于学生的长远发展

育人是课程的本体诉求，离开了育人，课程就失去了存在的意义和价值。培养什么人、怎样培养人、为谁培养人的问题，是教育的根本问题。在经济全球化时代，中国需要培养认同自己的国家、认同自己的文化的可靠接班人和合格建设者。课程开发是面向未来的事业，具有塑造未来的功能。所以，课后服务课程群的构建，要基于学生的长远发展，结合社会、区域及学校实际，依据学生需求，统筹课程的开发、设计和优化资源配置，既要注重知识传授，又要关注学生创新能力、批判性思维、公民素养、合作与交流素养、自主发展素养、信息素养等的培养，让学生拥有正确的价值观念，以及适应终身发展和社会发展需要的必备品格和关键能力。

2. 课后服务课程群的构建要基于教师的能力提升

将课后服务课程转化为学生的价值观念、必备品格和关键能力，对教师的育人能力提出了更高的要求。教师在基于学情备好课的基础上，注重教学组织与形式的创新，关注学生积极性的调动、兴趣的激发，落实教学评一体化的要求，在提升课堂质量的细节上下功夫。另外，课后服务课程的实施还要求教师集中起来围绕共同的育人目标和任务构建一体化团队，整合各种资源，实现课程资源的优化配置，打破不同学科之间所存在的壁垒，为教师提供相互交流与探讨的平台，有利于增强课程群教师成员的团队意识、协作意识，使各门课程共同构成具有互补性、交叉性与共生性的"课程育人"体系，在学校课程实践中体现出组合拳与协同力[4]，有利于推动课后服务课程教学的改革与创新，发挥同学科背景教师的优势和长处，进而提高课后服务课程的教学质量。

3. 课后服务课程群的构建要基于学校的精细落实

课后服务课程的实施关键在落实。学校课后服务管理组加强闭环管理，依据 PDCA 循环模式，细化课程规划、课程开发、课程编排、课程实施与课程评价的过程性管理，建立可测量的过程绩效目标；检查课后服务课程实施的质量，不断发现课程实施中存在的问题与不足，并及时进行改进与完善；每学期开展一次课后服务优秀课程、优秀教师评选表彰活动，举办课后服务成果展，促进课后服务课程的高品质实施。

随着"双减"的持续推进，我们要始终关注课后服务课程的建设，着眼于学生更高质量的整体发展，坚持以学生发展为中心，坚持育人本位，顺应学生的身心发展规律，挖掘每个学生的潜能，从学生的实际需要出发，基于各种实证数据，开展行动研究，注重反思和改进，不断推进课后服务课程向整体化、个性化、精品化发展，并做好迭代更新，助力学生可持续成长。

参考文献：

[1] 中华人民共和国教育部. 义务教育课程方案: 2022年版[M]. 北京：北京师范大学出版社，2022.

[2] 范佳午. 中小学课程群建设的原则与实施策略[J]. 福建教育（中学），2022（8）：28.

[3] 中华人民共和国教育部. 关于全面深化课程改革落实立德树人根本任务的意见[R/OL].（2014-04-08）[2021-01-25].http：//www.moe.gov.cn/srcsite/A26/jcj_kcjcgh/201404/t20140408_167226.html.

[4] 胡守敏，李森. 论课程育人生长点的困境与变革[J]. 课程·教材·教法，2020，40（7）：9.

教师会讲课　　学生才爱学

北京市通州区马驹桥学校　常恩元

教育发展，教师为魂。为此，通州马驹桥学校坚持以"为人、为师、为学"为主旨，以创建创新型人才为目的，扎实推进创新型学风建设。学校通过多种形式开展教师培训活动，通过微格教学、信息技术培训、观摩课等形式，帮助他们探索教育规律，形成自身的教学特色。另外，学校还鼓励教师结合工作实际确立科研课题，帮助教师由经验型向科研型转变，逐步形成"研究—行动—思考—发展"的教师专业提升模式。近几年，马驹桥学校在区教委年度考核中，连续被评为优秀学校。

学校定期举办教育论坛、论文报告会、专题研讨等活动，让教师们相互交流、共同提高，鼓励教师进修第二学历，使教师一专多能。政治教师可以为同学们开设心理课；地理教师可以为同学们开设环境与可持续发展教育课；生物教师可以为学生开设预防艾滋病教育课；体育教师可以为学生开设人防课、安全教育课等。教师专业水平提高了，为学生的减负提质打下了坚实的基础。

目前，良好的学习风气，培养了教师以创新为灵魂的现代意识，教师们已经结出了丰硕的成果。语文教师高美玲通过培训学习，不久前被评为市级骨干教师，还承担了国家级课题研究的重任。英语教师岳立平通过业务培训，独立钻研，更新观念，利用假日时间，依托学校网络平台，带领英语组教师完成学科资源库建设，实现了教育资源的共享，为英语教学创新活动创造了便利的条件。王维君老师通过学习，尝试站在学生"学"的角度，思考自己的"教"，学生积极主动地参与，新课改理念得到充分的体现，课堂高效、成绩突出，现已成为通州区骨干教师。

物理教师杨连云以改进师生关系为切入点，建立和谐融洽的课堂氛围，学生爱学、乐学，真正做到爱学生、尊重学生、接纳学生、满足学生，多次被评为区镇先进。

学校激励学生日有所进、学有所成，形成了"文明、勤奋、健康、进取"的校风，教师"爱生、敬业、严谨、求实"，学生"尊师、乐学、善思、笃行"。每年中考30%的学生升入示范高中，普高录取率达70%。学校赢得了家长、社会的一致认可。

教师提升了教学水平，学生好学上进，校园里形成了轻松活泼的学习环境，涌现了许多主动学习的典范，如王森虎同学。他把学习作为人生成长的重要体验，对学习充满激情。他广泛涉猎课内外知识，遇到困难时表现出顽强的钻研精神，面对问题时常去探究"为什么"，大胆质疑，乐于思考，独立自学。他在自主学习的同时，还组织、指导、帮助和促进其他同学学习，让同学也体验到学习的快乐。

对学校线上教学的探索与思考

——仅以北京市通州区第六中学为例

北京市通州区第六中学　常恩元

2020年我们进入了一段特殊时期，本应丰富多彩的校园活动，被迫终止。截至4月7日，全球已有188个国家实施了全国范围的停课。这改变了学校常规的教育教学模式，对学校管理提出了更高的要求。面对突发状况，学校积极应对，在确保学生健康的前提下关注学生的发展。

一、加强组织与领导，注重学生居家学习的落实

面对突发状况，学校第一时间成立教育、教学、行政三个小组，各有分工，责任到人。学生居家线上学习这项工作主要由学校的教学部门落实。教学领导小组在2月17日前及时召开专题视频会议，研究学生的居家学习，突出抓好三项工作。

（一）保证学生居家学习的质量

学生居家学习要按照学校的统一指导来进行，学校提前向学生提供作息时间安排表，下发教师答疑课表。2020年2月13日前，学校又下发线上教学课表。

（二）突出特殊时期的教师培训

学校分别召开教研组长、备课组长、教师视频会议，就学生学习内容、采取的方式和手段、线上指导技巧等进行培训。如今，此项工作已常态化。

（三）高度关注备课组教研

学校细化教研流程，提示备课组要体现特殊时期的教研特色，同时

要求教师密切与区教研员的联系，积极参加区级教研。

二、做好教师的思想工作，加强信息技术指导与培训，确保学生线上学习的开展

特殊时期学校的教学方式必须适应变化，由传统的线下教学变为线上教学，线上教学打破了传统教学的时空界限，已成为当今以及未来的一种很重要的教学方式。这次在全国范围内开展的"在线教学"，是突如其来的疫情逼迫所致，"在线教学"已不是要不要、用不用的问题，而是响应"停课不停学"的号召，满足所有学生与家长的期待，履行学校与教师职责的需要。线上教学是当时没有办法的办法，是一种最佳的选择。教师必须在思想上形成共识。"在线教学"这种方式对于一些信息技术能力不强、年纪大的教师是一个挑战，要求教师尽快熟悉，加以适应。

学校安排电教组及时选择一些功能齐全、管理方便、操作便捷的直播软件给教师使用。最终，腾讯、钉钉、微信被确定为主要的线上教学软件。电教组编制《教师在线教学指南》下发给教师，指导教师进行模拟练习。教师有不明白的可以及时向电教组教师请教，确保在2020年2月17日前学会使用。

三、积极探索与实践，不断提高教师线上教学的实效性

特殊时期线上教学成为学生居家学习的主要手段，学校密切关注教师线上教学的针对性与实效性，注重调研、了解情况，发现问题、及时指导。近期学校开展了一次有关线上教师的"教"与学生的"学"的情况调查，反映了学校在线教学的情况。

（一）教师能够清楚地认识到线上教学与线下教学的主要区别

传统教学中，老师走进课堂，面对面地与学生交流，可以时刻提醒学生注意听讲，结合教学情况调节讲课的进度、节奏，还可以通过学生对问题和回答的反应，以及课堂学习的积极性和课后作业、测试的反馈情况，真实地了解学生，从而解决学生在课堂上遇到的问题。学生在校期间可以交流学习、生活，有一个好的氛围，可以提高团队精神以及竞争意识，让自己变得更好。

线上教学中，教师不能与学生面对面，不能像线下课堂教学一样及时看到每个学生上课的状态，无法快速了解学生的疑点和难点，难以掌握全体学生的学习情况，对一些学困生、自制力差的学生的听讲状态的了解明显不如面授。线上教学中教师只能根据自己的经验，去调控教学进度，对学生听讲的关注程度，更多地依赖于课堂提问。可见，线上教学的难度明显大于线下教学。

在线上教学实践中，熟练运用教学软件的教师反映，线上教学在收发作业方面比线下更高效便捷，统计作业更快，但是批改作业不方便，包括测试，因为需要依赖网络的状态。

线上学习对于学生学习习惯、自主学习能力、自律能力以及自控能力的要求比较高。

（二）教师对学生线上学习效果的认可程度喜忧参半

2020年4月15日《中国教育报》第3版"新闻·要闻"栏目刊发了记者易鑫的文章《初中教师对在线教育认可度最高》。文章指出："北京师范大学新媒体传播研究中心和光明日报教育研究中心近日联合发布新冠肺炎疫情期间全国中小学教师的在线教育认可度调查报告。报告显示，初中教师对在线教育的认可度最高。""该研究通过网络数据实验平台'技术云'调查了全国2377名中小学教师使用的在线教学平台类型、对在线教育技术的接受度以及对在线教育的认可度等情况。分析发现，总体上，中小学教师对疫情期间的在线教育有一定认可度。在线教育认可度的总体得分均值为3.32分，高于5分量表的中间值3分。但同时也要注意到，认可度还有提升空间。"

2020年4月17日《福建日报》第8版"教育"栏目刊登了黄兴力校长的署名文章《每一节课都应该是高质量》。他对学校的近1000名学生进行了随机网上问卷调查，结果显示："目前学习效果评价，很满意的占7.86%，比较满意的占53.1%，不满意的占29.99%，不知道的占9.17%。显而易见，学生线上学习具有网络时代的理想美感，但相当一部分学生出现的各类问题也暴露出了线上学习的现实骨感。"

从我校的调查看，80%以上的师生对线上学习实效是认可的，反映了学生良好的自律性及好的学习习惯。教师主要是通过学生自己主动问、线上教师的提问、作业完成情况、小测验等方式去了解学生对知识的掌握情况。

总体来看，我校的线上教学取得了一定的效果。但线上教学时师生互动有一定的局限性，学生虽然在线上，但是否在认真思考，跟着教师的思路走，不好监测。再加上不方便测试，尤其是阶段性综合性知识测试，因此全面了解学生的学习效果还是有一些难度。

学校曾在初三年级安排了一次线下测试，教师将试卷在考前发给家长，由家长监考完成，然后再上传到网上，由教师统一阅卷。结果我们发现学生个体间、班级间有成绩差距拉大的趋势。最好的班（442.47分，不含体育成绩）与最差的班（422.07分，不含体育成绩）总分相差近20分。

为了保证学生线上学习的效果，学校要求各班建立学生学习小组或学习共同体。学生有问题先自己解决，解决不了再把问题发给教师，教师要在最短的时间内进行解答。

（三）关注学生线上学习积极性、主动性的提升

在特殊时期的线上学习中，多数学生学习积极性较高，基本不受影响，但缺乏自控力的学生学习主动性稍差，主要是受自身自律意识、学习习惯及环境等因素的影响与干扰。教师们针对问题认真分析，积极应对。

1. 注重线上教学设计。利用多种资源提高教学的趣味性，激发学生的学习兴趣，如合理利用视频、音频、图片、图像、动图、PPT、电子书籍等资源。

2. 教师进行自我调适。调整授课方式、方法，讲课速度比线下要慢一些，尽可能地解释清楚，尽量关注到每个学生。教师提问占用的时间会多一些。直到学困生差不多掌握了，教师才会开始讲新的内容。但这对好学生来讲浪费了时间。

3. 灵活运用线上教学软件。有的教师在进行线上教学时，换着用钉钉会议和直播模式，有时两种方式并用。有的学生学习跟不上或没听明白，可以看回放，真正弥补了以往线下教学的不足，充分挖掘了线上教学的优点。这种线上教学，效果并不差。

4. 有意识地加强师生互动、生生互动。教师可以点名提问，对表现好的同学进行鼓励和表扬，树立榜样。对于缺乏主动性的学生，教师可私下找学生本人和家长进行沟通。

5. 教师合理控制授课时间。线上教学时教师要严格控制讲课时间，时间控制在授课时间的40%至50%，需要的PPT、视频、习题事先准备好，余下的时间留给学生，与学生互动，使线上教学更加紧凑。

6. 线上教学关注细节。一是指导学生做好预习，减少课上的等待时间；二是注重作业的设计与完成的质量；三是密切交流，利用好讨论区，及时解决学生的困惑。

通过上述方法，教师很好地调动了学生线上学习的积极性、主动性。

（四）线上教学要做到面向全体与兼顾学生个体相结合

学校始终坚持以学生为中心，面向所有学生，尊重与正视学生的差异，因材施教。线上教学中，学校同样要求教师努力做到面向全体与兼顾学生个体相结合。教师们线上注重例题、习题的层次性，突出分层教学。线上教学时教师以基础知识的讲解和练习为主，在基础问题上适当提高难度，使不同层次的学生在每节课都有不同的收获。另外，许多教师利用网络优势做好班级学情调查，再精准分层、分组，利用小组的优势解决学生存在的问题。教师还充分利用线上教学时间可以叠加的特点，从师生互动时学生的语音、图片、视频等的反馈中发现问题，及时给予帮助。许多教师在线上教学时，给学生留了一定的时间答疑解惑。再有，对于线上教学顾及不到的学生，教师会在线下主动与学生联系，及时给予帮助。还有教师私下录视频或者让学生录视频反馈问题，进行反思并加以改进。为面向全体与兼顾学生个体，教师们想了许多办法。

四、依托合力，支持学生线上学习

教师与学生家长通过引导使学生重视线上学习，养成自主学习的习惯，提高自控能力。学校要求教师帮助学生知道线上学习与线下学习的不同，克服劣势、用好优势，为线上学习服务。

线上教学与线下教学相比，学习环境变了，学生的学习从学校回到家庭；组织方式变了，更多的是通过网络、微信等形式进行沟通；教学关系变了，最大的变化就是从教师主导的学生学习活动，转向学生个体主导的学习活动；管理方式变了，教师对学生的管理与约束在减少，更需要同学们自觉；技术方式变了，网络技术成了支撑学生居家学习的主流手段。

教师重点指导学生发现和利用好线上学习的优势，如学习上的便捷性，省去了往返学校的时间；再如，学习时间上的灵活性，有不明白的可以看回放再学。线上学习还具有个性化的特点，学生可以与教师、同学单独交流，解决自己的困惑与问题。所以，教师在让学生看到问题的同时，更要让学生发现优势、用好优势，为自身的线上学习服务。

突出团队配合。每天早上（7：40—8：00）班主任要在线上召开班级例会，总结前一天的线上学习情况，针对问题提出改进措施。备课组除加强线上教学内容研究外，要重点研究组织方式、教学手段和方法，确保线上教学高效。电教组针对教学软件使用的问题及时提供技术支持。

注重家校协同配合。早在2020年2月17日前，学校就以班级为单位召开了线上家长会，就学生的居家学习对家长进行了指导，建议家长参与到学生居家学习的管理工作中来。对于学生线上学习效果不理想的学生，教师及时与家长联系，共同研究解决问题的办法。

注重校情实际。干部亲自深入备课组参与备课，深入班级参与听课，了解教师"教"与学生"学"的情况，以便及时调整对线上教学的管理，突出指导的针对性。

加强典型经验的宣传。将教师"教"与学生"学"的好经验让大家相互借鉴、共同提升，保证线上教学的质量不降低。

五、教师线上教学的收获与面临困难

(一）收获：教师认可线上教学；教师信息技术水平得以提升；线上教学有利于学生个性化的指导。

（二）困难：不能面对面地交流，学生的实质性参与难以把控；学生因为没有班级氛围而缺乏紧迫感；有些基础差的学生学不会还不主动发言提问，要解决这些同学的问题费时又费力，而且会占用大部分同学的时间，对面向整体与兼顾个体不利；因长期使用屏幕，师生的视力如何保护是个问题。

树立健康第一的思想
全面推进学校体育工作的开展

北京市通州区第六中学　常恩元

学校体育工作是素质教育的有机组成部分，也是国民体育的基础。积极贯彻落实《学校体育工作条例》，通过多种形式增强学生体质，帮助学生掌握体育的基础知识、基本技术和基本技能，培养学生良好的思想道德品质和健康的心理，使他们成为21世纪合格的建设者和接班人，是时代赋予我们的责任。

一、以健康第一的思想为指导，增强干好学校体育工作的信心

早在1917年，毛泽东同志就在《体育之研究》一文中指出，"体者，载知识之车而寓道德之舍"，在解放初期又提出"身体好、学习好、工作好"的号召，精辟地论述了体育工作的重要性，指明了德、智、体三者之间的关系。《中共中央、国务院关于深化教育改革全面推进素质教育的决定》中明确提出，"健康体魄是青少年为祖国和人民服务的基本前提，是中华民族旺盛生命力的体现。学校教育要树立健康第一的指导思想"，指明了学校体育在素质教育中的重要地位，提示了体育同智育、德育、美育的辩证统一关系。长期以来，人们把升学率的高低，作为评价学校办学质量的唯一标准，造成学校片面追求升学率，重智育而轻视德育、体育、美育，使人们对学校体育工作缺乏正确的认识与理解。这些消极片面的思想，严重干扰了学校体育卫生工作的开展。为此，学校从转变观念入手，加强组织领导，成立由校长任组长的学校体卫工作领导小组，定期学习有关体卫工作的法规文件，在教师、学生中进行广泛的宣传，营造良好的体卫工作氛围。与此同时，学校不断加强制度建设，完善各种规章，将体卫工作纳入学校总体规划，各项工作做到有计划、有布置、有检查、有总结反馈，并定期评选先进集体与个人，从而形成人人关心支持体卫工作的良好局面，造就了一支充满活力、富有朝气、在思想上严格要求自己，热爱本职工作，在业务上刻苦钻研、互帮互助、共同进步的体卫教师队伍，为学校体卫工作与素质教育的全面接轨奠定了坚实的基础。

二、以教改教科研为先导，促进课堂教学质量的提高

（一）抓常规的落实，促进体育教学规范化

实现学校体育工作总体目标的基础和关键是体育教学。为了提高教学质量，我们从抓规范入手，积极贯彻落实学校的各项规章制度，如《体育教师职责》《体育教学常规》等。尤其是以抓好四个环节为重点，即教研组活动、备课、上课和课后小结。教研组活动时间任何人不得随意侵占，备课除了贯彻执行学校"四定三统一"的备课制度外，还要定期开展全组教师的技术动作和体能训练，演练难度大或教师不太熟练的示范动作，熟悉保护与帮助的方法，避免课上失误。在备好课的基础上，严格管理课堂教学，如课前做好场地的布置、器材的检查工作，提前到场等候学生，课上讲解清晰，重点突出，口令清楚，示范时机好，实现教、学、练的有机结合，并将思想教育渗透到课堂教学之中，以爱为前提，用自身的人格魅力教育和感化学生，实现无声育人。对于课后小结，全组教师更是倍加重视，课后及时小结，就发现的问题共同探讨，研究改进措施，从而不断提高自身的教学能力。正是由于常规管理抓得紧、落实得好，体育教师的教学技能明显增强，十余人次在市（区）教学基本功竞赛中获奖。

（二）以教改教科研为突破口，全面提高课堂教学质量

课堂教学是实施素质教育的主渠道，课堂教学改革是主渠道的核心内容。面对新的形势，必须改变过去只抓少数尖子而忽略其他学生、只抓育体而忽略育心、只重教师的教而忽略学生的学、只被动地让学生接

受而忽略引导学生主动参与的错误倾向。认真研究学生的身心特点，遵循学生的认识规律以及运动技能的形成规律。确立"激发兴趣、提供机会、教给方法、培养能力"的教改思路。坚持以人为本，学教并重的原则，引导学生参与教学过程，变被动的肢体活动为全身心的投入，给学生留下"自己选择、自主练习、自我评价"的空间，为每一位学生提供成功的机会，使不同层次的学生得以提高。针对教改教科研工作的开展，全组教师在深入学习北京市中学体育学科三个文件时，有计划地开展听课、说课、评课、研讨等活动。制定"一堂好课的评价标准"，确定自己的教改及科研课题，保证学校体育课教学沿着科学、健康的轨道发展。我校教改教科研工作取得了成效：十余篇论文发表、获奖，凝聚着教师的心血；田春利、王冬文、王庆东、李树山等教师先后十余次在市、区级评优课中获奖；田春利、王冬文、李树山先后被评为通州区"十佳体育教师"；田春利老师于 2000 年被评为区级骨干教师；1998 年 4 月，通州区贯彻落实北京市中学体育学科三个文件现场会在我校召开，全组教师上了观摩课，有力地促进了我校体育工作的开展；中考体育达标成绩逐年提高，李树山老师在 1998 年获得区体育教学成果奖。

三、以群体活动为根基，促进传统体育项目的开展

（一）加大学校体育工作的宣传力度

充分利用广播、板报、橱窗宣传普及体育知识，在校内设立体育专栏，举办体育知识竞赛，在电视台的新闻节目中及时发布工作动态，使大家关注体育、了解体育、坚持体育、参与体育。

（二）坚持体育活动开展"四落实"

"四落实"即落实活动时间、内容、场地、负责人。认真贯彻《学校体育工作条例》，与学校有关部门配合，积极落实每天一小时体育活动，由体育组制定统一的时间安排表，实行早、晚锻炼。凡是当天没有体育课的班级，必须参加每天 20—25 分钟的早、晚锻炼。早、晚锻炼以田径及达标项目的练习为主，由任课教师及班主任共同组织指导。另外，我们还对每周一次的课外体育活动进行了详细的安排，制定了相应

的评分细则,将体育活动与班级评估直接挂钩,从而保证了活动的落实。

(三)坚持活动系列化、多样化

我们在保证每天一小时体育活动落实的同时,还有计划地举办校内足球、篮球、跳绳、踢毽、拔河、队列、广播操、田径单项赛、冬季越野赛、春季运动会等体育比赛并已形成传统。学生们参与的积极性高,在活动中得到了成功的体验,既丰富了课余生活,增强了体质,又培养了集体意识、拼搏精神,还增进了同学间的友谊。为此,我校还被评为北京市"全民健身一二一工程样板校"、"贯彻《学校体育工作条例》先进校"、实施《国家体育锻炼标准》先进单位、通州区"体育达标先进单位",三位同志被评为市(区)"体育工作先进个人"。

(四)坚持改革抓特色

只有不断改革创新,各项工作才会充满活力。多年来,我们始终在不断探索学校体育工作的新模式,从学生的实际出发,坚持以人为本,激发学生参与体育活动的热情,从而推动学校体育工作的开展。

改革举措之一:完善课间操的组织形式和内容,增强趣味性和艺术性。课间操质量的高低是一个学校学生精神风貌的体现,抓好课间操有利于学生整体素质的提高。除了制定一系列的管理措施和各种评比制度,关键是在形式和内容上不断创新,这样才能使学生爱做操。为此,我们积极开展新操的创编活动。无声操、徒手姿态操、运动模仿操、花操、健身操先后在学生中推广,再加上组织形式的变化,学生做操的积极性明显提高,课间操成为我校一道亮丽的风景线。我校连续15年荣获"区级课间操评比标兵校"称号,被评为北京市百所课间操优秀校,并代表通州区参加市级汇报表演,受到好评。体育组创编的《活力健身操》《阳光舞》还获区创编操比赛一等奖。

改革举措之二:将一年一度的学校春季田径运动会逐步办成大型的综合性运动会。一是扩充比赛项目,设立田径、非田径两大系列,将入场式、队列、广播操、拔河、立定跳远、引体向上、仰卧起坐、球类等项目纳入非田径项目,使体育竞赛与体育教学、体育达标、中考体育有机地结合在一起。二是突出思想性和教育性，结合春运会的召开与教导处配合举办班徽、班规、班训的征集活动。入场时引导员高举班徽，与参赛者齐呼班训，再加上整齐的步伐，尽情展现班级风貌。在项目的设置上，我们有意识地增加集体项目，开展最佳男、女运动员及体育道德风尚奖的评选活动，大张旗鼓地树立典型。三是改变传统的计分办法，突出弱项和集体项目，鼓励学生参赛。四是提高学生的参与率，改革后的运动会学生参与率高达 90%，为更多的学生提供了参与的机会，学生也得到了成功的体验。

改革举措之三：满足学生的兴趣爱好，在抓好田径队训练的同时，建立六中足球、篮球俱乐部，及时填补减负后的真空地带，使更多的学生走到了操场上，不但学到了简单的技术，还避免了社会上不健康思想的侵蚀，一举多得，而且学校男篮、女篮在区中学生篮球比赛中取得了优异成绩。

（五）在抓好田径项目的基础上，培养高水平的体育后备人才

多年来我校始终将田径作为龙头体育项目来抓，并于 1992 年被市体委、市教委命名为市级田径传统体育项目学校，先后培养出一大批体育特长生。目前，每个班级都设有田径代表队，全校参加传统体育项目训练活动的学生已超过学生总数的 60%。学校代表队常年坚持训练，教练们克服重重困难，每天早来晚走，细心指导，用自己的汗水为学校争得了荣誉。近五年，学校田径队在市区的各项比赛中获得团体总分奖近 30 余次，200 多人次进入个人比赛前六名，有 9 人达到二级运动员标准，130 余人次达到三级运动员标准，先后向高一级学校输送体育后备人才 50 余名。如 1998 届的孙志涛入选北京田径队，1997 届的杨岳、1998 届的杨波、1999 届的张子君、2000 届的白万冰以及 2001 届的张磊、王帅、刘岳，不但体育成绩突出，还被评为市级三好学生，考入重点中学。李树山、赵景平两位老师的训练课在区级比赛中获一等奖。1992 年，李树山老师还被评为北京市传统体育项目先进个人。2000 年，我校又获得北京市"传统体育项目学校先进集体"称号，我校的课余训练工作得

到了充分肯定。

  回顾近年来我校的体育工作,虽然取得了一定的成绩,但随着教育改革的不断深入,我们还有许多工作要改进。在下一阶段,我们还将继续发扬六中体育工作的优良传统,开拓创新、拼搏进取、无私奉献,把体育工作向前推进。

中小学体育教学衔接的研究

北京市通州区第六中学 常恩元

体育课从小学到大学贯穿学校教育的始终，是一门必修的基础课程，在学校的教育活动中起着举足轻重的作用。小学体育课是中学阶段的体育课学习的基础。学生进入中学后要在原有的基础上，深入学习体育"三基"（基本知识、基本技术、基本技能），全面发展身体素质，培养良好的思想品质。目前，在小学的体育教学中，由于师资问题、场地器材等条件的限制、教学进度的不同，部分学校的学生在所掌握的知识上存在着一定的差距。升入初中后，学习内容的增多、难度的加大，使一些学生学起来很吃力，对学习产生了畏惧感。另外，不少中学体育教师对小学的体育教材和教法缺乏了解，使得课堂上出现了学生已经掌握的知识，教师还重复讲，而需要掌握的知识，教师只是一带而过的现象。还有的教师为了完成教学任务而提高起点、加快节奏，按统一的标准要求来自不同学校的学生，造成"教""学"上的矛盾，影响了教学质量的提高。因此，如何做好中小学体育教学的衔接与过渡，就成了广大体育教师需要研究与探讨的一个问题。

一、深入细致地了解中小学体育教学大纲

中小学体育教学大纲，是根据我国儿童、青少年的生理和心理特点编制的，是中小学体育教学的依据。中小学体育教学大纲各具特点，既有区别又有联系，某个环节一旦出了问题就会影响下一阶段任务的完成。在《九年义务教育小学体育教学大纲》中，体育教学的目的是"为培养社会主义的建设者和接班人奠定基础"。在教材内容的选配上，小学一、二年级强调以基本动作为主，注重游戏和基本动作；三至六年级的体育

教材基本按运动项目排列内容，但具体内容不强调典型化，与竞技体育区别开来。中学阶段强调身体素质的全面发展，使学生初步学习和掌握某些运动项目的简单技术，培养学生的运动能力。但这些任务需要学生进行由浅入深、由易到难的反复练习或训练才能完成。因此，体育教学大纲在课程的编排模式上采取的是螺旋式和联合式，而不是直线式。这样体育教师在教学过程中就要体现出不同阶段的教学特点，掌握大纲在不同阶段对学生的要求，合理地制订教学计划，循序渐进，使各阶段体育教学衔接自然、紧密。

二、熟悉中小学阶段学生的身心发育特点

小学阶段学生在身高、体重的发展上比较稳定，骨骼硬度小、韧性大，易弯曲变形，容易出现脱臼、损伤等现象；大肌肉群的发育先于小肌肉群；平时多喜欢做跑、跳、投等动作；血管发育的速度大于心脏的发育速度，不能适应过于激烈的体力活动，以防止心脏过度疲劳。因此，体育教学在强度上宜采用逐渐增加的方法。此外，小学生感知事物比较笼统、不精确，注意力不集中，缺乏持久性，以机械性记忆为主，思维特点是以形象思维为主要形式，向抽象思维过渡，情感变化比较明显，意志品质薄弱。所以小学的体育教学，多抓住学生的好奇心及喜欢模仿的特点，通过具体形象、变化多样的教学手段，调动学生的练习兴趣，使学生在欢乐的气氛中达到增强体质的目的。到了中学阶段，学生进入青春期，生长发育进入第二次高峰，男女生在身体形态、机能上开始出现显著变化。骨骼生长迅速，特别是脊柱、胸廓、骨盆和四肢的发育尤为明显，超过了肌肉群的发育速度，心血管的发育相比之下更慢，心脏的大小变化较小，血液循环的路线延长。所以在安排练习时，运动时间不宜过长，运动量不宜过大，宜多进行弹跳、速度、柔韧、灵敏等练习，反对过多的大力量性练习、静力性练习。中学阶段，学生在思维上感知事物的精确性有所发展，能够抓住事物的主要特点；注意力的稳定性、目的性、选择性加强；抽象逻辑思维能力日益发展，并逐渐占主要地位；理解能力得到提高，具有一定的独立思考能力。男女生在性格、兴趣、

体能等方面会逐渐产生差异：男生对体育活动的竞争、对抗表现出很强的参与意识，积极性、主动性较强，喜欢能够表现自己能力的项目，敢于冒险；女生却喜欢韵律操、舞蹈及练习柔韧度、平衡能力的项目。在体育课和体育活动中，既要注意男女生的差异，又要注意他们之间的互补，正确处理好男女生之间的关系，充分体现区别对待的原则；要尊重他们、信任他们，培养他们的独立思考能力和参与意识，加强他们的群体意识，集体主义精神教育；教法手段的选取力争与学生的身心发育特点相符合。

三、全面了解学生的体育基础，为教学提供参考依据

（一）中学体育教师要了解小学体育课的'教'与"学"

体育教学是由学生、教师、教材和教法手段(物质手段和方法手段)等四个基本要素所构成的。学生是体育教学的主体，体育课中的教、学、练通过学生自身的发展与变化才能完成。教师的教和学生的学相互依存、相互促进，教师的教以学生的学为转移。因此，教学效果的好坏与教师有着密不可分的关系。中学体育教师只有充分了解学生小学阶段体育课的学习情况，才能为下一阶段的教学创造便利的条件。每年新生入学时，首先要及时走访生源校的体育教师，在学生中进行调查、座谈，了解小学阶段各校的体育教学情况。对学生的纵横发展有一个初步的认识，这样更有利于教材内容的选配与衔接。

（二）对学生进行全面的素质测试

在新生入学，经过一段时间的调整后，学校要对他们进行全面素质测试，并将所有成绩进行登记、统计、归纳、分析，为教学活动的开展提供第一手材料。初中教材与小学教材有一定的跨度。学生个体差异显著。因此，教学时要对男女生、体弱生、体差生区别对待，并根据学生的测试情况和体质情况合理分组，重点关注体差生，要对他们的进步及时予以表扬与鼓励，增强他们的进取心；教会学生锻炼身体的方法，做到思想统一、目标一致、课内外结合、循序渐进，定期测试并及时反馈总结，尽快缩小学生间的差距，为下一阶段的教学打下良好的基础。

四、改进教法手段，激发学生的练习兴趣

新的九年义务教学大纲强调培养学生的兴趣和经常锻炼的习惯，提高体育文化素养，发展学生的个性，陶冶美好的情操，并与娱乐体育相联系，为终身体育打好基础。学校体育是向社会体育过渡的一个中心环节，学校体育教学质量的好坏至关重要。随着社会的发展、人类认识水平的提高，一些陈旧的教学模式、教法手段已经不能适应当前学生学习知识的需要。因此，深化教改、推陈出新是社会的要求，是时代的需要。青少年一般都有强烈的好奇心和求知欲，对新动作很感兴趣，对那些单调、枯燥乏味、多次重复的动作和内容比较厌烦。所以体育教学应从学生的学习动机、练习兴趣出发，抓住学生的心理，循循善诱，充分发挥学生的主体作用，提高体育课的实效性。

体育课的教与学是一项双边活动。在教学中，无论教师的教法手段多好，学生若没有学习的兴趣，教学效果就很难提升。因此，要想提高教学质量，首先要培养学生的兴趣。注意非智力因素的培养，使教材内容与竞赛、趣味、游戏、技术有机地结合为一体，调动学生的积极性。如在体育教学中，把学生分成几组，由学生轮流带做准备活动或游戏等。内容由各组自定，体育教师予以补充、讲解。另外，还可以给学生一定的练习时间，使学生根据自己的特长，自由组成几个小组进行练习，通过小组成员的互相帮助、互相评价与小组总结等多种形式，满足学生不同兴趣、不同基础、不同层次的需要。这种"小集团"式的学习，控制的主体是学生，可以使学生由自我学习、自我评价向自控学习过渡，使学生的自我创造、自我表现能力得到发挥，有利于培养学生的协作精神和群体意识，形成积极主动学习的良好局面。

创造良好的教学环境，调动学生的积极性。在体育教学中，教师应根据学生、场地、练习内容等情况，布置学生力所能及的具有挑战性和趣味性的任务。如在中长跑教学中，若一味地停留在跑圈上，学生很快就会出现生理疲劳；若时间一长，再加上练习方法单调枯燥，还会出现心理疲劳，原有的练习兴趣也会随之消失。对于这种情况，体育教师可以采用环境不断变化的越野跑，在练习过程中，让学生自己去观察，说出练习时所经过的场所及环境；也可以抓住学生争强好胜的特点，进行让距或让时追逐跑；另外还可以在练习过程中穿插各种游戏和素质练习，并且在练习前提出练习要求及思想纪律要求，让大家去检查、去评比，使德育在体育教学过程中得到充分的体现。对学生经过努力取得的进步，教师应不失时机地予以表扬、鼓励，使他们从胜利与进步中看到希望，获得自信。

总之，中小学体育教学的衔接与过渡，是九年义务教育体育教学的一个关键。中小学体育教学的顺利衔接与过渡，为学生素质的提高奠定了基础。

拯救孩子，拯救未来

北京市通州区马驹桥学校　常恩元

2012年11月，华中科技大学在秋季运动会上取消了女子3000米和男子5000米两个长跑项目，引发社会关注。据媒体报道，华中科技大学秋季运动会负责人表示，女子3000米和男子5000米两个长跑项目对学生的身体素质要求较高，大部分学生达不到要求，取消这两个项目是为了避免学生"受伤"。取消长跑项目反映了长期以来大学生体质总体下降的事实。

2012年9月16日，《中国青年报》第1版刊载的《学生体质将成高校评价指标》一文中写道，"日前在南开大学召开的全国高校体育工作座谈会上，教育部体育卫生与艺术教育司司长、第九届大运会组委会秘书长王登峰列举一个令人惊讶的数字：半个月前，他出席北京大学学生军训结业典礼时了解到，两周军训期间，近3500名学生累计看病超过6000人次，特别是第一周，晕倒者众多"。为了弥补学校体育的薄弱环节，我国将把学生体质情况纳入对高校的评价体系中。3500名学生军训，6000人次看病，意味着平均每名军训生要看病一次多，大学生体质之差令人瞠目。

全国政协委员、北京体育大学校长杨桦曾在两会上表示，连续25年的"全国学生体质与健康调研"结果显示，我国青少年学生体能素质整体下降。与1985年相比，学生的柔韧性、爆发力、肌力、耐力、肺活量均呈下降趋势。

全国政协委员冯世良曾经跑到某城市的一所普通中学，对初三年级一个班的30名男生进行1500米测试。结果让他瞠目结舌：这些学生跑完 1500 米，大约需要 10 分钟。其中，有 6 名同学没有坚持下来，另有 20 名同学跑到一半就捂着肚子喘不过气来，而剩下的学生在跑完全程后也都痛苦倒地。

过去二十多年，我们的经济上去了，可国民的身体素质却在下降，尤其是青少年的体质更是以惊人的速度在下降。

《2005 年中国学生体质与健康调研报告》指出，以汉族男生为例，1985—2005 年的 20 年间，我国城乡男生的身高有了大幅增长，城市男生身高平均增长 4.9 厘米，乡村男生身高平均增长 5.8 厘米。

单纯从数据来看，与上一辈相比，男孩确实长高了；如果进行跨国比较，结果就很难让人高兴起来。

2000 年，在卫生部、教育部、国家体育总局联合召开的"中国青少年营养与体质状况座谈会"上，一份《关于中日青少年身高比较的分析报告》显示：

——中国省会城市男孩在 7—10 岁时比日本同龄男生高 1.7 厘米，在 11—14 岁、15—18 岁时分别比日本同龄男生高 0.9 厘米、0.5 厘米。

——中国中小城市男生在 11—14 岁、15—18 岁时分别比日本男生矮 0.9 厘米、0.5 厘米。

——中国较富裕农村男生在 7—10 岁、11—14 岁、15—18 岁时分别比日本男生矮 2.0 厘米、3.6 厘米、2.3 厘米。

——中国较贫困农村男生在 7—10 岁、11—14 岁、15—18 岁时分别比日本男生矮 3.4 厘米、3.9 厘米、3.3 厘米。

鉴于我国农村人口占绝大多数，中国男生的平均身高肯定低于日本同龄男生。另有资料显示，与日本同期（1991 年）资料相比，我国 7—17 岁男生的平均身高比日本男生矮 2.54 厘米。与上一辈相比，中国男孩长高了，但与日本男孩相比，中国男孩变"矮"了。

青少年营养不良、超重、肥胖发生率持续走高，视力不良问题突出。一组组数据，向我们敲响了警钟。

2007 年 2 月 10 日《京华时报》曾报道：2006 年，北京市征兵体检合格率仅为37.9%，2005年的合格率为43.04%。

2001年，我国首次在高等院校大学生中征集义务兵，上海市共有600多名大学生报名参军，但体检合格率仅为30%左右。天津师范大学和天津财经学院(今天津财经大学)参加入伍体检的20人中仅3人合格。江西中医学院体检，共有300多人报名参军，最终仅15名大学生圆了自己的绿色军营梦。

由此不难看出，华中科技大学在秋季运动会中取消男子5000米和女子3000米两个长跑项目，北大军训出现"6000人次"看病的现象也就不足为奇了。大学生体质下滑并非肇始于大学，根源可以追溯到中小学，但原因是多方面的。

近年来，各级政府、教育部门一直在强调加强学校体育，完善相关政策措施，在中小学大力开展"阳光体育"活动。但落实得不好，很多地区和学校"重智轻体"的现象仍没有根本改变，学校体育推进力度不够。

许多学校只抓升学率，关注的是学生的分数，挤占学生的体育活动时间，减少体育课时。更有甚者不让学生活动，运动场大门紧锁。另外，繁重的课业负担挤占了孩子们的户外活动时间，甚至挤占了孩子的睡眠时间。21世纪教育研究院公布了此前进行的一项调查，数据显示，71.47%的孩子完成作业需要2小时或2小时以上，4.96%的孩子甚至需要5小时以上。每天完成作业需要2小时的学生所占比例最高，达到32.89%，需要3小时的学生比例为22.97%。此外，76.26%的家长反映孩子双休日也在学习，只有23.74%的孩子完全享有双休日休假和玩乐的权利。可见，学生的时间被严重的课业负担挤占。还有学校出于安全的考虑取消了"有风险"的锻炼项目。

"万般皆下品、唯有读书高"，很多家长望子成龙、望女成凤，担心孩子"输在起跑线上"，为了分数，给孩子花钱报奥数班、兴趣班，休息日补课，而子女的身体发育则不在其考虑范围之内。家长在物质上对孩子们进行"愧疚"式的补偿，又导致了许多小胖子群体的出现。在这种环境下，只有很少的学生养成了体育锻炼的习惯。再有，家长过度呵护孩子，忽视了体育强健体魄，以及育智、育德、育心的功能。

社会用人机制、升学考试制度也制约着学校体育工作的开展。信息时代到来后，玩电脑游戏、用手机上网已成普遍态势。手机多功能技术给用户带来了便捷和无限乐趣，给运营商带来了可观的利润，也占用了青少年大量的时间，甚至使很多人罹患网络、手机依赖症，如今的学生已沉迷于"静态化"的生活。

学生在参与体育锻炼时怕吃苦，选择运动项目时避重就轻，不愿意参加有一定运动负荷、能有效提高身体素质、需要一定意志力的运动项目也是重要的因素。

大学运动会取消男子5000米、女子3000米的长跑运动项目，校方的做法或许有它的道理——为了学生的安全考虑。我们可以理解，但更多的是无奈。皮之不存，毛将焉附？身体是第一位的，我们连5000米、3000米的长跑都没有胆量去挑战，我们失掉的可能并不仅仅是一个运动项目这么简单。而这恰恰是比奥运金牌还重要的东西。

"少年强则中国强"，要强国需强志，要强志需强身。我们的孩子只有拥有强健的体魄、坚强的意志，才能迎接前进路上的各种挑战。拯救孩子就是拯救未来，让我们全社会都来关心和支持学校的体育工作，贯彻落实相关文件精神，改进用人机制和升学考试制度，加大资金投入，补充师资，抓好学校体育教学，积极开展形式多样的"阳光体育"活动，培养学生的体育兴趣，养成体育锻炼的习惯，引导青少年德智体美全面发展，为中华民族的伟大复兴提供人才支持。

学校运动会的改革与实践

北京市通州区第六中学　常恩元

运动会是学校体育工作的有机组成部分。《学校体育工作条例》明确规定"学校每年至少举行一次以田径项目为主的全校性运动会",而且《中华人民共和国体育法》对此也提出了相应的要求。在深化教育改革、全面推进素质教育的今天,针对传统的学校运动会存在的诸多弊端,我们进行了大胆的改革与实践,即变单一性运动会为小型综合性运动会,以培养学生的集体主义精神、合作能力、竞争意识和坚强的意志品质为重点,突出学生的参与性,促进学生综合素质的提高,收到了明显的成效。

一、增设运动会竞赛项目,提高学生的参与率

学校传统的单一性田径运动会竞赛内容相对陈旧,年年如此,缺少新意,较为枯燥,而且只有少数人参赛,多数人当观众。这种运动会已经不能满足学生的需要,违背了素质教育的要求,不利于学生综合素质的提高,不利于学校体育工作的深入开展。因此,我们必须从学生的实际出发,加以改革,为多数学生展示才华提供舞台,满足学生身心发展的需要,让他们得到成功的体验。我校是一所初中校,也是北京市田径传统体育项目学校,有24个教学班1200余名学生。近年来,我们从运动会竞赛项目的调整入手实施改革,让中考项目、达标的素质项目、球类项目、棋类项目、民族传统体育项目及更多的集体项目进入运动会,设田径、非田径两大系列。田径项目较过去相比变化不大,非田径项目包括入场式、队列、广播操、拔河、立定跳远、引体向上、仰卧起坐、跳绳、踢毽等项目,形成了以田径为主、多种项目并存的格局。个人项目报名如果按每项两人、每人限报两项计算,可以确保人人有项目,使

学生的参赛率由过去的 50% 提高到 90% 以上。没有项目的同学要参与大会的裁判或服务工作，实现了体育竞赛与体育教学、体育达标、中考体育、课外体育的全面接轨，融知识性、教育性、趣味性于一体。

二、走创新之路，改革竞赛办法

改革后的运动会由于比赛项目及参赛人数增多，给组织工作增加了难度：原有的体育场地、设施、竞赛时间、竞赛办法等往往不能满足改革后的运动会的需要，必须加以解决。为此，我们在运动会召开之际创办体育节，将运动会安排在体育节的后一阶段，体育节的前一阶段以年级为单位进行队列、拔河、广播操等大型集体项目的预赛以及入场训练。这样一来，极大地调动了学生的积极性，掀起了学校体育锻炼的热潮。另外，我们还对传统的计分办法加以改革，突出弱项和集体项目，增加录取名额，提高分值。如中长跑项目与我校其他项目相比较为落后，而且当前的独生子女大多缺少吃苦耐劳的精神，往往不爱跑，所以将中长跑项目由过去的录取前六名改为录取前八名，并提高了分值。对于集体项目，学生只要参赛即可得分，如入场式、队列、广播操、拔河等。立定跳远、引体向上、仰卧起坐等素质项目，也按参赛学生集体成绩计分，第一至第八名得分同中长跑项目。这些改革措施有力地激发了学生的参赛热情，同时也促进了比赛成绩的提高。

三、突出知识性和教育性，促进学生综合素质的提高

努力挖掘运动会的育人功能，也是运动会改革后的又一大特色。一是注重体育知识的传播。在运动会、体育节期间充分利用体育课、班会、校内广播时间，向学生介绍比赛项目的起源、规则、竞赛办法以及一些常识性的体育知识；办好体育专栏和班级板报，并举办体育知识竞赛；在运动会期间指派专人负责部分项目的现场解说工作，多渠道、多形式地传播体育知识。二是让学生成为运动会的主人。除了参赛运动员外，运动会前夕对班级体育骨干及无参赛项目或参赛项目较少的同学分期分批地进行培训，帮助他们掌握一些训练手段或裁判方法，让他们参与到学校、班级体育活动的组织工作中来，使他们既能组织本班同学训

练、参赛，又能在教师的指导下参与运动会的裁判工作，成为运动会的主人，从而提高自身的组织管理能力及严格执法的公平意识。三是实现运动会育人。在运动会召开前后抓好"两会"，即学校、班级的动员会及总结会，通过动员会激发学生的参与热情、拼搏精神，强化学生的集体意识和竞争意识；总结会以学榜样、找差距为重点，召开"运动会后谈收获""体育与学习""拼搏让我成功"等系列主题班会，使运动会的后期育人作用得以巩固、延伸。另外，为了烘托运动会的育人氛围，将育人贯穿于运动会的始终。在运动会召开之际，我们还适时地举办全校性的班徽、班规、班训的征集评比活动，入场时引导员高举班徽，班级方队齐声朗读班训，再加上整齐有力的步伐，尽情展现了班级风貌。在运动会项目的设置上，我们也有意识地培养学生的集体意识，淡化个人意识。集体项目较过去明显增多，如拔河比赛、队列、广播操比赛等。成绩的计算也是如此，如立定跳远、仰卧起坐、引体向上、跳绳、踢毽等项目，均不计个人成绩，只计参赛学生的总成绩，使场上场下的同学能够心往一处想、劲往一处使，通力合作、团结一致，为集体争光。此外，在运动会即将结束时，我们还举办最佳运动员、体育道德风尚奖的评选活动，大张旗鼓地树立典型，倡导更快、更高、更强的竞技精神。

运动会的改革不但促进了学生素质的全面提高，也为我校的体育工作注入了活力，有力地推动了我校体育工作的全面开展。中考体育、体育达标率进入我区先进行列。我校在市、区的各项体育竞赛中取得了突出的成绩：学校先后荣获"北京市全民健身一二一工程样板校""北京市中小学百所课间操优秀校""北京市体育传统项目学校先进集体""北京市贯彻《国家体育锻炼标准》先进单位""北京市贯彻实施《学校体育工作条例》先进单位""通州区体育工作先进校"等殊荣。今后我们还将继续加大学校体育工作的改革步伐，开拓创新、拼搏进取，以全面发展的人才观去谱写更加灿烂的明天。

体育节承载奥运梦　强身健体更育人

——北京市通州区第六中学奥林匹克教育纪实

北京市通州区第六中学　常恩元

凭借具有优良传统的体育办学特色，北京市通州区第六中学成为北京市奥林匹克教育示范校。无论是在体育教学、群体活动，还是在课余训练、学科研究上，学校都取得了显著的成绩。基于如此深厚的体育办学渊源，通州六中对奥林匹克教育的内涵有了独特的理解：奥林匹克教育之所以能够给人留下深刻的印象，是因为它通过体育运动与教育、文化的结合促进了人类的和谐发展，促进了社会的和平、团结与进步。这种思想不仅体现了奥林匹克运动与生俱来的育人功能，而且赋予了它丰富的教育价值和文化价值。秉持这种思想，通州六中以"育人为本，促进学生全面发展"为出发点，以学校体育节为主战场，开展了卓有成效的奥运教育活动，力求为每一名学生提供平等参与的机会，让学生在亲身经历中挑战自我、体验成功、享受快乐，使学生在体魄、心智、精神、品格等各方面得到和谐发展，并形成健康向上的人生目标与价值追求，实现学校育体、育心、育人的全面教育目标。

体育节创新高，全面育人显成效

通州区第六中学的体育节自 1999 年创办以来，深受学生们的喜爱，一直是学校大型特色活动中的亮点。随着奥林匹克教育的到来，通州六中花大力气改革了过去学校运动会片面强调竞技性，与素质教育内涵相违背的问题，赋予了体育节新的意义，使之发展成为远近闻名的奥林匹克教育周，集参与性、教育性、知识性、趣味性、锻炼性于一体。

首先，为满足不同类型学生的参赛需要，在广泛征求师生意见的基础上，体育节设置了田径和非田径两大比赛类别，将入场式、队列、广播操、拔河、立定跳远、引体向上、仰卧起坐、球类、棋类、奥林匹克知识竞赛等统统纳入比赛项目。其中既有常规的田径项目，也有民族传统体育项目、中考体育项目、体质健康标准测试项目及趣味性、益智类竞赛项目，使体育竞赛与体育教学、体质健康标准测试、中考体育有机地结合在一起，既丰富了体育节的内容，又与和学生们密切相关的体育教育相互促进，达到了竞技与教育的双重目的。尤其是"障碍跑""负重接力跑"等趣味项目的设置给学生耳目一新的感觉，极大地提升了体育节的吸引力，大家跃跃欲试。学校运动会的参赛率由过去的50%上升到95%以上，几乎人人有项目，充分体现了奥林匹克重在参与的理念。

与此同时，体育节成为普及奥林匹克知识和体育常识的途径与窗口。围绕体育节，学校充分利用体育课和校园广播、电视、橱窗、板报向学生介绍奥运会比赛项目的起源、竞赛办法及规则，举办奥林匹克知识竞赛，使学生在知识层面上收获颇丰。

更加可贵的是，通州六中还充分挖掘了体育节的全面育人功能。学校借体育节举办班徽、班规、班训征集活动，要求每个学生都要参加体育节入场式，并把这些成果展示出来。活动结束后，各班还以"运动会后谈体会""体育节的启示""我与奥运精神"等主题召开班会，对经验、成绩进行总结。这有力地促进了班集体建设，不仅对良好班风的形成起到了积极的作用，而且培养了学生的集体意识和团队合作精神。每届体育节，学校都要评选最佳运动员及体育道德风尚奖，为学生树立学习的榜样，营造积极向上、争先创优的良好氛围。另外，通州六中还改革了传统的记分办法，如：中长跑项目在增加录取名次的同时，提高分值，激发学生的参赛热情；非田径项目只计团体成绩，不计个人名次，强化学生的合作意识。通过记分办法的调整，学生们的吃苦拼搏精神和团队意识大大增强。此外，对于没有比赛项目的学生，学校给他们发放统一的服装、器材，让他们做起了专职的比赛摄影记者，在体育节结束后，举办摄影作品征集评比活动。这一举措既为师生们留下了精彩感人的瞬间，也实现了体育与艺术的结合。

体育节暨奥林匹克教育周活动的开展对学生们不仅起到了健身和益智的作用，更重要的是使他们在参与中分享了作为一名运动员的经历，获得了拼搏奋斗的体验，深刻感悟到奥林匹克精神的内涵，增强了自信心，使他们的心理素质得到充分锻炼与提高，学校也达到了育体、育心、育人的目标。

以体育节为契机，通州六中还从学校实际出发，根据学生们的不同需要，积极举办形式多样的阳光体育活动，如球类联赛、田径单项赛、冬季长跑接力赛、跳绳比赛、踢毽比赛等，并形成系列。这些活动的开展，不但增加了学生参与体育活动的机会，满足了学生不同层面的爱好与需求，培养了学生良好的体育锻炼习惯，而且还掀起了师生们参加体育锻炼的热潮。

教师转变思想，引领示范不可少

除了重视孩子们的体育教育，通州六中还鼓励教师们积极从事体育锻炼活动。每天学生上操，教师出操；每月校工会至少安排一项体育赛事；每年体育节都设置教师项目。师生共同参与、共享快乐、共获成果。尤其是在每年的体育节上，老师们的比赛总是最吸引人的，现场围观的学生一定是里三层外三层。

老师们对体育工作的高度重视和运动积极性的高涨，源于奥林匹克教育工作的大力推动。在开展奥林匹克教育活动之初，学校就给教师提出了明确而具体的要求：首先要研究奥林匹克的理念，深刻理解奥林匹克精神的内涵，提高自己的理论素养；其次，要进一步丰富自己的专业知识，为从事体育教育活动提供更充足的知识储备；再次，在实践中提高自己的专业技能，给学生们以良好的引领示范。

通州六中的领导和老师们在多次的深入研讨中发现，学校以往的体育工作及课堂教学存在着重"育体"、轻"育心、育人"的倾向。于是，学校首先深入挖掘体育的功能，认识到体育学科是全面育人的最佳载体。它能够整合其他学科的优势，使学校的各项工作环环相扣。而奥运教育则是对学校各项工作的有力补充，使之与教育教学等日常工作紧密结合是当务之急。由此出发，老师们从改进课堂教学入手，将奥林匹克理念付诸实践。除了在自己的教学中向学生渗透奥林匹克教育，老师们还主动将奥林匹克知识点按学科进行划分，由学校牵头加以实施，如地理学科的国际交往教育、历史学科的奥运起源教育、美术学科的奥运艺术品欣赏、信息技术课的奥运知识竞赛、劳技课的奥运手工制作等，将课堂教学的师资优势、时间优势、资源优势转化为强大的育人优势。与此同时，教师更加注重学生运动兴趣的激发，关注学生的发展，重视学生的主体地位；关注学生的个体差异与不同需求，为学生提供自主发展的平台；关注学生的情感、态度、价值观的培养，使课堂教学育心、育人的功能得以凸显。

示范校展风采，辐射作用范围广

近些年，通州六中与通州中仓区办事处、辖区单位、中小学校建立了友好的共建关系，大家经常共享优势资源。通州六中就亮出了自己的奥运教育示范校这张王牌，为全区居民的体育锻炼活动做贡献。例如，体育组的老师利用学校的场地无私地帮助辖区小学开展课余训练，使学校的体育资源得到了有效的利用，同时也传播了奥林匹克知识，弘扬了奥林匹克精神。学校还积极承办社区运动会，教师积极争做奥林匹克精神的传播者和实践者，认真参与辖区企事业单位运动会的组织、裁判工作，使通州六中成为辖区奥林匹克教育基地。

除了牵手社区，通州六中还积极争取家长的支持，推行家庭体育。学校通过家长会、家长通知等多种形式向家长反馈学生的体质状况，宣传"健康第一"的思想，传播奥运知识，帮助家长认识到子女身体健康的重要性，引导家长逐步树立科学的人才观、育子观和健康观，从而更积极地鼓励子女从事体育锻炼。目前，家校共同关注学生健康、支持学生从事体育锻炼的良好局面已初步形成。每次学校布置给学生的体育锻炼作业，都在家长的指导监督下顺利并富有成效地完成。

除了体育，善于总结也是通州六中的优良传统。就拿奥运教育来说，学校每开展完一个活动都要认真总结存在的问题，并提出改进措施。北京奥运会给中国教育的改革和发展带来了诸多机遇和新的思路。奥运教育对提升广大青少年的人文素养，引领青少年全面、和谐的发展也发挥了巨大作用。这一切都不会随着奥运会的结束而画上句号，而是需要广大教育工作者多多总结，找出其中的成功经验与存在的不足，将这一宏大的工程继续进行下去。通州六中的领导们在2008年的暑假召开研讨会，拟订学校的后奥运教育规划，加强制度建设，建立并推进学校奥运教育的长效机制，将奥运教育作为一项课题继续深化研究。

坚持"以人为本"推进学校后勤管理规范化、科学化、精细化的实践与研究

北京市通州区马驹桥学校 常恩元

摘 要：学校各项工作的良好运行，离不开后勤部门的保障与支持。高效、完善、有力的后勤管理是学校各项工作顺利开展的基本保证。学校后勤工作涉及内容繁杂，包括员工管理、设备购置、基建、维修、资产管理、财务、伙食管理、生活保证、宿舍管理、车辆管理、环境卫生、安全管理等诸多内容，核心是人的管理。学校的后勤管理者，要全面了解学校各项工作，理清工作头绪，区分轻重缓急，统筹兼顾，并运用所学知识指导自己的管理工作，既要宏观规划，又要事无巨细，不遗漏、不偏颇，注意落实。本文在梳理后勤管理问题的基础上，就后勤管理的改进进行了深入探索与实践。围绕坚持"以人为本"，对推进学校后勤管理工作规范化、科学化、精细化进行了研究，并取得了阶段性成果。

关键词：以人为本；推进；总务管理；规范化；科学化；精细化

学校后勤管理工作范围广、内容多，既要处理好人与人之间的关系，又要处理好人与物、物与物之间的关系。学校管理者的工作核心是抓好人的管理，通过人的管理，提高员工的素质与服务意识，规范办事程序。无论是设备购置，还是基建维修、资产管理等，都要从学校和师生的实际出发，努力做到管理的规范化、科学化、精细化。如今，在学校全面推进素质教育的过程中，作为学校工作的重要组成部分，后勤管理工作的特殊地位显得尤为重要。特别是随着教育改革步伐的不断加快，教育

教学环境、教学设备的不断改善,对后勤管理工作的要求也越来越高。学校的后勤工作还存在诸多亟待解决的问题,需要学校管理者予以关注和改进。

一、学校后勤管理工作存在的常见问题

（一）对后勤工作存在认识上的偏差

人们习惯认为,学校教育教学工作是中心工作,是一线,后勤工作服从服务于教育教学,是二线。这种观点的确有一定的道理,但也存在着片面性,即人为地将学校工作分出主次,导致从事教育教学工作的教师心理上存在优越感,后勤人员在心理上感到自卑,习惯消极等待,听命于人,工作缺乏主动性、计划性和创造性,工作业绩难以显现,缺乏成就感,易形成职业倦怠。后勤管理和教育教学工作都是学校工作的重要组成部分,如车之两轮、鸟之双翼,相辅相成,协同作用。由于认识上的偏差,许多教师不愿从事后勤工作。

（二）后勤管理者的日常管理缺少针对性

作为一名优秀的后勤管理者,除了要爱岗敬业,具备一定的教育教学专业知识,还要系统学习后勤管理的专业知识,减少盲目决策,要清楚学校的基本情况,如学校的用地、校舍、管线、设备、日常管理等,要善于调研,善于深入师生群体了解一手信息,结合教育教学工作的实际做出科学决策,提高管理的针对性。

（三）后勤人员专业化水平亟待提升

学校后勤工作岗位是许多教师退休前的中转站,往往是老、弱、病、残、孕教师的休养所,存在人满为患、人浮于事、办事效益低、矛盾内耗多的问题。这些教师往往缺少后勤管理的专业知识,技术水平不高,导致日常后勤工作漏洞百出,如设备的购置脱离实际、报废设备更新不及时、维修拖沓,工作始终处于被动接受的状态,难以为师生提供优质、高效的服务。

（四）后勤工作人员的育人作用未能体现

学校后勤工作具有事务性、服务性,即要搞好事务、理好财务、

管好生活福利工作，为教育教学工作服务；同时也有思想性、教育性，既要在物质上保证教育教学工作，又要在行动上影响教育教学。一间办公室、一件办公用品、一饭一菜的供应，都可能调动或挫伤教师的积极性。对学生来说，学校的一切设施和工作人员的言行，都无形中起着教育作用，可以陶冶学生的情操，激发学生的学习热情。日常后勤工作人员的育人作用未能很好地体现。

（五）后勤信息化建设还有待加强

随着信息化的到来，学校后勤改革不断深入，教育管理对象不断变化，对后勤工作提出了更高的要求。后勤人员既要通晓财务管理、资产管理、安全管理、食堂管理、基建维修、内外沟通等方面的知识，又要提高工作效率、服务水平，以及后勤工作的信息化水平。尤其是要提高后勤人员处理信息的能力，建设信息网络系统，制度各种信息共享制度，从而整体提高工作效能以适应学校后勤工作发展的迫切需要。后勤管理信息化不仅能提高管理效率，节省人力、财力、物力，而且能极大地提高后勤保障效率。目前，信息化建设与后勤管理工作脱节的现象很严重。

二、学校后勤管理工作改进的实践与探索

（一）坚持以人为本，推进学校后勤管理工作的规范化

"规范化管理则是与泰勒的科学管理相对立的，强调的是在管理的过程中，要充分体现人的价值，而不是把人当做（作）一个机器上的螺丝钉或者齿轮，是在对人的本质特性准确把握的基础上，通过确立一套价值观念体系来引导下属员工的意志行为选择。"[1] 学校后勤管理的规范化，是做好学校后勤管理的基础。

1. 规范组织机构建设

充分认识学校后勤工作的重要性、关注学校后勤工作是教育发展的必然要求。学校针对办学实际在成立后勤工作领导小组的基础上，大力放权，实行项目负责制，由后勤主管干部牵头，建立学校"服务中心"。"服务中心"已成为后勤工作的决策指挥中心、综合办事机构、平衡协调枢纽、后勤工作信息网络的中心窗口。学校服务中心组织机构的设计，

既要保证统一指挥，明确各管理层次的职责权限，又要保证管理目标实现最大化，从而形成有序的管理系统。学校后勤管理既要练好内功，优化自身的工作行为，又要建立精干、团结、高效、廉洁的工作人员队伍，不断提高服务水平，使后勤工作人员行为规范，工作卓有成效。因此，对"服务中心"加强规范化管理，是保证学校后勤管理服务工作高效、协调的重要手段。

2. 规范后勤管理规章

没有制度不成方圆，后勤规章是保障后勤工作顺利开展的基础。特别是在现代学校制度建立的今天，新的后勤制度的改革和重建显得尤为重要。后勤规章应体现管理工作的内涵、质量要求，应该具有先进性、稳定性、明确性和可操作性。制定制度时应兼顾历史、现状、未来以及宏观与微观的合理性。为此，学校从满足教育教学需要、促进师生发展入手，紧密结合学校与师生的实际，完善和修订学校后勤管理规章。如学校《后勤工作人员职责》《学校固定资产管理办法》《设备采购制度》《设备、设施维修办法》等。修订与出台的每一项规章，都要挂在学校的公共邮箱，反复征求教师的意见，最后由教代会审议通过，使学校的后勤规章能够更好地体现民声、民意，具有"规范人文性"，以保障教育教学活动的顺利开展，满足师生学习、生活、工作的需要，更好地调动师生的积极性。

3. 规范工作人员的岗位职责

其一，要选好人、用好人。选拔思想上愿意从事后勤工作，有为教育教学服务、为师生服务的热情和决心，作风上廉洁奉公、任劳任怨、吃苦耐劳，不计较个人得失，甘当无名英雄，工作上爱岗敬业、认真负责、爱校如家，办事热心、细心、耐心，勇于创新、勇于改革，拥有较强的政策观念，敢于坚持原则，专业上了解教育教学规律，掌握一定的有关后勤管理的知识和专业技能的人员负责后勤工作。

其二，广泛开展后勤人员的学习培训活动。定期组织后勤人员学习，既要进行正面的思想教育，又要普及教育教学和后勤管理的专业知识，帮助员工转变观念、挖掘内在潜力，激发后勤工作人员干好工作的内驱力，使广大后勤人员树立全心全意为广大师生员工服务的意识，变被动服务为主动服务。

其三，关注后勤工作人员的发展。建立复合型教师队伍，鼓励后勤人员兼课，使后勤人员了解教育教学的情况。同时将后勤人员的上课情况纳入教师的职评、评优、晋级的考核范围，这些问题关系到后勤人员的切身利益，只有为他们着想，充分关心他们，才能调动他们的工作热情和积极性。

其四，注重后勤群体的凝聚力建设。树立正确的舆论导向，从学校层面营造一种尊重后勤人员的氛围；树立典型，提升后勤工作人员的成就感和自豪感；努力改善后勤人员的工作条件和生活待遇，并为后勤人员的发展创造条件。

其五，全面落实岗位职责。在树立正确的舆论导向、关注后勤人员发展的基础上，通过会议培训、事例分析等形式，强化后勤工作人员的责任意识和服务意识，使岗位职责在日常工作中得以落实。

4.规范后勤日常工作程序

为了使后勤管理工作程序化，学校认真编制后勤管理各项工作运行流程，规定管理运行的科学程序，保证纷繁复杂的后勤管理在工作过程中有条不紊，以提高后勤管理的效率、效益和服务质量。学校结合实际建立了后勤管理工作流程图，以明确后勤管理部门各层次、单项工作各环节之间的相互关系和工作程序，使后勤人员知道干什么、怎么干，对工作标准更加清楚。同时，学校还建立健全检查监督与信息反馈管理体系和绩效考评管理制度，使后勤工作不脱离正常的发展轨道和目标。建立检查监督与信息反馈管理体系的目的是充分发挥学校师生员工的力量。另外，学校还充分发挥工会和职工代表的作用，注意听取群众的意见与呼声，及时发现问题、解决问题，努力树立后勤工作人员的形象，增强改革的信心。

（二）坚持以人为本，推进学校后勤管理工作的科学化

"泰勒的科学管理理论，使人们认识到了管理学是一门建立在明确的法规、条文和原则之上的科学，它适用于人类的各种活动，从最简单的个人行为到经过充分组织、安排的大公司的业务活动。科学管理理论对管理学理论和管理实践的影响是深远的，直到今天，科学管理的许多思想和做法仍被许多企业组织参照采用。"[2] 学校后勤管理科学化是时代发展与教育改革的要求。

1. 完善后勤工作过程管理

学校后勤管理科学化，是坚持以科学发展观为指导，实施科学管理，提高效率，增强保障能力的必然选择，是深化后勤管理改革的客观要求，是后勤管理健康发展的保证。后勤管理科学化就是将现代科学管理理论和手段运用于后勤实践，从提高决策、组织、反馈、调控的科学性入手，对后勤保障全过程进行有效的管理，从而推动后勤工作高效、有序进行，最终实现后勤保障效益与能力的最大化。

2. 建立科学管理运行机制

科学的管理机制促进了学校后勤工作的健康发展。后勤管理的科学性涉及人事、财务、资产、服务、分配等诸多方面。学校后勤管理要在机制上有所创新。一是坚持"长计划短安排"。后勤管理工作既要纳入学校的计划，又要有部门的落实方案，细到学年、学期、季度，甚至每月、每周。二是建立"部门例会制度"，定期召开会议，布置和交流工作。三是建立"巡视制度"，每天安排专人巡视校园，发现问题，及时解决。四是建立学校"购物审核制度"，班级、办公室需要的物品、设备由教师申报、学校审核，合理可行的及时购买，满足教育教学需要。五是建立"报修制度"，班级及教师办公室公物损坏，要及时填表报修，总务处进行汇总，立即解决。六是建立"学校固定资产定期检查制度"，将资产保护使用情况纳入班级和科室的评估。七是建立"工作反思制度"，通过反思，梳理工作，发现成功的经验，查找存在的问题，拟定整改措施。八是建立"后勤工作人员评议制度"，督促后勤工作人员干好工作。九是开展"服务育人先进的评选活动"，调动和激发后勤工作人员的积极性。十是建立"后勤科研制度",针对热点、难点问题加以研究,探寻规律,寻找方法,使后勤管理走上科学化的轨道。

3. 突出管理内容的全面性

其一,管人。管理工作是一种社会活动。管理过程中的各个环节,都需要人去监督。管理工作,首先是管人,这是管理工作的核心。邓小平同志说:"所谓管理得好,主要是做好人的工作。"有积极性了,后勤人员就能变被动式服务为主动式服务。

其二,管财。财力同人力、物力一样,是管理的基本内容之一。财务管理人员应该在"实事求是,量力而行,统筹兼顾,综合平衡"方针的指导下,兼顾学校各方面需要,合理分配与使用资金,充分发挥财务管理对各项工作的促进、调节和监督作用,以获得最佳的经济效益。

其三,管物。包括购物、储物、使用、维修、流通等,其核心是为学校教育教学和其他各项工作提供物质保证,要突出及时性、不间断性、齐备性、按质按量的特点。

其四,管时间。后勤人员应有效地利用时间,加强工作的计划性,根据后勤工作必须先行以及带有季节性、时间性的要求,争时间抢速度,把各项后勤工作做在前面,变后勤为先行,不失时机地做好各项服务工作。

其五,管信息。信息是各级管理层决策的依据,信息的获得、传递及反馈是管理的重要内容和手段。在学校后勤管理活动中,管理者得到上级布置的任务,是在"接收"信息;向下级传达和安排工作,是在"传递"信息;在管理过程中不断了解各方面工作的执行情况,并据此考虑修改原工作计划,则是利用了"反馈"的信息。

其六,管事。事情有大有小、千差万别,每一名工作人员都要熟悉并认真落实自己的岗位职责,在自己的管辖范围内,要善于发现问题、分析原因,采取有效措施及时解决。

4. 后勤管理立足实际

学校后勤管理要坚持以校为本、以人为本,后勤管理的核心是保障教育教学活动的顺利开展,为师生提供热心、优质、周到、高效的服务,后勤工作必须立足实际。在现实的后勤工作中,后勤人员要有深入实际调研、解决问题的良好作风。不调研、不深入实际,就会犯经验主义的错误,误事又误人,给学校和师生带来影响。目前,学校采取基建、物品购置进行意向调查,师生办事后勤工作人员征求意见的办法,收到较好的效果,使学校基建、物品购置更具针对性,后勤工作人员的服务更能体现以人为本的思想,师生的认可度在不断提高。

(三)坚持以人为本,推进学校后勤管理工作的精细化

"精细化管理是一种理念,一种文化。它是源于发达国家(日本20世纪50年代)的一种企业管理理念:它是社会分工的精细化以及服务质量的精细化对现代管理的必然要求;它是建立在常规管理的基础上,并将常规管理引向深入的基本思想和管理模式;它是一种以最大限度地减少管理所占用的资源和降低管理成本为主要目标的管理方式。"[3] 精细化管理是社会赋予学校管理的新理念,是提升学校后勤服务质量和管理水平的迫切要求,体现了学校精神和文化价值取向。学校后勤管理工作坚持以细、实、精为指导,全力提高管理水平,不断提升服务质量,让精细化管理成为常态,让后勤管理与服务走上规范、科学、高效的轨道。

1. 后勤管理工作坚持"细"

学校应最大限度地满足教育教学要求和师生员工的工作、学习和生活需要。这对后勤工作人员提出了更高的要求:后勤服务必须做到主动、热情、周到、细致,要善于抓小事、抓细节。这实质上是一种认真的工作态度和科学的精神。在学校的后勤工作中没有一件事情小到不值得去做,也没有一个细节应该被忽略或忽视。后勤工作都是一件件不起眼的琐碎小事,而这些繁杂的小事如果没有得到认真对待或处理不及时,小则影响教学环境或某一方面、某些人,大则影响正常的教育教学秩序,甚至还会造成大的事故或隐患。后勤部门要根据学校工作的规律,主动想在教育教学需要之前,干在教育教学需要之前,假期之中想开学、开学之后想放假,夏天想冬天、冬天想夏天,这样才能掌握全部工作的主

动权。所以必须认真细致地对待每个细节，在"细"字上下功夫。教师的专业发展离不开个体的不懈努力，也离不开其赖以生存的外部环境。马斯洛的需要层次理论也告诉我们，人的低级需要得到满足后，还会有高级需要，自我实现需要是人的价值追求。学校从点滴小事入手，满足教师的基本需求。一是改善教师的生活环境：装修教师宿舍，配备床及桌椅，统一床上用品；修缮太阳能，解决教师的洗澡问题；建立教师公寓小食堂，解决教师吃晚饭的问题；提供桶装水解决教师的饮水问题；改进食堂伙食，提高饭菜质量，为教师服好务，让教师吃好、住好。二是创造良好的学习环境：建立教师阅览室，以学科为单位为教师订阅报纸杂志；组织教研组长、备课组长外出购书，补充学校的图书资源；学校网络通到每一角落，满足教师上网学习的需要；保证教师所用电脑是全校最好的，为教师的学习提供保障。三是改善教师的工作环境：对教学楼、实验楼进行装修改造，配备办公桌椅，添置多媒体设备，有计划地更换教师办公室的空调；全力支持理化生实验教学，按时提供实验用品，全面提升学校硬件水平。这些举措，使教师能够安心工作，为教师专业发展提供支持。

2. 后勤管理工作坚持"实"

我国知名企业海尔集团较早地引进了精细化管理的思想，提出了"把每一件小事做好就不小，把每一件易事做好就不易"的理念，并将这种理念贯彻在具体的生产管理之中，产生了极大的经济效益与社会效益。企业如此，学校管理也应如此。一所学校要实现真正意义上的发展，必须抓好全局性的精细化管理，包括后勤管理。每年的寒暑假是校舍和教学设备的整理和维修时期，也是后勤人员最忙和最累的时候：要维修房屋和教学设备，要为新学期开学做好物资准备，同时还要配合学校其他部门开展活动等。精细化管理是学校追求完美、实现卓越的重要过程，是适应社会竞争、打造学校品牌的必然选择，是提升学校整体执行能力、促进学校可持续发展的最有效途径。后勤工作的保障性和服务性很强，在明确部门工作职责的基础上还必须进一步落实相应的流程和细则，如财务人员、维修人员、采购人员、水电工的工作流程和要求等。工作的细致需要通过工作流程来体现，同时也给督促、检查和评价管理工作提供了标准和依据。对管理工作的评价，是检查和考核的过程。因此，后勤人员要真正做到"点点滴滴求合理，细微之处见管理"。

3. 后勤管理工作坚持"精"

"天下难事必作于易，天下大事必作于细。"这句话告诉我们，要想把事业做成功，就必须从简单的事情做起，从细微之处入手，将小事做细、做精。工作不能停留在"做"的层面，更重要的是做"细"、做"精"。现代意义上的精细化管理起源于日本的丰田汽车公司，他们以"精益"为号召，切实改进产品质量、优化生产流程，达到"零缺陷""准时化""零库存"的目标，推动了日本经济增长，使日本很快超过德国，成为世界第二的经济大国。学校的精细化管理就是管理责任的具体化、明确化。它要求后勤管理工作的每一个步骤都要精心检查，每一个环节都要精细安排，每一项工作都是精品。精心是态度，精细是过程，精品是结果。后勤管理求"精"，可以提高管理效益，减少浪费、节约资金，调动师生员工学习和工作的主动性、积极性，推动工作开展。如每学期开学前的紧张准备阶段，是后勤工作最紧张的时期：书籍、课本要及时发给师生；各种办公用品要及时购买；各种表册要分别送到政教处、教务处、教研组和班主任；一切教育教学用品，要送到教师手中；教室课桌椅和各科室办公桌椅，要准备齐全，按人数交给班主任和科室负责人；对于刚调来学校的新教师，要特别热情地为其准备一套生活用品和工作用具，使其安心，对新环境产生好感；同样对于入学的新生，也要提供一个雅静的环境，使之到校就爱校。一所学校的精细化管理质量和水平决定着教育、教学、服务等方面的质量和水平，代表着学校的形象，体现着学校的精神和文化价值。

三、学校后勤管理改进的体会与思考

（一）后勤管理要树立全局观念

紧密结合实际，从战略全局的高度，不断推进学校后勤建设又好又

快发展。以树立全局观念为前提，在大方向和大目标的指引下，变后勤被动式服务为主动式服务，增强事业心和责任感，紧紧围绕学校中心工作，切实服从和服务于学校整体发展的全局，认真抓好计划、组织、指挥、控制和协调等环节。

(二) 学校领导要自觉树立规范化、科学化、精细化管理意识

规范化、科学化、精细化管理意识是全员智慧、力量发挥和集合的结果。后勤管理由一个个细节组成，每个方面的工作都和师生息息相关。只有每个人都认识到规范化、科学化、精细化管理的重要意义，从自己做起，从细节做起，齐心协力，才可能搞好内涵建设。

(三) 学校领导要率先垂范

校长或分管领导没有"细""实""精"的工作作风，是不能做好学校后勤管理工作的。后勤管理不但要注重工作的结果，更要注重工作的过程和细节。领导者既要对全局了然于胸，又必须对细节做到心中有数，这样才能掌握主动权，求得工作效益的最大化。

(四) 学校要营造"以人为本"的后勤文化

要关心人、尊重人、爱护人、发展人。"以人为本"的后勤文化坚持以学校职工为主体，以"育人为本"为原则，以"让师生满意"为目标，将"以人为本"的理念贯彻到后勤工作的各个环节中，形成具有后勤特色的价值观念、行为准则、员工素质以及管理制度的育人文化。

(五) 学校要体现对后勤教职员工的人文关怀

学校对后勤员工的管理应该在感情上尊重他们、信任他们和理解他们，注重实施目标激励、岗位激励、信任激励、荣誉激励和情感激励，来激发他们的工作热情，发挥他们的潜能，促进他们的专业成长，提高他们的工作效率。

(六) 学校后勤管理要坚持与时俱进

只有更好，没有最好。在学校后勤管理工作中必须坚持与时俱进，不断创新，以新的更高的要求不断自我鞭策，才能适应教育不断发展的需要。后勤教职员工要以建立学习型组织为契机，提升成员的学习力、

执行力，养成研究和反思的习惯，从而推动后勤工作不断完善、不断创新。正如邓小平所讲："后勤工作也是一门学问，也需要学习，也能出人才，不钻进去是搞不好的。"

参考文献：

[1] 袁峰. 郭台铭帝国和他的富士康[M]. 武汉：华中科技大学出版社，2012：122.

[2] 朱占峰. 管理学原理[M]. 武汉：武汉理工大学出版社，2009：27.

[3] 王志军. 精细化管理+IT[M]. 北京：北京理工大学出版社，2013：59.

携手同行助力副中心教育发展

——在通州区"运河计划"教育领军人才大会上的发言

北京市通州区第六中学　常恩元

尊敬的各位领导、各位专家、教育界的同人：

十分荣幸在这里与大家一同交流工作室活动的情况，不足之处还请大家批评指正！

通州历史悠久，文化底蕴深厚，素有"一京二卫三通州"之美誉，可见其独特的历史地位与作用。建设北京城市副中心是以习近平同志为核心的党中央做出的重大战略性决策，是千年大计、国之大事。

坚持"世界眼光、国际标准、中国特色、高点定位"的建设理念，着力将城市副中心，打造成国际一流和谐宜居之都示范区、新型城镇化示范区、京津冀区域协同发展示范区，需要大批高层次人才支撑。

2017年8月，通州区启动了"灯塔计划"和"运河计划"两大人才培养计划，其目的在于进一步推进北京城市副中心建设，促进经济社会快速高质量发展。我十分荣幸分别于2017年和2019年被认定为"运河计划"教育领军人才和顶尖人才。称号不是荣誉，我想更多的是责任与使命担当。

教育是民族振兴、社会进步的重要基石，是功在当代、利在千秋的德政工程，对提高人民综合素质、促进人的全面发展、增强中华民族创新创造活力、实现中华民族伟大复兴具有决定性意义。作为教育人要自觉回答好"培养什么人、怎样培养人、为谁培养人"这一根本问题，充分发挥领军人才的作用，不断充实自己，提升管理能力，竭尽全力将学校办好，在提升学校办学内涵与品质上下功夫，满足人民群众对优质教育的期盼。

作为领军人才，身为校长要有高的追求，不忘育人的使命与初心。校长自身的管理能力、学术水平的高低直接影响到学校的发展方向，关系到学校的办学质量。校长光在纪律上严格要求自己还不够，在理论修养上、学识上、水平与能力上也应领先一步。校长素质的全面提升更需要自我的不断修炼。作为校长要勤于学习，自觉确立终身学习的思想，通过书籍、网络、微信等多种途径进行自主学习，主动向他人请教，不放过每一次外出学习的机会，掌握教育学、心理学、管理学等知识，善于将先进的理念和好的经验与自己的管理实践相结合，将学习视为改进工作的不竭动力。作为校长要注重研究，勤于反思，发现和改进管理中的问题，包括课程建设、教师队伍发展、职评、考核、后勤管理等，在问题的解决中，推动学校发展。身为学校的管理者，我目前正主持8项市(区)级课题的研究工作，三年间先后在《中国教育报》《现代教育报》《北京教育》《北京教育教学研究》《通州教育》等报刊上发表文章及论文26篇，出版校本教材《这里是马驹桥》及《我的教育实践与思考》《我的教育使命与情怀》，先后十余次在校外会议上做典型发言，介绍学校的办学经验。我有幸成为北京市中小学名校长发展工程人选和通州区首批"运河计划"教育顶尖人才。我想自己对他人的影响更多的是思想价值、管理能力与水平，甚至是人格魅力的影响。

作为校长要勇于实践，积极推进现代学校建设，结合学校实际不断完善治理体系，提升治理能力，确保学校高质量发展。学校日常管理中会遇到许多错综复杂的问题，校长需要去面对、去思考、去解决。每一个问题的解决都是对校长管理能力的考验。六中同样有许多问题需要关注与解决。如面对教育领域改革和北京城市副中心建设的不断深入，学校主动推进管理变革。转变管理方式，变制度管理、经验管理为文化管理。转变管理职能，变领导与教师间管理与被管理的关系为服务与被服务的关系。建立人性化制度体系，使学校的规章能够更好地体现民声、民意，具有"规范人文性"。提升学校管理规范化水平，规范办事程序，落实部门规章，落实岗位职责。强化过程管理，坚定不移地贯彻学校规章，落实学校计划。加强效能建设，聘请效能建设监督员，鼓励教师参与学校的管理，提高管理效能。营造民主氛围，完善民主决策，加强民主管理和民主监督。建立公平竞争机制，公正客观地对待每一位教师，为教师发展提供均等的机会。建立科学的工作评价和激励机制，突出发展性、层次性、公平性和可操作性，让每一名教职工获得成功，让每一名教职工的人生价值得到充分体现。在校内成立"运河计划"教育领军人才、特级教师、市区骨干教师学科工作室，整合教师资源，培育优秀教师群体。营造以人为本，公平、公正的氛围，将教师紧紧地凝聚在一起，使教师们共谋发展、忘我工作。正是在一个个问题的解决中我提升了自己分析问题、解决问题的能力，练就了本领，也使学校得到了进一步发展。

作为领军人才，我时刻牢记团队建设之责，与大家携手同行，同谋发展，组建工作室。作为工作室的主持人，我积极引导大家确立正确的权力观、政绩观、教育观和人才观，坚持目标导向与问题导向相结合，提升工作室成员的专业知识、专业能力和专业精神，让大家想干事、能干事、干成事；安排工作室成员来校聆听北京四中原校长刘长铭的"如何上好一节课"，《北京教育教学研究》杂志社编辑部主任任亚方老师的"教育教学论文撰写"、北京市海淀区教委胡新懿副主任的"课堂教学改进"、通州区教师研修中心原院长肖宝军的"从六中谈管理五个一"的专题讲座；组织工作室成员一起研究北京市教育科学"十三五"规划课题"基于学生发展的中学'卓越教师'培养校本化策略的实践研究"工作，并取得阶段性成果。《构建"卓越"教师校本培训体系 提升教师专业素养》一文发表在《北京教育(普教版)》杂志2020年第6期。2020年12月1日，中期验收现场会在六中成功举行，市教育科学规划办主任蒋丽萍参加了会议，并对课题研究情况给予高度评价。三年来，工作室成员承担或参与了8项市区级课题研究，发表论文50余篇，经验交流11次，15人次获得市区荣誉称号，张新颖主任出版个人专著《青春伴你左右——一段且行且思的班主任成长琐记》。所有成员的出色表现得到了所在学校干部教师及区域同行的认可。而且三所学校办学质量区域领先，显现了工作室三年来的学习成效。

"一枝独秀不是春，百花齐放春满园"。作为教育人还应具有助力义务教育优质均衡发展的责任、境界与胸怀，既要做好自己，又要与他人携手同行。身为学校的管理者，我在管理实践中不断弘扬"崇尚先进、争创一流"的核心价值追求，落实"办卓越教育——激励每一名师生主动发展，成为最好的自己"的办学理念，统筹学生、教师、学校的协调发展，培养"卓越教育"办学特色。学校以改善办学条件、提升服务水平、管理创新、队伍建设、质量提升、文化建设、信息化建设、科研推进、特色发展、党组织建设"十大工程"为抓手，全面提升学校办学水平与质量。学校每年获奖50余项，教师获奖达400项，学生获奖达700人次，进入区优质校的行列，社会影响力不断提升。首都教育融媒体联盟、通州区教委微信公众号、千龙网、中国网教育频道、今日头条、搜狐、百度、凤凰网及《北青社区报》《北京晨报》《北京教育》等媒体上时常有学校的报道。学校是北京市教师教育基地、北京市农村中小学教师研修工作站、通州区教育干部培训实践基地。每年来校跟岗交流、进修的学校干部教师突破500人次，其中包括内蒙古、云南、甘肃、湖北、江西、山东、河南、河北等省的干部教师。学校与区内外15所学校建立了协同发展关系，在学校管理、文化建设、教育教学、教科研训、课程资源、师资队伍、学生社团等方面全面对接，实现了共赢与发展。

在教育领域综合改革和北京城市副中心建设的背景下，我会更努力地工作，认真学习，不断提升自己，为学生成长、教师发展、学校发展服好务，努力将学校办成百姓身边的好学校。

学习《义务教育学校校长专业标准》的心得体会

北京市通州区马驹桥学校 常恩元

随着社会的发展，越来越多的职业会进入专业领域，专业化已经成为社会职业发展的重要趋势，专业性成为衡量职业成熟性的重要指标。校长职业也不例外。《义务教育学校校长专业标准》将校长核心工作划分得更加专业、具体，使校长的工作有章可循。在仔细研读《义务教育学校校长专业标准》之后，我进一步明确了办学的基本理念、自身专业发展的基本准则，增强了发展的自觉性，认识到校长的责任与使命。对照过去，展望未来，我受益匪浅。

一、对学校办学的基本理念有了更加深刻的认识

一是"德育为先"的理念。这要求校长在日常工作中把德育放在素质教育工作的重要位置，全面加强学校德育体系建设；将社会主义核心价值体系融入学校教育全过程；关注德育队伍建设，积极构建全员育人的格局；在学生教育上从大处着眼、小处着手，培养学生良好的思想道德素质，树立正确的人生观、价值观和世界观，指导学生形成良好的习惯，使学生具有服务国家、服务人民的社会责任感和使命感。作为校长要全力支持学校德育工作，在人、财、物上给予保障；同时也要自觉履行职业道德规范，立德树人，为人师表，公正廉洁，关爱师生，尊重师生的人格。

二是"育人为本"的理念。义务教育的对象是孩子，是人，教育的本质是人的发展。坚持育人为本的办学理念，就是坚持一切为了学生

发展,将促进每个学生健康成长作为学校一切工作的出发点和落脚点。坚持育人为本就是要全面实施素质教育,为每个学生提供优质的、合适的教育,让每一名学生得到充分、和谐而有个性的发展。

三是"引领发展"理念。这是对校长角色的定位。一个好校长就是一所好学校。衡量校长好不好的标准,是看他推崇什么样的办学思想,选择什么样的学生培养目标和教师培养目标。校长对学校的领导不仅仅是行政领导,更主要的是思想的引领。有什么样的思想,就有什么样的学校。校长作为学校建设、改革、发展的带头人,担负着引领学生发展、教师发展和学校发展的重任。校长要自觉地将发展作为学校工作的第一要务,做学校的领跑人,秉承先进的教育理念和管理理念,将制度管理与人本管理相结合,建立健全学校各项规章,完善学校目标管理和绩效管理机制,实施科学管理、民主管理,推动学校可持续发展,使学校成为师生共同的精神家园。

四是"能力为重"理念。这是校长专业发展的实践导向,也是提高学校管理水平和教育质量的基本要求。校长要自觉地将教育管理理念与学校管理实践相结合,突出学校管理的实践能力和创新能力;不断提高与完善规划学校发展、营造育人文化、领导课程教学、引领教师成长、优化内部管理和调适外部环境等方面的能力;坚持实践、反思、再实践、再反思,强化能力的提升。

五是"终身学习"理念。这是对校长的个人素养的要求,也是优化知识结构,提高自身科学文化素养,形成全民学习、终身学习的学校型社会的迫切要求。校长要牢固树立终身学习的观念,带头学习,将学习作为改进工作的不竭动力,与时俱进,及时把握国内外教育改革与发展的趋势。校长要注重学习型组织建设,做学习型组织建设的参与者、推进者,为师生共同学习营造良好的氛围。

落实基本内容,推动学校科学发展

《义务教育学校校长专业标准》以校长的核心目标为统领,具体可以划分为六大领域:规划学校发展、营造育人文化、领导课程教学、引领教师成长、优化内部管理、调适外部环境。其中："规划学校发展、营造育人文化"体现了校长对学校的价值领导，既坚持了社会主义办学方向，也为学校特色发展留下了空间，是校长专业职责的灵魂；"领导课程教学、引领教师成长"体现了校长对学校的教学领导，也是提高教育质量的关键所在；"优化内部管理、调适外部环境"体现了校长对学校的组织领导，是提升学校办学水平的管理保障。校长的六项专业职责细化为六十条专业要求。每项专业职责有十条专业要求，由专业理解与认识、专业知识与方法、专业能力与行为三个方面组成，具有较强的指导性和规范性。作为校长要从六个方面重点推进。

一是科学规划学校发展。明确学校办学定位，注重学校发展的战略规划，凝聚师生智慧，确立学校发展共同目标，形成学校发展合力，要尊重学校传统和学校实际，提炼学校办学理念，办出学校特色。在实施中首先要深入调研、明细校情；其次是目标定位、创新理念；最后是有力保障、细致分解。

二是营造良好的育人文化。一流的学校好在文化，要重视学校文化的教育功能，把文化育人作为办学治校的重要内容与途径；要抓好绿化、美化；要设计体现学校特点和教育理念的校训、校歌、校徽、校标；要积极营造人文氛围，建设优良的校风、教风、学风，培育学校的核心价值观；要坚持以活动为载体开展形式多样的专题教育。

三是做课程教学的领导者。校长领导学校在很大程度上是通过领导课程实施来实现的。校长的课程领导力是学校课程改革能否有效实施的关键。从校长的课程领导力构架可以发现，校长的领导权力、特质与学校课程改革的校本推进有着直接、密切的关系。校长个人的学识、人格魅力、知识结构、对课程的敏感度、执行力、情感、态度、价值观甚至生活情趣都会对课程的实施产生影响。校长要有效统筹国家、地方、学校三级课程，为学生提供丰富多样的课程教学资源，体现学校的培养目标；要提高课堂效率，切实减轻学生的课业负担；要完善教研和听评课制度，使教研活动、教学改革、听评课等落到实处。

四是引领教师专业成长。努力培养造就一大批一流的教师，不断提高教师队伍的整体素质，是当前和今后一段时间我国教育事业发展的紧迫任务。尤其是随着教育改革的不断推进，社会对教师的专业化提出了更高的要求。教师专业发展仅仅依靠政府和教育行政部门来推动是不够的。教师是培训的主体，只有激发他们参加培训的内驱力，使他们自觉自愿、积极主动、心情舒畅地参加培训，才能提高教师培训的效能，促进教师的专业化发展。在新一轮的课程改革中，教师是实践者和主力军。只有激发他们参与的内驱力，充分调动他们的主动性和热情，改革才有望成功。当前教师由于认识上的偏差、习惯上的惰性、能力与信心的不足、职业倦怠、外在诱因、相关条件欠缺等原因，参与新课程改革的内驱力普遍不足。学校要充分发挥助推作用，通过激活教师的内驱力，引领教师自主发展，提升专业化水平。校长要做助推教师专业发展的领路人。

五是全面优化内部管理。新课程改革打破了原有的课程框架，彻底改变了现行课程的组织结构和运作方式，重新确立了新的课程观念和价值取向。它强调主体存在的意义，关注人的生命和价值，寻求教育向生活世界的回归。它带来的不仅是教育理念、教学方式以及学习方式的转变，更深层次的应该是学校文化的变革。这种变革的最终目的在于改变教师和学生的生存状态，促进人的发展。在学校文化的变革中，管理文化的改进又尤为重要。没有学校管理文化的变革，课程改革就不可能深入，课程改革的目标就不可能实现。当前的学校管理，充满功利色彩，分数至上，管理者以控制人、约束人来实现管理目标。这种缺少人本思想、僵化的管理方式，不仅在很大程度上限制了学生的全面发展，而且影响了教师专业水平及能力的提升，也直接影响了学校的持续健康发展和特色发展，致使学校发展缺少活力与后劲，甚至出现干群矛盾激化、教师职业倦怠、学校人心涣散等现象。因此，随着新课程改革的不断深入，学校管理者必须探索相适应的学校管理方式，改进学校的管理思想、管理行为及管理模式，形成具有校本特色的管理文化，切实实现五个转变，即从强调物本管理转向关注人本管理、从强调常规管理转向关注创新管理、从强调有形管理转向关注无形管理、从部门优化管理转向整体优化管理、从强调刚性管理转向关注柔性管理。

六是创建和谐的内外部环境。教育是一项系统工程，离不开家庭、社会的支持与关注。学校办得好，社会就愿意提供支持。从这个角度来说，社会支持力度的大小是学校办学水平高低的重要标志，社会支持力度大的学校就容易办得好。因此，校长在抓好内部管理的同时，要积极优化外部育人环境，努力争取社会的教育资源支持学校教育；充分发挥家长委员会对学校工作的积极支持作用，引导社会和有关专业人士参与学校管理和监督，接受改进学校工作的合理建议；建立健全家校合作育人机制，建立教师家访制度，通过家长学校、家长会、家长开放日等形式，指导和帮助家长了解学校工作情况和学生身心发展特点，掌握科学育人方法；积极发挥学校在社区建设中的作用，鼓励并组织学校师生参与服务社会的有益活动，努力构建学校、家庭、社会一体化教育体系。

总之，《义务教育学校校长专业标准》为校长的专业发展指明了方向。作为校长要增强专业自觉性，大胆实践，主动创新，在学习上下功夫，更要在实践上下功夫，科学规划学校的发展路线，科学严谨地搞好管理制度建设，胸有成竹地抓好教育教学质量的提升工作，沉着冷静地应对各种突发事件。充分调动师生的积极性，将每一件有助于学校发展、有助于学生健康成长、有助于教师专业发展的事做好。努力将学校办好，办人民满意的教育。

建设一所有德行、高品质的学校

——读《道德领导：抵及学校改善的核心》有感

北京市通州区第六中学 常恩元

教育是民生高度关注的话题，人民群众对优质教育的期盼日益强烈。努力让每个孩子享有公平而有质量的教育，既是中国梦的重要组成部分，也是教育人的使命与担当。"公平而有质量"必然涉及学校的管理问题，如何将学校办好，不断提升品质，需要学校管理者深刻思考与主动探索。近期有幸拜读了美国非主流教育管理学家萨乔万尼 1992 年出版的著作《道德领导：抵及学校改善的核心》一书，我受益匪浅，有思考、有收获，更有付诸管理实践的冲动。

《道德领导：抵及学校改善的核心》一书对长期以来被认为是天经地义的领导理念和领导架构进行了批判，阐述了道德领导的基本理念，对拓展管理价值体系、领导权威的来源、挖掘更高层次的人类潜质、为领导提供替身、建设信奉、把团队精神理解为专业德行等问题进行了论述，指明了将道德领导置于学校领导核心的必要性。作者认为，过去的领导理论多重视领导者的特质、行为、技术和理性，忽略了作为附加价值的与道德相关的层面，如信念、价值观、责任与义务等。在他看来，有关领导的许多被普遍认同的观念将面临挑战和改变。现在看来，显性的东西可能会变得不那么重要，而现在看来不那么显性的东西可能会被证明是较为重要的。书中所述的"道德领导"是指以道德权威为基础的领导，是领导者基于正义与善的责任感和义务来领导部属，部属亦因领导者的正义与善而勇于任事，进而发挥领导的效能。这种以身作则的领导方式，容易激起部属发挥团队精神及为正义采取行动。道德领导不仅可以培养部属的牺牲奉献精神，而且可以使领导者发挥领导的最佳效果。道德领导是领导者借助专业和道德的权威，激发人的内部动机，在帮助教师实现自我管理的同时，将学校从一个组织转变为一个共同体，从而最终实现学校培养目标的过程，使学校达到不治而治的境界——道德领导抵及学校改善的核心。阅读该书得到如下四点启示：

一、将道德领导置于学校组织和管理实践活动之中

该书是萨乔万尼在批判理论范式下进行定性的、人文的教育管理研究。他提倡研究过程中的自我反思性。他认为，传统的学校领导过于依赖科层、心理和技术理性的权威，这种权威下的领导方式多是控制式的，控制得越多，得到的顺从就越少。在他看来，当时的教育领导几乎是失败的，领导学文献几乎是空泛的。原因有二：一是把领导视作行为而不是行动，视作心理学方面的（因素），而不是心灵方面的（因素），视作与人有关的（东西），而不是与理念有关的（东西），致使领导者的行动、决定和行为不为人所理解，割裂了领导之手、领导之脑及领导之心；二是过度强调科层的、心理的及技术、理性的权威，严重忽视了专业的和道德的权威，割裂了领导的过程与领导的本质。萨乔万尼道德权威的提出，扩展了领导价值结构和权威来源。道德权威源于教师在广泛享有共同体价值、观念与理想时所产生的义务和责任以及共同的承诺和相互依赖感，强调人们出于道德原因去工作，依靠价值观、目标、信念去驱动和鼓舞人。道德权威有助于把学校建成学习共同体，使学校的每一个成员都认为自己对学校的成功负有责任，都愿意为学校尽责，认同学校的理念。道德领导不是行为主义风格或管理技术主义，而是一种文化表达，通过价值进行领导。当领导者的理念和承诺被学校其他成员分享时，领导就不再是一种通常意义上的领导，而是一种显著意义上的道德领导。萨乔万尼主张建设学校道德共同体，共同体成员之间的"道德承诺"具有重要的激励价值，而领导者的工作重点，将从对组织成员的控制，转移到对学校愿景和文化的关注。共同体强调每一位成员因自然意愿而结合，享有共同的价值观和理念，把每一个成员从个体的"我"

改造成集体的"我们"。在提升学校办学品质的管理实践中，领导者要善于把正确的教育理念、价值追求、育人目标等转化为教师的共同信念，引领全体教师广泛参与到学校教育教学活动中来。

二、让"领导替身"在学校管理工作中发挥重要的作用

《道德领导：抵及学校改善的核心》一书中提到"领导替身"，即真正的学校领导者是为"听我的"构建替身、能使人做出内在回应的人。按照道德领导理论，领导者主要以服务者的角色出现，以"领导替身"来实施间接管理，以高尚的风范与修养影响组织成员对自身职责的义务感以及在为人处世上的正确价值观，注重引导成员自觉认同、承担责任与义务。管理者要考虑管理、领导及学校的管理方式，将学校的组织文化转变为共同体文化，寻找共同体的中心，确立共同的价值观、情操、信念，使所有成员为一项共同事业而努力，引领人们规范行为，并赋予共同体使命与意义。共同体的中心要回答好种种问题：本学校是干什么的？我们学习者的形象是怎样的？是什么形成了我们的特色？作为同事，我们怎样在一起工作？作为一个共同体，本学校如何去适应更大的学校共同体？家长如何才能适应？在这里，共同体规范很好地发挥了"领导替身"作用，并得到了不断调试与强化。在学校管理实践中，校长和教师共同商定共同体规范，有利于教师对规范的认同，从而主动而不是被动地遵守。随着学校越来越像一个共同体，个体性的实践转变为集体性的实践，并在学校中得以建立。校长可以减少对计划、组织、控制、领导等传统管理职能的关注，而转向对好的教学、积极学习的学生、关怀式的家长等加以认可和赞扬。校长的角色可以是一个感谢者、支持者、强化者和促进者。在学校管理中除了对共同体规范的响应，对专业理想的承诺、对工作本身的回应，以及团队精神都可以成为"领导替身"。作为学校的管理者要积极探索多样的"领导替身"，丰富学校的管理形式，助力学校高品质发展。

三、建立共同体盟约，发展有德行的学校

《道德领导：抵及学校改善的核心》一书明确指出："当目的、社

会契约和地方学校自治成为学校教育的基础时，两件重要的事情就会发生。学校从一个组织转化为一个有盟约的共同体；权威的基础由重在科层和心理权威变为重在道德权威。"有盟约的共同体可以使学校由一个世俗组织变成一个神圣组织，可以由一个纯粹被设定去达成特定目标的工具变成一个有德行的单位。共同体成员有信仰，具有强烈的责任感，认为团体比个体更为重要。共同体就像一个家族，家族内各个家庭都怀有忠诚之心，家族成员一起劳作并互相受益，相互填补经济和社会性需求。萨乔万尼从领导能力维度把学校分为三类：一是无能型学校，表现为秩序混乱，人际关系紧张，学生成绩差，逃课、暴力问题严重；二是能力型学校，能够比较好地克服无能型学校的问题，表现令人"满意"；三是卓越型学校，学生表现好，教师也比一般期望努力得多，超过"满意"的期望值。实施道德领导，有助于学校经由改善而发展为具有新型特质的学校——有德行的学校，这也是学校未来发展的新价值取向。有德行的学校的主要表现为：价值取向合乎道德的人文关怀，目标是培育自我学习者和自我管理者；成员之间相互尊重，鼓励冒险，并能够接受合理的失败；注重人格化的承诺，努力营造家庭式氛围。在此氛围中，以学生之间及学生与成人之间的信任、亲密、亲善关系为标志。家长、教师、社区和学校都是伙伴关系，彼此享有互惠、互依的参与权和受益权，负有支持和帮助的义务与责任。萨乔万尼认为，只有道德型领导才能为卓越型学校的建设提供动机与方法支持，有德行的学校才能成为卓越的学校。

四、奉行服务式领导，拓宽学校的管理方式

萨乔万尼的一个重要观点就是奉行服务式领导。在领导的多种形式中，萨乔万尼认为："指挥式领导和教学领导是有其地位的。在教师能力差、不主动或面对环境无能为力的学校中，大量地运用这两种领导可能是必要的。但如果指挥式领导和教学领导被当作主导性的而不是支持性的策略来运用的话，它们就会在教师中培育起依赖性，并把教师派定为下属的角色……下属虽然会做要求他们做的事，但仅此而已。"指挥式领导和教学式领导受到了挑战。在《道德领导：抵及学校改善的核心》一书中，萨乔万尼引用了格林利夫的观点："一个新的道德原则正在出现，这个原则认为，唯一值得人去效忠的权威，是被领导者在回应领导者清晰明显的服务者形象时，同时也是为匹配于领导者的这种形象时，自由而有意地赋予领导者的权威。"另外，"在格林利夫看来，伟大的领导者首先是一个服务者"。服务式领导是一种手段。通过它，领导者可以获得实施领导所必要的认受性。领导者需要理解服务他人的重要性。服务式领导实施起来较为容易，但最为重要的是，要服务于有助于把学校塑造成盟约型共同体的价值观和理念。学校不应该被视作一般的共同体，而应当被视作学习共同体。改善学校文化是创建学习共同体的关键。在学校的管理实践中，萨乔万尼认为："我们可以发展地看待指挥式和教学领导、'领导者的领导者'式领导以及服务式领导，就好像每一种领导是建筑（立）在另一种领导之上。当着重点由一个层面转向下一个层面时，领导逐渐变成了一种德行，而且每一个前一层面的领导对于成功学校的运作已变得不那么重要了。"萨乔万尼还建议通过"树立目的""授权""借助愤怒进行领导""适当运用女性主义的领导风格"来实施服务式领导。书中的案例与实践证明，学校越是奉行服务式领导，学生及教师对学校的认同感就会越强，越容易认同学校的规则，学习和工作的责任感也会越强。

萨乔万尼的"道德领导"学术思想对我国的学校教育管理研究具有理论与实践层面的指导意义。"道德领导"之所以引起理论界的高度重视，是因为它是高度关注愿景领导和价值引领，注重培养下属的自主管理能力，把下属打造成信奉者，让教师怀着专业理想，通过塑造领导替身强化学校的道德共同体。共同体成员基于责任和义务为组织目标自觉自愿地奉献，共谋组织永续发展的一种领导形态。在实践层面，萨乔万尼在批判以科层化和人际技能为特点的领导实践的基础上，对"道德领导"的概念与实施进行了系统阐述，拓展了传统的学校领导理念，让人们更多地思考领导的道德维度及人性化的学校管理方法，帮助人们形成一种新的领导视野,为基于师生发展、提高教育质量的"学校改善"提供了可借鉴的理论与实践指导。

给学生真正需要的教育

北京市通州区第六中学　常恩元

2018年初的寒假，我在北京国际图书城购书，无意间发现中国人民大学出版社出版、《中国青年报·冰点周刊》主编的《给学生真正需要的教育》一书。

此书为《中国青年报·冰点周刊》历年教育特稿精选，观点新颖，视角犀利，透视清晰，非常有前瞻意识，并且敢于挑战教育界权威，挑战传统中国教育模式。特稿以媒体特有的敏锐视角，探索教育本真，探寻课堂生命，叩问师道尊严。书中既从横向上展现不同课堂、不同教师的面貌和特色，又试图从纵向上追溯历史上的学校和教育者，从不同层次的对比中来找寻最接近教育本质、真正适应学生需求的教育方式。书中的文章用故事化、细节性的叙述和一幕幕纪实性镜头，真实地再现了学校发生的那些教育故事，以"冰点"般的冷静和客观，传达出教育肩负的使命和教育者的深切关怀。

该书是对教育本真的再思考。教育的目的是激发和引导学生走上自我发展之路，让学生经过学校的学习之后，具有独立思考、辩证思维、实践能力、创新精神等品质以及鲜明的个性，成为德智体美劳全面发展的社会主义建设者和接班人。但现实中功利思想、教学过程简单化的思维影响着学生的思维方式。注重知识的机械记忆依然是当下最重要的价值取向。在孩子的成长阶段，学校、家长和孩子变得越来越功利。这种思想直接影响着学校的教育教学。书中《法学课里的复杂中国》《历史课》《理科生怎样学历史》《一门"语文"课就够了吗》等文章，使我们看到了编者的深入思考，以及他们对教育本真的追求与坚守。

该书是对教育价值的再认识。《孤独的教育者》讲述了深圳中学语文教师马小平 2012 年因脑部恶性淋巴瘤在深圳辞世后，人们追思他所引发的回忆与思考。他在糟糕的应试教育环境中坚持寻找有意义的教育，在小小的课堂里抵抗应试模式，坚持人文教育。北京大学中文系退休教授钱理群称马小平是所识教师中"最具全球视野，可称得上是教育家的人"。北京理工大学教育研究院教授杨东平则将他视作"布道者""稀有的人文主义教师"。正如书中所言，"不要看轻中学教师的意义和价值，更不要低估一个普通中学教师的生命力量所能达到的高度和潜能"。作为教师，他"教书""育人"兼顾。他深知交出一个怎样的青年，这个青年就会以怎样的姿态进入社会。

该书是对教育者情怀的再现。书中既展现了民国时期教育大家的风范，也有今天教育改革探索者的实践。20 世纪初，中国走上了由传统教育向现代教育转变之路，涌现了蔡元培、严修、张伯苓、唐文治、叶恭绰、张寿镛、林文庆、马相伯等一大批知名校长、学者。他们是现代大学萌芽时期最好的设计者，他们的优秀体现在理念、对国家进步的强烈情感、对世界文明的诚意上。正是这些人制定了好的大学制度，最终才出现了北大、清华、复旦等向世界一流学府看齐的大学，展现了民国时期教育大家的风范。如今我们只能通过回望，从前辈留下的点滴文字中，领略那个年代的大学风采，以及那个年代的教授们的情怀了。

该书是对以人为本思想的再呼唤。《过去的中学》反映了作者对心目中的理想中学的追寻与期待。傅国涌曾说："我理想的中学已经不需要虚构，不需要想象，它们曾经存在过了，在不太遥远的历史中，在 20 世纪前半叶。南开中学、北京师大附中、扬州中学、春晖中学、天津耀华中学……还有许多并不知名的中学都是我心目中理想的中学。""一个老师、一所中学如果不能给予学生人格、精神上的影响，就不可能是好老师、好中学，无论创造多高的升学率。"这些话语体现着人们对以生为本的渴望，对理想学校的期待与追寻。

《给学生真正需要的教育》一书，精选了 17 篇在《中国青年报 ·

冰点周刊》上刊发的教育专题报道。细细品读这本书，我想每一位教师都会有所启迪，会加深对教育的理解，从而改变教育理念与行为。

探寻教育的真谛

北京市通州区第六中学　常恩元

"教育"一词人们再熟悉不过了，时常挂在嘴边。那么究竟什么是"教育"？可谓仁者见仁，智者见智，每个人站的角度不同，可能就会有不同的理解、不同的结论。2020年寒假，我认真拜读了雅斯贝尔斯的《什么是教育》一书。虽然篇幅很短，只有19章178页，但其中蕴含的教育思想值得每一位教育同人去认真品读与领悟。

1883年，马克思去世。在同一年，德国又迎来了另一位哲人的诞生，他就是卡尔·雅斯贝尔斯，德国的思想家、哲学家、精神病学家、存在主义哲学家。他出生于德国南部的奥登堡，病逝于瑞士巴塞尔。

在《什么是教育》一书中，雅斯贝尔斯以"存在、自由、超越"的存在主义为哲学基础，诠释了教育的本质，详尽、深入地阐述了他对教育的理解。他认为："人不只是经由生物遗传，更主要是通过历史的传承而成其为人。"雅斯贝尔斯强调教育的真谛是对灵魂的唤醒和本性的回归，阐述了教育中受教育者的"自由"在学习、思考中的意义，以及以"超越"为追求的学生个体发展。此书鲜明地展现了"存在主义"的哲学思想和作者在教育哲学层面的独特见解，可以帮助我们开阔视野，为我们重新认识和理解教育问题提供了新的思路。

品读该书会引发我们对"什么是教育"的追问。雅斯贝尔斯认为："所谓教育，不过是人对人的主体间灵肉交流活动，包括知识内容的传授、生命内涵的领悟、意志行为的规范，并通过文化传递功能，将文化遗产教给年轻一代，使他们自由地生成，并启迪其自由天性。"雅斯贝尔斯在有着丰富人文资源的德国文化传统中，重提教育乃是"人的灵魂的教育",已回归到教育作为精神陶冶的本质。在他对教育的认识中,涉及"自由地生成,并启迪其自由天性"。自由应该是师生平等交流的自由、思想上的自由;生成是指每一个受教育者都能够积极主动地、最大限度地开发自己的潜能,使"内部的灵性和可能性"得到最大的发挥,将精神、知识和技术转变为自身的思想和行为;天性是对学生身心发展规律的尊重,通过教育使其成为异于天性的第二特性。他认为教育是引导"回头"即顿悟的艺术,并不是简单的传递活动,是人与人之间精神的相契合,是一种双向对话行为。师生处于平等地位。教师通过唤醒学生的力量,激发学生对探索求知的责任感,使学生清楚地意识到要成为完整的人全在于自身的不懈努力和自身的不断超越,并取决于日常生活的指向、生命的每一瞬间和来自灵魂的每一次冲动。他告诉我们没有教师对学生灵魂的唤醒,就没有真正的教育的发生。

品读该书会激发我们对教育本质的思考。在《什么是教育》一书的论述中,雅斯贝尔斯对教育充满了焦虑和不满,只有苏格拉底和孔子的教育思想、人格修养、生活实践得到了雅斯贝尔斯的认可。他认为对教育的理解要深入价值存在层面,而不是简单的学习。雅斯贝尔斯认为"人"具有主体性。他对当时教育实践中,学生处于被动地位、压制学生发展等现象进行了严厉的抨击,呼吁教育体制改革,并明确仅仅依靠金钱不能达到教育改革的目的,人的回归才是教育改革的基础条件。他在《什么是教育》一书中反复提及,"教育的过程首先是一个精神成长过程,然后才成为科学获知的一部分","创建学校的目的,是将历史上人类的精神内涵转化为当下生气勃勃的精神,并通过这一精神引导所有学生掌握知识和技术"。他认为"真正的教育应先获得自身的本质",教育关注的是如何最大限度地开发潜能,教育是对人灵魂的唤醒,而不是知识和技能的积累。

品读该书会引发我们对教育目标的再认识。雅斯贝尔斯从存在主义哲学出发,引导学生成为"全人",用"全人教育"思想去培养"有素质的人",而非把人变成传播某种知识的工具。有素质、有教养的人是指被一定的时代理想陶冶的人。教育的任务是在一定条件下使学生在观念意识、行为活动、价值取向、语言方式和能力等方面形成一个综合体,让学生持续不断地通过自身努力实现自我、超越自我。2018年9月10日,在全国教育大会上,习近平总书记对教育的定位、目标和根本任务等进行了深入阐述。培养什么人,是教育的首要问题。培养德智体美劳全面发展的社会主义建设者和接班人,是教育工作的根本任务,也是教育现代化的方向目标。纵观我们的教育,功利化的烙印明显,过度关注分数和升学率,致使学生的发展出现片面化、不充分的倾向,甚至以牺牲学生的身心健康为代价换来所谓的"政绩",学校教育出现单一化、凝固化、刻板化的问题。真正的教育人必须走出教育本质目的之外的困局,给学生一个唤醒心灵的环境,克服功利思想的侵蚀,上升到培育人的精神、安顿人的心灵的高度,只有这样才能接近教育的本质。

品读该书会引发我们对教育过程的探索。书中作者多次谈到交往的重要性。在他看来,人是自由的,教育首先是师生之间自由交往的过程,自由是教育回归本真的基础。教育不只是获得知识、技能的活动,而且是师生共同参与的精神生活,是整体精神成长的过程,精神是教育的归宿。他强调学生的自我教育,认为教育是个体自我教育和自我实现的过程,突出了生成性。书中提道"教育的过程是让受教育者在实践中自我练习、自我学习和成长"。教育应帮助个人自由地成为他自己,而非强求。教育者的终极使命就是把受教育者引到自我教育的道路上去。

品读该书会引发我们对教育方式的反思。中共中央、国务院印发的《中国教育现代化2035》中明确提出:"创新人才培养方式,推行启发式、探究式、参与式、合作式等教学方式。"《中共中央、国务院关于深化教育教学改革全面提高义务教育质量的意见》也指出:"优化教学方式。坚持教学相长,注重启发式、互动式、探究式教学,教师课前要指导学生做好预习,课上要讲清重点难点、知识体系,引导学生主动思考、积极提问、自主探究。"在雅斯贝尔斯《什么是教育》一书中,我们也能找到他所推崇的教育理念。雅斯贝尔斯非常认可苏格拉底和孔子的教育理念。在第二章中,他把教育分为三种类型:一是经院式教育。这种教育仅仅限于传授知识,教师照本宣科,毫无创新精神。它的弊端就在于人们把自己的思想归属于一个可以栖身其中的观念体系,而泯灭了自己鲜活的个性。二是师徒式教育。这种教育的特色是完全以教师为中心,具有较强的个人色彩,是完全以教师为主的教育模式。这种教育方式扼杀了师生的个性,忘记了什么是真正的教育。三是苏格拉底式教育。雅斯贝尔斯推崇这种教育方式。从教育意义上看,教师和学生处于平等地位。教学双方均可自由地思索,没有固定的教学方式,通过无止境的追问而感到自己对绝对真理竟一无所知。教师激发学生对探索求知的责任感。这就是苏格拉底的"催产式"教育,目的在于唤醒学生的潜在力,促使学生从内部产生一种能动的力量,而不是从外部施加压力。苏格拉底式教育不仅仅增加了学生的知识,更重要的是让学生的精神得到生长。苏格拉底式教育适合"全人"的培养,至今都具有借鉴意义。而在我们现在的教育中,经院式、师徒式教育依然存在,育人实效没有完全发挥出来。所以我们在育人方式上必须加以创新,充分体现学生的主体性,激发学生的内在潜能,让学生真正参与到课堂学习中来。

《什么是教育》一书集中体现了雅斯贝尔斯的教育思想,也展现了西方现代教育思想向人本主义的转变。他强调每个学生都具有独特性和主体性,注重生命信仰和精神陶冶在教育中的作用,唤醒学生内在的潜在力,通过精神陶冶改变学生、帮助学生成为自己,让教育真正满足学生的精神需求。书中他论述了教育的本质和真谛,提出了"自由选择""自由生成""全面教育""整体教育""文化教育""自我教育"以及"师生平等"等观点。这些观点对如今的教育都具有启示意义。通过品读《什么是教育》一书,我们对教育有了全新的认识与理解。我们应将《什么是教育》一书作为一部经典,在读的基础上细细回味,让它帮助我们探寻教育的真谛,更好地指导我们的教育实践,帮助我们对现实教育进行深刻的反思与改进,让我们有勇气不断迎接时代的挑战,承担起时代赋予我们的育人重任。

后　　记

　　人生的追求在哪里？在人生之境界。境界既是人的思想觉悟和精神修养，是自我修持的能力，也是人所处的一种状态，"有境界自成高格"。一所学校要想发展得稳定、发展得好、走得长远，就要有一种不断引领人向上的力量，将师生的心紧紧凝聚在一起，激励大家从"低处"走向"高处"，实现师生的价值追求与奋斗目标。

　　王国维先生的"人生三境界"告诉我们做学问之不易，成大家之艰难。教育同样如此。他在《人间词话》中曾写道，古今之成大事业、大学问者，罔不经过三种之境界："昨夜西风凋碧树，独上高楼，望尽天涯路"，此第一境也；"衣带渐宽终不悔，为伊消得人憔悴"，此第二境也；"众里寻他千百度，蓦然回首，那人却在灯火阑珊处"，此第三境也。"最好"的教育应以"境界"为上，能将师生的心灵引向"高处"，教师、校长需要境界。作为人类灵魂的工程师、辛勤的园丁和人类文明的传承者，我们的三重境界又在哪里？如何让学生接受"最好"的教育？作为校长应有深度的思考，并在具体的办学实践中进行不懈的探索与追寻。

　　校长的境界，不仅仅关乎自己，更关乎他人，不仅仅关乎师生和学校，更关乎社会，关乎风尚。对于有境界的校长来说，无论在什么层次的学校——优质学校、一般学校、薄弱学校，他都能承担起自身的责任：让优质学校更优，让一般学校提质，让薄弱学校变强。这样的校长才是真正意义上的校长。

　　校长要有明确的目标与方向。"独上高楼，望尽天涯路"，校长要登高望远，探索路径，执着地追求，既要志存高远，坚守自己的教育理想，不忘教育人的使命与初心，又要拥有迎难而上的勇气和毅力，有创新的气魄与行动。尤其是在教育领域综合改革与城市副中心建设不断推进的今天，校长更应有所改变、有所突破、有所超越，不断提升、不断完善，让学校充满生机与活力。

校长要有坚定的信念与追求。要把办百姓身边的好学校、丰富学校办学内涵、提升学校办学品质、满足学生多样化与个性化的发展需求作为目标追求。坚持立德树人，五育并举，遵循学生的认知规律，着力开发学生的潜能，关心所有学生的健康成长，努力培养好每一名学生，使所有学生的个性特长得到充分的张扬与展现。增强学生的创新意识、创新精神与实践能力，增加学生生命的厚度和广度，并引导学生将思想的触角和行动的双手伸向远方，探索未知的世界。

校长要有专注的精神与求索。办学需要专注，要经过日复一日、年复一年的教育实践和思考。当学识、经验积淀到一定程度时，就会豁然开朗、融会贯通、游刃有余，就会发现原来的探索和实践符合孩子的成长规律和发展需求，契合我们当初对教育的期许，体现了教育的真谛；还会发现我们所知道、所探索、所体验的其实只是冰山一角，还有更多、更广阔的空间及领域等待着我们去发现、去探索、去研究。

校长的境界应来源于不断地学习、不断地思考、不懈地实践与探索。校长要能够带领学校不断变革与发展，能够把握教育规律与人才成长规律，探寻学校管理之道，具备将一所学校引向"最好"的远见卓识和聪明才智，对人对事拥有大视野、大情怀、大格局。教育之路任重而道远，对"境界"的思考和追寻，可以让我们有上下求索之勇气、耐得住寂寞之信念、超脱世俗之胸怀，从而过一种"高境界""高品质"的教育生活。

工作至今已30载，从事学校管理工作已26年。我先后在三所学校任职，最初在通州区第六中学教学，任教研组长、教导副主任、副校长共16年，2008年11月调到南刘中学任书记、校长，2012年4月调到马驹桥学校任书记、校长，2017年9月再次调回通州区第六中学任职。无论在哪里任职，我都竭尽全力追求教育的高品质、高境界，将学校办成区域的优质学校，让学生得到最好的发展。

常恩元

2022年7月18日